沃尔玛的省钱营销模式

Walmart's Money-saving Marketing Model

李飞 营销系列

李飞·著

机械工业出版社
CHINA MACHINE PRESS

图书在版编目（CIP）数据

沃尔玛的省钱营销模式 / 李飞著 . —北京：机械工业出版社，2024.2
（李飞营销系列）
ISBN 978-7-111-75185-4

Ⅰ.①沃… Ⅱ.①李… Ⅲ.①零售商业 – 连锁商店 – 商业经营 – 营销模式 – 美国　Ⅳ.① F737.124.2

中国国家版本馆 CIP 数据核字（2024）第 018422 号

机械工业出版社（北京市百万庄大街 22 号　邮政编码 100037）
策划编辑：孟宪勐　　　　　　　　责任编辑：孟宪勐　马新娟
责任校对：王乐廷　薄萌钰　韩雪清　责任印制：常天培
固安县铭成印刷有限公司印刷
2024 年 3 月第 1 版第 1 次印刷
170mm×230mm・23.25 印张・1 插页・354 千字
标准书号：ISBN 978-7-111-75185-4
定价：79.00 元

电话服务　　　　　　　　　网络服务
客服电话：010-88361066　　机 工 官 网：www.cmpbook.com
　　　　　010-88379833　　机 工 官 博：weibo.com/cmp1952
　　　　　010-68326294　　金 书 网：www.golden-book.com
封底无防伪标均为盗版　　　机工教育服务网：www.cmpedu.com

清华大学经济管理学院中国零售研究中心项目"中国零售发展问题研究"（100004003）项目研究成果

清华大学文化经济研究院"文化营销"项目研究成果

前　言

20 年来，我主要的研究方向为由案例研究构建营销理论，前 10 年关注"大而强"公司的案例研究，后 10 年更加关注"小而美"公司的案例研究，但是对于沃尔玛公司的案例研究是一个例外，它是我一直关注并持续研究的案例，时间超过了 30 年。1991 年 10 月至 1992 年 10 月我在巴黎第八大学做访问学者时，研究课题是人类市场史，关注了沃尔玛公司。回国后，1996 年我与当时的同事周景姝老师合著并出版了《连锁王：连锁经营策划与设计》一书，其中专门分析了沃尔玛的连锁成功之路。在 20 世纪 90 年代的 10 年里，我曾经在《市场报》《中国改革报》《中国经营报》《北京青年报》《中国民航报》《为您服务报》等媒体开辟营销专栏，多次介绍沃尔玛公司。当然，这些都是描述性陈述，算是对沃尔玛公司的关注和学习，不能算是研究。

2000 年以后，我逐渐开始了由案例构建营销理论的研究，尽管初期对由案例研究构建理论的方法和逻辑我还不清晰，也没听说过"由案例研究构建理论"这句话，只是不自觉地走上了这条道路，其中多篇研究论文都是基于沃尔玛公司的案例研究，多本专著也分析了沃尔玛公司的案例，其过程大体体现了我从事案例研究和营销定位理论构建的历程。

2004年我和同事刘茜老师合作研究并发表了论文《市场定位战略的综合模型研究》（刊载于《南开管理评论》2004年第5期），构建了营销定位的钻石模型（仅涉及狭义营销概念）。2005年我和我的硕士生刘明葳及管理科学与工程系博士生吴俊杰合作研究并发表了论文《沃尔玛和家乐福在华市场定位的比较研究》（刊载于《南开管理评论》2005年第3期），通过沃尔玛和家乐福双案例的对比研究，构建了零售营销定位的钻石模型，并于2006年出版了专著《钻石图定位法》（经济科学出版社），书中有沃尔玛公司的案例研究。

2008年我出版了"李飞定位研究丛书"。丛书之一《定位地图》（经济科学出版社）提出了改进的定位钻石模型——定位地图（在营销定位钻石模型的基础上增加了"基座"：流程构建和资源整合），书中有沃尔玛公司的案例分析；丛书之二《定位案例》（经济科学出版社）比较系统地分析了沃尔玛的营销定位地图。

2010年之后，我逐渐转向基于营销定位模型的营销哲学方面的案例研究，2013年出版了《营销定位》（经济科学出版社）一书，将之前的营销定位地图完善为营销定位瓶模型，在营销定位地图的基础上增加了公司使命和目标的内容。2016年我和我的博士生马燕合作发表了论文《服务型品牌低价定位点的形成机理——基于美国西南航空和沃尔玛的案例研究》（刊载于《技术经济》2016年第9期）。

2017年我开始了幸福营销管理问题的研究，2018年完成了幸福营销管理的理论构建部分，2019年开始进行幸福营销管理的案例研究，从中发现了一个现象：通过不同"属性定位点—利益定位点"的路径，都可以达到给顾客以幸福感的价值定位点。例如，中川政七商店是通过"传统工艺美物（属性定位点）—愉悦感（利益定位点）"，让顾客感受到幸福（价值定位点）；迪士尼乐园是通过"超期望的主题公园（属性定位点）—快乐体验（利益定位点）"，让游客感受到幸福（价值定位点）；环意国际旅行社是通过"震撼心灵的旅游项目（属性定位点）—震撼人心的美的体验（利益定位点）"，让顾客感受到幸福（价值定位点）；沃尔玛则是通过"价廉物好（属性定位点）—省钱（利益定位点）"，让顾客感受到幸福（价值定位点）。由此，我分别将其概括为愉悦、快乐、美感和省钱四种营销模式，并决定完成相应的四本案例研究专著，本书《沃尔玛的省钱营销模式》是其中之一，《迪士尼的快乐营销模式》（机械工业出版社，2021年）和《300年老店的长青之道：日本中川政七商店的营销模式》（机械工业出版社，2021年）已先期出版，《环意旅行社的美感营销模式》（书名暂定）将在未来出版。实际上，这是一个幸福营销管理研究系列，由四个幸福营销管理的案例研究（四本专著）及若干篇案例研究论文构建了一个幸福营销管理的理论框架（一本专著——《幸福营销管理》，机械工业出版社，2022年）。当然这些都是题外话了，回到正题上来。

沃尔玛是一家成功的零售公司，这是经过一个甲子（60年）时间检验的结果（最早的线上商店至今不足30年的历史，或许难以证明其是否会长久成功）。若从创始人山姆·沃尔顿⊖1940年到彭尼公司做实习生算起，截至2022年，沃尔玛已有82年的历史；若从山姆·沃尔顿1945年加盟并开设第一家本·富兰克林杂货店算起，沃尔玛已有77年的历史；若从山姆·沃尔顿1962年创办第一家沃尔玛折扣商店算起，沃尔玛也有60年的历史。近年来，面对移动互联网、大数据、全渠道、智能化等方面的冲击，沃尔玛公司面临着巨大的挑战和困难，从2018年开始线下店铺数量发展处于停滞的状态，销售额增长趋缓，利润率出现了下滑的趋势。对此，学术界和企业界出现了一些质疑和唱衰沃尔玛公司的声音。其实仔细研究后，你会发现沃尔玛一直延续着它的成功，2014—2022年，沃尔玛已经连续9年在《财富》世界500强排行榜中位居榜首，不仅如此，这9年除了2018、2019两个财年利润不足100亿美元之外，其他7年利润每年都超过130亿美元，平均每年利润率超过3%。与亚马逊相比，沃尔玛的全渠道战略仅是出发的起点不同而已，终点却相同（都是实现全渠道战略，也都是平台战略和自营战略相结合），亚马逊是从线上走向线下，沃尔玛从线下走向线上，两条路都是新路，都不好走，都需要创新探索，短时间内难分优劣。其实也没有必

⊖ 早年有的翻译为"萨姆·沃尔顿"，现在绝大多数翻译为"山姆·沃尔顿"，本书采用"山姆·沃尔顿"的译法。

要分优劣，我相信它们都能走得很好，会成为世界零售业的"双子星"。因此，对于学者来说，两家公司都有研究的巨大价值和意义。而对于全球无以计数的线下零售商来说，如何从线下走到线上并最终有效实施全渠道战略，或许研究沃尔玛公司的意义更加重要。这是我花费笔墨研究沃尔玛并写一本沃尔玛案例研究专著的第二个原因，第一个原因是沃尔玛适合作为幸福营销管理研究的案例，其定位语就是"省钱、省心，好生活"，而"美好生活"是"幸福生活"的同义词。

我花费笔墨研究沃尔玛并写一本沃尔玛案例研究专著的第三个原因，是目前已有文献缺乏对沃尔玛营销模式的系统研究。实际上，一家零售公司是否能持续健康发展或者说持续成功，并非取决于是否开办了线上商店，是否实施了全渠道战略，是否实施了数字化转型，这些只不过是达成目标的手段。其实最为核心的影响因素是：是否能持续地给目标顾客一个选择或购买的理由，并让他们持续地感知到这个理由是真实存在的，与此同时，零售公司的收入必须大于成本，即能获得理想的利润。这是沃尔玛公司成功的根本原因，如何做到这一点，必须通过系统地研究沃尔玛的营销模式来回答。然而，已有很多分析沃尔玛公司成功因素的文献，说法五花八门，流行的观点是沃尔玛实施了天天低价的策略，随后一些公司模仿沃尔玛实施天天低价的策略，结果大多以失败告终，进而又有文献说"沃尔玛，你学不会"。当然，还有人说这是由于沃尔玛具有独特的企业文化，或者高效率的供应链系统，或者及时的信息技术和数字化的应用等。这些分析过于表象和单一，其实沃尔玛的成功是诸多因素（包括但不限于前述因素）有机组合而成的省钱营销模式作用或运行的结果，持续省钱并让目标顾客感知到，是顾客选择和购买的理由，而持续省钱仅有天天低价是不够的，沃尔玛1962年开设的第一家折扣商店的店铺两旁写的两句话是"天天低价"和"保证满意"。保证满意的落地措施是提供优质产品和无条件退换货，因此沃尔玛的策略不仅是天天低价，更是"天天价廉物好"，所以实现了让顾客省钱。这就解释了为什么很多公司实施"天天低价"却失败，因为"价廉物劣"不会真正让顾客省钱，而顾客希望的永远不是低价，而是物有所值，即省钱。那么，是否做到了"价廉物好"及让顾客"省钱"，企业就能保证长久地健康成长或者说成功了呢？否！一些线上零售公司就是采取了这种"价廉物好"及让顾客"省钱"的策略，但仍然破产倒闭或者处在濒临破产倒闭的边缘，这是由于公司持续亏损赔钱，其能力无法保证在实现"价廉物好"基础上的公司收入大于成本，而沃尔玛则不然，通过流程构建和资源整合，在实施"价廉物好"的同时，毛利率仍然可以高达25%左右，纯利润率高于3%。可见，流程构建和资源整合也是营销模式的重要组成部分，因此我们需要用营销定位瓶模型这一模式框架来分析沃尔玛公司的营销模式，以呈现沃尔玛公司成功的机理和逻辑。

我花费笔墨研究沃尔玛并写一本沃尔玛案例研究专著的第四个原因，是想说明案例研究的多样性和有效性，以及二手数据分析同样可以得到非常有价值的研究成果。这一观点在《迪士尼的快乐营销模式》一书的前言中已经谈到，这里进行一点必要的重复：一是不要歧视单案例研究，单案例研究可以或许更为适合构建理论，当然其验证理论具有一定的局限性；二是不要歧视质性研究，案例研究可以只采取定量研究，也可以只采取质性研究，还可以采取二者结合的方法，甚至可以是简单的案例描述方法，只要形成相应的"数据—结论"证据链就可以；三是不要歧视基于二手数据的研究，没有任何证据表明基于一手数据的案例研究质量一定好于基于二手数据的案例研究，案例研究质量是受多种因素影响的，本书就是基于二手数据的研究，其中大量数据来源于沃尔玛公司1972—2022年的公司财报，它或许比一手数据更加接近事实本身。

最后需要说明的一点，仍然是重复《迪士尼的快乐营销模式》前言的内容，本书是一本案例研究的学术专著，并非一本通俗读物，因此对学术研究不感兴趣的读者，建议不要或者谨慎购买，如果不慎购买了，可以忽略第2章的内容，或者只读第8章"研究结论"，以节省宝贵的时间。

李　飞
2022年6月于北京

目 录

前 言

第1章 引言 /1

低价战略的困境 /2

现有理论的局限 /4

省钱营销模式研究的意义 /5

小结 /7

第2章 研究设计 /8

研究框架 /8

研究问题 /10

研究方法 /12

研究对象 /13

数据采集 /16

数据分析 /17

小结 /18

第3章 沃尔玛公司省钱营销模式发展阶段划分 / 20

沃尔玛发展阶段划分的标志 / 20

沃尔玛省钱营销模式发展的三个阶段 / 29

小结 / 45

第4章 第一阶段：由杂货商店和折扣商店的创建形成省钱营销模式（1940—1970年） / 47

公司使命：通过提供价廉物好的商品让顾客满意 / 48

营销目标：为顾客提供价廉物好的商品并赢利 / 50

目标顾客：小城镇普通大众及他们的家庭 / 54

营销定位：通过价廉物好的商品实现省钱 / 56

营销组合：价格出色＋产品优质＋其他要素可接受的模式 / 57

流程构建：采购为关键流程 / 68

资源整合：由创始人特质聚合而成的高效执行力 / 75

沃尔玛公司发展第一阶段的核心成果：形成省钱营销模式 / 92

沃尔玛公司省钱营销模式形成阶段大事记（1940—1970年） / 99

第5章 第二阶段：由折扣商店的大量复制进一步完善省钱营销模式（1971—1980年） / 106

公司使命：通过提供价廉物好的商品让顾客满意 / 107

营销目标：为顾客提供价廉物好的商品并赢利 / 109

目标顾客：小城镇普通大众及他们的家庭 / 111

营销定位：通过价廉物好的商品实现省钱 / 113

营销组合：价格出色 + 产品优质 + 其他要素可接受的模式 / 115

流程构建：采购为关键流程 / 128

资源整合：由创始人特质聚合而成的高效执行力 / 132

沃尔玛公司发展第二阶段的核心成果：完善省钱营销模式 / 148

沃尔玛公司省钱营销模式完善阶段大事记（1971—1980 年） / 154

第6章 第三阶段上半期：向仓储商店、购物广场、社区商店等线下业态复制省钱营销模式（1981—2000年） / 161

公司使命：让人们生活得更好 / 163

营销目标：为顾客提供价廉物好的商品并赢利 / 165

目标顾客：大中小城市普通大众及他们的家庭 / 167

营销定位：通过价廉物好的商品实现省钱 / 170

营销组合：价格出色 + 产品优质 + 其他要素可接受的模式 / 173

流程构建：采购为关键流程 / 194

资源整合：由创始人特质而延续的高效执行力 / 202

沃尔玛公司发展第三阶段上半期的核心成果：复制省钱营销模式至线下零售业态 / 222

沃尔玛公司省钱营销模式复制阶段上半期大事记（1981—2000 年） / 230

第7章 第三阶段下半期：向线上商店及全渠道商店等业态复制省钱营销模式（2001—2020年） / 242

公司使命：让人们生活得更好 / 244

营销目标：为顾客提供价廉物好的商品并赢利 / 246

目标顾客：大中小城市普通大众及他们的家庭 / 248

营销定位：通过价廉物好的商品实现省钱和好生活 / 249

营销组合：价格出色 + 产品优质 + 其他要素可接受的模式 / 253

流程构建：采购为关键流程 / 278

资源整合：由领导人特质而延续的高效执行力 / 290

沃尔玛公司发展第三阶段下半期的核心成果：复制省钱营销模式至线上及全渠道零售业态 / 309

沃尔玛公司省钱营销模式复制阶段下半期大事记（2001—2020 年） / 321

第8章 研究结论 / 330

省钱营销模式的演化轨迹 / 330

省钱营销模式的静态模型 / 350

省钱营销模式的动态模型 / 351

小结 / 355

后 记 / 358

第 1 章

引　言

零售营销组合有六个要素：产品、服务、价格、店址、店铺环境和传播。哪一个要素是最为重要的呢？应该都重要，只是在不同的场景下，各个组合要素体现的重要性不同罢了。因此，在实践界和理论界流行着各种各样的说法，诸如"零售业经营第一要素是店址，第二要素是店址，第三要素还是店址"，这是强调店铺位置的重要性，核心是满足人们空间便利的需求。另外一种比较常见的说法是"零售业经营第一要素是价格，第二要素是价格，第三要素还是价格"，这是强调零售价格的重要性，核心是满足人们省钱的需要。在交通发达、店铺数量多而普及的今天，店铺位置选择的重要性相比之前大大降低了，而低价成为零售业经营中常见的竞争手段。战略学者迈克尔·波特也将低成本战略或低价战略作为打造竞争优势的三大战略之一。但是，实施低价战略有机遇，更有挑战，挑战大于机遇，因而实施低价战略没有人们想象的那样简单、容易和有效。正是由于对低价战略实施逻辑的忽略，一些热衷于低价格战略的零售商或品牌商陷入了困境。

低价战略的困境

在竞争激烈的市场上，零售企业难以（也不必）在营销组合要素（产品、服务、价格、店址、店铺环境和传播）各个方面都做得出色，在其中一个方面做得出色，就可以造就一个成功的公司，其中低价格是被普遍应用的战略之一，甚至还出现了低价战略的极致状态——免费，并在免费的基础上提供"红包"馈赠。这明显违背了交易的基本规律，交易的基本规律是：卖者把商品提供给买者，买者把货币提交给卖者，绝不是将商品提供给买者的同时，也把货币交付给买者。违背这一规律，面临困境是自然而然的事情了，那种通过"羊毛出在猪身上"的方法转移风险的想法，十有八九也是不靠谱的。

采取低价战略的公司，通常有四种类型：一是稳定低价，即价格从始至终稳定在比较低的水平上，例如沃尔玛的天天低价；二是先低后高，即先以低于竞争对手的价格切入市场，一旦顾客形成购买习惯，再提升价格到正常或较高的水平，例如共享单车以免费骑行切入市场，而后逐渐提升价格；三是先高后低，即先以较高价格吸引个别意见领袖购买，用其带动追随者购买，而后逐渐降低价格，时尚品就是这种情况；四是频繁降价促销，家乐福超市就属于这种类型。我们这里讨论的低价战略，主要是前两种类型，它们属于非常典型的低价战略。本书后面出现的"低价战略"，就是指这两种类型，不再进行另外的注解和说明。

从市场上看，低价并非自然就会取得理想的效果，它容易使企业陷入销量少和不赚钱这两种困境。凡客诚品、韩都衣舍、瑞幸咖啡以及一些国产啤酒品牌等都曾经陷入其中至少一种困境，目前仍然有许多互联网零售平台公司行进在陷入这种困境的旅途之中。下面我们详细分析下这两种困境的成因。

一是销量少。低价战略的重要目的是薄利多销，但是薄利并不一定多销。因为顾客永远购买的不是低价或者高价，顾客购买的是物有所值，物有所值才能真正实现省钱，省钱才会购买和重复购买。近些年，不少互联网公司虽然采取了低价战略，但是并没有实现理想的销售额增长，更没有实现销售额的持续增长，原因在于其中有些属于虚假低价，更多的是仅有低价，没有向顾客提供质量和功能能满足其需求的产品和服务，店址、店铺环境和传播也没有达到顾客乐于接受的水平。这等于没有给顾客一个选择和购买的理由，自然不会产生理想的销售额。

一些公司发现低价并没有取得理想的效果，就在低价的同时再辅以轰炸性广告，但是这些措施是把钱给了广告商，并没有给到顾客，因此顾客没有感受到物有所值，不仅不会带来销售额的增加，反而会雪上加霜，带来巨额亏损，使企业陷入不赚钱的困境。

二是不赚钱。低价或许可以多销，但是多销并不一定赚钱。尽管有些公司采取低价战略赚了钱，诸如沃尔玛、西南航空等公司，但还有不少公司规模扩张很快，却处于长期亏损状态，很多线上零售公司和提供共享服务的公司就是这种情况。亏损的原因是多方面的，其中有的公司就是忽视了低价格所依据的内在基础，尽管经营规模达到了几十亿、数百亿，甚至数千亿，由于经营成本过高，加之没能实现"羊毛出在猪身上"的设想，仍然无法弥补为顾客提供低价带来的亏空。它们可以清晰地界定顾客最为关注的低价，但是由于缺乏对自身资源和能力的准确判断，可以在短期实现顾客的利益，却无法实现自己的盈利。长久竞争优势最为重要的特征之一就是盈利，否则可以被认定还没有形成竞争优势。当然有的公司的出发点就不是长期盈利，而是通过短期流量的迅速增加推高市值，从而将公司卖个好价钱，或是"割"股民的"韭菜"。无论何种情况，即使能实现品牌拥有者个人的巨大利益，最终都会使公司陷入长期赔钱的困境，不仅使品牌价值受损，还伤害了大多数人的利益，丝毫不值得羡慕、赞美和尊敬。那些通过"击鼓传花"的方法把自己的高市值的烂品牌卖个好价钱，绝对不是营销的成功，反而是对营销的亵渎，那根本不是营销，是骗局，只是比街头骗子的手段更加高明和隐晦一些罢了。

现有理论的局限

出现前述问题的原因是多方面的,其中一个重要原因是缺乏整体营销视角的研究,即使是那些基于整体营销视角的讨论,也缺乏理论性和系统性的严谨分析,主要体现在以下几方面。

(1)理论研究不够。已有的经验主义研究,大多是对沃尔玛、家乐福、西南航空公司、拼多多、淘宝特价等实施低价战略公司和品牌的描述性研究,在此基础上提出了一些低价战略成功(其中有些公司和品牌还不算是成功)的影响因素,但是理论性不够,对低价战略实施的机理缺乏令人信服的揭示,即没有清晰地回答在什么情境下应该实施低价战略,或者说实施低价战略的条件是什么。

(2)缺乏系统思维。已有的实证主义研究,一方面是对顾客等相关人士行为的心理实验,得出的研究结果,可以描述顾客在购买产品和服务时的价格敏感性;另一方面是对企业价格决策行为的数学模型推导,可以得出低价战略的某些影响因素和决策机制。但是,这两个方面的研究主要是一些零散的、限制性的、非系统化的影响因素的归纳,缺乏对整体营销系统性决策的讨论,其研究结果与现实场景的复杂性相差甚远,基本停留在术(方法和短期视角)的层面,缺乏道(规律和长期视角)的层面的思考,例如低价格策略与低价格战略有何区别;低价格战略的目的是增加销售还是盈利;在实施低价格战略时是将顾客视为忽悠的对象,还是购买者,还是消费者,还是生活者;等等。不回答这些问题的研究,其研究成果对企业价格战略实际决策的指导意义就极大地弱化了。

(3)存在巨大争议。已有的很多研究,虽然反复强调低价战略的必要性和实施方法,但是很少讨论其实施的必备条件,即可能性问题,似乎实施低价战略是企业决策者手中的万花筒,随便一摇就会出现自己满意的图景来。事实证明,并非如此。尽管有些研究给出了"低成本"的条件,即低价格战略实施的前提条件是低成本运营,但是很快被一些专家质疑,他们认为，在互联网时代，"羊毛也可以出在猪身上"，由他人承担己方高成本运营的部分费用，己方也可以实施低价格战略。更有一些投资公司，秉承"流量至上"理念，不考虑低成本，只要能带来高流量，带来投资市场高估值就可以。总之，对于低价战略所必备的条件远未达成一致。

可见，无论在实践上，还是在理论上，都没有解决低价战略的营销模式的形成和选择机理问题。实际上，低价战略的选择机理，就是低价战略营销模式的形成机理问题，换句话说，企业是否选择低价战略，需要判断其能否实施低价战略的营销模式，这不仅涉及价格营销组合要素的问题，还与其他营销组合要素、业务流程、有形资源、无形资源密切相关。因此，我们对这个问题进行系统研究，期待建立一个低价战略营销模式形成或选择的机理模型，探索成功的低价战略营销模式的特征及形成路径。

省钱营销模式研究的意义

尽管已有关于低价战略的研究成果丰硕，也有一定的理论价值和现实意义，但仍然是不完整的，需要补充营销视角的理论性和系统化研究，也就是基于营销管理模式（简称营销模式）的研究。

在《迪士尼的快乐营销模式》一书中，我们已经给出营销模式的定义："营销模式是指企业为了实现确定的营销目标，在顾客层面构建的与目标顾客和定位点相匹配的营销组合模式，以及根据营销组合模式构建的业务流程模式，还有根据业务流程模式形成的企业资源模式。"⊖ 这种模式的核心是营销定位点的选择和实现，即给顾客一个选择的理由并让他们感知到这一个理由是真实存在的。

低价是公司或品牌竞争优势的一种表现，归类为属性定位点。属性定位点是指优于竞争对手且目标顾客关注的某一营销组合要素整体或是某一要素的某个维度。⊖ 这些属性定位点能够让顾客感知到，进而促进销售额

⊖ 李飞. 迪士尼的快乐营销模式 [M]. 北京：机械工业出版社，2021：14-20.
⊖ 李飞，马燕. 服务型品牌低价定位点的形成机理——基于美国西南航空和沃尔玛的案例研究 [J]. 技术经济，2016（9）：35-42.

的增长，但是是否盈利，还需要看这个定位点的实现能否让企业的运营成本低于收入。要使定位点带来源源不断的销售额和利润，必须形成一个商业模式系统，这个系统一方面要保证定位点（顾客利益）的实现，另一方面还要保证收入大于成本（企业利益）的实现，这是选择某一个定位点的理由。在理论上，这是一个属性定位点选择机理的问题。尽管学者们对于营销组合模式的内涵、外延、类型和形成进行了一些讨论，但是大多是基于消费者利益视角的分析，很少进行基于企业盈利视角的内部系统（定位点选择的另外一个重要依据）的分析。因此，在低价定位点模式的选择机理问题上，理论上存在一个"缝隙"：在什么情况下，确定的低价定位点既可以实现顾客的利益，又可以保证企业获得理想的利润？

这里需要强调一点：低价战略的核心是省钱，而不是低价本身（因为价廉物劣并不会让顾客省钱）。因此，我们需要探索的不是低价营销模式，而是省钱营销模式。这可以从两个方面得到证明：一是从顾客方面，其购买理由不是低价，而是省钱（基础是物有所值或物超所值），低价是绝对值概念，省钱是相对值概念，低价而不值，不是省钱，而是费钱，顾客也不会购买，而省钱主要是通过以低价为核心的营销模式实现的；二是从企业方面，省钱是指降低成本，主要是降低运营和资源使用的成本，这可以通过提高效率和减少支出来实现，以保证公司花费的总成本低于公司的总收入，赢得利润，以使公司健康持续发展。简言之，省钱营销模式的核心特征就是"两省"，即营销者通过自己省钱（降低运营成本）让顾客省钱。

在低价战略的实践中，存在以省钱定位点的选择和实现为核心的营销模式问题，其核心是研究省钱营销模式及其形成和成长机理。因此，我们试图通过案例分析对这种模式进行探索性研究。如果我们真的构建出一种新的省钱营销模式及其形成和成长机理模型，可以丰富已有价格理论和营销管理理论，同时该理论模型不仅可以指导零售企业的营销管理，还可以将其延伸至其他行业当中，进而建立具有通用性的省钱营销管理模式，其意义无疑是相当深远的。

小结

随着全渠道营销的发展和竞争导向时代的来临,通过低价打造竞争优势的战略被越来越多的企业采用,但是诸多公司陷入了销量少、不赚钱或者销量大、不赚钱的困境。然而,现实的对策建议和理论框架并没有给出有效的解决方案。这为我们的研究问题提供了"缝隙",即探索顾客购买产品和服务的理由,并让顾客真实感到这个理由存在,这个理由聚焦于省钱,而非低价。问题的本质是省钱(而非低价)营销模式的建立和完善,从理论上是省钱营销模式的形成和成长机理。该研究成果不仅可以解释企业实施低价战略成败的根本性原因,还可以为避免实施低价战略走入误区提供思路,具有重要的理论意义和实践指导价值。

第 2 章

研究设计

本章按照研究框架、研究问题、研究方法、研究对象、数据采集、数据分析的顺序来讨论研究设计。

研究框架

我们探讨省钱营销模式问题,需要在"省钱""营销模式"等概念的基础上,建立一个"省钱营销模式形成及成长"的研究框架。

(1)什么是省钱?"省"的反义词是"费",其本意是"节约"的意思,因此"省钱"的含义是节约钱,或者少花钱。我们这里所使用的"省钱"一词,在用于营销模式研究的时候具有独特的含义,即通过交易在给顾客带来利益或好处的同时,省了钱,不包括不花钱的"省钱"。具体来说,省钱是指顾客在购买和消费某一商家(或品牌)产品和服务的过程中，与其他商家（或品牌）相比，在获得同样利益或好处的情况下，花了更少的钱。

第一，这里"省钱"的含义不是指"不花钱"，尽管不花钱也是省钱，但是这种省钱没有伴随交易，顾客无法评价在交易中自己获得利益的多与少，以及获得同等利益时花费的钱的多与少，因此不属于我们研究的范畴。

第二，这里"省钱"的含义也不是仅指"价格低"，价格低不一定能让顾客省钱，如果产品因质量差而低价，表面上看顾客省了钱，但是实际上顾客并没有省钱，反而是多花了钱，花钱买了没用或者效用不好的东西；或者产品质量好而低价，但商家停车场收费昂贵，服务态度恶劣，店铺位置很远，也没有让顾客真正省钱。

第三，这里"省钱"的含义更不是指"价格高"，价格高而产品质量更高，也会通过物超所值来省钱，但这不是我们希望讨论的"以价格为核心"的营销模式，而是另外一种"以产品或其他营销组合要素为核心"的营销模式。

可见，我们这里定义的省钱是与竞争对手比较的结果，具有以下三大特征：一是价格低于竞争对手；二是产品、服务、店址、店铺环境、传播等给顾客带来的利益好于或者相似于竞争对手；三是顾客购买和消费该品牌比购买和消费竞争对手品牌更加省钱。

（2）什么是营销模式？由前述可知，我们在《迪士尼的快乐营销模式》一书中已经进行了比较详细的说明和讨论，并给出了营销模式的定义："营销模式是指企业为了实现确定的营销目标，在顾客层面构建的与目标顾客和定位点相匹配的营销组合模式，以及根据营销组合模式构建的业务流程模式，还有根据业务流程模式形成的企业资源模式。"⊖ 营销模式，其实是营销管理模式的简称，因此自然包括营销管理框架的内容：公司使命、营销目标、目标顾客、营销定位、营销定位实现（营销组合模式）、营销组合实现（流程和资源模式）等。基于这些框架内容而形成的不同组合形态，就构成了不同的营销模式。我们仅以定位点为标志进行分类，就

⊖ 李飞. 迪士尼的快乐营销模式 [M]. 北京：机械工业出版社，2021：5.

会出现多种多样的营销模式。例如，依据属性定位点，就会有以产品优质、服务卓越、价格低廉、分销便利、传播真实等为核心的营销模式；依据利益定位点，就会有以省钱、省心、健康、快乐等为核心的营销模式；依据价值定位点，就会有以爱、尊重、幸福等为核心的营销模式。条条大路通罗马，如果成功创建了其中任何一种营销模式，一般都会取得卓越的绩效。

（3）省钱营销模式的研究框架。营销模式提出了"公司使命—营销目标—目标顾客—营销定位—营销组合—营销流程构建—营销资源整合"的决策程序，"省钱"是指为顾客在购买和消费过程中带来的实实在在的省钱利益，购买和消费过程为省钱营销模式研究奠定了一定基础。本质上，省钱营销模式的研究框架是在确定实现为顾客省钱营销目标的基础上，探索"在营销过程或框架的每个环节，是否以及如何体现为顾客省钱的追求，是否实现了语为心声、言行一致"。同时，我们关注的是省钱营销模式的形成和成长（成长是可持续的表现）问题，因此需要进行纵向历史研究，借鉴已有的关于迪士尼快乐营销模式形成和成长机理的历史研究思路，[⊖] 我们将研究分为三个阶段：省钱营销模式形成（建立）阶段、省钱营销模式完善（成长）阶段、省钱营销模式复制（持续）阶段。我们将这些内容综合起来，可以构建一个省钱营销模式形成和成长的研究框架（见图2-1）。

研究问题

我们研究的核心问题是探索省钱营销模式的形成和成长机理，从而构建一个省钱营销理论。这个核心问题需要研究三个（阶段）子问题：一是省钱营销模式是如何形成的；二是省钱营销模式是如何完善的；三是省钱营销模式是如何复制的。三个阶段需要回答七个层面的两个问题：是怎样的，是如何形成的。因此，本研究需要具体回答三个阶段的共14个问题（见表2-1）。

⊖ 李飞. 迪士尼的快乐营销模式［M］. 北京：机械工业出版社，2021：21.

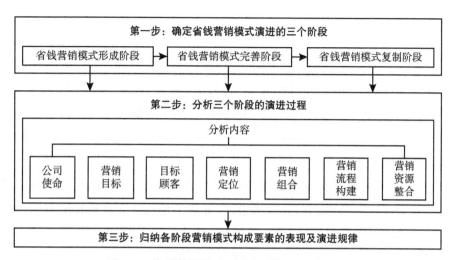

图 2-1　省钱营销模式形成和成长的研究框架

表 2-1　省钱营销模式三个阶段的 14 个问题

七个层面	14 个问题
1. 公司使命	（1）公司使命是怎样的？ （2）公司使命是如何形成的？
2. 营销目标	（1）营销目标是怎样的？ （2）营销目标是如何形成的？
3. 目标顾客	（1）目标顾客是怎样的？ （2）目标顾客是如何形成的？
4. 营销定位	（1）营销定位是怎样的？ （2）营销定位是如何形成的？
5. 营销组合	（1）营销组合是怎样的？ （2）营销组合是如何形成的？
6. 营销流程构建	（1）流程模式是怎样的？ （2）流程模式是如何形成的？
7. 营销资源整合	（1）资源模式是怎样的？ （2）资源模式是如何形成的？

研究方法

本研究的主要目的在于提出和构建营销模式理论。"实证研究方法（Positivistic Methods）的目的是验证理论，实证研究不能提出理论"，[一]因此在构建理论方面具有较大局限性，而属于经验主义方法（Empirical Methods）的案例研究，则被认为是构建理论的重要方法。[二]因此，我们采取案例研究的方法。

"案例研究就是对真实场景下的单个或多个案例进行研究，'真实场景'是指现象本身融合在背景当中，'案例'是指研究者选择的真实（而非假设的）研究对象，'研究'是指确定研究问题、搜集数据、运用数据对案例进行分析、最终得出结论的过程"。[三]

同时，案例研究可以分为不同样本的横向对比研究和同一样本的纵向对比研究。省钱营销模式形成和成长机理的研究，需要分析一个相对较长的时间段，属于历史视角的纵向对比案例研究，"这样的研究将能揭示所要研究的案例是如何随着时间的变化而发生变化的。设定理想的时间间隔，将有助于反映出待研究案例在各个阶段的变化情况"，它适合进行单案例研究。[三]单案例也能够提供非常有说服力的例证，特别是当研究对象具有独特性时，就有单独研究它的必要，也难有第二个案例供我们选择。[四]

可见，本研究属于构建理论的探索性研究，是一个历史过程的比较研究。无论是从研究方法的适应性方面还是从可能性方面来看，本研究可以或者只能采取单案例研究方法。

[一] 吕力. 管理学案例研究方法［M］. 北京：经济管理出版社，2013：5.

[二] 李飞，路倩. 案例研究：适合构建管理的中国理论吗——关于由案例构建理论问题的讨论述评［J］. 中国零售研究，2011（4）：117-140.

[三] 殷. 案例研究：设计与方法 原书第5版［M］. 周海涛，史少杰，译. 重庆：重庆大学出版社，2017：66.

[四] SIGGELKOW N. Persuasion with case studies［J］. The academy of management journal, 2007, 50（1）：20-24.

研究对象

基于研究问题的需要，研究对象选择的标准如下：①经营绩效长期健康成长（销售额和利润额持续增加）；②被公认为是一家实施省钱管理或省钱营销的公司；③可以获得所需要的研究数据。根据研究对象选择的标准和单案例研究的方法，我们选择的研究对象为沃尔玛公司，我们将研究沃尔玛公司60年的发展历史（1962—2021年），以及创始人山姆·沃尔顿在这之前的零售业经营史（1940—1961年）。

（1）选择依据之一：沃尔玛公司的经营业绩长期健康成长。沃尔玛是一家成立于1962年的美国跨国零售集团，至今一直健康成长。我们仅仅列举沃尔玛几个年份（年份是指财年，上一年的2月1日至本年的1月31日）的营业收入、利润额和店铺数量进行说明，见表2-2。

表2-2　1970—2020年每10年沃尔玛公司的经营业绩

年份	营业收入（万美元）	利润额（万美元）	店铺数量（个）
1970	3086	118	32
1980	124 817	4115	276
1990	2 581 065	107 590	1525
2000	16 501 300	537 700	3989
2010	40 504 600	2 395 000	8416
2020	51 992 600	1 488 100	11 500

资料来源：沃尔玛公司各个相关年度的年报。

2010年之后，虽然受到线上零售商的冲击，但是从2011年至2020年的10年里，沃尔玛在大多数年份都居于世界500强的第一位，利润额也是名列前茅。2020年8月10日，财富中文网发布了2020年《财富》世界500强榜单，沃尔玛以5239.64亿美元的营收规模继续位居世界500强榜首，是电商巨头亚马逊2805.22亿美元营收规模的近2倍。沃尔玛实现的净利润为148.81亿美元，亚马逊实现的净利润为115.88亿美元，无论是营收还是利润，沃尔玛都远远超过亚马逊。截至2021财年，沃尔玛在全球范围内的所有员工数量只有220万，平均一个沃尔玛员工一年就为公司创造了23.8万美元的营收，表明沃尔玛的管理效率非常高。为了扩大销售规模，沃尔玛公司一面扩大店铺的面积，一面在其他地区开设分店，增加门店数量，此外还开设了网上店铺。2020年底，沃尔玛在全球15个国家拥有11 000家线下店铺，有购物广场、山姆会员店、折扣商店、社区商店四种零售业态。沃尔玛属于家族企业，2022年沃尔顿家族控股为48%。沃尔玛公司被视为全球零售公司中的典范，常常被全球性媒体评为最受赞赏和最受尊重的公司。在2021年8月2日，财富中文网公布了2021年世界500强榜单，沃尔玛以5591.51亿美元营业收入继续排列在第一位，利润为135.10亿美元，而亚马逊以营收3860.64亿美元居第三位，利润额为213.31亿美元，超过了沃尔玛，这表明沃尔玛处于全渠道零售的转型过程中。

（2）选择依据之二：沃尔玛公司是实施省钱营销的公司。通过对相关文献进行分析，可以从三个方面验证沃尔玛是一家为顾客提供省钱利益的零售公司。

从公司领导人的角度看，频繁倡导为顾客省钱。创始人山姆·沃尔顿在其自传中曾经自豪地谈到为顾客省钱的问题："我也确信没有几家公司能像沃尔玛一样。我们提高了我们顾客的生活水平，为他们节约数以亿计的美元。"⊖沃尔玛全球前副董事长唐·索德奎斯（Don Soderquisit）认为："天长日久，在沃尔玛买东西会少花很多钱，从而大大地减少顾客的生活开支……我们在想方设法把商品卖便宜，而不是卖贵。为什么呢？因为我们是顾客的代理人。"㊀在沃尔玛的店内外广告中和配送货车的车厢上，我们经常能看到"天天低价"和"为顾客省钱"的文字。

从目标顾客的角度看，他们感受到了在沃尔玛购物会省钱。正如有专

⊖ 沃尔顿，休伊. 富甲美国：零售大王沃尔顿自传[M]. 沈志彦，等译. 上海：上海译文出版社，2001：250.

㊀ 索德奎斯. 沃尔玛不败之谜：沃尔玛全球前副董事长揭密[M]. 任月园，译. 北京：中国社会科学出版社，2009：130-131.

家评论道:"第一家沃尔玛店开业的时候,即打出了'天天平价'的口号,而且在以后的几十年中一直贯彻执行,在消费者中赢得了良好的声誉,也使其自身保持了长盛不衰的竞争力。"㊀另有专家认为:"为什么美国人花在食品上的钱一年比一年少呢?你可能已经在想,一定是沃尔玛在其中发挥了作用。事实上,据推测,沃尔玛使得消费物价的年上涨率降低了0.1%~0.2%。"㊁因此,有经济学家得出结论:"沃尔玛的存在对于低收入的美国人是件大好事。他们可以把钱花得更值,买下原本买不了的东西。"㊂还有学者直接进行了消费者调查,顾客认为沃尔玛不仅价格低,关键是诚实,令人相信,"他们一贯得到的是低价——也许不是最低价,但对他们希望购买的商品来说,是一种公平的价格,免去了剪优惠券或为了买最划算的商品而开车跑遍全城的麻烦"。㊃

从第三方研究者的角度看,很多人认为沃尔玛实施了"低价—省钱"战略。1988—1994年,吉姆·柯林斯和杰里·波勒斯曾经对全球高瞻远瞩的公司进行研究,发现被认为卓越的43家公司已经有32家面临财务危机,因此卓越并不等于基业长青,随后他们选择了18家持续成功、高瞻远瞩的公司进行研究,其中就包括沃尔玛公司,他们认为,沃尔玛的使命就是为顾客提供物有所值的商品,即用比较低的价格和比较多的商品选择改善人们的生活。㊄这里不仅强调了低价,还强调了比较多的商品选择,目标是物有所值,在本质上是省钱,假如低价而质次,也不能实现为顾客省钱。另一项针对消费者的研究也证明了类似的结论,沃尔玛的价格并非总是最低的,但是与其经营的商品、店铺环境和服务等相适应,体现出来

㊀ 贝里达尔. 沃尔玛策略 [M]. 曾琳,译. 北京:机械工业出版社,2006:64.
㊁ 罗伯茨,伯格. 向世界零售巨头沃尔玛学应变之道 [M]. 崔璇,译. 北京:中国电力出版社,2014:72.
㊂ 索德奎斯. 沃尔玛不败之谜:沃尔玛全球前副董事长揭密 [M]. 任月园,译. 北京:中国社会科学出版社,2009:122.
㊃ 克劳福德,马修斯. 卓越的神话:为什么大公司从不试图在所有方面都做到最好?[M]. 许效礼,王传宏,译. 北京:中信出版社,2002:53.
㊄ 柯林斯,波勒斯. 基业长青:企业永续经营的准则 [M]. 真如,译. 北京:中信出版社,2006:75.

的是诚实和公平的价格，这样顾客才会感觉到真正会省钱。这里最为关键的不是价格最低，而是"得让消费者实实在在地觉得在沃尔玛购物不会被敲竹杠"。⊖

（3）选择依据之三：沃尔玛公司的数据具有可获得性。一方面，由于沃尔玛公司为上市公司，有大量公开的财务数据、战略发展数据以及组织结构变化数据等；另一方面，由于沃尔玛公司从优秀到卓越，从卓越到基业长青，成为全球成功公司的榜样，近60年来吸引了媒体、学者、企业等多方面专家的关注和研究，积累了大量、可轻易获得的数据资料。这些为我们的深入研究提供了必备条件和可能性。

数据采集

本研究属于纵向历史视角的案例研究，而"历史研究法的史实都过于久远，现在很难找到证据来源，比如很难直接观察一个现象，或访谈主要当事人"。⊖因此，我们主要采取二手数据的采集方法。不过，为了增加数据的可靠性，我们也进行了一些一手数据的采集作为补充。

二手数据采集包括：①企业公开（正式出版）的文献，如历史、事件、评论等方面的内容；②企业创始人接受媒体采访或人物专访的文献；③第三方的评论性文献。上述三种路径收集的文献包括文字、图片、录音及视频等，涉及数字和非数字两种形式，形成的文献超过300多万字（其中相关中英文书籍近28本），反映山姆·沃尔顿家庭史和沃尔玛公司历史的时间跨度超过80年（1940—2021年）。

一手数据采集包括：①对沃尔玛店铺进行实地考察，涉及美国和中国的沃尔玛店铺，历史跨度为20余年，总次数为8次；②与沃尔玛公司高层进行座谈，时间跨度为16年，访谈对象有沃尔玛全球CEO（首席执行

⊖ 克劳福德，马修斯. 卓越的神话：为什么大公司从不试图在所有方面都做到最好？[M]. 许效礼，王传宏，译. 北京：中信出版社，2002：58.

⊖ 殷. 案例研究：设计与方法 原书第5版 [M]. 周海涛，史少杰，译. 重庆：重庆大学出版社，2017：143.

官），以及中国区总裁、副总裁和高级经理等，总次数为 8 次；③对沃尔玛中国顾客满意度进行问卷调查，时间为 2005—2007 年，搜集了沃尔玛中国顾客满意度的详细数据，以及竞争对手的数据等；④搜集了沃尔玛公司的完整年报（1972—2022 年），时间跨度为 50 年，详细并真实地记录了沃尔玛公司的发展历史，成为我们研究沃尔玛的重要文献。

数据分析

对于数据分析，我们继续采用在《迪士尼的快乐营销模式》研究中创建的"问题回答法"，即"通过反复阅读文献筐（即研究所用的全部文献的综合）中的文献，提取与研究框架和研究问题相关的语句，回答其'是怎样的和是如何形成的'，最后对这些结果进行归纳和提炼，回归理论，形成最终的研究结论"。⊖ 具体分为三个步骤：

第一步，建立数据文献筐，将文献收集和实际观察的数据（形式不限）进行初步筛选，去除掉与研究主题不直接相关的资料，形成数据文献筐。

第二步，反复阅读文献，找寻与图 2-1 研究问题有关的文字和语句，一一回答表 2-1 列出的三个阶段七个层面的 14 个问题，确定各个阶段的营销模式构成要素的表现，并探索各个构念之间的因果关系，以形成三个阶段静态的营销模式雏形。

第三步，进一步阅读文献，探索三个阶段营销模式之间的演进轨迹，最终得出省钱营销模式的形成和成长机理，在结论分析的基础上构建相应的理论模型。

由于相关文献多而杂，常常会出现对于同一件事情有不同描述的情形。在这种情况下，我们采取的认定顺序是：首先看重历史文献本身的描述，例如当时的图片、报纸、文件等呈现的数据；其次看重创始人山姆·沃尔顿及家人、公司重要领导人的陈述；再次看重沃尔玛发展过程中

⊖ 李飞. 迪士尼的快乐营销模式 [M]. 北京：机械工业出版社，2021：31.

当事人的描述；最后看重第三方专家及新闻媒体的描述和分析。

为了保证案例研究结果的真实性和可信性，需要在案例研究过程中进行规范性和严谨性控制，保证构念效度、内在效度、外在效度和信度。㊀本研究在这4个方面进行了具体的控制和检验（见表2-3）。如果数据出现相悖的结论，我们进行仔细甄别，接受或采信绝大多数数据呈现的结果，放弃偶然出现的数据含义，努力形成三角或四角、五角证据链。

表2-3 实现效度和信度指标的研究策略

测评指标	案例研究策略	应用阶段
构念效度：证据支持研究结论	√多元证据来源：二手文献和一手数据，完成三角测量	资料收集
	√形成证据链：原始数据—语句鉴别—专业术语—理论要素—理论模型	证据分析
	×证据提供者对案例报告草案核实：成果返回企业进行核实和认可	撰写报告
内在效度：构造有效的测量工具	√进行模式匹配：理论框架和研究结果—理论模型相匹配，基本相符	证据分析
	√尝试进行某种解释：按照逻辑框架分层进行相应的说明	证据分析
	√分析与之对立的竞争性解释：对其他学者与我们不同的解释进行分析	证据分析
	√使用逻辑模型：建立了省钱营销模式研究的逻辑框架	证据分析
外在效度：结论通用性	√用理论指导单案例研究：应用建立的理论框架，指导案例研究	研究设计
	×通过复制方法进行多案例研究：否，仅为单案例研究	研究设计
信度：研究可复制	√采用案例研究草案：事先制订了详细的研究计划	资料收集
	√建立案例研究资料库：建立了数据资料库，他人研究会得到相同结果	资料收集

注：表中"√"表示做了，"×"表示未做。

小结

营销模式的基本构成要素包括"公司使命—营销目标—目标顾客—营

㊀ 殷. 案例研究：设计与方法 原书第5版 [M]. 周海涛，史少杰，译. 重庆：重庆大学出版社，2017：56.

销定位—营销组合—营销流程构建—营销资源整合"等七项内容，这些内容的不同表现和组合状态构成了不同的营销模式。因此，省钱营销模式就是以"为顾客省钱"为公司营销目标的内容，通过"语为心声、言行一致"的一系列营销决策行为，最终形成的"公司使命—营销目标—目标顾客—营销定位—营销组合—营销流程构建—营销资源整合"的表现和组合状态。省钱营销模式的形成和成长研究框架包括如下内容：在省钱营销模式形成（建立）、省钱营销模式完善（成长）、省钱营销模式复制（持续）等三个阶段的"公司使命—营销目标—目标顾客—营销定位—营销组合—营销流程构建—营销资源整合"七项内容的组合状态。由此得出该研究前述七个方面的14个问题，重点回答"是怎样的"和"是如何形成的"两个核心问题，前者反映营销模式类型及特征，后者反映该模式的形成机理。

  在确定研究框架和研究问题的基础上，我们讨论了运用的研究方法、案例选择、数据采集、数据分析、效度和信度检验问题。①本研究选择单案例研究方法；②以沃尔玛公司为研究对象；③运用二手数据和一手数据采集相结合的方法，以二手数据为主、一手数据为辅；④应用问题回答技术进行分析，通过反复阅读文献筐的文献，提取与研究框架和研究问题相关的语句，回答其"是怎样的和是如何形成的"；⑤保证一定的效度和信度，为了保证案例研究结果的真实性和可信性，在案例研究过程中进行规范性和严谨性控制，保证构念效度、内在效度、外在效度和信度得以实现。

第 3 章

沃尔玛公司省钱营销模式发展阶段划分

我们研究的问题是省钱营销模式的形成、完善和复制的过程及机理。这样,我们面对的第一个研究问题就是如何划分沃尔玛公司省钱营销模式发展的三个阶段。在此基础上,我们通过案例研究来具体描述这三个阶段的发展特征。本章我们首先探讨沃尔玛发展阶段的划分标志,然后提出沃尔玛省钱营销模式发展的三个阶段。

沃尔玛发展阶段划分的标志

关于企业发展历史的研究,有着诸多的文献和不同的视角,因此也有了不同的发展阶段划分方法。

(1) 以领导人更迭为标准的划分。"这种划分方法一般用于研究领导人特质以及对于公司发展的影响等问题,或者进行一般的历史描述,或者进行专题研究时描述不同领导人带来的变化。"⊖ 我们以 CEO 更迭为标志，可以将沃尔玛的发展分为 5 个阶段（见表 3-1）。

表 3-1 沃尔玛公司历任 CEO 名录

顺序	姓名	任职时间	简介	评价
第 1 任	山姆·沃尔顿	1962—1974 年、1977—1987 年（1975—1976 年为罗恩·迈耶，本表略）	1945 年开始经营本·富兰克林特许杂货商店，1962 年创办沃尔玛折扣商店，1983 年创办了第一家山姆会员店。除了 1975—1976 年担任执行委员会主席之外，从 1962 年开始，到 1992 年逝世前担任公司董事长，其中多年担任公司总裁兼 CEO	沃尔玛公司创始人，将沃尔玛公司打造成为影响世界的零售公司
第 2 任	戴维·格拉斯	1988—1999 年	1976 年加入沃尔玛；1977 年担任公司执行副总裁，主管财务；1984 年担任副董事长兼 CFO（首席财务官），同年担任总裁兼 COO（首席运营官）；1988 年担任总裁兼 CEO	1988 年创新了购物广场业态，1990 年使沃尔玛成为美国第一大零售商
第 3 任	李斯阁	2000—2008 年	1979 年加入沃尔玛；1984 年担任副总裁，主管运输；1988 年继任副总裁，主管配送；1990 年担任沃尔玛店铺副总裁，主管配送和运输；1993 年晋升为公司高级副总裁，主管配送和运输；1997 年任公司执行副总裁，负责商品管理；1998 年出任美国公司总裁兼 CEO；2000 年担任总裁和 CEO	2003 年沃尔玛在《财富》世界 500 强和全美最受尊敬公司两个排行榜中都位居第一
第 4 任	麦·道克	2009—2013 年	1995 年加入沃尔玛；2000 年担任执行副总裁，主管物流；2003 年担任沃尔玛美国公司总裁兼 CEO；2005 年担任副董事长，兼沃尔玛国际部 CEO；2009 年 2 月起担任沃尔玛总裁兼 CEO	为沃尔玛打造了一支国际化团队，为沃尔玛的全球化做出了巨大贡献
第 5 任	董明伦	2014 年至今	1984 年为沃尔玛配送中心暑期员工，1990 年正式加入沃尔玛，2006 年至 2009 年 2 月担任山姆会员店的总裁兼 CEO，后任沃尔玛国际业务总裁兼 CEO，2014 年 2 月担任沃尔玛总裁兼 CEO	在全球互联时代，开启了全渠道的零售战略，继续保持沃尔玛在世界 500 强中排名第一的位置

注：表中领导人任职时间以年报公布的信息为准，由于年报是财年（上年 2 月 1 日至本年 1 月 31 日）数据，因此任职时间有时反映的是上一年的情况。

⊖ 李飞. 迪士尼的快乐营销模式[M]. 北京：机械工业出版社，2021：36.

（2）以公司发展主要业态变化为标准的划分。1945年山姆·沃尔顿开始加盟本·富兰克林特许杂货商店（又叫5美分和10美分商店），如果将沃尔玛公司的发展历史前移至此的话，应该有将近80年的发展历史了，早期除了使用富兰克林的店铺名称之外，还使用过家族姓氏沃尔顿。使用沃尔玛的名称开设自己的店铺，源于1962年开设的折扣商店。由于山姆·沃尔顿经营的杂货商店是折扣商店的基础，具有传承的清晰脉络，因此我们梳理沃尔玛公司历史时，追溯至1945年开始的杂货商店经营时代。

纵观沃尔玛公司近80年的发展历史，先后发展了杂货商店、折扣商店、仓储商店、超级中心、社区商店、线上商店、全渠道商店七种业态，就此可以将其发展分为相应的七个阶段。这里需要强调的是，并非一种新的业态出现之后，就完全取代了旧的业态，而是与之在短期或长期并存发展，只不过新的业态在该期发展得更加迅速或仅仅说明是新业态（如社区商店）而已。目前，沃尔玛除了停止经营杂货商店之外，主要保持着其他六种业态的经营。在国际市场上，由于顾客需求的千差万别，沃尔玛还经营着超级市场、特级市场、杂货折扣商店、百货商店、餐饮店等多种零售业态。

1）杂货商店阶段（1945—1961年）。1945年9月1日，山姆·沃尔顿的第一家店铺开张营业，这是一家加盟本·富兰克林特许杂货连锁体系的已有店铺，该业态主要经营日常生活用的非食品，价格区间在几美分到1美元不等，被称为"5美分和10美分商店"，店铺名称为"本·富兰克林商店"（Ben Franklin Stores），店招牌两侧分别有"5美分和10美分"和"1美元和1美元以上"的文字。这家店铺位于阿肯色州的新港小城，该城人口仅有7000人，店铺面积不足500平方米。该店归属于巴特勒兄弟公司创建的连锁体系，山姆·沃尔顿花费2.5万美元从一加盟者手中将其租下，经营租期为5年。5年租期到期后，原店主以5万美元收回店铺和相应的特许经营权，交由自己的儿子经营。1950年山姆·沃尔顿全家搬到本顿维尔镇，以5.5万美元买下名为哈里逊的杂货店，命名为"沃尔顿5美分-10美分商店"（Wolton's 5-10）来经营，1952年又在费耶特维尔开办了第二家"沃尔顿5美分-10美分商店"，到1960年他已拥有15家店铺，营业总额达到140万美元。1961年左右，山姆·沃尔顿在密苏里州的圣罗伯特尝试开设更大规模的"沃尔顿家庭中心"（Walton's Family Center），营业面积为1200平方米（后来扩大到2000平方米），年销售额达到了200万美元，超过了已有15家小店铺销售额的总和，因此接着开办了第二家、第三家沃尔顿家庭中心。这使山姆·沃尔顿有了开设更大店铺的想法。

2）折扣商店阶段（1962—1982年）。1962年7月2日，沃尔玛的第一家折扣商店在罗杰斯城开业。1964年8月，沃尔玛的第二家折扣商店在阿肯色州的小城哈里森开业。同年，沃尔玛的第三家店在罗杰斯城附近的春谷镇开业。三家店都取得了成功。这使山姆·沃尔顿最终下决心发展折扣商店，但在20世纪60年代发展速度较慢。1965年新开1家店，1966年2家，1967年2家，1968年5家，1969年5家。到60年代末，沃尔玛有18家折扣店。1970年10月1日，沃尔玛公司股票上市，筹措资金495万美元，取得了发展的资金，从此其扩张速度开始加快。1971年，沃尔玛新开店6家，折扣店总店铺数达25家。在70年代，沃尔玛公司开店的速度加快。1980年沃尔玛折扣店已从1970年的18家发展到276家，平均每年以26家的速度发展。进入80年代以后，沃尔玛继续提速，1983年收购了一家经营亏损的折扣店公司，增加了近百家店铺。从此，沃尔玛通过自建和购并两种方法，以每年新增100家店铺的速度发展。1983年，沃尔玛有550家折扣商店。

2022年4月，沃尔玛官方网站（https://corporate.walmart.com）对沃尔玛折扣商店的解释是：山姆·沃尔顿1962年在阿肯色州的罗杰斯城开设第一家折扣店，规模小于超级中心，店铺聘用大约200名员工，在大约106 000平方英尺⊖的明亮开放空间内提供电子产品、服装、玩具、家居用品、健康和美容用品、硬件等商品。

3）仓储商店阶段（1983—1987年）。1983年，沃尔玛公司在俄克拉何马州开设了第一家仓储商店——山姆会员店。从此，沃尔玛公司在高速发展折扣商店的同时，开始发展新的仓储商店业态。1984年沃尔玛已有3家仓储商店，1985年11家，1986年43家，1987年49家。1990年沃尔玛公司年报显示，拥有折扣商店1402家，仓储商店123家。到1990年年

⊖ 1平方英尺≈0.09平方米。

底其销售额达 326 亿美元，超过西尔斯，成为美国最大的零售商。同时，净利润达 13 亿美元。

2022 年 4 月，沃尔玛官方网站对沃尔玛仓储商店（即山姆会员店）的解释是：山姆·沃尔顿在 1983 年开设了第一家山姆会员店，以帮助小企业主节省批量购买商品的费用。自那以后，山姆会员店迅速发展，通过美国近 600 家会员店铺、200 多家国际会员店、SamsClub.com 和移动应用程序为家庭和企业家提供服务。如今，山姆会员店致力于成为顾客最喜爱的店铺，使会员随时随地在购买批量商品时省钱，并获得意想不到的惊喜。

4）超级中心阶段（1988—1997 年）。超级中心，英文为 supercenter，沃尔玛公司将其称作"购物广场"。1988 年戴维·格拉斯出任公司首席执行官，同年首家沃尔玛购物广场业态在密苏里州的华盛顿开业，从此沃尔玛开始了折扣商店、仓储商店和购物广场三种零售业态并存发展。1994 年有购物广场 68 家，1995 年为 143 家，1997 年为 370 家（其中美国本土 344 家）。同时，1997 年沃尔玛有折扣商店 2209 家（其中美国本土 1960 家）、仓储商店 475 家（其中美国本土 436 家）。

2022 年 4 月，沃尔玛官方网站对沃尔玛超级中心（又称购物广场）的解释是：沃尔玛于 1988 年创建购物广场，占地约 182 000 平方英尺，雇用约 300 名员工。沃尔玛购物广场提供一站式购物体验，将杂货店与新鲜农产品、面包店、熟食店和乳制品与电子产品、服装、玩具和家居用品结合在一起。大多数购物广场 24 小时营业，其中也可能包括专卖店。

5）社区商店阶段（1998—2010 年）。1998 年沃尔玛创办了社区商店，当年就在阿肯色州开办了 3 家社区商店。从此，沃尔玛开始经营折扣商店、仓储商店、购物广场、社区商店四种零售业态。2006 年财报显示，沃尔玛拥有折扣商店 2640 家（其中美国本土 1209 家）、购物广场 2396 家（其中美国本土 1980 家）、仓储商店 670 家（其中美国本土 567 家）、社区商店 435 家（其中美国本土 100 家）。2010 年财报显示，沃尔玛全球共有 8416 家店铺，其中，美国本土有 4304 家店铺，其结构为折扣商店 803 家、仓储商店 596 家、购物广场 2747 家、社区商店 158 家；国外有店铺 4112 家，其结构为折扣商店 973 家、购物广场 526 家、超级市场 844 家、特级市场

650家、其他1119家（主要分布在巴西和墨西哥，业态主要有仓储商店、杂货和折扣商店、餐饮店和百货商店等）。

2022年4月，沃尔玛官方网站对沃尔玛社区商店的解释是：沃尔玛社区商店创建于1998年，是为需要药房、平价杂货和商品的社区提供的一个占地面积较小的选择。每家店铺约有38 000平方英尺，员工多达95名。沃尔玛社区商店提供新鲜农产品、肉类和奶制品、面包和熟食、家庭用品、健康和美容辅助用品，其中还有药房。

6）线上商店阶段（1996—2010年）。1996年，沃尔玛通过"沃尔玛在线"（Wal-Mart On-line）开始了线上零售业务。2000年1月1日，沃尔玛重新推出网站（Wal-Mart.com，2008年之后更名为 Walmart.com）。最初的线上零售模式是在位于阿肯色州本顿维尔的公司内部进行运营的。2000年推出的沃尔玛网站的运营设在加利福尼亚州的帕洛阿尔托，这里是硅谷庞大的信息和技术人才库的中心。2000年底，沃尔玛公司总裁兼首席执行官李·斯科特曾经邀请贝佐斯来到沃尔玛总部，商量合作或收购事宜，但未能达成协议。直到2007年，沃尔玛推出线上购买、线下店铺可以提货的线下线上融合的措施，这种融合带有全渠道零售的初级特征，当时还没有全渠道零售的概念，因此这被称为跨渠道零售。

7）全渠道商店阶段（2011年至今）。2014年董明伦就任沃尔玛公司CEO，明确提出在全世界最大的零售企业内部建造一家互联网企业，由此深化了全渠道零售战略，采取了自建和收购两种途径发展线上零售业。2015年财报显示，沃尔玛已经在11个国家建立了专门的沃尔玛线上零售网站，全球线上零售额达到122亿美元，增长了22%，线上销售的品种增加了60%，达到800万种，第四季度假日期间线上网站流量的70%来自移动终端，2016财年将在美国建立面积为120万平方英尺的电子商务运营中心（E-Commerce Center）。2015年，沃尔玛花费11亿美元对其线上零售网站以及购物App进行全面提升。2016年6月，沃尔玛支付（Walmart Pay）落地旗下所有店铺，并为网购用户提供两日免费送达。2017年7月，沃尔玛开启了名为"8号店"（Store No.8）的科技孵化器，专门为其电商及新零售发展提供技术储备和支持。2018年2月，公司从沃尔玛商店（Wal-

Mart Stores）改名为沃尔玛公司（Walmart），以反映顾客购物方式的变化，开启线上线下全渠道融合的方式。2019年12月，沃尔玛宣布与 Nuro 合作开发无人车送货服务，低成本覆盖最后一公里。截至2019年底，沃尔玛在美国拥有约3100个取货点及1600个支持送货服务的商店，并且数量还在不断增长。

2020年，沃尔玛又和著名的零售服务企业 Shopify 达成了合作，此后在 Shopify 建立网站的企业将可以直接导入沃尔玛的网站。同时，沃尔玛连续购并了一些线上零售商，这使沃尔玛成为美国第二大线上零售商。据 PYMNTS 的数据统计，沃尔玛与亚马逊的线上零售额分别占美国线上零售额的比例如下：2018年为3.5%和44.3%，2019年为4.2%和46.1%，2020年为5.6%和53.1%，2021年为6.2%和56.7%。

（3）以公司发展年代为标准的划分。有学者梳理了沃尔玛公司的发展历史，以10年为一个阶段，将其发展分为20世纪60年代、70年代、80年代和90年代四个阶段（由于该项研究截至20世纪末，因此没有涉及21世纪的发展情况）。㊀

1）20世纪60年代，区域性零售商。1962年7月2日，第一家名为沃尔玛的折扣商店在本顿维尔附近的罗杰斯城开业，初期营业面积仅有1500平方米。1964—1967年每年以1~2家的速度开设新店，1968年和1969年则以每年5家店铺的速度进行扩张。截至1970财年，沃尔玛已有14家"5美分-10美分商店"和18家折扣商店，店铺分布在阿肯色州、密苏里州、俄克拉何马州和路易斯安那州四个州，大多数位于阿肯色州。折扣商店的面积从1000平方米到4000平方米不等，多数在3000平方米左右。初期店铺还有些开设在3000人左右的城镇上，到了1970财年，所有分店都位于人口在5000到2.5万的小镇上。该阶段主要是探索折扣商店的经营模式，店铺主要分布在阿肯色州西北角的本顿维尔镇周边，从辐射范围看，可以将沃尔玛形容为"本顿维尔镇"级零售商。

2）20世纪70年代，跨区域零售商。面临20世纪60年代美国折扣商

㊀ 吕一林. 美国沃尔玛：世界零售第一［M］. 北京：中国人民大学出版社，2000：4-30.

店激烈竞争的环境，快速成长成为取得竞争优势的重要方法。1970年10月1日沃尔玛公司上市，筹集到扩张规模的资金。随后，沃尔玛开始从本顿维尔周边的小镇向更多的州区扩张。1972年财报显示，该财年沃尔玛店铺数为51家，辐射区域为阿肯色州、密苏里州、俄克拉何马州、路易斯安那州和堪萨斯州五个州。1973财年沃尔玛进入第6个州（田纳西州），1975财年进入第7个州（肯塔基州）、第8个州（密西西比州），1976财年进入第9个州（得克萨斯州），1978财年进入第10个州（伊利诺伊州），1980财年进入第11个州（亚拉巴马州）。1971财年至1980财年，沃尔玛的销售收入和利润均以每年40%的速度增长。截至1980财年，沃尔玛分店数已达276家，年营业收入12.48亿美元，利润额4100万美元。该阶段沃尔玛已经成为美国知名的跨区域（分布在美国中西部11个州）零售商，进入美国零售50强的行列，居第33位。

3）20世纪80年代，全国性零售商。20世纪80年代，沃尔玛通过自建店铺和购并两种方式，由美国中西部向全国进行扩张。1990年财报显示，沃尔玛在全美29个州共开设了1528家店铺，其中1399家折扣商店、123家仓储商店、6家超级中心，营业面积达到了1000万平方米，销售额达到258.11亿美元，利润额为10.76亿美元，成为全美第三大零售公司。

4）20世纪90年代，世界级零售商。20世纪90年代，沃尔玛不仅在美国进行高速扩张，而且开始向国外发展。1991年初，沃尔玛超过西尔斯百货公司，成为美国第一大零售商，销售额为326亿美元；凯马特居第二位，销售额为321亿美元；西尔斯公司则由第一位降至第三位，销售额为319亿美元。三者可以说是并驾齐驱。尽管沃尔玛创始人山姆·沃尔顿在1992年因病去世，但是没有影响沃尔玛国际化的步伐。2000年财报显示，该财年沃尔玛已有3996家店铺，分布在美国50个州及海外波多黎各（美国自治邦）㊀、加拿大、阿根廷、巴西、墨西哥、中国、韩国、德国、英国等9个国家或地区，其中，美国本土有2992家（折扣商店1801家，山姆

㊀ 根据沃尔玛公司年报（每年口径并不完全一致），沃尔玛将市场分为美国本土市场和国际市场（也称海外市场，2011年之前海外市场包括外国市场和波多黎各市场；自2011年起，海外市场专指外国市场，波多黎各作为美国本土市场统计）。

会员店 463 家，超级中心 721 家，社区商店 7 家），海外有 1004 家（折扣商店 572 家，超级中心 383 家，仓储商店 49 家）。沃尔玛在 1999 年《财富》杂志世界 500 强公司排行榜上居第二位，第一位为美国通用汽车公司。

（4）以公司扩展空间范围为标准的划分。有学者根据沃尔玛公司扩展的空间范围，将其发展分为小镇起家、区域霸主、美国第一和国际化发展四个阶段（见表 3-2）。⊖ 这种划分方法虽然与按照时间年代划分有所不同，但是在内容上具有一定的相似性，前者是按照时间说发展，后者是按照发展说时间，不过阶段分期上存在差异。

表 3-2　沃尔玛发展的四个阶段

阶段	1. 小镇起家 （1940—1962 年）	2. 区域霸主 （1962—1980 年）	3. 美国第一 （1981—1990 年）	4. 国际化发展 （1991 年至今）
过程	• 1940 年山姆·沃尔顿开始零售业生涯 • 1945 年山姆·沃尔顿拥有第一家杂货店 • 1951 年山姆·沃尔顿在本顿维尔东山再起 • 1962 年沃尔玛诞生	• 在 20 世纪 60 年代夹缝中生存 • 在 20 世纪 70 年代逆势扩张 • 1970 年上市 • 1980 年营业额突破 10 亿美元，成为区域霸主	• 在 20 世纪 80 年代收购扩张 • 向全国范围拓展 • 1990 年成为美国第一零售商	• 1991 年进入墨西哥，开始了国际化发展 • 2006 年从韩国、德国撤出 • 2002 年起连续多次居《财富》世界 500 强排行榜之首

1）小镇起家阶段（1940—1962 年）。在该阶段，创始人山姆·沃尔顿开始了零售业经营的生涯，1940 年开始在彭尼公司实习，1945 年 9 月 1 日开始经营第一家店铺，为"5 美分–10 美分商店"杂货店业态，5 年租期到期后，原店主收回店铺交由自己的儿子经营。1951 年山姆·沃尔顿全家搬到本顿维尔镇，买下名为哈里逊的杂货店，命名为"沃尔顿 5 美分–10 美分商店"来经营，1952 年又在费耶特维尔开办了第二家"沃尔顿 5 美分–10 美分商店"，到 1960 年已有 15 家店铺。后来又尝试开设更大规模的"沃尔顿家庭中心"。经过 10 多年的零售经验积累，1962 年终于开办了名为"沃尔玛"的折扣商店。

⊖ 彭剑锋，孟泽元. 从乡村小店到世界零售巨头：全方位剖析沃尔玛成功历程［M］. 北京：机械工业出版社，2010：3.

2）区域霸主阶段（1962—1980年）。该阶段与前文"以公司发展年代为标准的划分"的第一、第二两个阶段内容相似，不再赘述。

3）美国第一阶段（1981—1990年）。该阶段与前文"以公司发展年代为标准的划分"的第三阶段内容相似，不再赘述。

4）国际化发展阶段（1991年至今）。在该阶段，沃尔玛实施了国际化发展战略，经过20年左右的发展，使海内外店铺数平分秋色。1993年财报显示，该财年沃尔玛海外商店的数量只有10家，仅仅分布在墨西哥一个国家。2010年财报显示，该财年沃尔玛已经在海外波多黎各、加拿大、阿根廷、巴西、智利、中国、哥斯达黎加、萨尔瓦多、危地马拉、洪都拉斯、印度、日本、墨西哥、尼加拉瓜、英国等15个国家或地区拥有8416家店铺，其中，美国本土有4304家（折扣商店803家，山姆会员店596家，超级中心2747家，社区商店158家），海外有4112家（折扣商店973家，超级中心526家，超级市场844家，特级市场650家，其他1119家，包括仓储商店、折扣杂货店和饭店等）。

（5）以公司成长特征为标准的细分。有学者根据沃尔玛公司成长的特征差异，将其发展分为酝酿期（1940—1962年）、初创期（1962—1980年）、扩张期（1981—1990年）和全球化期（1991—2009年）4个阶段。⊖ 这种发展阶段的划分，时间分期与第四种分类方法完全相同，各个阶段具体描述内容也大体一致，只是对于各个发展阶段的命名不同而已。因此，这里不再赘述。

沃尔玛省钱营销模式发展的三个阶段

由前述可知，根据不同的研究目的，选择不同的发展阶段划分标准，自然就有不同发展阶段的理论。由于本研究关注的是省钱营销模式的发展历程，自然有着自己的划分标准和结果。

（1）营销模式发展三个阶段及划分标准。关于这个问题，我们在《迪

⊖ 梁换林. 山姆大叔的沃尔玛［M］. 长春：吉林出版集团有限责任公司，2014：3-6.

士尼的快乐营销模式》一书中已有过讨论，⊖ 我们重复相关内容用于分析省钱营销模式。

营销模式发展分为三个阶段：形成（建立）、完善（成长）和复制（持续）。如果我们把营销模式分为不可复制和可复制两种类型，那么可复制营销模式发展的一般轨迹就包括这三个阶段。例如迪士尼、沃尔玛、麦当劳、星巴克、7-11便利店等，初期都是建立了一种营销模式，然后对这种模式进行完善，达到可复制的样板店标准，接下来再对这个样板店进行复制，使其实现低成本地快速扩张。因此，省钱营销模式同样需要经历形成、完善和复制三个阶段。

1）省钱营销模式形成阶段。它是指公司有意识或无意识地建立了省钱营销模式的雏形。雏形的含义是营销管理的主要要素围绕着"省钱"进行规划和实施，但是仍然有一些要素脱离了这个目标，组织行为会出现不一致，运营过程会受到干扰，同时基本限于一个领域，甚至一个品牌、一家店铺、一种商品或服务等。模式本身及适用情境都需要进一步磨合和完善。

2）省钱营销模式完善阶段。它是指公司有意识地对省钱营销模式进行完善，建立了省钱营销模式的样板或模板。模板的含义是指这种营销模式具备了可复制的条件或标准，按此模式公司可以进行顺畅运营，不仅可以在原领域进行复制，同时也进行了跨领域的复制实验，并证明是有效的。

3）省钱营销模式复制阶段。它是指公司有意识地对省钱营销模式进行大规模复制（完善阶段是小规模复制，复制的目的是完善模式），复制不是100%地照搬，在复制过程中有适应性调整。大规模的含义是在多业态、多地区进行复制并取得理想业绩。

用一个成语来概括这三个阶段，就是"一本万利"。在这里，这个成语除了"本钱小，利润大"的传统解释之外，还需要加上另外一种解释：用工匠精神建立和完善一个可以复制的"本"，然后对这个"本"进行万次的"利用（复制）"，利用一次，赚一次钱，发展一次；利用一次，赚一次钱，发展一次。这就是高级或者说好的（是指可以复制的）营销模式的

⊖ 李飞. 迪士尼的快乐营销模式［M］. 北京：机械工业出版社，2021：43-44.

发展过程。

（2）沃尔玛省钱营销模式发展的三个阶段。按照前述营销模式发展三阶段的划分标准，我们对沃尔玛公司省钱营销模式发展阶段进行了时间的区隔。

1）沃尔玛省钱营销模式的形成阶段：1940—1970 年（大约 30 年的时间）。之所以将沃尔玛省钱营销模式的形成阶段限定在这个时间段，是因为在这个阶段沃尔玛营销模式的两个特征：一是通过杂货商店的经营发现了省钱营销模式，并把该模式复制于折扣商店，形成了折扣商店的省钱营销模式，接着在折扣商店业态进行一定数量的复制，取得了非常好的业绩；二是当时的省钱营销模式并非很成熟，有诸多待完善之处，同时仅限于杂货商店和折扣商店业态的 30 家左右的店铺，未知能否在其他业态进行复制。

1940—1961 年是探索低价销售的杂货店时代。1940 年 6 月 3 日，山姆·沃尔顿在密苏里大学工商管理专业毕业后的第三天，就到位于艾奥瓦州达摩因的彭尼公司分店上班，月薪 75 美元，持续了 18 个月，学习了诸多的零售经营知识。之后他去服兵役，直至 1945 年战争结束。1945 年 9 月 1 日，山姆·沃尔顿开始经营自己的店铺，为富兰克林特许经营"5 美分–10 美分商店"，经营面积不足 500 平方米，店铺招牌两侧分别写有"5 美分和 10 美分"和"1 美元和 1 美元以上"，带有明显的低价零售店特征并取得了巨大成功。1946 年，山姆·沃尔顿的弟弟巴德·沃尔顿在密苏里的凡尔赛勒斯开设了一家相似的店铺。⊖1951 年，山姆·沃尔顿将低价经营模式复制于第 3 家店铺，经营面积不足 200 平方米，店铺名称用自己家族的姓氏，改为"沃尔顿 5 美分–10 美分商店"，店铺位于后来成为沃尔玛大本营的本顿维尔镇，尝试自己独立采购，大大降低了从本·富兰克林连锁总部进货的成本，佣金从货款的 25% 降低到 5%，因而可以以低于其他店铺很多的价格销售，并采取了当时很少店铺采取的开架售货方式，自然取得了成功。接着，山姆·沃尔顿将这种尽可能低价的开架售货模式复

⊖ 参见 1977 年沃尔玛公司年报。

制到更多的"沃尔顿 5 美分 –10 美分商店",1962 年总店铺数量达到了 15 家（都属于本·富兰克林特许杂货商店的加盟店），营业总额达到了 140 万美元。对此，有专家评价："显然，从这时起，山姆就深谙了绕过批发，直接从生产企业进货，降低交易成本，从而降低商品售价的窍门，并把此原理用到了未来沃尔玛折扣商店的经营上。"⊖ 这为后来沃尔玛公司省钱营销模式的形成埋下了伏笔。不过，从 1945 年山姆·沃尔顿开设第一家店铺到 1962 年 17 年的时间里，平均一年仅开不到一家店铺，速度还是比较缓慢的，同时几百平方米小杂货店也出现了发展的瓶颈，未来发展存在着很大的不确定性，这些表明此时省钱营销模式处于未形成的萌芽状态。

1962—1970 年是省钱营销模式形成的折扣商店时代。1962 年 7 月 2 日，第一家名为沃尔玛的折扣商店在本顿维尔附近的罗杰斯城开业，经营面积扩大到 1500 平方米，复制了原有"5 美分 –10 美分"商店的低价经营模式的核心内容，形成了折扣商店的省钱营销模式的雏形，几家店铺复制成功之后，公司开始将这个雏形在更多的折扣商店进行快速复制，这也取得了成功，标志着省钱营销模式的形成。1972 年财报显示，1968 财年店铺数为 24 家，1964—1967 财年每年以 1~2 家的速度开设新店，1969 财年店铺数为 27 家，1970 财年为 32 家，1971 财年为 38 家，复制速度明显加快。这些店铺主要开设在小城镇，人口数量在 5000 到 2.5 万人，商店面积从 1000 平方米到 4000 平方米不等，多数在 3000 平方米左右。该阶段主要是探索并形成了折扣商店的省钱营销模式，店铺主要分布在阿肯色州西北角的本顿维尔镇周边，从辐射范围看，可以将沃尔玛形容为"本顿维尔镇"级零售商。这些店铺几乎都取得了成功，1962 年沃尔玛店铺数为 15 家，营业额为 140 万美元，到了 1970 财年店铺数达到了 32 家（18 家折扣商店和 14 家杂货商店），营业额达到了 3086 万美元，利润额达到了 118 万美元，分布在美国的 4 个州。因此，我们判断此时沃尔玛形成了省钱营销模式，形成的载体为折扣商店，但是不可否认，前期"5 美分 –10 美分"

⊖ 吕一林. 美国沃尔玛：世界零售第一 [M]. 北京：中国人民大学出版社，2000：43.

商店的低价经营模式探索和尝试是这种模式形成的基础。

2）沃尔玛省钱营销模式的完善阶段：1971—1980 年（大约 10 年的时间）。之所以将沃尔玛省钱营销模式的完善阶段限定在这个时间段，是因为在这个阶段沃尔玛营销模式的两个特征：一是省钱营销模式被更大范围地成功复制；二是省钱营销模式得到进一步完善。

第一，省钱营销模式被更大范围地成功复制。在这个阶段，沃尔玛将省钱营销模式在更多的折扣商店、更多的城镇、更多的州进行了成功复制，这种复制既用于自建店铺，也用于购并后的店铺，且都取得了成功。这表明沃尔玛的省钱营销模式已经相当成熟，可以作为快速发展的复制之本。

由前述可知，1970 财年的店铺总数为 32 家（14 家 "5 美分 –10 美分店铺" 和 18 家折扣商店），如果从 1945 年开设第一家店铺算起，则每年开设 1~2 家店铺，如果从 1962 年创建折扣商店算起，则每年开设 2~3 家店铺。这些店铺基本位于阿肯色州及相邻的密苏里州、俄克拉何马州。1980 年财报显示，该年的店铺总数达到 276 家，总营业面积约为 117 万平方米，新增折扣商店 258 家，逐渐淘汰了加盟的本·富兰克林特许杂货商店，平均每年新增店铺近 26 家，且都是对折扣商店省钱营销模式的复制，其发展速度大大加快。这些店铺分布已经从 10 年前的 4 个州成功地扩展至 11 个州。营业额也从 1970 财年的 3086 万美元增加至 1980 财年的 12.48 亿美元，利润额由 118 万美元增加至 4115 万美元，相关经营数据详见表 3-3。

表 3-3　1968—1980 年（财年）沃尔玛公司经营情况

年份	销售额（百万美元）	利润额（百万美元）	店铺数（家）	空间分布	业态分布
1968	12.61	0.48	24	美国 2 个州	杂货商店和折扣商店
1969	21.36	0.60	27	美国 3 个州	杂货商店和折扣商店
1970	30.86	1.18	32	美国 4 个州	杂货商店（14 家）和折扣商店（18 家）
1971	44.28	1.65	38	美国 5 个州	杂货商店（13 家）和折扣商店（25 家）
1972	78.00	2.90	51	美国 5 个州	杂货商店和折扣商店

（续）

年份	销售额 （百万美元）	利润额 （百万美元）	店铺数 （家）	空间分布	业态分布
1973	124.88	4.44	64	美国5个州	杂货商店和折扣商店
1974	167.56	5.95	78	美国7个州	杂货商店（6家）和折扣商店（72家）
1975	236.20	6.35	104	美国8个州	杂货商店和折扣商店
1976	340.33	11.13	125	美国9个州	折扣商店（121家）、家装中心（2家）、家庭中心商店（2家）
1977	478.80	16.04	153	美国9个州	折扣商店（149家）、家装中心（2家）、家庭中心商店（2家）
1978	678.45	21.19	195	美国10个州	折扣商店（193家）、家装中心（1家）、家庭中心商店（1家）
1979	900.29	29.44	229	美国10个州	折扣商店
1980	1248.17	41.15	276	美国11个州	折扣商店

资料来源：根据沃尔玛公司1972年和1980年年报整理而成。

沃尔玛将省钱营销模式复制于更多情境并取得成功，证明沃尔玛的省钱营销模式得到了完善，当然这并不意味着该模式就一劳永逸了。《福布斯》杂志对全美折扣商店、百货商店和杂货商店的调查结果显示，从1977年开始，直到1980年，沃尔玛的股票回报率、投资回报率、销售收入和利润增长率等四项指标都是名列第一。

第二，在这个阶段沃尔玛不断对省钱营销模式进行完善。1970年沃尔玛上市，成为比较规范的公司，在坚持天天低价的同时，收回店中出租柜台的部分转为自己经营，探索商品、服务、店址和店铺环境、传播等方面的整体提升，并形成了可以复制的、相对固化的店铺模式。这从沃尔玛1980年年报中可以看出端倪。该年年报总结了1962—1980年沃尔玛公司成功的三大原则：一是整洁和管理优秀的店铺；二是保证每一位顾客都满意；三是以天天低价向顾客提供可广泛选择的优质产品。从营销模式的构成要素来看，沃尔玛确定了让顾客满意和省钱的目标，选定了以小镇普通居民为目标顾客，强调"价廉物好"的属性定位和省钱的利益定位，固定了"沃尔玛"的品牌名称和标志，店铺规模为30 000~60 000平方英尺，平均店铺面积大约为 45 000 平方英尺，分为 36 个商品部，品种约为 3.5 万种，主要为全国性品牌，且以天天低价进行销售等。为了保证采购流程和配送流程的高效率和低成本，沃尔玛建立了四个配送中心，其中有的配送中心具备供应 175 家店铺的能力，辐射范围为 300 英里⊖，店址选择、建筑设计和内部陈列，以及销售和服务流程等都相对规范化。在资源层面，沃尔玛逐步建立了员工是伙伴、顾客永远是对的、为顾客省钱抵御通货膨胀的企业文化，并通过组织执行力将其落实到每一个环节。正如 1980 年年报所言：我们关心的不是一句口号，而是经营行为，21 000 名员工的行动；我们关心的不是"我和你"，而是"我们"，顾客、同事、国民、公司，开创和分享我们的未来。

3）沃尔玛省钱营销模式的复制阶段：1981—2030 年（大约 50 年的时间）。之所以将沃尔玛省钱营销模式的完善阶段限定在这个时间段，是因为在这个阶段沃尔玛省钱营销模式的发展具有业态延伸、空间扩展和规模扩张三个明显特征。

一是从业态延伸看，已经将省钱营销模式复制到多种零售业态。从 1981 年的单一折扣商店业态，复制到仓储商店（始于 1983 年）、购物广场（始于 1988 年）、社区商店（1998 年）、线上商店和全渠道商店等业态。2021 年沃尔玛公司年报显示，该财年沃尔玛已有 11 443 家（1980 年为 276 家）线下或者说实体店铺，其中，美国本土有 5342 家，包括超级中心 3570 家、社区商店等小型店铺 799 家、仓储商店（山姆会员店）599 家、折扣商店 374 家；海外有 6101 家，包括零售店 5762 家（涉及折扣商店、超级中心、社区商店、特级市场和超级市场等业态），批发店 321 家（涉及仓储商店业态），独立加油站 18 家。另外，该财年沃尔玛已有分布在 26 个国家的 54 家线上购物商店（或网站）。每周光顾沃尔玛线上和线下店铺的顾客人数达到了 2.4 亿人。

二是从空间扩展看，已经从美国的局部地区复制到了全世界。从 1981 年美国本土的 11 个州复制到了全部 52 个州、区（其中包括 50 个州、华

⊖ 1 英里 ≈ 1.61 千米。

盛顿特区和波多黎各自制邦），以及全球四大洲的 24 个国家。2021 年沃尔玛公司年报显示，沃尔玛在海外 24 个国家开设了店铺：美洲的加拿大（408 家）、智利（358 家）、墨西哥（2634 家）以及哥斯达黎加、萨尔瓦多、危地马拉、洪都拉斯、尼加拉瓜 5 国（855 家）；亚洲的中国（434 家）、日本（328 家）；欧洲的英国（632 家）；非洲的南非、博茨瓦纳、加纳、肯尼亚、莱索托、马拉维、莫桑比克、纳米比亚、尼日利亚、斯威士兰、坦桑尼亚、乌干达和赞比亚 13 国（423 家）。

　　三是从规模扩张看，已经从区域性公司成为全球性公司。这表明沃尔玛省钱营销模式复制的成功，这一点在线下各种业态复制过程中都得到了证明，取得了非常好的绩效，尽管线上业态的复制还在探索过程中，但成效也是显著的。与 1980 年相比，2021 年沃尔玛的销售额从 12.48 亿美元增加到 5552.33 亿美元，利润额从 0.41 亿美元增加至 135.10 亿美元。1991 财年，沃尔玛超过西尔斯成为美国第一大零售商，进而也成为世界第一大零售商。2001 年沃尔玛在《财富》杂志公布的世界 500 强企业排名中居第 1 位，而后 20 年里都是名列前茅，绝大多数年份都是第 1 位，从 2014 年至 2021 年已经连续 8 年位居榜首。该阶段相关经营数据见表 3-4。

　　还有一点是非常明确的，无论是将省钱营销模式在线下的复制还是在线上的复制，都会进行不同程度的持续创新，而不是完全照搬，但是"为顾客节省每一分钱"的宗旨和"让人们生活得更好"的使命一直没有改变，得到最大限度的复制。正如 2021 年沃尔玛公司财报所谈到（其实几乎在每一年的年报中都会谈到）的宗旨：通过公司所有员工的努力，以天天低价为顾客提供优质而广泛的商品选择。

　　经过初步分析，我们可以将沃尔玛省钱营销模式的复制阶段分为上下两个阶段：一是主要向线下零售业态复制的阶段（1981—2000 年）；二是重点向线上零售业态复制及形成全渠道零售的阶段（2001—2030 年，本书的分析至 2021 年）。预计 2031 年或许会进入人工智能（机器人）和元宇宙零售业态的发展阶段，但是是否仍然复制省钱营销模式难以预计，我们将拭目以待。

表 3-4　1981—2021 年（财年）沃尔玛公司经营情况

年份	销售额（亿美元）	利润额（亿美元）	店铺数（家）	空间分布	业态分布
1981	16.43	0.55	330	美国 11 个州	折扣商店
1982	24.44	0.82	491	美国 13 个州	折扣商店（其中包括 92 家收购的 Big K 店铺）
1983	33.76	1.24	551	美国 14 个州	折扣商店
1984	46.66	1.96	645	美国 19 个州	折扣商店（642 家）和山姆批发会员店（3 家）
1985	64.00	2.70	756	美国 20 个州	折扣商店（745 家，其中包括 1 家工艺品店和 1 家折扣药店）和山姆批发会员店（11 家）
1986	84.51	3.27	887	美国 22 个州	折扣商店（859 家）、山姆批发会员店（23 家）、工艺品店（3 家）和折扣药店（2 家）
1987	119.09	4.50	1037	美国 23 个州	折扣商店（980 家）、山姆批发会员店（49 家）、工艺品店（3 家）和折扣药店（5 家）
1988	159.59	6.27	1218	美国 24 个州	折扣商店（1114 家）、山姆批发会员店（84 家）、工艺品店（3 家）、折扣药店（12 家）、3 家工艺品店、特级市场（2 家）
1989	206.49	8.37	1381	美国 25 个州	折扣商店（1259 家，包括 2 个超级中心）、山姆批发会员店（105 家）、特级市场（3 家）、折扣药店（14 家）
1990	258.11	10.76	1528	美国 29 个州	折扣商店（1399 家）、山姆批发会员店（123 家）、超级中心（6 家）
1991	326.02	12.91	1730	美国 35 个州	折扣商店（1573 家）、山姆会员店（148 家）、超级中心（9 家）

（续）

年份	销售额（亿美元）	利润额（亿美元）	店铺数（家）	空间分布	业态分布
1992	438.87	16.09	1932	美国42个州	折扣商店（1714家），山姆会员店（208家），超级中心（10家）
1993	554.84	19.95	2148	美国45个州及海外墨西哥1个国家	美国本土折扣商店（1848家），山姆会员店（256家），超级中心（34家），海外（10家），业态分布不详
1994	673.44	23.33	2463	美国47个州及海外墨西哥1个国家	美国本土折扣商店1950家，山姆会员店417家，超级购物中心2家，仓储商店14家，超级中心2家，海外分布为72家，海外分布为1994年年报数据，加总为23家，与2000年年报的总额数据24家不一致
1995	824.94	26.81	2784	美国50个州及海外加拿大、墨西哥、中国香港3个国家或地区	美国本土2558家（折扣商店1985家，山姆会员店426家，超级中心147家），仓储商店11家，海外226家（折扣商店186家，超级中心25家，仓储商店25家，海外分布为1995年年报数据，加总为222家，与2000年年报的总额数据226家不一致
1996	936.27（2000年年报）890.51（2005年年报）	27.40（2000年年报）27.37（2005年年报）	2943	美国50个州及海外波多黎各（美国自治邦）、加拿大、阿根廷、巴西、墨西哥5个国家或地区	美国本土2667家（折扣商店1995家，山姆会员店433家，超级中心239家），海外276家（折扣商店223家，超级中心16家，仓储商店37家）
1997	1048.59（2000年年报）996.27（2005年年报）	30.56（2000年年报）30.42（2005年年报）	3054	美国50个州及海外波多黎各（美国自治邦）、加拿大、中国、阿根廷、巴西、墨西哥、印度尼西亚7个国家或地区	美国本土2740家（折扣商店1960家，山姆会员店436家，超级中心344家），海外314家（折扣商店249家，超级中心26家，仓储商店39家）

(续)

年份	销售额（亿美元）	利润额（亿美元）	店铺数（家）	空间分布	业态分布
1998	1179.58（2000年年报）1120.05（2005年年报）	35.26（2000年年报）35.04（2005年年报）	3394	美国50个州及海外波多黎各（美国自治邦）、加拿大、阿根廷、巴西、墨西哥、中国、德国7个国家或地区	美国本土2805家（折扣商店1921家、山姆会员店443家，超级商店441家，社区商店0家），海外589家（折扣商店500家，超级中心61家，仓储商店40家，海外分布为1998年年报数据，加总为601家，与2005年年报的总额数据589家不一致）
1999	1376.34（2000年年报）1305.22（2005年年报）	44.30（2000年年报）43.97（2005年年报）	3591	美国50个州及海外波多黎各（美国自治邦）、加拿大、韩国、中国、德国8个国家或地区	美国本土2888家（折扣商店1869家、山姆会员店451家，超级中心564家，社区商店4家），海外703家（折扣商店520家，超级中心149家，仓储商店46家，海外分布为1999年年报数据，加总为715家，与2005年年报的总额数据703家不一致）
2000	1650.13（2000年年报）1562.49（2005年年报）	53.77（2000年年报）53.24（2005年年报）	3983	美国50个州及海外波多黎各（美国自治邦）、加拿大、韩国、中国、德国、英国9个国家或地区	美国本土2992家（折扣商店1801家、山姆会员店463家，超级中心721家，社区商店7家），海外991家（折扣商店572家，超级中心383家，仓储商店49家，海外分布为2000年年报数据，加总为1004家，与2005年年报的总额数据991家不一致）
2001	1807.87	62.35	4172	美国50个州及海外波多黎各（美国自治邦）、加拿大、韩国、中国、德国、英国9个国家或地区	美国本土3118家（折扣商店1736家、山姆会员店475家，超级中心888家，社区商店19家），海外1054家（折扣商店0家，超级商店612家，社区商店406家，仓储商店53家，海外分布为2001年年报数据，加总为1071家，与2005年年报的总额数据1054家一致）

(续)

年份	销售额（亿美元）	利润额（亿美元）	店铺数（家）	空间分布	业态分布
2002	2040.11	65.92	4398	美国50个州及海外波多黎各（美国自治邦）、加拿大、阿根廷、巴西、墨西哥、中国、韩国、德国、英国9个国家或地区	美国本土3244家（折扣商店1647家、山姆会员店500家、超级中心1066家、社区商店31家），海外1154家（折扣商店648家、超级中心455家、仓储商店64家、中国3家、海外分布为2002年年报数据，加总为1170家，与2005年年报的总额数据1154家不一致，3家社区商店巴西和中国分别为2家和1家）
2003	2296.16	79.55	4672	美国50个州及海外波多黎各（美国自治邦）、加拿大、阿根廷、巴西、墨西哥、中国、韩国、德国、英国9个国家或地区	美国本土3400家（折扣商店1568家、山姆会员店525家、超级中心1258家、社区商店49家），海外1272家（折扣商店942家、超级中心238家、仓储商店71家、社区商店37家、海外分布为2003年年报数据，加总为1288家，与2005年年报的总额数据1272家不一致）
2004	2653.29	90.54	4906	美国50个州及海外波多黎各（美国自治邦）、加拿大、阿根廷、巴西、墨西哥、中国、韩国、德国、英国9个国家或地区	美国本土3551家（折扣商店1478家、山姆会员店538家、超级中心1471家、社区商店64家），海外1355家（折扣商店982家、超级中心257家、仓储商店80家、社区商店36家）
2005	2852.22	102.67	5289	美国50个州及海外波多黎各（美国自治邦）、加拿大、阿根廷、巴西、墨西哥、中国、韩国、德国、英国9个国家或地区	美国本土3702家（折扣商店1353家、山姆会员店551家、超级中心1713家、社区商店85家），海外1587家（折扣商店1175家、超级中心285家、仓储商店91家、社区商店36家）

第3章　沃尔玛公司省钱营销模式发展阶段划分

（续）

年份	销售额（亿美元）	利润额（亿美元）	店铺数（家）	空间分布	业态分布
2006	3089.45	112.31	6014	美国50个州及海外波多黎各（美国自治邦）、加拿大、阿根廷、巴西、墨西哥、中国、韩国、德国、英国10个国家或地区	美国本土3856家（折扣商店1209家，山姆会员店567家，超级中心1980家，社区商店100家），海外2158家（折扣商店1431家，超级中心416家，仓储商店103家，社区商店335家，海外分布为2006年年报数据，加总为2285家，与2009年年报的总额数据2158家不一致）
2007	3447.59	112.84	6756	美国50个州及海外波多黎各（美国自治邦）、加拿大、阿根廷、巴西、墨西哥、中美洲（包括多个国家）、中国、日本、英国等国家或地区	美国本土4022家（折扣商店1075家，山姆会员店579家，超级中心2256家，社区商店112家），海外2734家（缺乏业态分布的汇总数据）
2008	3743.07	127.31	7239	美国50个州及海外波多黎各（美国自治邦）、加拿大、阿根廷、巴西、墨西哥、中美洲（包括多个国家）、中国、日本、英国等国家或地区	美国本土4141家（折扣商店971家，山姆会员店591家，超级中心2447家，社区商店132家），海外3098家（缺乏业态分布的汇总数据）
2009	4012.44	134.00	7873	美国50个州及海外波多黎各、加拿大、中国、哥斯达黎加、萨尔瓦多、危地马拉、洪都拉斯、日本、墨西哥、尼加拉瓜、英国14个国家或地区	美国本土4258家（折扣商店891家，山姆会员店602家，超级中心2612家，社区商店153家），海外3615家（折扣商店762家，超级市场436家，特级市场370家，其他983家，包括仓储商店、折扣杂货店和饭店等）

（续）

年份	销售额（亿美元）	利润额（亿美元）	店铺数（家）	空间分布	业态分布
2010	4050.46	141.14	8417	美国50个州和1个自治邦，以及海外波多黎各（美国自治邦）、加拿大、阿根廷、巴西、智利、中国、哥斯达黎加、萨尔瓦多、危地马拉、洪都拉斯、印度、日本、墨西哥、尼加拉瓜，英国15个国家或地区	美国本土4305家（折扣商店804家，山姆会员店596家，超级中心2747家，社区商店158家，海外4112家，超级市场526家，超级仓储商店、折扣商店973家，特级市场650家，包括其他1119家，其他杂货店和饭店等）
2011	4189.52	153.55	8970	美国50个州和1个区波多黎各（美国自治邦，该年起被统计为美国本土），以及海外加拿大、阿根廷、巴西、智利、中国、哥斯达黎加、萨尔瓦多、危地马拉、洪都拉斯、印度、日本、墨西哥、尼加拉瓜，英国14个国家	美国本土4413家（折扣商店708家，山姆会员店609家，超级中心2907家，社区商店189家，海外4557家，超级零售店3949家，批发货197家，酒店等其他业态411家）
2012	4438.54	157.66	10 130	美国50个州和1个区波多黎各（美国自治邦），以及海外加拿大、阿根廷、巴西、智利、中国、危地马拉、洪都拉斯、印度、日本、墨西哥、尼加拉瓜（包括11个国家）、英国南非洲地区以南非洲国家或地区	美国本土4479家（折扣商店629家，山姆会员店611家，超级中心3029家，社区商店等210家，海外5651家（包括零售店4905家，批发商店328家，酒店等其他业态418家）
2013	4661.14	169.99	10 773	美国50个州和1个区波多黎各（美国自治邦），以及海外加拿大、阿根廷、墨西哥、英国、智利、中国、印度、日本、非洲12国、中美洲5国共26个国家	美国本土4625家（折扣商店561家，山姆会员店620家，超级中心3158家，社区商店等286家，海外6148家（包括零售店5341家，批发商店356家，杂货店、便利店等其他业态451家）

（续）

年份	销售额（亿美元）	利润额（亿美元）	店铺数（家）	空间分布	业态分布
2014	4730.76	159.18	10 942	美国52个州区（区为华盛顿特区和波多黎各自治邦），以及海外加拿大、阿根廷、巴西、智利、中国、印度、日本、墨西哥、英国、非洲12国、中美洲5国共26个国家	美国本土4835家（折扣商店508家，山姆会员店632家，超级中心3288家，社区商店等407家），海外6107家（包括零售店5633家，批发店359家，酒店、杂货店、便利店等其他业态115家）
2015	4822.29	161.82	11 453	同2014年	美国本土5163家（折扣商店470家，山姆会员店647家，超级中心3407家，社区商店等639家），海外6290家（包括零售店5816家，批发店365家，酒店、杂货店、便利店等其他业态100家）
2016	4718.64	146.94	11 518	同2015年	美国本土5229家（折扣商店442家，山姆会员店655家，超级中心3465家，社区商店等667家），海外6289家（包括零售店5889家，批发店358家，杂货店和便利店等其他业态42家）
2017	4813.17	136.43	11 725	美国52个州区（区为华盛顿特区和波多黎各自治邦），以及海外加拿大、阿根廷、巴西、智利、中国、印度、日本、墨西哥、英国、非洲13国、中美洲5国共27个国家	美国本土5362家（折扣商店415家，山姆会员店660家，超级中心3552家，社区商店等735家），海外6363家（包括零售店5962家，批发店356家，杂货店和便利店等其他业态45家）
2018	4957.61	98.62	11 713	同2017年	美国本土5353家（折扣商店400家，山姆会员店592家，超级中心3561家，社区商店等800家），海外6360家（包括零售店5945家，批发店365家，杂货店和便利店等其他业态50家）

(续)

年份	销售额（亿美元）	利润额（亿美元）	店铺数（家）	空间分布	业态分布
2019	5103.29	66.70	11 361	美国本土同前，海外减少巴西1国，总数为26个国家	美国本土5368家（折扣商店386家，山姆会员店599家，超级中心3570家，社区商店等813家，海外5993家（包括零售店5669家，批发店306家，独立加油站18家）
2020	5199.26	148.81	11 501	同2019年	美国本土5355家（折扣商店376家，山姆会员店599家，超级中心3571家，社区商店等809家，海外6146家（包括零售店5815家，批发店313家，独立加油站18家）
2021	5552.33	135.10	11 443	美国本土店铺分布同2020年，海外加拿大、智利、中国、日本、墨西哥、英国、非洲13国、中美洲5国共24个国家	美国本土5342家（折扣商店374家，山姆会员店599家，超级中心3570家，社区商店等799家，海外6101家（包括零售店5762家，批发店321家，独立加油站18家）

注：销售额和利润额数据是本书作者根据沃尔玛公司1990年（1981—1990财年数据），2000年（1991—1995财年数据），2005年（1996—2005财年数据），2009年（2006—2009财年数据），2010—2021年（2011—2021财年数据）年报整理而成，店铺数及空间分布、业态分布数据根据1981—2020年年报整理而成。由于年报科目变化，反映利润额的指标也有变化，1981—2009年为"Income from continuing operations attributable to Walmart"，2020—2021年为"Consolidated net income attributable to Walmart"，其他年份为"Net income"，2010—2019年为"Consolidated net income attributable to Walmart"。

可见，以省钱营销模式的形成和发展历程为标志，可以将沃尔玛公司的发展分为营销模式形成、完善和复制三个阶段（见表3-5），核心是通过杂货商店的经营发现了"天天低价"的省钱模式，然后将"天天低价"的省钱模式用于折扣商店的发展或复制，经过15家杂货店和18家折扣商店的发展，形成了省钱营销模式；然后将省钱的经营模式复制于200多家跨区域的折扣商店，完善出具有通用性的省钱营销模式；最后将完善后的省钱营销模式复制到更多的线下、线上和线下线上融合的全渠道零售业态。至于2031年之后的发展，我们仅仅是凭空猜想的，虽然列于表中，但不是本书讨论的内容，本书关注的是过去发生史实的研究。

表3-5 沃尔玛省钱营销模式发展的阶段

阶段	时间	省钱营销模式特征	主要涉及的零售业态
1. 形成	1940—1970年	创立了折扣商店的省钱营销模式	杂货商店和折扣商店
2. 完善	1971—1980年	完善出折扣商店的省钱营销模式	折扣商店
3. 复制	1981—2000年	复制出多种线下零售业态的省钱营销模式	折扣商店、仓储商店、超级中心、社区商店
3. 复制	2001—2030年	复制出多种线上零售业态和全渠道业态的省钱营销模式	线上商店、全渠道商店
4. 复制或再创新（估计）	2031—？	复制省钱营销模式或创建新的营销模式	智能商店

小结

沃尔玛省钱营销模式的形成及发展研究，首先遇到的问题就是对沃尔玛公司发展阶段的划分。尽管已有关于沃尔玛发展历史的研究分别选择了领导人更迭标志、业态变化标志、发展年代标志、公司成长标志等来划分发展阶段，但是本研究由主题决定只能采取以营销模式的形成、完善和复制（利用）为标志进行划分。因此，依据这三个阶段的特征，我们对沃尔玛公司发展历程进行了研究，重点搜寻省钱营销模式发展历程的关键性变化，最后得出相应的结论：①省钱营销模式形成阶段为 1940—1970 年；②省钱营销模式完善阶段为 1971—1980 年；③省钱营销模式的复制阶段为 1981—2030 年，其中前 20 年为线下零售业态的复制阶段（但是不否认已经开始线上零售业态的尝试），后 30 年重点为复制全渠道零售业态的阶段（不否认线下零售业态的延续，是线下线上融合的全渠道复制）。显然，沃尔玛省钱营销模式形成、完善和复制三阶段的划分，为我们后续的研究提供了线索和轨迹。

第 4 章

第一阶段：由杂货商店和折扣商店的创建形成省钱营销模式

(1940—1970 年)

山姆·沃尔顿1918年出生于俄克拉何马州的金菲舍县，七八岁时就开始勤工俭学为订户送报刊，一直持续至高中和大学。1940年6月3日，他从密苏里大学毕业之后直接入职彭尼公司的一家分店，工作18个月后离职准备参军。在准备参军和度过两年军营生活之后，他于1945年购买了一家名为本·富兰克林商店（Ben Franklin Stores）杂货商店（又称"5美分-10美分商店"，5C and 10C）的特许经营权，并租赁了原有商家的店铺，逐步探索出薄利多销的盈利模式。由于5年租约到期，1950年他和家人来到了本顿维尔镇，购买了一家名为哈里逊的杂货店（也是本·富兰克林的特许经营店铺），用自己的名字"沃尔顿"命名（店铺名称为Walton's），明确提出"物美价廉"的承诺。1952年，他在费耶特维尔镇开设了第二家名为"沃尔顿"的杂货商店。到1960年，山姆·沃尔顿已经开设了15家店铺，营业额达到140万美元。之后，由于杂货商店竞争激烈化和折扣商店业态的兴起，山姆·沃尔顿有了开设更大店铺的想法，并于 1962 年 7 月 2 日在罗杰斯城开了第一家名为沃尔玛的折扣商店（Wal-Mart Discount City）。在这之后的 8 年时间里，一边复制沃尔玛折扣商店，一边探索省钱营销模式，到了 1970 年沃尔玛公司拥有了 18 家沃尔玛折扣商店和保留下来的 14 家杂货商店（包括特许经营店铺和独立店铺），年营业额约为 3100 万美元，利润额为 120 万美元，取得了较好的经营业绩。⊖ 正如我们在第 3 章所说：在这个阶段，山姆·沃尔顿"通过杂货商店的经营发现了省钱营销模式，并把该模式复制于折扣商店，形成了折扣商店的省钱营销模式，接着在折扣商店业态进行一定数量的复制，取得了非常好的业绩"。因此，我们把这一阶段视为沃尔玛公司省钱营销模式的形成阶段，并按照逻辑营销或者营销定位瓶的框架对其进行描述和分析。

公司使命：通过提供价廉物好的商品让顾客满意

在文献分析过程中，我们没有找到该阶段关于沃尔玛公司使命的直接描述，主要是创始人山姆·沃尔顿的价值观中隐含着公司的使命。在经营本·富兰克林特许经营的杂货商店（5 美分–10 美分商店）的时代（1950—1961 年），山姆·沃尔顿还没有创办沃尔玛折扣商店，其开店目的在于实现盈利和改善家庭生活。山姆·沃尔顿在《富甲美国：零售大王沃尔顿自传》中曾经谈到当时经营商店的目的："我们开始时，仅仅是为了盈利。我们的经营策略是以尽可能低的价格出售质量最高的商品，吸引顾客上门。"⊖ 可见，在经营杂货商店的阶段，山姆·沃尔顿是将提供低价商品作为盈利的手段，改善家庭生活。尽管提到了提供高质量产品，但是更多强调低价。他说："我们注意保持经营杂货店中学到的东西，如坚持为顾客服务和保证顾客满意，但是我不得不承认，在那些年月里，我们还没有

⊖ 沃尔顿，休伊. 富甲美国：零售大王沃尔顿自传［M］. 沈志彦，等译. 上海：上海译文出版社，2001：124-125.

⊖ 沃尔顿，休伊. 富甲美国：零售大王沃尔顿自传［M］. 沈志彦，等译. 上海：上海译文出版社，2001：49.

像今天这样强调商品质量,我们始终坚持的一点是要保持我们的价格比其他任何商店都低。"㊀

在经营沃尔玛折扣商店的时代(1962—1970年),沃尔顿有了让顾客满意和改善人们生活的思想。1962年7月2日开业的第一家沃尔玛折扣商店,就在店铺两边的招牌上分别写有"低价销售"(We Sell for Less)和"顾客满意"(Satisfaction Guaranteed)。沃尔玛全球前副董事长唐·索德奎斯曾经明确指出:"沃尔玛的使命(从开始到现在)很激动人心:看看我们能做什么,不为金钱,而为服务他人……即便我们寻求利润,但我们永远不会放弃为顾客服务的初衷。"㊁这里虽然可能隐含有"让人们生活得更好"的内容,但是有据可查的资料显示,当时还是强调让顾客满意。有研究者指出:"当山姆·沃尔顿1962年在阿肯色州的罗杰斯城开设沃尔玛时,他将现代折扣店的透明化和旧式小镇杂货铺的友好氛围结合起来。他相信彭尼公司1913年的信条:'为公众服务……直至其完全满足';关注公平报酬而非高额利润;给予顾客价值、品质和满意。"㊂

沃尔玛早期合伙人查利·鲍姆(Charlie Baum)曾经谈道:"我相信,从某种角度讲,山姆对金钱是并不太看重的。真正激励他前进的动力是要完全占据巅峰的欲望,而绝不是金钱。"㊃山姆·沃尔顿自己也曾经宣称:"我从不追随一时的风潮,我总是尽力去建立一个良好的零售机构。"㊄

由此可见,在该阶段的后期,沃尔玛公司的使命可以概括为:通过开办属于自己的商店,并成为最好的零售店铺,向顾客提供价廉物好的商

㊀ 沃尔顿,休伊. 富甲美国:零售大王沃尔顿自传[M]. 沈志彦,等译. 上海:上海译文出版社,2001:56-57.

㊁ 索德奎斯. 沃尔玛不败之谜:沃尔玛全球前副董事长揭秘[M]. 任月园,译. 北京:中国社会科学出版社,2009:4.

㊂ 佐京. 购买点:购物如何改变美国文化[M]. 梁文敏,译. 上海:上海书店出版社,2011:84.

㊃ 沃尔顿,休伊. 富甲美国:零售大王沃尔顿自传[M]. 沈志彦,等译. 上海:上海译文出版社,2001:9.

㊄ 沃尔顿,休伊. 富甲美国:零售大王沃尔顿自传[M]. 沈志彦,等译. 上海:上海译文出版社,2001:86.

品,让顾客省钱,实现顾客满意。

营销目标:为顾客提供价廉物好的商品并赢利

在沃尔玛公司发展的第一阶段,山姆·沃尔顿一直追逐着拥有自己更多商店的梦想,从加盟特许经营系统到创办名为沃尔玛的折扣商店,再到更多的沃尔玛折扣商店。在这个发展过程中,沃尔顿发现初期薄利多销会取得明显的竞争优势,带来客户,增加销售量,因此尽量降低商品售价。后来发现仅有低价但商品质量不好,并不会令顾客满意、吸引顾客重复购买,因此在保持低价的同时,他会尽量采购和销售全国性品牌,形成了价廉物好的店铺特色,这样才能真正实现让顾客省钱,令顾客满意,公司持续发展。这与山姆·沃尔顿确定的使命和梦想是一致的,甚至是完全相同的。一个证据是:关于沃尔玛创业初期的文字描述和历史证据里,常常会看到5美分和10美分、低价、全国性品牌、价廉物好、省钱、顾客满意等文字。

1945年山姆·沃尔顿加盟本·富兰克林特许经营系统,在纽波特镇开设了第一家店铺,为杂货商店(也被称为5美分–10美分商店),全部商品以较低的价格出售。在这家店铺招牌的两侧都明显地写有"5^C AND 10^C"的文字,字体几乎与店铺名称一样大小,中间写有"100 AND UP"(1美元及以上)的文字(见图4-1)。㊀ 这表明山姆·沃尔顿从第一家商店开始,就力图通过低价多销营利,销售商品的价格很多为5美分、10美分和1美元及以上。

1950年山姆·沃尔顿全家来到了本顿维尔镇,并于该年7月在小镇广场开设了一家名为沃尔顿的杂货商店(同样是本·富兰克林的加盟店),全部商品仍然以较低的价格出售,在店铺招牌两边附有"5-10"的文字(见图4-2),㊁ 表明仍然是"5美分和10美分"商店,销售价格比较低廉的

㊀ 沃尔顿,休伊. 富甲美国:零售大王沃尔顿自传[M]. 沈志彦,等译. 上海:上海译文出版社,2001:插图.

㊁ 沃尔顿,休伊. 富甲美国:零售大王沃尔顿自传[M]. 沈志彦,等译. 上海:上海译文出版社,2001:插图.

日常生活用品。这是一家全新的自助商店，也是全美实行自助售货的第三家杂货商店。1950年7月29日，山姆·沃尔顿在《本顿县民主党人》报纸上第一次做广告，广告宣称保证有大量价廉物好（Good Stuff）的商品供应。㊀可见，在这家店铺开业时，不仅像上一家店铺一样承诺低价，还承诺商品质量好。

图4-1 山姆·沃尔顿开设的第一家店铺（1945年）

图4-2 山姆·沃尔顿开设的沃尔顿店铺（1950年）

㊀ 沃尔顿，休伊. 富甲美国：零售大王沃尔顿自传[M]. 沈志彦，等译. 上海：上海译文出版社，2001：38.

到 1960 年，山姆·沃尔顿已经开设了 15 家店铺，都是本·富兰克林的特许加盟店铺，业态也都是"5 美分–10 美分"杂货商店。尽管在这个阶段实现了低价，但是受到本·富兰克林特许经营系统供货的制约，难以实现"物好"和真正让顾客省钱和满意的目标。有专家分析道：在山姆·沃尔顿创业之初，"公司缺少品质优良、可供出售的商品。山姆一直经营的以卖 5 美分、100 美分商品为主的杂货店，又是一家大连锁的特许连锁店，由母公司供应 80% 的货源，所以沃尔顿开业之初实在是缺少供货网。公司在相当一段时间内实际上不得不推销可能买到的任何东西。虽然公司竭力改善所售商品的品质，但这段时间内，公司销售的商品本质上大多属于次等货。为了求便宜，有时不得不经营品质较低的商品。同时，沃尔顿努力以自己快速增长的销售额吸引全国性大制造商，使其增加与本公司做生意的兴趣。"㊀

通过这一个阶段的杂货商店经营，山姆·沃尔顿明确认识到三点：一是小镇具有零售业发展的巨大空间；二是在小镇取得零售店的成功，不仅需要价廉，还需要物好，乃至服务友善、方便停车和营业时间灵活；三是杂货商店已经难以满足小镇居民的需求，需要发展折扣商店业态。

因此，山姆·沃尔顿创办了名为沃尔玛的折扣商店，第一家店铺于 1962 年 7 月 2 日在罗杰斯城开业（见图 4-3）。㊁店铺名称为沃尔玛折扣商店，其中，折扣就是廉价和低价的含义。同时，店铺两旁设立了两个招牌，山姆·沃尔顿回忆道："在一边我叫雷伯恩写上'低价销售'（We Sell for Less㊂），在另一边写上'顾客满意'（Satisfaction Guaranteed）。这两个作为经营思想的基础哲学至今仍旧指导着公司。"㊃从图 4-3 中拥挤的人群，可以想象这家店开业时的盛况。

㊀ 吕一林. 美国沃尔玛：世界零售第一[M]. 北京：中国人民大学出版社，2000：73.
㊁ 沃尔顿，休伊. 富甲美国：零售大王沃尔顿自传[M]. 沈志彦，等译. 上海：上海译文出版社，2001：插图.
㊂ 又译为"我们销售得更便宜"。
㊃ 沃尔顿，休伊. 富甲美国：零售大王沃尔顿自传[M]. 沈志彦，等译. 上海：上海译文出版社，2001：49.

图 4-3　第一家沃尔玛折扣商店开业（1962 年）

同时，在第一家沃尔玛折扣商店的开业广告中，就已经明确提出"省钱"承诺：沃尔玛一定让您省钱，这是我们的保证（You Must Save at Wal-Mart. Our Policy Guarantees It）（见图 4-4）。[一]这表明在沃尔玛折扣商店开业的第一天，就明确了沃尔玛的使命和目标：通过低价销售让顾客省钱，并实现顾客满意的目标。

1969 年沃尔玛公司重回纽波特镇开办了沃尔玛的第 18 家折扣商店，从当时的开业仪式照片中（见图 4-5），[二]可以看到招牌上的文字，突出了"全国性品牌"（Nationally Advertised；Name Brands）和"省钱或低价"（Total Savings）。

图 4-4　第一家沃尔玛折扣商店的开业广告（1962 年）

[一] 沃尔顿，休伊. 富甲美国：零售大王沃尔顿自传［M］. 沈志彦，等译. 上海：上海译文出版社，2001：插图.

[二] 沃尔顿，休伊. 富甲美国：零售大王沃尔顿自传［M］. 沈志彦，等译. 上海：上海译文出版社，2001：插图.

图 4-5　第 18 家沃尔玛折扣商店的开业仪式（1969 年）

山姆·沃尔顿是一个崇尚简朴生活的人，实现梦想的愿望大大高于对于利润的索取，他曾经说过："钱不过是纸片而已，我们创业时如此，之后也一样。"⊖ 但是，为了实现梦想和持续地让顾客省钱，必须获得一定利润，以保证公司的生存和发展，进而持续地为顾客提供更好的服务。正像山姆·沃尔顿所说的："我们把一家商店挣到的所有的钱，都用来开设另一家新的商店，我们的事业就这样不断地扩展着。"⊜

因此，可以推断该阶段沃尔玛公司的营销目标是：通过向顾客提供价廉物好的商品，让顾客省钱和满意，并且公司获得一定的利润。

目标顾客：小城镇普通大众及他们的家庭

这一阶段，由于沃尔玛的使命和营销目标是为人们提供价廉物好的商

⊖ 奥尔特加. 信任萨姆：全球最大零售商沃尔玛的秘密［M］. 屈陆民，韩红梅，石艳，译. 北京：华夏出版社，2001：18.

⊜ 沃尔顿，休伊. 富甲美国：零售大王沃尔顿自传［M］. 沈志彦，等译. 上海：上海译文出版社，2001：46.

品并使他们满意，进而获得一定的利润，因此沃尔玛选择的目标顾客是非常广泛的，就是小镇上的普通大众及他们的家庭，大多为低收入人群。当时，很多零售商忽视了小镇市场，而山姆·沃尔顿在小镇起步，使他很早就认识到：在美国的小城镇里存在着许多商业机会，比人们想象的要多得多。㊀正如有专家所指出的："沃尔玛在美国乡村以低收入者为消费人群开始了它的生意。其他零售商们在20世纪60年代时放弃了这些地区，因为他们关注的是追寻美国梦的新兴客户群。"㊁

在20世纪60年代初期，美国已经进入顾客至上和全国性品牌消费的时代，大量怀揣美国梦的人涌进大城市，诸多零售商纷纷将店铺开进大中城市，向他们提供全国性品牌产品。这使得美国乡村居民购买全国性品牌成为一件困难的事情。沃尔玛抓住时机解决这一个问题。"沃尔顿在小镇中开设商店，那里的购物者迫切地想购买新产品，却付不起高价；他定了低得可怕的价格，其他商店不能或不愿定这样的价格"。㊂山姆·沃尔顿说："正是乡村中消费者这种强大的需求才使得沃尔玛在乡村开始经营，然后不断发展壮大，最终把它的理念散播到整个美国。"㊃即使后来沃尔玛的店铺也开进了大中城市里，但是其主要目标顾客仍然没有改变：普通大众及他们的家庭。

可见，沃尔玛公司在该阶段选择的目标顾客为普通大众及他们的家庭，在该阶段基本上是生活在小城镇的中低收入人群，这些小城镇的人口少则3000人，多也不超过2.5万人。这一点在后边选址策略部分有所说明，这里不再赘述。

㊀ 沃尔顿，休伊. 富甲美国：零售大王沃尔顿自传[M]. 沈志彦，等译. 上海：上海译文出版社，2001：56.

㊁ 罗伯茨，伯格. 向世界零售巨头沃尔玛学应变之道[M]. 崔璇，译. 北京：中国电力出版社，2014：22.

㊂ 佐京. 购买点：购物如何改变美国文化[M]. 梁文敏，译. 上海：上海书店出版社，2011：84.

㊃ 罗伯茨，伯格. 向世界零售巨头沃尔玛学应变之道[M]. 崔璇，译. 北京：中国电力出版社，2014：23.

营销定位：通过价廉物好的商品实现省钱

这一阶段沃尔玛营销定位点的形成，源于沃尔玛公司的使命、营销目标和目标顾客所关注要素的聚焦点，或者说重合交叉点：让目标顾客通过购买和享用价廉物好的商品实现省钱。

由前面的分析得知，山姆·沃尔顿在该阶段先后经营着三种店名的零售店铺：从本·富兰克林杂货（5 美分 –10 美分）商店到沃尔顿杂货（5 美分和 10 美分）商店（二者都是本·富兰克林特许加盟的店铺），再到沃尔玛折扣商店。在 1945 年开设本·富兰克林店铺的时候，业态为"5 美分 –10 美分"店铺，主要诉求的是价廉，有时候为了价廉无法保证商品质量。在 1950 年开设沃尔顿店铺的时候，业态仍然为"5 美分 –10 美分"店铺，主要诉求的不仅是价廉，还加上了物好。在 1962 年开设沃尔玛店铺的时候，业态变为折扣商店，主要诉求的不仅是价廉物好，还强调了为顾客省钱，这在前面提到的第一家折扣商店开业报纸广告中已经明示（You Must Save）。可见，在经营本·富兰克林 5 美分 –10 美分店铺阶段，仅有价廉的属性定位点；在经营沃尔顿 5 美分 –10 美分店铺阶段，属性定位点进化为价廉物好；而到了经营沃尔玛折扣商店阶段，在保留价廉物好属性定位点的同时，补充了省钱的利益定位点。

基于上述分析，以及营销定位中属性定位（利益定位产生的原因）、利益定位（顾客实际体验到的好处）和价值定位（顾客获得的精神价值）的内容，⊖我们可以得出该阶段沃尔玛公司的定位内容：利益定位为"省钱"，属性定位为"价廉物好"，没有强调价值定位。这里我们说的属性定位"价廉物好"，与常用的"物美价廉"有些区别，一是更加强调"价廉"，因此放在"物好"之前；二是没有用"物美"，因为我们界定的"物美"是"物好"的高级层次，它具有艺术欣赏价值，会给人以感官的美感。关于这一点我们在已有研究中已经进行说

⊖ 李飞．营销定位［M］．北京：经济科学出版社，2013：117．

明。⊖价廉物好（属性定位）是顾客体验到省钱（利益定位）的原因，沃尔玛公司虽然没有明确提出价值定位，但是已经有了改善人们生活的愿望，顾客也会因为固定的收入购买了更多的优质产品而感觉生活得到改善，隐含着让人们生活更加美好的思想，只是没有明确提出罢了。

这一研究结果有两点是非常有趣的：一是以往诸多专家（也包括作者本人）认为沃尔玛就是以"价廉"取胜，而今天本研究从历史分析发现是以"价廉物好"取胜，"价廉"并不一定让顾客省钱，"价廉物好"才能真正让顾客省钱；二是以往有专家（也包括作者本人）认为沃尔玛公司初期诉求的是低价属性定位，没有诉求省钱的利益定位，我们从历史分析发现在1962年沃尔玛公司第一家店铺开业的时候，就在广告中诉求了"价廉物好"的属性定位和"省钱"的利益定位，而在经营"本·富兰克林"和"沃尔顿"杂货商店的时代，的确没有发现"省钱"的利益定位宣传，仅有"低价"和"价廉物好"的宣传语。因此，我们可以明确：从沃尔玛第一家折扣商店开始，就已经明确了"价廉物好"的属性定位和"省钱"的利益定位，但是没有明确提出价值定位。

营销组合：价格出色+产品优质+其他要素可接受的模式

根据已有的研究成果，只要在一个定位点上给予了顾客选择和购买的理由，其他非定位点达到行业平均水平或者顾客可接受水平，并为定位点做出贡献，就可以打造一家成功的公司，或者塑造一个成功的品牌。⊜对于沃尔玛公司来说，就需要在价格、产品、服务、店址、店铺环境和传播六个方面，让顾客感受"价廉物好"的属性定位和"省钱"的利益定位。其中，定位点所在的价格是最为关键的要素，产品是次关键要素，其他四个组合要素达到顾客能接受的水平，并为"省钱"定位点做出了贡献。正如山姆·沃尔顿所言："由于我们在这些小镇上每天向人们提供低廉的价

⊖ 李飞. 300年老店的长青之道：日本中川政七商店的营销模式[M]. 北京：机械工业出版社，2021：50-51.

⊜ 李飞. 全渠道零售设计[M]. 北京：经济科学出版社，2019：220.

格、满意的服务、方便的购物时间，那些商品实行 45% 加成、品种和购物时间都有诸多限制的老式杂货商店很快就被我们击败了。"㊀ 这段话包含了营销组合的思想。因为顾客不是购买一种"省钱"利益，而是多种利益的组合，只不过最为关注省钱的利益罢了。

（1）主要定位点所在位置的价格要素，努力做到低价和省钱。这里不仅是让顾客感受到低价（实际上并不一定是最低价格），更重要的是让顾客感受到诚实的价格。沃尔玛如何让顾客相信或感知到的是低价呢？除了尽可能地低价销售外，还有一个重要之点是不在定价问题上玩花样、耍手段，诚实地定价，即天天低价，全部商品都低价，同时坚决避免以低价为借口销售质量低劣的商品。

一是尽量降低价格。山姆·沃尔顿开设第一家店铺的时候，就尝试以低价策略吸引顾客光顾。他于 1945 年 9 月 1 日开设的第一家店铺，属于本·富兰克林特许经营系统的加盟店铺，因此商品和价格都受到特许经营总部的限制，山姆·沃尔顿当时 27 岁，他一方面学习特许系统提供的零售知识，另一方面突破种种限制，自己寻找提供低价货物的供应商，尝试比别人的店铺售价更低，这打破了小镇零售商以相同价格销售商品的默契。由此，他发现了薄利多销的零售规律，这个规律影响了沃尔玛公司后来的发展。山姆·沃尔顿说："道理简单得很，但是这恰恰是折扣销售的实质所在：通过削价，你可以扩大你的销售额并能达到以下目的，即你按较低零售价出售赚得的利润大于按较高零售价出售货物所得的利润。用零售业的行话来说，你可以降低标价，但赚取的钱却更多，因为销售量增加了。"㊁ 这种薄利多销的策略，不仅使山姆·沃尔顿经营的这家店铺"从一家破破烂烂的商店一跃成为本地区经营实绩最好的企业之一"，而且"这种思想最终成为沃尔玛公司的经营哲学的基础"。㊂

㊀ 沃尔顿，休伊. 富甲美国：零售大王沃尔顿自传［M］. 沈志彦，等译. 上海：上海译文出版社，2001：176.

㊁ 沃尔顿，休伊. 富甲美国：零售大王沃尔顿自传［M］. 沈志彦，等译. 上海：上海译文出版社，2001：28.

㊂ 沃尔顿，休伊. 富甲美国：零售大王沃尔顿自传［M］. 沈志彦，等译. 上海：上海译文出版社，2001：28-29.

山姆·沃尔顿发现本·富兰克林特许经营系统存在两个局限：一是杂货商店业态老化，折扣商店开始兴起；二是受限制较多，难以很好地实施自己认定的薄利多销策略。因此，1962年7月2日他自己开设的沃尔玛折扣商店正式营业。商店招牌上写着：沃尔玛折扣商店。两侧是小招牌，表明商店的宗旨：低价销售和顾客满意。㊀在当天的开业广告里也承诺天天低价，为顾客省钱。

由此，山姆·沃尔顿就按照自己的想法开始了薄利多销的旅程。当时沃尔玛的商店经理查利·凯特后来回忆道："从沃尔玛商店开张那一天起，沃尔顿先生就明确指出，沃尔玛不是像本·富兰克林那样仅仅是低价销售某些商品的商店，而是实行真正的廉价销售。他说，'我们要使我们拥有的所有商品都实行廉价销售'。当我们周围的其他连锁商店还没有搞廉价销售时，他说，'我们打出广告，宣称以较低价格出售商品，而且我们说到做到'。所以不管我们做其他什么生意，我们始终都以低价销售。如果一件商品上市，城里的其他各家商店都以25美分出售，我们就以21美分出售。"㊁

沃尔玛第一家商店的第二任经理克拉伦斯·莱斯也曾经回忆道："山姆不允许我们在价格上模棱两可。比方说价目表上的某货品的一般价格是1.98美元，但是我们实际只支付0.5美元。一开始，我会说，'好吧，既然原来的价格是1.98美元，那么为什么我们不按1.25美元出售？'山姆会说，'不，我们实际支付了50美分，按增加30%的价格出售，这就够了。不管你为此支付多少费用，如果我们得到一大笔好处，应该把这些好处转让给顾客'。"㊂

二是实施单品大促销策略。在天天低价的同时，沃尔玛还对一些商品

㊀ 奥尔特加.信任萨姆：全球最大零售商沃尔玛的秘密[M].屈陆民，韩红梅，石艳，译.北京：华夏出版社，2001：81.

㊁ 沃尔顿，休伊.富甲美国：零售大王沃尔顿自传[M].沈志彦，等译.上海：上海译文出版社，2001：53.

㊂ 沃尔顿，休伊.富甲美国：零售大王沃尔顿自传[M].沈志彦，等译.上海：上海译文出版社，2001：58.

有意大量采购，获得较低的进货价格，之后大力进行促销活动，收到了很好的效果。这可以被称为单品降价促销策略。山姆·沃尔顿曾经描述过这种策略："我确实喜欢挑选出一种商品——也许是最基本的必需品——然后让人们注意到它……所以我们大量采购某些商品并大力进行促销，以便让人们注意到这种商品……这是使我们的公司在创立之初就与众不同以及确实使同行难以与我们竞争的因素之一。而在沃尔玛的早期，这种做法有时确实有些疯狂。"⊖ 当时沃尔玛的店铺经理菲尔·格林曾经策划了多次这样的疯狂促销活动，仅举两例。一次是采购了 3500 箱汰渍等品牌的洗涤剂，堆满了店铺，单品零售价由 3.97 美元降为 1.99 美元，结果在一周内销售一空。另外一次是采购了 200 台默莱牌 8 马力割草机，每台进价仅为 175 美元，零售价格由过去的 447 美元降为 199 美元，很快就卖光了。

三是做到价格低于竞争对手。如果在店铺周围存在着竞争性店铺，沃尔玛会努力了解竞争对手的销售价格，然后将自己的价格定在低于竞争对手的水平上。沃尔玛第一家商店的第二任经理克拉伦斯·莱斯曾经回忆道：在罗杰斯城，沃尔玛的店铺被夹在两个竞争店铺之间，"我的两个助手约翰·雅各布和拉里·英格利希常上那儿，并在它们的店铺里走来走去，试图记住它们的价格。然后他俩走出商店，把所有的价格写下来。商店后面有一个很大的敞开的垃圾箱，到晚上，在两家商店打烊后，约翰和拉里就到垃圾箱里尽可能地搜集他们所能找到的许多关于价格的秘密。"⊜ 其目的是使自己店铺的相同类型商品的价格低于竞争对手，并且坚持加价不能超过进价的 30%。这意味着即使加价 45% 后的价格也可能会低于竞争对手，但是只能加价 30%。山姆·沃尔顿告诉他的经理们，"因为从长远发展看，把沃尔玛拥有最低廉的价格这一观念深入人心，你就会赢得更高的销售额"。⊜

⊖ 沃尔顿，休伊. 富甲美国：零售大王沃尔顿自传 [M]. 沈志彦，等译. 上海：上海译文出版社，2001：64.

⊜ 沃尔顿，休伊. 富甲美国：零售大王沃尔顿自传 [M]. 沈志彦，等译. 上海：上海译文出版社，2001：70.

⊜ 奥尔特加. 信任萨姆：全球最大零售商沃尔玛的秘密 [M]. 屈陆民，韩红梅，石艳，译. 北京：华夏出版社，2001：86-87.

可见，由于沃尔玛发自内心地想"为顾客节省每一分钱"，因此想方设法、实实在在地降低价格，既减少了顾客购买的实际支出，又节省了顾客比较价格、避免商家价格欺诈的精力，反过来实现了"省钱"的利益定位点。在低价这一点上做到了优于竞争对手，达到了出色的水平。

（2）次要定位点所在位置的产品要素，尽量做到优质，进而为省钱做出贡献。因为价廉而商品质量太次，或者顾客觉得不合适，产品就达不到应有的使用效果，也就不会达到省钱的目的。当然，如果商品质量极优，导致销售价格很高，也无法达到让小镇居民省钱的目的。因此，沃尔玛努力让顾客选择到低价和合适的高质量产品。

首先，通过经营日常生活用品实现低价。一方面，日常生活用品是小镇居民的刚性需求；另一方面，日常生活用品单价都比较低，会为低价的定位点做出贡献。在这一阶段以及以后相当长的历史时期，奢侈品、精品等都不是沃尔玛经营的对象。在山姆·沃尔顿的早期经营中，甚至采取灵活的商品组合策略，什么可以获得低价优势就经营什么。在经营特许门店的时候，特许经营总部配送80%的商品，另外20%的商品由加盟商自行采购，无论何种进货方式，店铺销售的商品都是以满足"5美分–10美分"商店要求为前提的，这种业态主要是以经营日常生活用品为主，主要是非食品类，例如服装、尼龙袜、凉鞋、衣架、玻璃杯等。

在开始经营沃尔玛折扣商店之后，沃尔顿仍然坚持主要经营日常生活用品，具体卖什么产品，由价格是否能够优于竞争对手来决定。当时经营商品大约有20类：珠宝首饰、药品、书籍、个人嗜好品、洗发护发品、玩具、窗帘及附件、涂料及工具、缝纫用品、汽车配件、运动用品、鞋、礼品、家具、布匹、家用器皿、小型工具、婴儿用品、儿童和成年男女服装等。㊀

其次，通过经营优质产品实现省钱。这是一个逐渐完善的过程。山姆·沃尔顿在1945年开始经营名为本·富兰克林特许经营店铺的时候，店铺的商品主要（不低于80%）来源于特许经营总部的进货系统，因此

㊀ 吕一林. 美国沃尔玛：世界零售第一［M］. 北京：中国人民大学出版社，2000：9.

商品质量一般，各个加盟店都是大体一样的。在1950年第一家沃尔顿加盟店开业时，广告就承诺了"价廉物好"，表明此时不仅追求价廉，还追求物好，随之山姆·沃尔顿开始逐渐扩大自行采购的比例，有意识地提高商品质量。不过由于仍然受到特许经营总部统一进货，以及店铺数量等的限制，还不能完美地实现价廉物好。正如我们前文引述的专家评论：在山姆·沃尔顿创业之初，"公司缺少品质优良、可供出售的商品。山姆一直经营的以卖5美分、10美分商品为主的杂货店，又是一家大连锁的特许连锁店，由母公司供应80%的货源，所以沃尔顿开业之初实在是缺少供货网。公司在相当一段时间内实际上不得不推销可能买到的任何东西。虽然公司竭力改善所售商品的品质，但这段时间内，公司销售的商品本质上大多属于次等货。为了求便宜，有时不得不经营品质较低的商品。"㊀在这个阶段，山姆·沃尔顿尽管努力实现价廉物好，但是由于前述条件（许多商品质量次和许多厂家拒绝为小型杂货商店供货）的制约，"沃尔顿被迫到处寻找可能进货的地方，总是先考虑低价位，然后才是质量"。㊁

在1962年第一家沃尔玛开业时，商品质量明显提高。随着店铺数量的增加，沃尔玛与供应商讨价还价的能力不断得到强化，经营中逐渐提高了全国性品牌的比例。在沃尔玛第一家店铺开业的广告中，不仅强调了低价，还强调了很多全国性品牌，说明自己经营的是一流产品的低价，其中全国性品牌售价比竞争对手低50%。尽管当时的一流产品与后来的一流产品无法相提并论，但是沃尔玛还是做到了使自家出售的产品达到优秀的水平。

正是价格表现出色，产品表现优秀，才实现了价廉物好，并最终为顾客省钱奠定了基础。对此有专家评论道：在折扣商店的经营上，"山姆认为让顾客满意的关键就是在商品品种齐全、保证商品质量的前提下的价格低廉。实际上，折扣百货店的商品品种在某些方面肯定不如传统百货公司或大型专业商店齐全，商品档次也不如后者高，但在同样中低档的全国

㊀ 吕一林. 美国沃尔玛：世界零售第一 [M]. 北京：中国人民大学出版社，2000：73.
㊁ 奥尔特加. 信任萨姆：全球最大零售商沃尔玛的秘密 [M]. 屈陆民，韩红梅，石艳，译. 北京：华夏出版社，2001：81.

性品牌商品上,价格肯定会低得多"。○ 例如,在第一家沃尔玛店铺开业时,阳光牌自动咖啡壶,其他商店定价为19.95美元,沃尔玛为13.47美元,便宜32%;阳光牌熨斗,其他商店定价为17.95美元,沃尔玛为11.88美元,便宜34%;一种通用电气牌的搅拌器,其他商店定价为20.12美元,沃尔玛为9.86美元,便宜51%;威尔森牌手套,其他商店定价为10.80美元,沃尔玛为5.97美元,便宜45%。○

最后,通过增加即食性食品增加顾客体验。早在开设第一家特许经营店铺的时候,为了增加顾客的趣味体验,沃尔顿就采取了增加即食性食品的方式进行促销活动,例如用爆米花机和冰激凌机进行现场制作和销售,顾客感觉很新鲜,纷纷购买,不仅很快收回了爆米花机和冰激凌机的投资、赚取了利润,同时还吸引了客流,带动了其他商品的销售。后来,这种增加顾客体验的商品就成为沃尔玛促销的保留项目。

(3) 其他营销组合要素达到顾客可接受水平,并且为"省钱"定位点做出贡献。其他营销组合要素包括服务、店铺位置、店铺环境、传播四个方面。

1) 在服务方面,为低价和省钱做出贡献。事实证明,低价并不一定让顾客省钱,价廉物好也不一定让顾客省钱,还需要服务也达到一定的水平,至少是顾客可接受的程度,这样顾客才会满意。因此,在沃尔玛第一家店铺开业时,不仅强调了低价,还明确提出保证让顾客满意。

首先,服务为顾客省钱做出贡献。一方面,服务要降低成本,为价廉做出贡献;另一方面,服务要保证顾客买到合适的商品,为物好做出贡献。沃尔玛努力实现优质服务和省钱的双重目标。山姆·沃尔顿曾经说过:"我们的存在是为顾客提供价值,这意味着除了提供优质服务之外,我们还必须为他们省钱。"⊜

其次,服务为顾客感受到物有所值做出贡献。山姆·沃尔顿在回忆创

○ 吕一林. 美国沃尔玛:世界零售第一 [M]. 北京:中国人民大学出版社,2000:74.
○ 吕一林. 美国沃尔玛:世界零售第一 [M]. 北京:中国人民大学出版社,2000:10.
⊜ 沃尔顿,休伊. 富甲美国:零售大王沃尔顿自传 [M]. 沈志彦,等译. 上海:上海译文出版社,2001:10.

业之初的情境时谈道："由于我们在这些小镇上每天向人们提供低廉的价格、满意的服务、方便的购物时间，那些商品价格实行 45% 加成、品种和购物时间都有诸多限制的老式杂货店很快被我们击败了。"㊀

在 20 世纪 60 年代经营沃尔玛折扣商店的过程中，山姆·沃尔顿就已经认识到："最重要的一件事就是：当顾客想到沃尔玛，他们就会想到低廉的价格和满意的服务。他们会绝对相信，在其他任何地方，他们都找不到比这儿更便宜的商品，如果他们对买来的东西不喜欢，他们可以把它退回去。"㊁可见，当时为了实现顾客满意，沃尔玛已经开始实施自由退换货的服务，以确保顾客能以低价买到合适的商品，进而真正为顾客省钱。

在该阶段经营折扣商店的时期，"商店通常在早 9:00 开门，晚 9:00 关门，一周营业 6 天。购买是自助服务式，当然也有销售人员随时准备提供帮助。付款以现金为主，使用信用卡转账的大致只占销售额的 3%"。㊂

2）在店铺位置方面，沃尔顿一方面为顾客省钱做出贡献，另一方面也为顾客得到便利做出贡献。因此，在这一阶段主要选择在小镇的中心区开店。这大多也是一种被迫的选择，并非有很大的选择余地，这样的小镇通常居住人口为几千人。第一家店铺为购买的已有的本·富兰克林的特许加盟店，位于纽波特镇（有 7000 居民）的中心区，对面有一家竞争店铺，山姆·沃尔顿以 25 000 美元买下该店铺的经营权。没多久，为了避免出现新的竞争对手，山姆·沃尔顿又在同一条街上开设了另外一家名为伊格尔的店铺。1950 年山姆·沃尔顿全家离开纽波特镇，停止了在该镇 2 家店铺的经营，来到本顿维尔镇，在该镇购买了名为哈里逊的杂货店，创办了名为"沃尔顿"的杂货商店，店址位于该镇中心广场，该镇仅有 3000 居民，并且已有三家杂货商店。有专家对此解释道："杂货店大多位于小镇的中心区，由于经营的商品基本属于便宜的日用品，必须让尽可能多的居民能

㊀ 沃尔顿，休伊. 富甲美国：零售大王沃尔顿自传［M］. 沈志彦，等译. 上海：上海译文出版社，2001：176.

㊁ 奥尔特加. 信任萨姆：全球最大零售商沃尔玛的秘密［M］. 屈陆民，韩红梅，石艳，译. 北京：华夏出版社，2001：86.

㊂ 吕一林. 美国沃尔玛：世界零售第一［M］. 北京：中国人民大学出版社，2000：12.

方便地触及。城里的交叉道口是最好的位置，因为从两个方向来的人都会路过这里，山姆的店就在这样一个理想的位置上。"㊀ 从1962年开始创立的沃尔玛折扣商店，在这个阶段也都是以小镇的中心广场为店址。山姆·沃尔顿后来回忆道：当时为了省钱，"我们又不得不使房租维持在低水平上——我们不可能支付高于每平方英尺1美元的房租"。㊁

沃尔玛公司在这一阶段的发展过程中，基本上采取的是小镇店址策略，通常也是这些小镇的最大零售商，这些小镇人口不足25 000人，当时美国折扣商店很少开在人口不超过25 000的小镇，这为沃尔玛占领小镇市场提供了难得的发展机会。当然，还有一个资金不足方面的原因。"因为资金不足，加之他把自己的一切都抵押出去了，沃尔顿决定把租金压到每平方英尺1美元以下，这意味着商店只能开在其他零售商不屑一顾的地方。"㊂

3）在店铺环境方面，为顾客省钱和挑选便利做出了贡献。一方面，沃尔玛的店铺环境都是简单朴素的，没有豪华的装修和多余的设施，为低价、省钱做出了贡献。另一方面，店铺环境布局简洁，为顾客选择合适的商品做出了贡献。山姆·沃尔顿曾经描述该阶段几家商店的内部环境。

1945年在纽波特镇开设的第一家杂货商店非常简陋："这是一家典型的旧式杂货店，50英尺宽，100英尺深……有现金收银机，整个店堂每一个柜台后面都有供店员走动的通道，店员们坐等着顾客上门。"㊃

1950年在本顿维尔开办的杂货商店：沿用了旧店铺拆下来的旧货架，"我们拆掉了理发店和老的杂货店之间的隔墙，装上崭新的荧光灯照明的货架，代替以前少数几只吊在天花板上的亮度很小的电灯，使店面焕然一新……当时，对本顿维尔镇来说这是一家巨型商店了——50英尺宽，80

㊀ 吕一林. 美国沃尔玛：世界零售第一 [M]. 北京：中国人民大学出版社, 2000: 38.

㊁ 沃尔顿, 休伊. 富甲美国：零售大王沃尔顿自传 [M]. 沈志彦, 等译. 上海：上海译文出版社, 2001: 57.

㊂ 奥尔特加. 信任萨姆：全球最大零售商沃尔玛的秘密 [M]. 屈陆民, 韩红梅, 石艳, 译. 北京：华夏出版社, 2001: 85.

㊃ 沃尔顿, 休伊. 富甲美国：零售大王沃尔顿自传 [M]. 沈志彦, 等译. 上海：上海译文出版社, 2001: 25.

英尺深……布置好这家商店后，它就成了当时全美国仅有的实施自助销售的第三家杂货店，也是我们周围8个州内的第一家自助店。也许当地没有人知道这一点，但是这是一个壮举。""商店的四壁设货架，在所有来回的通道上设两个岛型货柜。店里不到处设收银机和店员。只是在店门口设置结账台。"①

1962年之后沃尔顿开始发展沃尔玛折扣商店，店铺面积扩大了很多，为顾客提供了更多的商品选择空间，同时仍然坚持简朴的店铺设计和陈列。1964年在哈里森镇开设的第三家沃尔玛折扣商店，"只有12 000平方英尺，天花板8英尺高，水泥地板，光秃秃的木制货架.;……我们的商店只不过是把各种手段拼凑起来——大力地宣传促销，事实上简陋的商店设施，大量堆积的货物——但是价格比竞争对手低20%"。②后来在阿肯色州莫里尔顿开设的第8家沃尔玛折扣商店仍然如此，"我们租下了这家可口可乐装瓶厂厂房，它被分割成五个房间。我们花3000美元向一家倒闭的吉布森商店买下了一些旧货架。我们用捆包的绳子把货架吊在天花板下，我们把服装一层层吊挂在水管上，一直挂到天花板，货架用铁丝固定在墙壁上"。③其他人也曾经描述这家店铺开业时的情形："地板上满是伸出来的管子，也没有空调。一些固定装置也就是从天花板上垂下来的铁丝。在那些盛大开业的日子，收银机不够用时，店员就把现金塞进雪茄烟盒或从中找取零钱。"④

不过，这种简朴的店铺环境并非越简陋越好，也不是片面追求令顾客不舒服的环境，起码达到了顾客可以接受的程度。有专家分析道："在财力允许的条件下，山姆也不断扩大商店营业面积并改进营业设施，

---

① 沃尔顿，休伊. 富甲美国：零售大王沃尔顿自传 [M]. 沈志彦，等译. 上海：上海译文出版社，2001：37.

② 沃尔顿，休伊. 富甲美国：零售大王沃尔顿自传 [M]. 沈志彦，等译. 上海：上海译文出版社，2001：51.

③ 沃尔顿，休伊. 富甲美国：零售大王沃尔顿自传 [M]. 沈志彦，等译. 上海：上海译文出版社，2001：57.

④ 奥尔特加. 信任萨姆：全球最大零售商沃尔玛的秘密 [M]. 屈陆民，韩红梅，石艳，译. 北京：华夏出版社，2001：85.

如普遍安装了空调，更新了现代化的货架，一些新店的服饰区还铺上了地毯。"⊖

4）在传播方面，为顾客省钱做出贡献。该阶段主要通过报刊广告和店铺现场广告的方式，向目标顾客传递低价和省钱的信息。一是从媒体选择方面看，主要采取报刊广告和店头广告的方式。因为在这个阶段，沃尔玛主要是在居住有 5000~25 000 人的小镇开店，一家新店铺的开业自然会成为小镇众人皆知的事情，因此山姆·沃尔顿主要采取小镇的报刊和店头作为传播沟通的主要形式，小镇报刊广告费用便宜，店头则是自家媒体，这样不仅节省费用，还可以准确传达给目标人群。

二是从传播内容方面看，集中传播低价和省钱的定位点。仅以 1962 年开业的第一家沃尔玛折扣商店业态为例，就可以充分说明这一点。在店铺招牌中，店铺名称为"沃尔玛折扣商店"（Wal-Mart Discount City），"Wal"为创始人山姆·沃尔顿姓氏的前缀，"Mart"是市场和商店的意思，之所以选择仅包含着 7 个字母的店铺名称，原因之一是为了节省招牌的费用，间接为低价和省钱的定位点做出贡献。店铺名称里包含着"折扣"一词，突出了廉价的特点。店铺两边的招牌分别写有"我们销售得更便宜"和"顾客满意"，"便宜"意为低价，"满意"意为省钱。在前述的报刊广告中，也是强调"低价""省钱"等内容，甚至还有与竞争对手同款商品的价格比较。这样，顾客接触到的信息都是围绕着"低价"和"省钱"的定位点，进而会实现满意。

由前述可知，沃尔玛的营销组合模式是"价格出色 + 产品优秀 + 其他组合要素为定位点做出贡献且达到顾客可接受水平"，这意味着通过价格、产品、服务、店铺位置、店铺环境、传播这零售营销组合 6 个要素的有机组合，最终让顾客感知到"低价"和"省钱"购买理由的真实存在。正如山姆·沃尔顿所言："商品零售成功的秘诀是满足顾客的要求。事实上，如果从顾客的角度考虑，你会有许多要求：商品品种繁多、质量优良、价格低廉、提供满意保障、友善和在行的服务、方便的购物时间、免费停车

⊖ 吕一林. 美国沃尔玛：世界零售第一［M］. 北京：中国人民大学出版社，2000：12.

场、愉快的购物环境。当你来到一个比你的期望更好的商店时，你就会喜欢它；反之，如果一家商店给你带来不便或不快，或对你不理不睬时，你就会讨厌它。"㊀

流程构建：采购为关键流程

零售流程构建，是将前述的营销策略有效实施的行动方案。零售流程主要包括开店流程、采购流程、配送流程和销售（服务）流程。在该阶段，沃尔玛构建了与低价和省钱定位点相匹配的流程结构：采购为关键流程，开店、配送和销售（服务）为非关键流程。

（1）沃尔玛公司的采购流程为关键流程。换句话说，实现价廉物好的营销组合目标，主要是由采购流程进行保障的。尽管在该阶段沃尔玛还没有建立一套规范的采购流程，但是与其他商店不同的是它努力减少中间商环节，逐渐增加直接采购的比例，因为在当时传统分销体系中的中间商，难以满足沃尔玛价廉物好的采购要求。

在1945年经营本·富兰克林特许经营杂货商店的时候，山姆·沃尔顿被要求从总部进货达到80%的比例，并按照总部要求的价格和促销计划销售，达到要求者，年终会得到总部的回扣奖励。但是山姆·沃尔顿很快就制订了自己的促销计划，尝试直接向制造商或制造商代理人采购商品，代理人会收取5%的佣金，这比本·富兰克林收取的25%差价低多了。尽管山姆·沃尔顿最终没能达到从总部进货80%的比例，也没有得到总部的回扣奖励，但是他得到了更为重要的回报。正是由于山姆·沃尔顿向一位名为哈里·韦纳的制造商代理人直接采购商品，才奠定了沃尔玛薄利多销经营哲学的基础。山姆·沃尔顿讲述过这一经营思想的来源：过去他从本·富兰克林特许经营总部进的一种女式内裤，进货价为每打（12条）2.5美元，零售价格为1美元3条，改为从哈里·韦纳那里进货后，每打进货

㊀ 沃尔顿，休伊. 富甲美国：零售大王沃尔顿自传[M]. 沈志彦，等译. 上海：上海译文出版社，2001：173.

价格 2 美元，零售价格为 1 美元 4 条，结果销售量大大增加。㊀ 从此，山姆·沃尔顿逐渐加大自行采购的比例，以更好地实现价廉物好的追求。

在 1962 年开始经营沃尔玛折扣商店之后，山姆·沃尔顿不仅是自行采购，还努力减少中间商环节，尽量从制造商直接采购，同时注意选择合适的制造商品牌。当时美国折扣商店的采购系统是向中间商采购，中间商只管收取 15% 的佣金，不太考虑顾客的需求和零售商的利益，也不愿意开着货车到小镇送货。沃尔玛折扣商店的宗旨是价廉物好，传统的分销体系不能满足沃尔玛的要求，还抱怨沃尔玛为了让顾客享受低价而压低进货价格的做法。因此，沃尔玛尽可能地向制造商直接采购。山姆·沃尔顿解释说："我们是顾客的代理商，因此我们必须尽可能成为最有效率的供应商。有时候，这个目标可以通过直接从制造商处进货实现。但有时直接购买行不通，在这种情况下，我们就需要中间商来与小制造商打交道，以便提高效率。我们坚信，我们拥有做出这种决策——直接购买或通过代理商——的权力，它取决于何种方式能最好地服务我们的顾客……我们不得不建立自己的分销系统，并慢慢习惯于在价格上压倒所有人。有一段时间，我们的商店拥有优质的商品，而我们获得商品的成本却是最低的——因为那时我们完全没有利用任何分销商，而且因为我们习惯于一切事都自己去办，自然不愿意再付钱给那些中间商。"㊁

有专家曾经描述山姆·沃尔顿在经营特许商店和沃尔玛折扣商店时的不同采购流程。他说："在本·富兰克林特许店，管理库存是轻而易举的事情：每个商店都有相同种类的基本货物；每个店都有一个存货目录，其中大多数商品均可以按需订购。沃尔玛就不同了。他们可供选择的商品要看沃尔顿当天有什么收获。"㊂

㊀ 沃尔顿，休伊. 富甲美国：零售大王沃尔顿自传 [M]. 沈志彦，等译. 上海：上海译文出版社，2001：28.

㊁ 沃尔顿，休伊. 富甲美国：零售大王沃尔顿自传 [M]. 沈志彦，等译. 上海：上海译文出版社，2001：182-183.

㊂ 奥尔特加. 信任萨姆：全球最大零售商沃尔玛的秘密 [M]. 屈陆民，韩红梅，石艳，译. 北京：华夏出版社，2001：85.

可见，在这一阶段沃尔玛公司采购的原则是满足顾客价廉物好的需求；采购渠道由向制造商直接采购和通过制造商代理人间接采购这两种方式并驾齐驱，逐渐转向更多地向制造商直接采购；由山姆·沃尔顿亲自带领团队组织采购，没有规范的流程，主要凭感觉和经验，没有固定的商品种类，取决于能碰到什么，采购带有一定的随机性。但是，价廉物好的采购原则是固定坚守的。

（2）沃尔玛公司的开店、配送和销售（服务）为非关键流程。这些非关键流程，一方面为价廉物好做出贡献，另一方面保证服务、店址、店铺环境和传播达到顾客可接受的水平。

1）开店流程。山姆·沃尔顿在这一阶段的开店流程是非常简单的，基本上是亲力亲为。选址在小镇的中心广场，通常是租赁一个现成的铺面，员工动手进行布置和陈列，开业时进行促销宣传。当时虽然开店流程非常简单或者不规范，但是基本上都是围绕着低成本进行设计的。由于山姆·沃尔顿的妻子海伦·沃尔顿不喜欢在1万人以上的城镇生活，因此当时店铺选址都在不超过1万人的小城镇，甚至有时还要考虑山姆·沃尔顿四季能够打猎的需要。初期都是租赁或购买一个特许经营的店铺，到了创办沃尔玛折扣商店的时代，开始了自己选址开店的历程，山姆·沃尔顿会亲自考察店址和店铺。

1945—1949年，山姆·沃尔顿在纽波特镇曾经经营着两家店铺，他曾经描述当时开办第2家店铺的过程："我制订了一个计划，买了一块招牌，从内布拉斯加州的一家公司订购了新的货架，采购了我认为我能够销售的各种货物：服装、衬衣、裤子、夹克。货架是星期三用火车运到的，查利·鲍姆是代表巴特勒兄弟公司（加盟的特许公司）来监督我的生意的，也自告奋勇帮助我把一切安顿好。他是我知道的最胜任的商店布置的专家。我们赶到车皮旁把货架卸下货车，把它们组装起来，安放在店堂里，把货物统统上了架——前后花了六天时间。商店于星期一正式开张，我们把它命名为伊格尔商店。"⊖ 可见，在特许经营店铺的时代，山姆·沃

⊖ 沃尔顿，休伊. 富甲美国：零售大王沃尔顿自传[M]. 沈志彦，等译. 上海：上海译文出版社，2001：31-32.

尔顿就是按照特许经营总部的要求进行开店，流程非常简单。

1962年之后，进入到折扣商店经营的时代，山姆·沃尔顿基本延续了之前的开店流程，自己选择店铺的位置，然后由员工布置店铺和陈列商品，开业时开展吸引顾客的促销活动。曾经担任沃尔玛公司总裁的戴维·格拉斯描述过第一家沃尔玛折扣商店开业时的促销情形："山姆运来了两车西瓜，把它们堆在人行道上。他有一头毛驴在停车场上转悠。当时气温高达115华氏度（约46.1℃），西瓜开始裂开，毛驴开始捣乱，在停车场里到处乱跑，把一切都搞乱了。当你走进商店，情况也同样糟糕，整个地板被踏得一塌糊涂。"⊖ 可见，在该阶段折扣商店发展的时期，沃尔玛在选址和开店方面积累了一些经验，不过没有形成标准化的开业流程，主要靠山姆·沃尔顿及管理团队的经验和感觉进行。仅以店铺选址为例，山姆·沃尔顿常常开着飞机在备选小镇的上空进行盘旋，俯瞰小镇的布局，进而确定店铺位置。

2）配送流程。山姆·沃尔顿在经营特许门店的时候，70%~80% 的商品由总部供应，由总部进行商品配送，而自己采购的 20%~30% 商品则直接配送到各个店铺（或是自己配送，或是供应商配送），当时没有形成配送系统，更谈不上标准化的配送流程。在开始经营沃尔玛折扣商店的时期，完全是公司自己完成采购配送，随着店铺数量越来越多，沃尔顿不得不考虑建立自己的配送系统，完善相应的配送流程。不过，当时配送流程管理仍然处于初级阶段，非常不完善。山姆·沃尔顿曾经描述当时的情形："我们的一些分店就摆脱不了无人提供货源的困境，这至少意味着我们的分店经理得自行去订货，然后有一天，一辆货车从某处开来，卸下我们要的货。即使在当时那个阶段，这种方式也是行不通的。我们的许多分店规模太小，不能一次订下足够的货，因此我们不得不租下本顿维尔镇的一个旧车场作为我们的仓库。我们把大量货物先运到仓库，然后将货改装成小包装，再运到各个分店里去。这种方法既费钱又费

⊖ 沃尔顿, 休伊. 富甲美国：零售大王沃尔顿自传［M］. 沈志彦, 等译. 上海：上海译文出版社, 2001：51.

时。"⊖ 随后，山姆·沃尔顿有了建立自己的配送中心的想法。1968年山姆·沃尔顿邀请罗恩·迈耶加入沃尔玛公司，任主管财务和配送的副总裁，直至1976年。山姆·沃尔顿回忆道："罗恩接手分销工作后，就开始设计并建立了一个使我们能实现快速增长、回收迅速的分销系统。他是使我们摆脱旧的货运方法的主要力量。原来各个分店必须直接向制造商订货，再由制造商将货运到各个分店。他把我们引上了新的路子。比如'商品组合'概念，那就是由总公司统筹订货，再由分销中心将各个分店的订货组合起来，并且做到'出入分离'，仓库的进货与出货分别在仓库的两边。"⊜ 可见，这就是沃尔玛配送中心初期的模式，也是沃尔玛持续走向成功的基础。

3）销售（服务）流程。在这个阶段，山姆·沃尔顿提出了"保证满意"的承诺，并在销售和服务方面努力兑现这个承诺。不过，当时并没有一个标准化的销售和服务流程，员工在销售和服务方面的行为是相对比较灵活的，一方面是由于小镇居民比较关注价廉物好，另一方面小镇居民比较关注个性化和人情化。对此，山姆·沃尔顿曾经描述道："在像纽波特这样的集市型的镇子中，星期六总是购物的大日子。那天是一家人开车到镇上，花上几小时（或者一整天）逛逛所有商店，寻找自己所需物品的日子。有些东西会特别吸引他们到某家商店购物，这可能是一些因素的组合：店主的个性、商品的时新、价格或是冰激凌机。我们就是在那种竞争环境下发展壮大的。"⊜

一是采取自选购物的销售流程。从1950年开办的第一家沃尔顿杂货商店起，就开始实行了自选购物的销售流程。山姆·沃尔顿曾经谈道："我们这家商店的经营方式远远走在了时代前面，与它的竞争对手完全不同，

⊖ 沃尔顿，休伊. 富甲美国：零售大王沃尔顿自传［M］. 沈志彦，等译. 上海：上海译文出版社，2001：93.

⊜ 沃尔顿，休伊. 富甲美国：零售大王沃尔顿自传［M］. 沈志彦，等译. 上海：上海译文出版社，2001：97.

⊜ 沃尔顿，休伊. 富甲美国：零售大王沃尔顿自传［M］. 沈志彦，等译. 上海：上海译文出版社，2001：174.

它实行了自助销售。这是今后一个长时期内我们所采取的经营方式的开端。"㊀以往的杂货店销售流程是以柜台为核心的,顾客隔着柜台告诉店员自己想要购买货架上的某种商品,店员从身后的货架上将商品放到身前的柜台上,由顾客挑选,如果顾客不满意可请求店员拿取另外的商品,挑选满意后再向店员付款。这样不仅销售效率低,而且大大限制了顾客选择的自由性和自主性。自选购物的特征是没有柜台,货架敞开,顾客进店之后直接与货架接触,自由地挑选商品,然后到收银台统一付款。

1951年之后,山姆·沃尔顿开始采取自选购物的售货流程,提升了顾客挑选到合适商品的机会,进而为实现让顾客省钱的目标做出了贡献。

二是采取畅销产品的促销流程。在该阶段,无论是特许经营店铺的时代,还是经营沃尔玛折扣商店的时代,山姆·沃尔顿探索出一种畅销品促销策略,并一直坚持着。其流程是:选择一种畅销机会较大的单品,进行大批量采购,获得低廉的进价,然后以低于竞争对手的价格,以及大规模的陈列进行促销,通常会取得意想不到的惊人效果。该阶段的促销流程,早期是山姆·沃尔顿提出促销创意,然后实施,后期随着店铺逐渐增多,由每一家店铺经理负责促销的创意和实施。

对此有专家描述道:山姆·沃尔顿"亲自驾驶小货车找到供应商,然后满载而归。等到货品进了店里,他就开始促销特定产品。他把这种做法称为'单品促销'(Item-Merchandising 或 Promote Items)。沃尔玛这种独特的策略,使它有别于其他商店,创造出极大的竞争优势。沃尔顿会选定一种货品,然后设法吸引大家注意。他经常宣称,任何东西只要挂在天花板上,就能卖得出去;但是,同样的东西摆在普通货架上,却很难受到青睐"。㊁

山姆·沃尔顿也曾经强调这种单品促销对于沃尔玛发展的意义。他说:"单品促销是我们传统的一部分,也是我们最好能始终保持下去的一部分。

㊀ 沃尔顿,休伊. 富甲美国:零售大王沃尔顿自传[M]. 沈志彦,等译. 上海:上海译文出版社,2001:39.

㊁ 斯莱特. 忠于你的事业:沃尔玛传奇[M]. 黄秀媛,译. 北京:中信出版集团股份有限公司,2018:35.

多年来，我一直对它乐此不疲。着实使人惊叹的是，你只要采用一点点促销手段，就可以销掉那么多商品……我的一些最美好的记忆是我们通过精心布置的柜台展销（结账台后面横贯店铺的水平方向柜台）卖掉的成吨的普通日常用品。我猜想一个真正的商人像一个好的渔民：总是会记住那些捕住大鱼的特殊日子。"[一]山姆·沃尔顿在讲述其早期成功时，总是不厌其烦地列举其单品促销的成功案例，由此可见促销流程对于沃尔玛营销的重要意义。

三是采取令顾客满意的服务流程。这包括服务过程体现小镇温情和售后的自由退换货。由于沃尔玛店铺都是开在几千人的小镇，店铺与顾客直接的关系就像邻居，因此山姆·沃尔顿要求店员对待顾客要保持热情和亲切，主动打招呼。曾经担任本顿维尔沃尔顿店铺店员的伊内兹·思里特回忆道："沃尔顿先生具有一种吸引人的气质。你知道他会在距你老远的地方向你打招呼。他会向他所见到的每个人打招呼，这就是很多人喜欢他并且乐意在他店里买东西的原因。他就是通过和气待人带来了生意。"[二]另外一个服务流程就是顾客可以自由退换货。在这个阶段，沃尔玛的退货流程是非常简单的，顾客向售货员提出退货请求，就可以将商品退回，同时立刻会拿到退款，无须理由和店铺经理的批准。

自选购物的销售流程确保顾客买到合适的产品，单品促销的促销流程可以让顾客以很低的价格买到其需要的全国性品牌，温情服务和自由退换货进一步完善可能出现的商品不合适的情况，这三个流程都是为顾客省钱服务。

1945—1965年，山姆·沃尔顿对于业务流程的管理基本都是手工操作的单店管理，大部分流程管理方法源于本·富兰克林特许经营体系。山姆·沃尔顿回忆道："我从管理一家本·富兰克林特许商店中学到了大量有关经营的知识。本·富兰克林特许经营对管理各个独立商店有一个出色的

[一] 沃尔顿，休伊. 富甲美国：零售大王沃尔顿自传［M］. 沈志彦，等译. 上海：上海译文出版社，2001：66.

[二] 沃尔顿，休伊. 富甲美国：零售大王沃尔顿自传［M］. 沈志彦，等译. 上海：上海译文出版社，2001：38.

经营计划，某种关于经营一家商店的刻板的程序。经营商店本身就是一种获得知识的实践。本·富兰克林特许经营有自己的一套会计制度，有工作手册告诉你该做什么、何时做以及怎样做。它们有商业报表，有应收账账单，有损益账账单，有小型分类账簿……它们拥有一个独立商家经营一家受控的企业所需要的全部经营工具……事实上，我在打破本·富兰克林特许经营的其他种种规则很久之后，仍然在利用它们的会计制度。我甚至用它来管理最开始的五六家沃尔玛折扣商店。"㊀

从1966年开始，山姆·沃尔顿开始考虑多店铺的管理流程问题，开始了解和学习计算机知识，并逐渐将其应用于自己的店铺管理之中。当时美国大型零售协会会长阿贝·马克斯曾经回忆道："山姆为掌握计算机操作花费了许多时间，之后又带他公司的人来学习……他知道自己已处于商业界称为'分身乏术'的困境，意指把商店开到你难以掌握的地方，要去管理却鞭长莫及。如果他想发展，就得学会如何控制。为此，必须得到及时的、全方位的信息，这些信息包括：店里有多少商品，是什么商品，哪些商品销得较好，哪些卖不出去，哪些该补订货，哪些该降价求售，以及怎样替换那些滞销商品。要掌握更多的技巧，帮助公司控制存货周转率……在那些日子里，微型计算机尚未出现，他的确比计算机业超前了10年。尽管如此，他还是做了准备，这一点很重要。没有计算机，山姆·沃尔顿后来不可能取得这些成就。没有计算机，他不可能以他自己规划的方式建成一个零售帝国。"㊁沃尔玛早在1969年就购买了第一台计算机用于日常业务流程的管理，同时建立了基于计算机应用的存货管理系统。

资源整合：由创始人特质聚合而成的高效执行力

"价廉物好"业务流程的形成和正常运行需要一定的保障系统，这个

㊀ 沃尔顿，休伊. 富甲美国：零售大王沃尔顿自传[M]. 沈志彦，等译. 上海：上海译文出版社，2001：26.

㊁ 沃尔顿，休伊. 富甲美国：零售大王沃尔顿自传[M]. 沈志彦，等译. 上海：上海译文出版社，2001：92.

系统包括无形资源和有形资源，无形资源包括创始人或领导人特质、组织系统和员工队伍等，有形资源包括物流系统、信息系统和资金或财务系统。这些系统之间存在着密切的相关关系，其效率如何大多取决于由创始人或领导人特质而形成的组织队伍的高效执行能力。这种能力一方面提高了公司的运营效率，另一方面直接降低了成本，最终构建了独特的采购及其他运营流程。

（1）领导人特质凝聚的组织执行力。对于沃尔玛创始人山姆·沃尔顿特质的分析，有多种多样的说法，但是归纳起来，除了我们在分析其他成功案例所提到的梦想至上、追求完美、勇于创新和永不放弃之外，还有一个就是崇尚简朴。这些特质造就了沃尔玛具有较高执行力的企业组织，尽管该阶段这个组织还是非常简单的。

1）梦想至上。这个梦想是具有正向意义的（体现创始人的友善品格），也是永无止境的追求，最终会演化成组织的使命。山姆·沃尔顿在《富甲美国：零售大王沃尔顿自传》的前言中写道："这是一个关于创业精神、冒险精神和辛勤劳动，以及知道你的奋斗目标并愿意为达到此目标而行动的故事……把公司实际经历的事情告诉人们，我们也许可以借以帮助其他人采用这些同样的原则，将其应用到他们的梦想中去，使之梦想成真。"⊖可见，山姆·沃尔顿是一个充满理想的人，并把个人理想转化为组织的理想。当1962年开设第一家沃尔玛店铺时，他就将开设最好的店铺作为理想。他曾经谈道，在1945年经营本·富兰克林特许经营杂货店铺的时候，他就尝试将其建成令人尊敬的店铺，并将这一理念移植到了后来的沃尔玛店铺上，今天"我们真的很大。然而，那并非我要强调的。我一直想要成为世界上最好的零售商，而不一定是最大"。⊖有专家评论道，山姆·沃尔顿的"目标一直是改变别人的生活，而不是成为风云人物，更不是聚敛巨大的财富。他在童年时期目睹了贫穷的生活，因此他把协助最需要帮

⊖ 沃尔顿，休伊. 富甲美国：零售大王沃尔顿自传［M］. 沈志彦，等译. 上海：上海译文出版社，2001：前言：2-3.

⊖ 沃尔顿，休伊. 富甲美国：零售大王沃尔顿自传［M］. 沈志彦，等译. 上海：上海译文出版社，2001：215-217.

助的人提升生活水准,变成自己努力的目标"。㊀这一创始人的个人梦想和目标,也成为沃尔玛组织的使命,只是当时还没有提出企业使命的说法。

2)追求完美。梦想的实现,需要付出超乎寻常的努力,其中一个重要表现就是追求完美。山姆·沃尔顿的梦想是成为最好(价廉物好)的零售商,那就需要在关键点(满足顾客、产品优质、降低成本等)做得比竞争对手更加完美。山姆·沃尔顿是一个完美主义者。他的兄弟巴德·沃尔顿说过:"从孩提时代起,山姆就下定决心要样样干得出色……山姆继承了我们母亲的许多性格。"㊁山姆·沃尔顿认可兄弟的说法:"我有一个经销商的灵魂,喜欢把事情做好,然后想办法做得更好,最后设法做得尽可能得好。"㊂山姆·沃尔顿认为,零售就是细节,追求完美,就需要做好零售的每一个细节,这一思想后来成为沃尔玛企业文化的一部分。㊃这里包括两个含义:一是关注每一个细节;二是将每一个细节都做得完美。例如,沃尔玛低成本优势的形成,不仅靠计较在每种商品上的低成本,而且通过有效控制经营管理全过程的成本实现,"开店、采购、运营、培训、人员管理等每一个环节,都要压缩成本,以打造竞争优势"。㊄

山姆·沃尔顿在总结自己的一生时反思道:"我一直被一种追求卓越的念头所驱使。但在更广泛的意义上——生命和死亡的意义——我是否做了正确的选择?对此思考了很久之后,我可以诚实地说,如果能从头来过,我还会做出同样的选择。"㊅

㊀ 斯莱特.忠于你的事业:沃尔玛传奇[M].黄秀媛,译.北京:中信出版集团股份有限公司,2018:42.
㊁ 沃尔顿,休伊.富甲美国:零售大王沃尔顿自传[M].沈志彦,等译.上海:上海译文出版社,2001:12.
㊂ 沃尔顿,休伊.富甲美国:零售大王沃尔顿自传[M].沈志彦,等译.上海:上海译文出版社,2001:85.
㊃ 赵文明.沃尔玛:我们与众不同[M].北京:中华工商联合出版社,2004:76.
㊄ 曹国熊,张世明,顾建东.沃尔玛霸业:掌控全球最大通路的奥秘[M].北京:中国商业出版社,2005:97.
㊅ 沃尔顿,休伊.富甲美国:零售大王沃尔顿自传[M].沈志彦,等译.上海:上海译文出版社,2001:249.

对于山姆·沃尔顿来说，追求完美不是指对自己的生活，而是对工作，工作的核心是为顾客省钱。或许这一点在创业初期容易做到，但发展到一定规模之后，可能会忽视顾客的需求，甚至在顾客面前变得趾高气扬，追求完美成为一句空话。这是很多大公司倒闭或者面临困境的重要原因。正如山姆·沃尔顿所说："规模大也会招致风险。它曾经毁掉了许多原本很好的公司——包括一些庞大的零售商——它们草创时期颇为强盛，但规模扩大以后就狂妄自大，对顾客的需求不是茫然无知就是反应太慢。关键之处在于：沃尔玛公司规模越大，我们所考虑的东西越是基本……从我们在纽波特开办的那家本·富兰克林商店开始，就从没忘记看着顾客的眼睛，说声欢迎光临，礼貌地询问他需要什么。如果不是这样，我们应该转向其他别的行业，因为我们不可能在此生存下去。"⊖沃尔玛公司后来把这一点概括为"谦虚经营"（Thinking Small）。

3）勇于创新。由前述可知，山姆·沃尔顿的梦想就是创办世界上最好的零售店铺，并以难度较大的"价廉物好"为特色，这就要求形成自己独特的竞争优势，因此创新是必不可少的特质。山姆·沃尔顿不顾兄弟巴德和同行的质疑，率先推出了天天所有商品低价和主要销售全国性品牌的折扣商店，以往折扣商店并非天天所有商品都低价，主要也不是经营全国性品牌。为何他能冒险创新、"赶在时代潮流的前头"，山姆·沃尔顿表示自己也有些困惑："这与我的性格有很大的矛盾，至今我仍然无法理解这一点。在我的许多核心价值观念中——像教会、家庭和公民领袖，甚至政治这类事情上——我是一个相当保守的人。但是在企业经营方面，我一向是个猛烈反对现有体制的人，我追求创新，总是采取超乎人们常规的行动……在市场中，我一向是一个自行其是、喜搞独立的人，我欣赏采取惊世骇俗的行动以及搞一点小小的无政府主义。有时候，陈规陋习会逼得我发疯"。⊖

⊖ 沃尔顿, 休伊. 富甲美国：零售大王沃尔顿自传[M]. 沈志彦, 等译. 上海：上海译文出版社, 2001：217-218.

⊖ 沃尔顿, 休伊. 富甲美国：零售大王沃尔顿自传[M]. 沈志彦, 等译. 上海：上海译文出版社, 2001：53-54.

有趣的是，山姆·沃尔顿后来总结沃尔玛成功的十大规则的第一条就是追求完美（敬业），而最后一条就是创新（逆流而上）。他曾经提醒道："应该特别重视第十条原则，而且如果你能正确诠释其中真正的精神——为你自己所用——它就是：打破一切规则。"㊀基于此，他不仅在经营特许门店时就打破总部的规定，而且在1962年创新了折扣商店业态（表现为"价廉物好"的特性）。这一切创新，都是围绕着创造世界上最好的零售商店（价廉物好）这一宗旨进行的。

4）永不放弃。创新必然有风险，成功除了需要规避创新的风险之外，剩下的就是坚持了。山姆·沃尔顿曾经自述道："我总是满怀热情——有人会说是执着地——去从事我感兴趣的一切事情，以获得成功。"㊁在1962年准备开始自己的第一家店铺时，没有人愿意投资，兄弟巴德投入了3%的资金，聘请的商店经理投入了2%，而山姆·沃尔顿自己冒风险投资了95%，把住房和财产，几乎所有的一切都抵押出去，以得到贷款的最高额度。㊂或许没有当时的坚持，就不会有后来的零售巨人沃尔玛。正是永不放弃的精神支撑着山姆·沃尔顿在逆境中不断创新和前行。他说："我的成就是用生命换来的。如果我想达到我自己设定的目标，我就不得不每天为之奋斗，费尽心思，坚持不懈……我不知道世界上是否还有其他人会和我一样：从一个十足的新手起步，学习生意经，擦地板，记账，装饰橱窗，称糖果，管理收银机，装潢店堂，安置设备，建立起一个这样规模和质量的公司，并且一直坚持到最后，而这一切的原因是我非常喜欢这么干。我所知道的人中，没有一个像我这样。"㊃

5）崇尚简朴。如果说前四项是卓越领导人的共同特质的话，那么崇

㊀ 沃尔顿，休伊. 富甲美国：零售大王沃尔顿自传［M］. 沈志彦，等译. 上海：上海译文出版社，2001：244.

㊁ 沃尔顿，休伊. 富甲美国：零售大王沃尔顿自传［M］. 沈志彦，等译. 上海：上海译文出版社，2001：12.

㊂ 沃尔顿，休伊. 富甲美国：零售大王沃尔顿自传［M］. 沈志彦，等译. 上海：上海译文出版社，2001：48.

㊃ 沃尔顿，休伊. 富甲美国：零售大王沃尔顿自传［M］. 沈志彦，等译. 上海：上海译文出版社，2001：249.

尚简朴就是山姆·沃尔顿比较个性化的特质，这一特质直接影响着沃尔玛使命、目标和省钱营销模式的形成。山姆·沃尔顿并非出身于一个富有的家庭，这使他从小就养成了节俭的习惯。他说："我从很小就知道，小孩帮助家里养家糊口，做个贡献者而不是光做个获取者是很重要的。当然，在这过程中，我们也懂得了用自己的双手争取一美元是多么艰辛，而且也体会到，当你这样做了，这是值得的。有一件事我的爸爸和妈妈的看法是完全一致的，即对钱的态度：绝不乱花一分钱。"㊀ 即使后来沃尔顿家族成了最富有的家族，他仍然保持着简朴的品格。弟弟巴德·沃尔顿曾经谈道："人们无法理解我们为何如此保守。他们对山姆作为一个亿万富豪开着一辆破旧的小货运车或在沃尔玛商店买衣服或不肯坐头等舱旅行大感不解。我们就是这样长大的。"㊁ 这不仅是沃尔顿家族的习惯，而且是实现为顾客节省每一分钱梦想的必然选择。当沃尔玛取得一定成功之后，山姆·沃尔顿带领团队外出采购时，总是与几个人合住在中低档旅馆的一个房间，在小饭馆用餐，同时人们发现他仍然在街头的小理发店理发。

但是简朴并不是过着贫穷的生活，山姆·沃尔顿家庭享受着足够的食物，优雅的住房，有空间安置猎犬，可以不受约束地去打猎，拥有几架舒适的飞机（但是从来没有买过一架新飞机），到风景优美的地方去度假等。在谈到家里居住的房子时，山姆·沃尔顿谈道：它是著名设计师设计的，"尽管我认为房子造价太高，但是我不得不承认，房子是美轮美奂的——它呈现出一种真正简朴、自然的风格……我们并不因为有钱而感到于心有愧，但我确实认为炫耀奢侈豪华的生活方式在任何地方都不合适，至少在我们的居住地本顿维尔，这里的老乡们为了生活而辛苦挣钱"。㊂

（2）组织系统。它包括使命和目标层面、利益相关者关系层面、价值

㊀ 沃尔顿，休伊. 富甲美国：零售大王沃尔顿自传[M]. 沈志彦，等译. 上海：上海译文出版社，2001：5.

㊁ 沃尔顿，休伊. 富甲美国：零售大王沃尔顿自传[M]. 沈志彦，等译. 上海：上海译文出版社，2001：5.

㊂ 沃尔顿，休伊. 富甲美国：零售大王沃尔顿自传[M]. 沈志彦，等译. 上海：上海译文出版社，2001：8-9.

观和经营理念层面、制度手册等组织文化层面和组织结构及性质层面，这些层面构成企业的行为主体和行为逻辑及规范，主客体层面使分散的员工行为指向同一目标，这会大大提高组织执行效率。在这一阶段，沃尔玛初步确定了使命、愿景和目标，以及经营理念，也初步确定了组织的性质，但是在处理利益相关者利益以及制度规范等方面并没有达到系统化和完善化的程度。

1）使命和目标层面，包括使命、愿景、经营目标三个方面。这三个方面既是沃尔玛企业文化的构成部分，也是组织行为要实现的目标。

第一个方面是沃尔玛的使命，由前述可知，可以将该阶段的使命概括为：通过提供价廉物好的商品让顾客满意。

第二个方面是沃尔玛的愿景，由前述可知，可以将该阶段的愿景概括为：创建世界上最好的零售商店或零售企业，而不是最大或最赚钱的零售企业。这一愿景是由"通过提供价廉物好的商品让顾客满意"这一使命所决定的，否则无法有效地实现使命。

第三个方面是沃尔玛的经营目标，由前述可知，可以将该阶段的目标概括为：向顾客提供价廉物好的商品，并获得一定的利润，以实现利益相关者利益。

使命说明了沃尔玛为什么存在，使命是永恒目标，永无止境；愿景是沃尔玛的长期目标，可以在一定时期内达成；经营目标是眼下目标，短期就可以实现。三者都是目标层面，互相关联，并且都源于山姆·沃尔顿的想法。正如专家所评价的：山姆·沃尔顿"当然想成为最好的零售商，可是不见得成为最大的零售商。他喜欢公司成长，可是这种成长一定要能够赚钱，不能牺牲商店的利益。他从不好高骛远"。⊖

2）经营理念方面。由前述可知，在这一阶段沃尔玛形成了比较稳定的经营理念：通过提供价廉物好的商品，让顾客满意，从而获得薄利多销的经营结果。这一经营理念的确立，为后来沃尔玛公司的健康发展奠定了

⊖ 斯莱特.忠于你的事业：沃尔玛传奇[M].黄秀媛，译.北京：中信出版集团股份有限公司，2018：47.

重要的基础。

3）组织结构和员工队伍层面。在这一阶段，沃尔玛的发展规模是非常有限的，公司的组织也是非常简单的，但是也有一个逐渐完善的演化过程。1962年第一家沃尔玛折扣商店开业之前，山姆·沃尔顿主要是以特许加盟者的身份经营小店铺，组织结构就是传统小店铺的结构，以购销等基本岗位进行人员匹配，一人可能身兼数职。1962年山姆·沃尔顿创建了自己的公司，开设了第一家沃尔玛折扣商店。1969年沃尔玛零售股份有限公司成立，同年由于连锁经营的发展及规模的扩大，在阿肯色州的本顿维尔镇成立了公司总部和第一家配送中心，各个店铺也都配置有店铺经理、采购员和若干店员等。截至1970年，沃尔玛公司聘有650位全职员工，其中有33位店铺经理、45位经理助理、9位采购和主管人员。⊖ 这标志着沃尔玛公司组织的雏形已经形成。

山姆·沃尔顿聘请了关键性的专业经营管理人员，保证了组织原则得到有效率地、一致化地执行。20世纪50年代在纽波特镇经营沃尔顿杂货商店的时候，山姆·沃尔顿就邀请具有相同价值观的弟弟巴德·沃尔顿共同进行经营管理，巴德对于沃尔玛的发展做出了巨大贡献。山姆·沃尔顿在《富甲美国：零售大王沃尔顿自传》的谢词中谈道：弟弟是他的头号合伙人，他的"一些英明的建议和指导使我们避免了许多错误。我的性格一直是冲劲十足，常说'让我们现在就干'。巴德经常建议采取不同的方向或改换时机。我很快学会听从他的意见，因为他具有真知灼见和许多常识"。⊜ 难得的是，兄弟二人的经营理念完全相同，这是组织协调一致的重要保障。巴德·沃尔顿曾经说道：在经营纽波特镇店铺时，"我们自己干经营一家商店所要干的一切活儿。我们必须把开支限制在最低程度上。这是我们在数年以前就开始这样做的。我们就是通过控制经营费用而赚到钱的"。⊜ 足见

⊖ 吕一林. 美国沃尔玛：世界零售第一[M]. 北京：中国人民大学出版社，2000：13.

⊜ 沃尔顿，休伊. 富甲美国：零售大王沃尔顿自传[M]. 沈志彦，等译. 上海：上海译文出版社，2001：鸣谢：2.

⊜ 沃尔顿，休伊. 富甲美国：零售大王沃尔顿自传[M]. 沈志彦，等译. 上海：上海译文出版社，2001：31.

兄弟二人经营理念的一致性。

随着多店铺的发展，山姆·沃尔顿不得不吸收家族之外的管理人员加入经营团队了，初期主要是分店经理的人选问题。1952年在费耶特维尔开设第二家沃尔顿杂货商店时，山姆邀请在其他商店任职的威拉德·沃克成为该店的第一任经理。对此山姆·沃尔顿曾经描述道：随着店铺的增加，必须有人帮助他管理新开的店铺，没有钱自己培养，时间也来不及，"所以我问心无愧和毫无顾忌地干了我在从事零售业一生中所要干的事：打探别人的商店，搜寻出色人才"。[一]他说真正聘用的第一位员工，就是店铺经理威拉德·沃克，后来成为沃尔玛的合伙人。在之后的发展过程中，这种合伙经营的方式帮助沃尔玛公司吸引了大量优秀的店铺经理。

在折扣商店发展的初期，虽然已经成立了公司，但是公司只有山姆·沃尔顿一个人负责，各个店铺的经营由各个店铺经理具体负责，这些经理都是在经营特许杂货商店时加入的。山姆·沃尔顿说，那时"我们一起工作，但是每一个人都能非常自由地试行他们各种新奇的想法"。[二]正是这些人优秀的品质和工作能力，为沃尔玛后来的发展奠定了重要基础。山姆·沃尔顿曾经以沃尔玛第一家折扣商店经理唐·惠特克为例进行说明："他是我一生中遇到的最好的人之一。每个人都称他惠特克，他是一个工作勤勉、讲究实际、精明洒脱的人。他是个宽宏大量的人……当他要干某件事时，请相信，这件事一定能干好。我之所以在这里单单提到唐·惠特克，因为他在我们公司发展的初期是一个非常非常重要的人物，他帮助奠定了公司的经营哲学：真诚对待顾客，实事求是经营，立即动手工作，坚持贯彻始终。"[三]

沃尔玛公司第一任采购员克劳德·哈里斯也是山姆·沃尔顿最早挖来

[一] 沃尔顿，休伊. 富甲美国：零售大王沃尔顿自传[M]. 沈志彦，等译. 上海：上海译文出版社，2001：39.

[二] 沃尔顿，休伊. 富甲美国：零售大王沃尔顿自传[M]. 沈志彦，等译. 上海：上海译文出版社，2001：60.

[三] 沃尔顿，休伊. 富甲美国：零售大王沃尔顿自传[M]. 沈志彦，等译. 上海：上海译文出版社，2001：60-61.

的人才之一。克劳德·哈里斯曾经谈道:"回顾创业之初,一个糟糕的经理可能会拖垮我们整个企业。当一家商店一年的净利润只有 8000 或 12 000 美元时,只要有一两个经理不诚实就会毁掉整个公司。山姆前往招募对象原来工作的商店并同他们面谈……他很善于评价和挑选他的管理人员。他不只是在物色商店经理。我想他是在挑选他认为可以与之共事的伙伴。"⊖

在 20 世纪 60 年代后期,沃尔玛开始建立公司总部和配送中心,需要有更加专业的零售管理人才,例如采购管理、物流管理和信息管理人才等。在山姆·沃尔顿的《富甲美国:零售大王沃尔顿自传》中,专门设一章名为"招兵买马"(Recruiting the Team),就是讲述该阶段的人才引进情况,可见在这一阶段人才引进和组织完善的重要性。山姆·沃尔顿谈道:"当我们的事业发达以后,我们开始有点失控了。在 60 年代后期,我们已有十几家沃尔玛折扣商店和十四五家杂货商店。我和总部的三位女士,以及唐·惠特克再加上每一家店有一位经理经营着这个有相当规模的公司。我说过,我们不懂进货,手下的人要么经验有限,要么一点经验也没有,也没有经营到何种规模才有利于采购的足够知识。于是我下决心要找到一个资深管理者。"⊖ 很快沃尔玛引进了费罗尔德·阿伦,担任沃尔玛公司的第一任常务副总裁,他在之前工作的大型零售公司里担任采购部的负责人;引进了罗恩·迈耶,他在之前工作的零售公司担任财务主管,1968 年担任沃尔玛公司的副总裁,主管财务和配送方面的工作;引进了罗伊斯·钱伯斯,为沃尔玛公司的第一任信息部经理,为公司建立了第一个信息管理系统,使总部与店铺紧密联系起来;引进了鲍勃·桑顿,他在之前工作的零售公司曾经开办过分销中心,具有创办配送中心的经验和知识,是沃尔玛配送中心的第一任负责人。这几位专家型经理人,在沃尔玛店铺管理、配送中心建设和信息系统应用方面都发挥了关键性作用。

4)组织性质层面。由于前面的一些特征,沃尔玛最终形成了具有某

⊖ 沃尔顿,休伊. 富甲美国:零售大王沃尔顿自传[M]. 沈志彦,等译. 上海:上海译文出版社,2001:61.

⊖ 沃尔顿,休伊. 富甲美国:零售大王沃尔顿自传[M]. 沈志彦,等译. 上海:上海译文出版社,2001:89.

种特质的组织，我们就将其称为组织性质或特质。该性质决定了组织行为的方向及一致性程度，自然也影响着组织行为的效率。另外，创始人山姆·沃尔顿的言行直接影响了组织性质的形成。简单来说，其组织性质就是通过提供价廉物好的商品为顾客创造价值，其前提是为员工创造价值。这是山姆·沃尔顿在分析诸多折扣商店失败原因时得出的结论。

第一，成功的公司必须为员工和顾客创造价值。山姆·沃尔顿在分析诸多昙花一现的折扣商店失败的原因时指出："它们不把顾客当回事儿，不努力搞好店面管理，不端正服务态度，归根结底是因为公司没有真正去关心自己的员工。如果你要求店里的职工能为顾客着想，那你就应该先为职工着想。这就是它们失败的原因，也是沃尔玛成功的关键。"⊖

为员工创造价值需要改善他们的待遇。在沃尔玛发展的初期，公司支付给员工的薪酬略高于法律规定的最低工资标准，20世纪70年代以后推出了利润分享计划和合伙人制度。不过经理等高级管理者，一直有较好的薪酬和福利待遇，除了有固定薪酬，还享有利润分成和参股公司等计划。例如，沃尔玛聘任的第一位店铺经理，除了固定工资，还享受店铺利润1%的分红，并且可以拥有这家店铺2%的股份，一般不超过1000美元，并享受股份分红。

为顾客创造价值需要提供价廉物好的商品，降低成本是关键措施，这需要领导人引领组织建立简朴文化。山姆·沃尔顿就是节俭的楷模，其做法明显与当时的许多企业领导人不同。他说："我怀疑很多公司不会这样做。当我出差坐二等舱时，许多人认为我的举动简直疯了，或许我做得是有点过分，但我觉得，作为一个领导应该以身作则。如果我坐头等舱，而要求别人坐二等舱，就很不公正。当你这么做时，抵触情绪就会产生，而整个团队精神就会出现裂缝。"⊜ 早期一些成功的折扣商店，后来失败的重要原因之一就是如此，没有形成简朴的营销文化，创始人和企业领导人

⊖ 沃尔顿，休伊. 富甲美国：零售大王沃尔顿自传 [M]. 沈志彦，等译. 上海：上海译文出版社，2001：87.

⊜ 沃尔顿，休伊. 富甲美国：零售大王沃尔顿自传 [M]. 沈志彦，等译. 上海：上海译文出版社，2001：253.

"喜欢驾驶舒适的凯迪拉克车,坐私人飞机旅行,乘游艇度假……他们过着穷奢极欲的生活,亏得那时的折扣商店还算景气,使他们能够负担起如此奢侈的生活。真是顾客盈门,钞票滚滚而来。如果他们能遵循最基本的一些原则,就不会落到关门大吉的下场"。㊀

对于山姆·沃尔顿早期简朴经营管理的做法,有专家进行过描述:"他的价格太低了,搞不起市场调研。他更喜欢通过数一数主要广场上的或穿越城市公路的汽车数量来估计这座城市的情况。沃尔顿本人的第一个办公室设在本顿维尔商店后边一个很狭窄的角落,装橘子的板条箱架子上放一大块三合板就是办公桌。后来他的办公条件得到改善,也不过是搬进了地板下陷的三个小房间,位于市中心广场上他的律师恩菲尔德的办公室上面。他所有的账都用手记。"㊁

第二,成功的公司必须适时完善创造价值的组织。沃尔玛创始人和领导人的价值观使得沃尔玛成为"为顾客创造价值(省钱)"的组织,并且言行一致。沃尔玛"很少在店内或店外装饰上花钱,也很少登广告,对供应商则是一副强硬的讨价还价者形象。而无论公司以多么低的价格购进商品,山姆坚持加价率绝不超过30%,即使最终价格比竞争对手同样商品的价格低很多,也要坚持将此利益让给顾客,且决不放弃对顾客许下的任何商品的价格都比竞争者低的诺言"。㊂

当然,"适时完善创造价值的组织",不仅包括组织内部的价值观一致化,还需要组织本身的逐渐完善。这一点在前面已有讨论,这里不再赘述。

(3)有形资源系统。这里我们主要讨论物流系统、信息系统和资金(或财务)系统。这三个系统之间存在着相互影响的关系。这三个系统的创立,都是由山姆·沃尔顿发起,并引进专家人员负责实施。可以说,在这个阶段,沃尔玛建立了这三个系统的雏形,为沃尔玛的下一步发展奠定

㊀ 沃尔顿,休伊. 富甲美国:零售大王沃尔顿自传[M]. 沈志彦,等译. 上海:上海译文出版社,2001:87.

㊁ 奥尔特加. 信任萨姆:全球最大零售商沃尔玛的秘密[M]. 屈陆民,韩红梅,石艳,译. 北京:华夏出版社,2001:84-85.

㊂ 吕一林. 美国沃尔玛:世界零售第一[M]. 北京:中国人民大学出版社,2000:54-55.

了基础。另外，该阶段沃尔玛还有一个与众不同的有形资源，就是小型飞机，其作用是不可低估的。

1）物流系统。从资源角度看，物流系统为前述的采购、配送等流程的健康运行做出了主要贡献，而物流系统的关键资源就是配送中心。为了建立沃尔玛的配货系统，山姆·沃尔顿邀请鲍勃·桑顿加盟，在后者的反复劝说下，终于同意建一个配送中心，花2.5万美元买了小镇边上的15英亩⊖农场，建成面积为6万平方英尺的库房，又花一笔钱在库房里建设了轨道系统，用于分离货车的装卸货自由移动。1969年11月，沃尔玛的第一家配送中心建成并正式投入运营，承担着沃尔玛公司40%的配送任务，其他大约60%的货物由厂家直接配送到店铺。不到一年，山姆·沃尔顿就发现配送中心太小了，不得不在1970年进行扩建，使其达到了12万平方英尺。扩建比1969年直接建成12万平方英尺多花了很多钱，表明配送中心初建时过于谨慎了。

有专家对于山姆·沃尔顿评价道："在很多方面，他早年的节俭造成了一特殊的心态，这种心态逐渐渗透到公司文化当中：永远努力降低开销。例如，有一次，桑顿发现从堪萨斯到纽约拉速冻鸡的冷藏车回去时是空的，他就安排——以很低的价格——在他们回去时，装满给沃尔玛店的服装。这使沃尔顿很高兴。"⊜

这表明三点：一是沃尔玛对于物流系统建设舍得花钱；二是在建设过程中能省则省；三是建成之后，运营时关注提高效率，降低成本。这为采购这一关键流程的构建做出了贡献。

2）信息系统。如果说配送中心是沃尔玛低成本业务流程的基础的话，那么信息系统就是这个流程的重要保证。尽管沃尔玛在花钱方面非常慎重，但是在信息系统建设方面却是投资很大的，或许是计算机数据系统专家逼迫的结果。引进的技术专家罗恩·迈耶"坚持不懈地推动公司第一套计算机数据系统的开发，这套系统是为了跟踪每一个商店需要什么商品

⊖ 1英亩≈4046.86平方米。

⊜ 奥尔特加. 信任萨姆：全球最大零售商沃尔玛的秘密［M］. 屈陆民，韩红梅，石艳，译. 北京：华夏出版社，2001：96.

及何时需要商品而设计的。这套系统对于监控日益扩大的商业王国至关重要"。⊖ 沃尔玛早在 1969 年就购买第一台计算机用于日常业务流程的管理，同时建立了基于计算机应用的存货管理系统。

对于传说山姆·沃尔顿在该阶段"不愿意在物流和信息技术方面花钱"，他自己并不认同，他说："自从罗恩·迈耶加入后，我们公司在精密设备和先进技术上的投资就超过了其他零售商。好笑的是，每个沃尔玛公司的人都知道，我不愿意花钱投资这些技术，他们总是说我是如何排斥这些技术，以及他们是怎样竭尽全力说服我的。事实上，我确实想要引进这些技术，我也知道我们需要它，但我却不能就这么说，'好，可以，你们该花多少钱就花多少钱吧'。我对任何事总爱提出疑问，让他们细致评估是很重要的……如果我真不想要那些技术的话，那我就不会轻易地把钱抛在上面了。"⊖ 这种说法是值得信服的，依据是山姆·沃尔顿在当时资金非常紧张的情况下，还是对新技术进行了很大投资。当时为了发展新店铺，山姆·沃尔顿将公司所获利润都投入进去，向银行贷了很多钱，个人负债大约有 200 万美元。在此种情境下，山姆·沃尔顿还能对物流和信息技术进行大量投资，既是有远见的，也是非常谨慎的。

不过，信息系统并非在这一阶段就发挥了很大作用，此阶段属于信息系统的起步阶段，主要还是为下一阶段发展奠定相应的基础。山姆·沃尔顿回忆道："当时，我们没有什么系统，我们没有订购计划。我们没有最基本的商品分类。我们当然也没有任何种类的计算机。事实上今天回头看来，我意识到我们开始所做的那些其实都很糟糕。但我们确实做到了把我们的商品价格卖得尽可能低，并使我们在最初的 10 年里向着良性的方向发展"。⊖ 的确如此，由前述可知，沃尔玛在该发展阶段最后的 1969 年，才购买了第一台计算机并建立订货管理的信息系统。

3）资金（或财务）系统。这一阶段，在无形资源和有形资源的整合

⊖ 沃尔顿，休伊. 富甲美国：零售大王沃尔顿自传［M］. 沈志彦，等译. 上海：上海译文出版社，2001：97.

⊖ 奥尔特加. 信任萨姆：全球最大零售商沃尔玛的秘密［M］. 屈陆民，韩红梅，石艳，译. 北京：华夏出版社，2001：86.

中，山姆·沃尔顿及沃尔玛的发展资金一直是比较匮乏的，他们在不同的发展阶段采取了不同的资金筹集方式，基本保证了发展的需要。

在1945—1961年经营本·富兰克林特许经营杂货店的时期，资金来源主要是家族和合伙人的资金，以及已有商店取得的盈利。1945年开始经营本·富兰克林第一家店铺的时候，山姆·沃尔顿自己投入了2.5万美元，其中有5000美元是自己的储蓄，另外向岳父借款2万美元。随后为了购买一台冰激凌机，山姆·沃尔顿第一次向银行贷款了1800美元。两三年后，这两笔借款都已经还完。之后，山姆·沃尔顿与弟弟巴德·沃尔顿曾经各出资50%，合伙投资经营本·富兰克林特许经营店铺。接着，在特许经营发展的过程中，他的企业都是以合伙企业形式组织的。山姆·沃尔顿曾经回忆道："有巴德和我合伙，也有其他的合伙者，包括我的父亲，海伦㊀的两个兄弟——尼克和弗兰克——甚至我的孩子们，他们把送报挣到的钱也都投资进来了……我们把一家商店挣到的所有的钱，都用来开设另一家新的商店，我们的事业就这样不断地扩展着。还有，从威拉德·沃克㊁开始，我们允许我们雇用的经理人员作为合伙人有一定限度的投资额。比方说，你对一家商店的投资为5万美元，该店经理就可投入1000美元，他拥有2%的股份。"㊂其实，这不是比方，当时一家商店的总投入大约就是5万美元，山姆·沃尔顿不允许这些经理人购买的股份超过1000美元，即2%。这既可以激励经理人，又可以吸纳一些资金。

在1962—1970年经营沃尔玛折扣商店的时期，资金来源主要是合伙人和银行贷款，以及已有商店取得的盈利。1962年在开设第一家沃尔玛折扣商店的时候，由于无法取得其他合伙人的投资，山姆只好主要依赖向银行贷款。山姆·沃尔顿曾经描述当时的情形："巴德投入了3%的资金，唐·惠特克投入了2%——他是我从得克萨斯州阿比林的TG&Y商店

㊀ 即山姆的妻子。
㊁ 1953年开业的沃尔顿杂货店第一任经理。
㊂ 沃尔顿，休伊. 富甲美国：零售大王沃尔顿自传[M]. 沈志彦，等译. 上海：上海译文出版社，2001：45-46.

挖来的经理，管理这家店——而我自己得投入95%……我们把我们所有的一切，住房和财产，统统抵押出去了。那时，我们总是想办法借到贷款的最高额度。"①伴随着不断开店和建立物流系统、信息系统等，银行贷款的数额有所增加。山姆·沃尔顿曾经描述20世纪60年代末期的情形："在那个时候，我对花费任何非必要的开支十分敏感。我们想方设法让商店的利润全数投资到开新店上去。但是我们仍然向银行贷了许多钱。为了发展公司，我个人背负了许多债——大约200万美元，这在当时是一大笔钱，对我来说确实是一个沉重的负担。"②

到1970年，沃尔玛的32家店铺共有78名合作者，或者说共同拥有者，当然沃尔玛家族占有绝大多数份额。但是在开店和经营过程中，山姆·沃尔顿不得不长期向银行贷款，甚至出现从这家银行借款来还那家银行欠债的情况，有时还得接受贷款人的高利息等苛刻条件。山姆·沃尔顿说："记得那时，我对欠熟人的钱感到厌烦，而向陌生人借钱使我更感到厌恶，因此决心让沃尔玛公司的股票上市。"③1970年10月1日，沃尔玛公司将23%的股份上市，共计发行30万股，每股15美元，溢价发行每股16.5美元，共有800名购买者，这些人后来都发了大财。上市之后，沃尔顿家族大约公司拥有75%的股权，其中弟弟巴德占有15%左右。这为沃尔玛下一阶段的快速发展奠定了资金基础。正如专家所说："这一步，使山姆·沃尔顿的债务顿时消除，他的企业也从此踏上迅速扩张之途。"④

4）小型飞机。在有关沃尔玛的相关文献中，常常提到山姆·沃尔顿的私人飞机，甚至有人会由此质疑他的简朴品格。有趣的是，小型飞机这一物质资源，是山姆·沃尔顿的翅膀，不仅使他享受到飞行的乐

---

① 沃尔顿，休伊. 富甲美国：零售大王沃尔顿自传［M］. 沈志彦，等译. 上海：上海译文出版社，2001：48-49.

② 沃尔顿，休伊. 富甲美国：零售大王沃尔顿自传［M］. 沈志彦，等译. 上海：上海译文出版社，2001：95.

③ 沃尔顿，休伊. 富甲美国：零售大王沃尔顿自传［M］. 沈志彦，等译. 上海：上海译文出版社，2001：101.

④ 斯莱特. 忠于你的事业：沃尔玛传奇［M］. 黄秀媛，译. 北京：中信出版集团股份有限公司，2018：39.

趣，而且可以让他便利地飞到各个店铺进行视察，以及用于在空中俯瞰小镇进行新店址的选择，小型飞机在山姆·沃尔顿早期创业中起到了重要作用。

1957年，由于需要开设新的特许经营店铺，山姆·沃尔顿不得不到处选址，路上花费的时间太多，无暇顾及店铺经营的其他事情，因此开始考虑购买一架小型飞机，提高出行效率。没多久，他不顾弟弟巴德·沃尔顿的反对和劝阻，花费1850美元买了一架双座旧的厄柯普小飞机。有趣的是，自从有了飞机，山姆·沃尔顿的开店速度大大加快了，可见小型飞机的作用还是很大的。山姆·沃尔顿描述道："自从我使用了飞机，我就得了开设商店热。我开设了一系列杂货店，其中许多是本·富兰克林特许经营店，设在阿肯色州的小石城、斯普林代尔和赛洛姆斯普林斯。我们在尼欧德沙和科菲维尔也开了几家分店。"○

1962年之后，随着折扣商店的发展，店铺越开越多，需要到其他零售企业去寻找所需人才，需要跟银行谈所需资金，这样在旅途上花费的时间越来越多。山姆·沃尔顿常常是开着飞机去选店址，到分店巡视，与计划招聘的经理人进行见面，与银行经理洽谈贷款的事宜。

山姆·沃尔顿在《富甲美国：零售大王沃尔顿自传》中说："我们一家都喜欢飞行，我们拥有好几架舒适的飞机，这几年我们前后曾经买过18架飞机，但我从来没有买过一架新的飞机。"○可见，飞机成为沃尔顿家族的"玩具"，也成为沃尔玛公司提高效率的重要工具。有时满足了自己的兴趣和爱好，会有更大的积极性做好自己的事情。不过，后来飞机也给沃尔顿家族带来悲剧。2005年6月27日，山姆·沃尔顿的二儿子、沃尔玛继承人约翰·沃尔顿独自驾驶一架超轻型单引擎实验飞机，在怀俄明州发生了坠机事故，不幸去世。

○ 沃尔顿，休伊. 富甲美国：零售大王沃尔顿自传[M]. 沈志彦，等译. 上海：上海译文出版社，2001：45.

○ 沃尔顿，休伊. 富甲美国：零售大王沃尔顿自传[M]. 沈志彦，等译. 上海：上海译文出版社，2001：8.

沃尔玛公司发展第一阶段的核心成果：形成省钱营销模式

通过本章的分析，我们发现：在沃尔玛公司最初发展的 30 年左右时间（1940—1970 年，从山姆·沃尔顿到彭尼公司实习开始）里，主要是以经营杂货商店（5 美分–10 美分商店）和折扣商店为主，建立和形成了省钱营销模式，为后来沃尔玛公司省钱营销模式的完善和复制奠定了基础。我们将前述的研究结果回归到事先确定的研究框架之中，就会得到一些有趣的发现。

（1）发展概述。按照山姆·沃尔顿从事零售业的深度，可以划分为三个时期：了解入门时期、学习模仿时期和模仿创新时期。

1940—1944 年是山姆·沃尔顿对于零售业的了解入门时期。1940 年大学毕业之后，他就到彭尼公司一家分店当实习生。彭尼公司是当时美国非常知名的百货商店，山姆从这里开始接触、了解和体验美国比较规范的零售业经营和管理。在这一时期，山姆·沃尔顿参与了百货商店业态的经营，但是并非独立进行经营管理。

1945—1961 年是山姆·沃尔顿对于零售业的学习模仿时期。1945 年 9 月 1 日，山姆·沃尔顿加盟本·富兰克林特许经营系统，在纽波特镇前街开设了第一家店铺，为杂货商店，也被称为"5 美分–10 美分商店"。随后，山姆·沃尔顿对杂货商店进行店铺复制，直到 1961 年，总共开设了 15 家店铺（不包括在纽波特开设的两家店铺，因为它们在 1950 年左右已转给原房主），年营业额为 140 万美元，利润额为 11.2 万美元。[⊖] 在这个过程中，山姆·沃尔顿曾经接受本·富兰克林特许经营总部的两周培训，日常经营也得到该体系的指导，同时他开始探索自己偏爱的薄利多销模式，这是沃尔玛省钱营销模式的前身。在这一时期，山姆·沃尔顿独立参与了杂货商店单店创办、经营和管理的全过程，以及多店铺的管理。

⊖ 沃尔顿，休伊. 富甲美国：零售大王沃尔顿自传 [M]. 沈志彦，等译. 上海：上海译文出版社，2001：46.

1962—1970年是山姆·沃尔顿对于零售业的模仿创新时期。1962年7月2日第一家名为沃尔玛的折扣商店开业了，之后开始重点复制沃尔玛折扣商店，继续探索省钱营销模式。1970财年沃尔玛店铺数达到了32家（18家折扣商店和14家杂货商店），营业额达到了3086万美元，利润额达到了118万美元，分布在4个州并取得了较好的经营业绩。在这一时期，山姆·沃尔顿继续经营着原有（1950—1962年创办）杂货商店业态的特许经营店铺，重点开设和经营着18家沃尔玛折扣商店业态，建立了连锁总部和配送中心，形成了自己的省钱营销模式。

总之，山姆·沃尔顿在该阶段主要是模仿当时比较流行的零售业态，1945—1961年为杂货商店（也被称为"5美分-10美分商店"）业态，1962—1970年为折扣商店业态，都是多店铺或连锁经营式发展。除了开设并经营着32家店铺之外，山姆·沃尔顿还创造出省钱营销模式并初步形成品牌资源（见表4-1）。

表4-1 沃尔玛省钱营销模式形成阶段的发展情况（1940—1970年）

类别			简况
领导人和组织机构	领导人	CEO	山姆·沃尔顿（1945—1970年）
	组织机构	独立店铺组织	在经营特许门店的时代（1945—1961年），基本是独立商店的组织形式，山姆·沃尔顿与兄弟合伙，山姆负责经营（开店、采购等），开始聘任职业经理人为店长
		连锁公司化组织	在开始经营折扣商店的时代（1962—1970年），逐渐形成公司化的连锁组织。1962年沃尔玛公司成立；1969年沃尔玛有限公司成立；1969年设立公司总部，各个店铺也都配置有店铺经理、采购员和若干店员等；1970年10月1日，沃尔玛公司的股票正式上市
零售业态	杂货商店	特征	杂货商店，又称一价商店，或者"5美分-10美分商店"，店里很多商品以5美分或10美分的统一价格出售，也会有一些商品以1美元或者几美元的价格出售，属于廉价商店的一种类型，一般从特许经营总部或代理商处进货
		该阶段发展情况	在1945年加盟本·富兰克林杂货商店特许经营系统，开始了杂货商店的经营，至1962年共经营过17家店铺（其中3家店铺租期到期停止经营），到1970年还保留着14家杂货商店。在1962年之后不再开设新的杂货商店

（续）

类别		简况
零售业态	折扣商店 特征	折扣商店，也被称为廉价商店，其特征是以经营非食品类别的日常生活用品为主，并以低廉的价格进行销售，从厂商直接进货，大量铺货，初期为柜台售货，后进化为自选购物方式
	该阶段发展情况	在1962年创办了自己的沃尔玛折扣商店，至1970年共开设并经营着18家店铺，开始设立连锁总部和统一进货和分货的配送中心，初步形成了折扣商店的连锁经营体系
业绩表现	店铺数量 杂货商店	1945年1家，1970年有14家
	折扣商店	1962年1家，1970年有18家
	经营业绩	1960年销售额为140万美元，平均每家店铺实现近10万美元（按15家店铺计算），利润额为11.2万美元，平均每家店铺实现7000多美元；1970年销售额为3086万美元，平均每家店铺实现近100万美元，利润额为118万美元，平均每家店铺实现近4万美元
	无形资产 品牌资产	从借用本·富兰克林店牌，到打出自己的沃尔顿店牌，再到形成自己的沃尔玛（Wal-Mart）店牌，有名称、有标志、有品牌精神（提供价廉物好的商品）
	经营模式	初步形成省钱营销模式，品牌和营销模式融合成为可以复制的"本"

（2）研究结果。我们把前述内容用可视化图形表现出来，再进一步分析和提炼，逐一回答表2-1提出的"省钱营销模式的14个问题"，就会得出相应的研究结果。

1）省钱营销形成阶段的模式图。这个图形（见图4-6）是按照目标层面、顾客层面、流程层面和资源层面的结构进行绘制的，每个层面由若干维度构成，而箭头表明各个维度之间的因果或影响关系（箭头粗细表示主要或次要影响）。这个图形的形成基于前述的案例分析，或者说，该图形是沃尔玛省钱营销模式形成阶段的可视化呈现。其基本逻辑是：创始人特质决定了公司的使命，公司使命决定了营销目标，营销目标决定了目标顾客选择，目标顾客决定了定位点决策，定位点决策决定了营销组合策略，营销组合策略决定了关键流程的构建，关键流程的构建决定了公司重要资源的整合，这是公司决策由上到下的过程。但是，使命和目标的实现则是由下到上的反馈过程。

第4章 第一阶段：由杂货商店和折扣商店的创建形成省钱营销模式（1940—1970年）

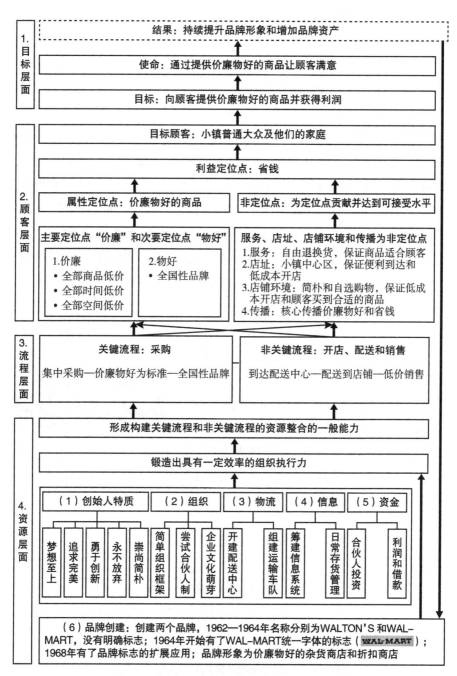

图 4-6 沃尔玛省钱营销形成阶段的模式图

这里需要说明的一点是，在图 4-6 中，品牌资源是公司资源的一个重要组成部分，同时也是这种模式运行的一个结果，这个结果会丰富公司的资源，品牌资源又会进一步提升品牌声誉和资产，二者互相推动与促进，因为结果不是目标，我们用虚线框来表示。在该阶段，沃尔玛公司的品牌属于创建阶段。1962—1964 年，沃尔玛有了名称"Wal-Mart"，但是还没有品牌的标志设计，出现在店铺招牌上和广告中的名称都是由制作者根据自己的灵感来确定字体和风格。在第一家沃尔玛折扣商店的开业广告（见图 4-4）中，"Wal-Mart"不仅字体不一样，而且分别使用了蓝色和黑色两种颜色。1964 年，沃尔玛公司设计了品牌标志，即将"Wal-Mart"名称用前沿字体作为标志，是黑色的罗马字体（ WAL-MART ）。这是沃尔玛公司第一次启用官方的品牌标志，也是第一次固定化并且持续性使用，直至 1981 年。1968 年作为沃尔玛统一标志的扩展应用，推出了沃尔玛折扣商店使用的标志，增加了"低价销售"和"顾客满意"等文字（见图 4-7）。这个标志不用于店铺外墙招牌，也不出现在年报中，而是用于广告、店堂内招牌和员工制服的胸牌，使用至 1981 年。

2）省钱营销模式形成阶段的问题回答。依据前面的分析，我们可以得出表 2-1 列出的问题答案，由此形成表 4-2。该表为我们最终探讨并建立省钱营销理论及模型奠定了一定的基础。

图 4-7　1968—1981 年沃尔玛品牌标志的扩展应用

表 4-2　省钱营销模式形成阶段的 14 个问题

层面	问题
公司使命	（1）公司使命是怎样的？**通过提供价廉物好的商品让顾客满意** （2）公司使命是如何形成的？**由具有独特特质的创始人决定的**
营销目标	（1）营销目标是怎样的？**提供价廉物好的商品并获得利润** （2）营销目标是如何形成的？**由公司使命决定的**
目标顾客	（1）目标顾客是怎样的？**小镇普通大众及他们的家庭** （2）目标顾客是如何形成的？**由营销目标决定的**

（续）

层面	问题
营销定位	（1）营销定位是怎样的？**通过享用价廉物好的商品来省钱** （2）营销定位是如何形成的？**由目标顾客关注点和竞争优势决定的**
营销组合	（1）营销组合是怎样的？**价格出色＋产品优质＋其他要素可接受的模式** （2）营销组合是如何形成的？**由省钱的定位点决定的**
营销流程构建	（1）流程模式是怎样的？**采购为关键流程** （2）流程模式是如何形成的？**由"价格出色＋产品优质＋其他要素可接受"营销组合模式决定的**
营销资源整合	（1）资源模式是怎样的？**由创始人特质和合作伙伴聚合而成的高效组织执行力** （2）资源模式是如何形成的？**由"采购为关键流程"决定的**

（3）研究结论。由前面的分析，以及表4-2和图4-6的进一步归纳，我们可以得出沃尔玛折扣商店在这一阶段的省钱营销模式，即沃尔玛店铺的省钱营销管理瓶（1940—1970年）（见图4-8）。

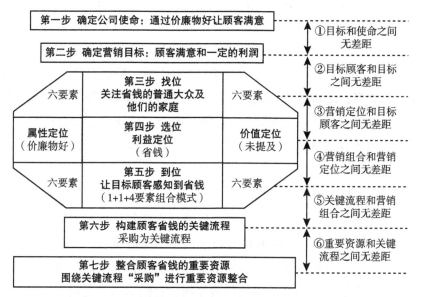

图4-8　沃尔玛店铺的省钱营销管理瓶（1940—1970年）

这种省钱营销模式的具体内容是：①确定了公司使命，即通过价廉物好让顾客满意；②选择了与使命相匹配的营销目标，即让顾客满意的同时，公司也能获取一定的利润；③选择了与营销目标相匹配的目标顾客，即关注省钱的普通大众及他们的家庭；④根据目标顾客的需求确定了营销定位，即通过提供价廉物好的产品（属性定位），让顾客省钱（利益定位），没有提及价值定位；⑤依据确定的省钱的营销定位点，进行了营销要素组合，以价廉出色（价格组合要素）和产品优质（产品组合要素）为顾客省钱为核心，服务、店铺位置、店铺环境、传播达到顾客可接受的水平；⑥根据突出省钱定位点的营销组合，构建了关键流程"采购"，以及一般流程"配送和销售"；⑦根据关键流程"采购"，整合公司人力、信息、物流、资金和品牌资源，主要是以创始人为核心构成组织的高效执行力。

这种模式形成的重要意义如下：一是探索出折扣商店的省钱营销模式，这种模式可以在折扣商店业态中进行复制，降低开店的风险；二是这种省钱营销模式还可以尝试在其他零售业态进行复制，为公司的零售业态创新奠定一定的基础。

可见，在山姆·沃尔顿创业的前30年，大体是在发展杂货商店和折扣商店两种零售业态，目标是通过提供价廉物好的商品，为顾客省钱并让他们满意，同时获得一定的利润。这主要表现为：①通过加盟本·富兰克林杂货商店特许经营系统，创办并经营17家店铺，形成杂货商店的省钱营销模式的雏形；②将初步形成的杂货商店省钱营销模式雏形复制到沃尔玛折扣商店，经过18家折扣商店的实验和磨合，建立了折扣商店的省钱营销模式，以及在模式之下运营的连锁经营模式和积累的沃尔玛品牌资源。这一阶段形成了沃尔玛公司产业发展模式的初步思路，其探索和积累成为沃尔玛公司日后发展的重要基础。

山姆·沃尔顿曾经谈到第一家小店铺对于沃尔玛后来发展的意义。他说："自1945年我们买下纽波特的那家很小的前街商店，我们经历了许多大风大浪，但是我们所学会的每件事情，我们在将那家商店建设成一个令人尊敬的企业的过程中所采用的每条原则，它们都仍然适用于我们现在的公司。"㊀

㊀ 沃尔顿，休伊. 富甲美国：零售大王沃尔顿自传[M]. 沈志彦，等译. 上海：上海译文出版社，2001：216.

另有专家指出，1962年7月2日第一家沃尔玛折扣商店的开业，对于沃尔玛后来的快速发展和世界零售业变革有着重要意义。"就像商业史上许多划时代的重大时刻一样，几十年以后，这一天的重大意义才变得清晰起来，沃尔玛会把这个商店的开业作为崛起的起点而加以庆祝，沃尔玛也会被看成零售业重大变革的旗手。这场变革将要改变的不仅仅是整个国家如何购物，它也改变了我们购买商品的方式和地点；它会加速全国由生产型经济向服务型经济的转变；而且，它甚至会改变众多美国人居住的郊区的风景。"㊀

沃尔玛公司省钱营销模式形成阶段大事记（1940—1970年）

- 1940年6月3日，22岁的山姆·沃尔顿大学毕业后，成为彭尼公司一家分店的实习生，工作了18个月。山姆·沃尔顿认为这是他第一次进入零售业。1918年3月29日，山姆·沃尔顿出生于俄克拉何马州。1925年，山姆·沃尔顿7岁时开始推销杂志，一直到大学毕业，他有着固定的送报路线，也曾经通过养兔子和鸽子来赚钱补贴家用。1936年秋至1940年夏，山姆·沃尔顿进入密苏里大学学习，获得经济学学士学位。1939年，山姆·沃尔顿新家的邻居名为休·马丁利，是一位理发师，后来休·马丁利和自己的兄弟合伙开设了一家连锁杂货商店公司，山姆·沃尔顿曾与他谈论过零售业的经营之道。山姆·沃尔顿认为这是他第一次接触零售业。
- 1942年，山姆·沃尔顿参军，直到1945年战争结束时才离开军营。他决心在零售业开创出自己的事业。
- 1945年9月1日，山姆·沃尔顿第一次自己经营第一家店铺，位于纽波特镇前街（该镇约有7000居民），店名为本·富兰克林商店，长100英尺，宽50英尺。山姆·沃尔顿购买了该家本·富兰克林特

㊀ 奥尔特加. 信任萨姆：全球最大零售商沃尔玛的秘密[M]. 屈陆民，韩红梅，石艳，译. 北京：华夏出版社，2001：81.

许经营店铺的经营权（签订了 5 年租约），业态为杂货商店，也被称为"5 美分 –10 美分商店"，商品以 5 美分、10 美分、1 美元及以上价格出售。在山姆·沃尔顿经营的时间里，不仅扭亏为盈，而且成为阿肯色州最好的本·富兰克林加盟店之一。后来由于 5 年租期到期，店铺被原店主收回，山姆·沃尔顿被迫终止该店铺的经营，获得转让收入为 5 万美元。

- 1946 年，山姆·沃尔顿的弟弟巴德·沃尔顿在密苏里州的凡尔赛勒斯开设了一家类似的杂货商店（参见 1977 年沃尔玛公司年报）。
- 1948 年（本书作者推算出的时间），山姆·沃尔顿在纽波特镇前街又开设了一家店铺，命名为伊格尔。1949 年山姆·沃尔顿一家离开纽波特镇的时候，将其租赁权转卖给了斯特林商店，该店铺的经营者为约翰·邓纳姆（John Dunham），山姆·沃尔顿称他为竞争对手和良师益友。
- 1950 年 7 月，山姆·沃尔顿在本顿维尔镇（该镇约有 3000 居民）购买了一家本·富兰克林特许经营的加盟店，店名改为沃尔顿，业态为"5 美分 –10 美分商店"，扩充改造后店铺面积为 4000 平方英尺（约为 370 平方米），与房产主签订了 99 年的租赁合同，采取自选购物的方式，是全美采取自选购物的第三家杂货商店，购买和扩店共花费了 55 000 美元。㊀ 也有人认为，这家商店开业的时间为 1951 年 3 月。㊁ 不过，山姆·沃尔顿在《富甲美国：零售大王沃尔顿自传》中谈到 1950 年 7 月 29 日就为该店进行了报纸广告宣传。㊂ 按照常理，在小镇开一个 370 平方米的小店，不会提前六七个月打广告，因此推论该店开业于 1950 年较为合理。

㊀ 奥尔特加. 信任萨姆：全球最大零售商沃尔玛的秘密 [M]. 屈陆民，韩红梅，石艳，译. 北京：华夏出版社，2001：41.

㊁ 斯莱特. 忠于你的事业：沃尔玛传奇 [M]. 黄秀媛，译. 北京：中信出版集团股份有限公司，2018：31.

㊂ 沃尔顿，休伊. 富甲美国：零售大王沃尔顿自传 [M]. 沈志彦，等译. 上海：上海译文出版社，2001：37.

第4章 第一阶段：由杂货商店和折扣商店的创建形成省钱营销模式（1940—1970年）

- 1952年10月，山姆·沃尔顿在费耶特维尔镇开设了第二家名为沃尔顿的"5美分–10美分杂货商店"，它不是本·富兰克林特许经营的加盟店，而是山姆·沃尔顿开设的属于自己的独立店铺，店铺长18英尺，宽150英尺，采取自选购物的方式，无须向任何一家特许经营总部进货，自主进货，第一年营业额达到9万美元。第一任经理（或店长）为威拉德·沃克，是沃尔顿家族之外的经理人。山姆·沃尔顿称他是自己第一次真正雇用的员工，第一位经理（或店长）。

- 1954年，山姆·沃尔顿和弟弟巴德·沃尔顿各占50%特许经营权，在堪萨斯城边的一家购物中心里创建了第三家沃尔顿店铺，第一年销售额为25万美元，盈利3万美元。[一] 该店位于一个名为拉斯金高地新建小区的购物中心里。

- 1955—1956年，山姆·沃尔顿对购物中心产生了极大兴趣，并租赁了40英亩土地，加上其他相关投入，共花费了25 000美元，最后接受失败，回到零售店的经营。这是在该阶段山姆·沃尔顿唯一的一次决策失误。

- 1957年，山姆·沃尔顿花费了1850美元购买了一架双座旧的厄柯普小飞机，用于巡店和选择店址等。从此，他开店的热情和速度都大大提高。

- 1958年左右，山姆·沃尔顿家族和妻子海伦·罗布森家族的诸多成员都成为商店合伙人，甚至孩子们把卖报纸赚的钱也投入商店发展中。

- 1960年，山姆·沃尔顿的店铺数量达到15家，总销售额为140万美元，[二] 利润额为11.2万美元。[三]

- 1960年，山姆·沃尔顿计划开设比杂货商店规模更大的折扣商店，

[一] 奥尔特加. 信任萨姆：全球最大零售商沃尔玛的秘密[M]. 屈陆民，韩红梅，石艳，译. 北京：华夏出版社，2001：43.

[二] 沃尔顿，休伊. 富甲美国：零售大王沃尔顿自传[M]. 沈志彦，等译. 上海：上海译文出版社，2001：46.

[三] 沃尔顿，休伊. 富甲美国：零售大王沃尔顿自传[M]. 沈志彦，等译. 上海：上海译文出版社，2001：216.

拜访了几家特许经营商，寻求合伙，但都被拒绝。

- 1962年，山姆·沃尔顿按照本·富兰克林特许模式，在密苏里的圣罗伯特镇（仅有居民约1500人，但靠近一个军事基地），开了一家名为"沃尔顿家庭中心"的杂货商店，面积为13 000平方英尺（约为1200平方米），1963年扩建为20 000平方英尺（约为1800平方米），当年销售额达到了200万美元。从此他开始尝试大店的经营，之后在阿肯色州的贝瑞威尔和本顿维尔分别又开设了第二家和第三家沃尔顿家庭中心，并取得了成功。

- 1962年7月2日，山姆·沃尔顿与巴德·沃尔顿创办了第一家沃尔玛折扣商店，地点为罗杰斯城，店铺两边招牌上分别写有"低价销售"和"顾客满意"。该店铺第一年实现销售额70万美元（也有100万美元的说法），而以往杂货商店的营业额每店每年在20万~30万美元。这家商店经营面积在700~800平方米，比本顿维尔的杂货商店大一倍，本顿维尔那家店铺为4000平方英尺（约为370平方米），后来经过三次扩建，1969年面积达到了3300平方米。起初店铺内设三个收银台，有25名员工，每小时工资50~60美分。山姆·沃尔顿入股95%，其兄弟入股3%，一位分店经理入股2%。

- 1962年，本·富兰克林特许经营总部向沃尔玛提出警告：不许再开折扣商店。因为沃尔玛的折扣商店对于该地区他人已有的本·富兰克林特许杂货商店形成了冲击。随后，沃尔玛在两年内没有开设新的折扣商店，而是新开了两家沃尔顿家庭中心——较大型的本·富兰克林特许杂货商店。

- 1962年，沃尔玛公司有了品牌名称"Wal-Mart"，没有品牌标志设计，仅仅是把品牌名称随意地选择字体和风格，用在店铺招牌和广告中。

- 1964年8月，在阿肯色州的哈里森小镇（约有居民6000人）开设了一家沃尔玛折扣商店，面积为1000平方米（后来扩建到8000平方米），木制货架来自一家停止运营的杂货店。开业当天，毛驴捣乱，西瓜爆裂，成为人们后来的笑谈。

- 1964年哈里森店铺成功之后，山姆·沃尔顿又在罗杰斯城附近较大的镇春谷镇开设了第三家沃尔玛折扣商店。
- 1964年，沃尔玛公司设计了品牌标志，即将"Wal-Mart"名称用前沿字体作为标志，是黑色的罗马字体（ **WAL-MART** ）。这是沃尔玛公司第一次启用官方的品牌标志，也是第一次固定化并且持续性使用，直至1981年。
- 1965年，山姆·沃尔顿开设了第四家沃尔玛折扣商店。
- 1966年，山姆·沃尔顿开设了两家沃尔玛折扣商店。
- 1966年，山姆·沃尔顿到纽约的波基普西旁听了IBM赞助的计算机知识学习班，了解计算机在零售管理中的作用。
- 1967年，山姆·沃尔顿开设了两家沃尔玛折扣商店。
- 1967年左右，山姆·沃尔顿力邀费罗尔德·阿伦加入沃尔玛公司，之后阿伦担任了沃尔玛公司第一任常务副总裁，1970年成为公司董事会成员之一。
- 1968年，山姆·沃尔顿力邀鲍勃·桑顿加入沃尔玛公司，负责沃尔玛第一家配送中心的建设。
- 1968财年（1967年2月1日至1968年1月31日），沃尔玛共拥有24家店铺，包括沃尔玛折扣商店和杂货商店，销售额为1261万美元，利润额为48万美元，分布在阿肯色州和俄克拉何马州。
- 1968年，作为沃尔玛统一标志的扩展应用，推出了沃尔玛折扣商店使用的宣传标志，增加了"低价销售"和"顾客满意"等文字。这个标志不用于店铺外墙招牌，也不出现在年报中，而是用于广告、店堂内招牌和员工制服的胸牌，使用至1981年。
- 1969财年（1968年2月1日至1969年1月31日），沃尔玛共拥有27家店铺，包括沃尔玛折扣商店和杂货商店，销售额为2136万美元，利润为60万美元，分布在阿肯色州及其附近的俄克拉何马州和密苏里州。
- 1969年7月，罗恩·迈耶加入沃尔玛公司，担任主管财务和配送方面工作的副总裁，至1976年，为沃尔玛公司创建了总部负责统一订货的系统和机制。他曾经短暂地（1975—1976年）担任沃尔玛公司董事长和首席执行官。

- 1969年购买第一台计算机用于日常业务流程的管理，同时建立了基于计算机应用的存货管理系统。
- 1969年10月31日，沃尔玛有限公司（Wal-Mart Inc.）成立，两个月后更名为沃尔玛百货有限公司（Wal-Mart Stores Inc.）。㊀ 该名称延续使用至2018年1月。从2018年2月1日起，公司名称变更为"沃尔玛公司（Walmart Inc.）"。这表明沃尔玛越来越重视为顾客提供无缝连接的零售服务，以满足顾客多种购物方式的需求，包括在门店、网上、移动设备上购物，或以门店取货和送货上门的方式购物。
- 1969年11月，沃尔玛公司在本顿维尔城南1.6公里的地方建设了总部和第一家配送中心，占地5万多平方米，建筑面积为6500平方米，其中办公用房面积为1000平方米，配送中心面积约为5500平方米，建设总花费52.5万美元。1970年配送中心被扩大到约为11 000平方米。当时总部配送中心承担着公司采购和配送商品的40%。
- 1969年底，沃尔玛所有的店铺都是租赁的房产，租金50%为固定的，50%根据营业额的一定百分比缴纳，税金、保险和维修等费用由房产主负责缴纳，1969年全年租金总额为500万美元，平均每平方米10美元的租金。㊁
- 1970财年，沃尔玛公司拥有32家店铺。其中，18家是沃尔玛折扣商店，14家是保留下来的杂货商店（包括特许经营店铺和独立店铺），年营业额约为3086万美元，利润额为118万美元，分布在阿肯色州、俄克拉何马州、密苏里州和路易斯安那州。
- 1970年，沃尔玛杂货商店业态销售额占公司销售总额的26%，利润

㊀ 奥尔特加.信任萨姆：全球最大零售商沃尔玛的秘密［M］.屈陆民，韩红梅，石艳，译.北京：华夏出版社，2001：102.

㊁ 吕一林.美国沃尔玛：世界零售第一［M］.北京：中国人民大学出版社，2000：12.

占20%，而1967年这两个数据分别为42%和57%。[⊖]这表明沃尔玛折扣商店业态正在开始取代杂货商店业态。

- 1970年，沃尔玛全日制和非全日制员工约有1500人。沃尔玛公司聘有650位全职员工，其中有33位店铺经理、45位经理助理、9位采购和主管人员，[⊜]形成了进一步发展组织框架的雏形。
- 1970年，杰克·休梅克被山姆·沃尔顿聘为地区经理，主要负责新店的开张事宜，后来他曾经任职沃尔玛公司总裁。这表明在1970年沃尔玛就设立了地区经理一职。
- 1970年10月1日，沃尔玛公司将23%的股份上市，未上市的69%的股份归属沃尔顿家族，另有8%的股份归属其他亲戚和经理。在这之前将原来每个人持有的股份折合成沃尔玛130万股，上市发行30万股（130万股的23%），每股15美元，溢价发行每股16.5美元，获资金495万美元。沃尔顿家族偿还了所有债务，为下一阶段的发展奠定了资金基础。

⊖ 吕一林. 美国沃尔玛：世界零售第一［M］. 北京：中国人民大学出版社，2000：12.
⊜ 吕一林. 美国沃尔玛：世界零售第一［M］. 北京：中国人民大学出版社，2000：13.

第 5 章

第二阶段：由折扣商店的大量复制进一步完善省钱营销模式

（1971—1980 年）

由前述可知，沃尔玛公司在第一阶段（1970年之前）具有以下特征：①在经营业态方面，从规模较小的杂货商店起步，逐步调整为规模较大的折扣商店业态；②在发展空间方面，从阿肯色州的小镇起步，开始尝试向相邻的 3 个州（俄克拉何马州、密西西比州和路易斯安那州）进行扩展；③在发展速度方面，1945—1970 年共经营有 34 家（包括转让的 2 家）店铺，平均每年新开不到 2 家店铺，其中 1962—1970 年开设 20 家（其中 2 家为杂货商店）新店铺，平均每年新开大约 2 家店铺；④形成了省钱营销模式；⑤1970 年成功上市，有了进一步发展的资金。由于沃尔玛公司有了上市筹措的资金，以及可以复制的营销模式，因此在 1971—1980 年的 10 年时间里，就将省钱营销模式集中化、大规模、跨区域、快速地复制于折扣商店业态，并在复制过程中对省钱营销模式进行完善。山姆·沃尔顿曾经描述当时的心情："现在我们已不欠债了，可以正正经经地实施我们的战略计划了。那就是在别人忽略的小城镇开设大型的折扣商店。"⊖ 截至 1980 财年（1979 年 2 月 1 日至 1980 年 1 月 31 日），沃尔玛公司店铺数已达 276 家，去除第一阶段开办的 32 家，平均每年开设新店铺 25 家左右，店铺已经辐射到 11 个州。这不仅使沃尔玛公司成为美国领先的区域性折扣商店零售商，而且使沃尔玛的省钱营销模式得到进一步完善，即在更多的店铺进行检验，在检验过程中进行完善，主要体现为流程和资源层面与顾客层面的匹配，使顾客更加感受到省钱的体验。因此，我们把这一阶段视为沃尔玛公司省钱营销模式的完善阶段，并按照逻辑营销或者营销定位瓶的框架对其进行描述和分析。在这个阶段，大多数年份仍然是山姆·沃尔顿担任董事长和首席执行官，仅在 1974—1976 年期间有 30 个月担任执行委员会主席，而由罗恩·迈耶担任董事长和 CEO。因此，山姆·沃尔顿仍然是该阶段最为重要的公司领导人。

公司使命：通过提供价廉物好的商品让顾客满意

在文献分析过程中，我们没有找到该阶段（1971—1980 年）关于沃尔玛公司使命的直接描述，主要是创始人山姆·沃尔顿第一阶段（1940—1970 年）想法的延续，因此该阶段公司使命与第一阶段的情况基本类似。

在这一阶段对使命描述最多的相关文字仍然集中于"顾客至上""顾客第一""顾客满意"和"成为最好的零售商"，还有"低价"和"全国性品牌"（即价廉物好）等。

1971 年初，山姆·沃尔顿在致员工的一封信中写道："最关键的还是坚持我们的经营原则，不仅成为本区域的主导商店，还要最有效、最友好地服务于每位顾客。"⊜沃尔玛公司 1977 年年报中指出："保证顾客满意，在沃尔玛不仅是一句口号，还是我们做生意的一种方式"，在沃尔玛"顾客

⊖ 沃尔顿，休伊. 富甲美国：零售大王沃尔顿自传［M］. 沈志彦，等译. 上海：上海译文出版社，2001：114.

⊜ 索德奎斯. 沃尔玛不败之谜：沃尔玛全球前副董事长揭密［M］. 任月园，译. 北京：中国社会科学出版社，2009：14.

永远是对的"。类似的文字在 1977—1980 年的公司年报中是年年出现并得以强调的。1980 年的公司年报中提出"帮助顾客抵御通货膨胀""通过低价和高质量商品的广泛选择让每一个顾客满意"。

沃尔玛全球前副董事长唐·索德奎斯曾经明确指出:"沃尔玛的使命(从开始到现在)很激动人心,看看我们能做什么,不为金钱,而为服务他人……即便我们寻求利润,但我们永远不会放弃为顾客服务的初衷。"㊀ 另有分析家指出:沃尔玛的成功在于使顾客购物成为一种享受,即天天低价和商品质量好,这种独特体验会使顾客满意,进而产生重复购买的行为,最终实现山姆·沃尔顿打造最好零售商店的梦想,不见得有意成为最大的零售商。㊁

下面通过这一阶段两个有趣的故事可以看出沃尔玛公司对于第一阶段使命的延续,一是表现在"言"的方面;二是表现在"行"的方面。

第一个故事是"沃尔玛欢呼",体现了让顾客满意的"言"。1975 年,山姆·沃尔顿和妻子海伦去韩国和日本旅行,受韩国工人早晨喊公司口号的启发,推出了著名的"沃尔玛欢呼"。㊂ 在每周六早上 7:30 公司工作会议之前,山姆·沃尔顿会带领参会的高级主管、商店经理一起欢呼"Walmart"拆分的字母口号并做阿肯色大学的啦啦队操,还扭一扭臀部。最后,领导员高声问:"谁是第一?"所有人高喊:"顾客第一!"

第二个故事是设立店铺门口迎宾员,体现了让顾客满意的"行"。1980 年,山姆·沃尔顿在巡店的时候,看到路易斯安那州克罗利市一家沃尔玛店铺的门口站着一位老店员,每当有顾客进门,就向顾客表示问候:"欢迎享受寻宝的乐趣。"山姆·沃尔顿被这一场景吸引,随后要求所有店铺都设立迎宾员,不仅可以向顾客传递热情和友好的信息,还可以起到防

㊀ 索德奎斯. 沃尔玛不败之谜:沃尔玛全球前副董事长揭秘[M]. 任月园,译. 北京:中国社会科学出版社,2009:4.

㊁ 斯莱特. 忠于你的事业:沃尔玛传奇[M]. 黄秀媛,译. 北京:中信出版集团,2018:53-54.

㊂ 沃尔顿,休伊. 富甲美国:零售大王沃尔顿自传[M]. 沈志彦,等译. 上海:上海译文出版社,2001:160.

盗的效果。㊀这表明沃尔玛"商店里面所有工作人员的任务,就是要让进入沃尔玛店铺的人获得宾至如归的体验"。㊁

由此可见,在该阶段沃尔玛公司的使命仍然延续了第一阶段,即通过开办属于自己的商店,并成为最好的零售店铺,向顾客提供价廉物好的商品,让顾客省钱,实现顾客满意。

营销目标:为顾客提供价廉物好的商品并赢利

在沃尔玛公司发展的第二阶段,仍然延续第一阶段的营销目标,即为顾客提供价廉物好的商品并获得一定的利润。

有专家分析,山姆·沃尔顿知道:"虽然天天平价的吸引力很大,但也必须有其他方面的配套措施,譬如,产品品质必须有一定的水准,种类必须齐全,供应必须保持充足。"㊂当然,赢利也是沃尔玛公司的重要营销目标,否则无法持续地接近公司确定的使命。1977年沃尔玛公司年报中有一张沃尔玛店铺的照片,在停车场的招牌上仍然清晰地写有"低价销售"和"商品优质"的文字,表明对前一阶段营销目标的坚守(见图5-1)。同时,在1972—1980年的公司年报中,越来越强调利益相关者利益,特别是1980年年报明确提出了关心利益相关者利益,"我们关心的不是'我',不是'你',而是我们,包括每一个人,我们的顾客,我们的社区,我们的民族,我们的公司"。赢利是保证这些利益相关者利益的基础。

"提供价廉物好的商品"和"赢利"似乎是矛盾的,甚至被一些零售管理者认为不可能实现这样矛盾的双重目标,但是沃尔玛公司在第一阶段做到了,延续至第二阶段,并使店铺数量、销售额、利润额都大幅增长。对此,诸多零售企业管理者困惑不解:这怎么能够做到呢?山姆·沃尔顿回答道:"我们确定做到了,我们已处于事业的顶峰。在销售量增长的同

㊀ 奥尔特加. 信任萨姆:全球最大零售商沃尔玛的秘密[M]. 屈陆民,韩红梅,石艳,译. 北京:华夏出版社,2001:298.

㊁ 斯莱特. 忠于你的事业:沃尔玛传奇[M]. 黄秀媛,译. 北京:中信出版集团,2018:56.

㊂ 斯莱特. 忠于你的事业:沃尔玛传奇[M]. 黄秀媛,译. 北京:中信出版集团,2018:54.

时，利润也成倍增长，从 1970 年的 120 万美元增长到 1980 年的 4100 万美元。"㊀

图 5-1　1977 年沃尔玛公司年报中的店铺照片

"提供价廉物好的商品"和"赢利"双重目标得以实现的核心理念还是"顾客第一"和"控制成本"。1976 年随着罗恩·迈耶离职而引起大量管理人员出走，山姆·沃尔顿谈到出走人员时说道："他们一直把罗恩·迈耶一帮人看成我们取得成功的原因，但他们偏偏忽略了我们的基础，即我们公司的基本原则，降低成本，教导员工关心我们的顾客，还有，坦率地说，清除我们队伍中的差劲者。"㊁

因此，可以推断该阶段沃尔玛公司的营销目标仍然是：通过向顾客提供价廉物好的商品，让顾客省钱和达到满意，并且公司获得一定的利润。

㊀ 沃尔顿，休伊. 富甲美国：零售大王沃尔顿自传 [M]. 沈志彦，等译. 上海：上海译文出版社，2001：125.

㊁ 沃尔顿，休伊. 富甲美国：零售大王沃尔顿自传 [M]. 沈志彦，等译. 上海：上海译文出版社，2001：155.

目标顾客：小城镇普通大众及他们的家庭

这一阶段，沃尔玛的目标顾客仍然与第一阶段相同，就是小城镇的普通大众及他们的家庭，只不过该阶段沃尔玛入驻的小镇更多了。这种在某一类细分市场（或是空间，或是商品类别，或是为顾客提供的利益，或是前面若干因素的综合）取得优势并且形成一定壁垒的战略，被称为利基（Niche）战略。汤姆·彼得斯和罗伯特·沃特曼在《追求卓越》一书中谈道："沃尔玛于20世纪70年代末与80年代初期在零售业界迅速崛起。我们还是要再提利基战略和服务……在大众零售业者当中，沃尔玛是典型的利基连锁店……沃尔玛在美国中西部和西南部各州开设太多的分店，因此成功地阻止凯马特进入该市场。"㊀ 这意味着沃尔玛在该阶段采取的是目标市场的空间利基战略：对准中西部和西南部的小镇居民，进入的11个州都是与总部所在地阿肯色州相邻或相近的州。

1971年前后，山姆·沃尔顿为公司制定了十年发展战略规划，位居第一的战略就是稳定扩张，在本顿维尔镇周围500公里半径的小城镇建立标准规模的折扣商店。沃尔玛公司这10年的发展，基本遵循了既定的小镇发展战略。先是从阿肯色州延伸至俄克拉何马州、密苏里州、路易斯安那州，然后再进入堪萨斯州、内布拉斯加州、密西西比州、伊利诺伊州、得克萨斯州等，都选择在被竞争对手忽视的小城镇，而百货商店等间接竞争对手西尔斯、彭尼都集中在大城市中心区发展，折扣商店等直接竞争对手凯马特主要在大中城市郊区发展，另一家折扣商店吉布森虽然自称"乡村经营者"，但是主要集中于在人口规模2万~5万的小镇开店，同时与山姆·沃尔顿自营不同的是，吉布森90%的店铺为特许经营。1980年沃尔玛公司年报披露，自己拥有的276家店铺分布在美国的11个州，尽管个别店铺开设在大中城市的郊区，但是绝大多数店铺都开在了5000人至2.5万人的小城镇，甚至在5000人以下的城镇也有经营的店铺。

㊀ 彼得斯，沃特曼. 追求卓越[M]. 胡玮珊，译. 北京：中信出版社，2007：155.

对此有专家分析道:"沃尔玛成功的关键因素之一是在其狭小的地方市场内缺乏竞争……显然在这种情况下经营要比处于竞争状态下容易得多,定价不必那么精明,而商品品种也较少受人批评,这只是因为顾客们别无其他选择。"㊀其实,这种评论仅仅是突出了利基战略的缝隙战略一面。

利基战略不仅需要寻找空隙(缝隙战略),还需要通过密集设店和增加顾客价值形成壁垒(壁龛战略)。沃尔玛在"发展新店时,时常是摊开地图,以州为单位,一个县一个县地填满,直到整个地区市场饱和……这种密集发展的结果是,沃尔玛在阿肯色州有75家分店,密苏里州有75家,俄克拉何马州有80家,即使有其他任何大连锁要到这些地区开设分店,面对这样的密度也会感到有些招架不住"。㊁的确如此,1977年凯马特开始进入沃尔玛设店的地区,并开始低价竞争,但是壁垒已经形成,凯马特无法获得发展机会。山姆·沃尔顿对此评论道:"我们日益变得更加出色,其速度之快令人难以置信。在那些我们自己的小镇,我们完全超过了凯马特公司……自从凯马特公司到来后,我们更加努力取悦顾客,他们并没有转向凯马特公司。"㊂因此,在目标市场选择时,仅有缝隙战略,没有壁龛战略也不能成功。

可见,沃尔玛公司在该阶段选择的目标顾客仍然为小镇的普通大众及他们的家庭,这些小城镇的人口初期为3000人至2.5万人,中期多为5000人至2.5万人,大多是在1万人左右。1975年沃尔玛公司年报提出了沃尔玛的营销哲学(Wal-Mart's Marketing Philosophy),即不像其他连锁折扣商店,沃尔玛公司只专注小城镇和乡村地区,店铺选址在离总部和配送中心350英里㊃之内的城镇,居民人口在1万~1.5万人。

由前一章的描述可知,这些小城镇顾客在购买非食品类日常生活用品

㊀ 沃尔顿,休伊. 富甲美国:零售大王沃尔顿自传[M]. 沈志彦,等译. 上海:上海译文出版社,2001:193.

㊁ 吕一林. 美国沃尔玛:世界零售第一[M]. 北京:中国人民大学出版社,2000:80-81.

㊂ 沃尔顿,休伊. 富甲美国:零售大王沃尔顿自传[M]. 沈志彦,等译. 上海:上海译文出版社,2001:193.

㊃ 1英里=1.609千米。

时,比较关注价廉和商品品质(其标志通常是全国性品牌),即价廉物好,但是竞争对手店铺没能很好地满足他们的这些关注。

营销定位:通过价廉物好的商品实现省钱

这一阶段沃尔玛营销定位点的形成逻辑与第一阶段相同,源于沃尔玛公司的使命、营销目标和目标顾客所关注要素的聚焦点,或者说重合交叉点:让目标顾客通过购买和享用价廉物好的商品实现省钱。

该阶段沃尔玛店铺的营销定位点与第一阶段相同:利益定位为"省钱",属性定位为"价廉物好",没有强调价值定位。价廉物好(属性定位)是顾客体验到省钱(利益定位)的原因。

从表面上看,沃尔玛的这种营销定位点的延续,是迎合了20世纪70年代美国消费趋势的变化以及零售业的竞争格局,但实际上,延续的是营销定位点选择的内在逻辑。"从20世纪70年代中期开始,美国消费者的购买行为发生了明显变化,他们对商品价格变得更为敏感,他们希望从购买中获得更大价值,希望以出得起的价格购买拥有全国性品牌的商品——这些商品意味着较高的质量和宣传的形象。这时,西尔斯提高了自有品牌的价格,想提升自身形象;凯马特也更多地转向自有品牌;只有沃尔玛继续保证按低价向顾客提供全国性品牌的优质商品,因此树立了为顾客提供比竞争者更大价值的形象。"㊀ 这表明,价廉物好是目标顾客(小镇上的普通居民及他们的家庭)长期稳定的购物关注点,在20世纪70年代有进一步强化的趋势,竞争对手西尔斯和凯马特等公司忽略了这一点,因此沃尔玛维持已经选择的营销定位点满足了两个必备的条件:目标顾客关注且具有竞争优势的利益定位点(省钱)和属性定位点(价廉物好)。

专家认为,沃尔玛在第二个发展阶段仍然不折不扣地坚持"价廉物好"的营销战略。有沃尔玛研究专家认为:"山姆·沃尔顿在他的第一家商店挂上沃尔玛招牌后,在招牌的左边写上了'天天平价'㊁,在右边

㊀ 吕一林. 美国沃尔玛:世界零售第一[M]. 北京:中国人民大学出版社,2000:89.

㊁ 实际为"低价销售"。

写上了'顾客满意'。这几句话浓缩了沃尔玛40多年来的全部经营哲学，这种平常而又平常的营销方式，为沃尔玛带来了生机和活力。"㊀另有沃尔玛研究专家也持同样看法："山姆·沃尔顿深信'为顾客节省每一分钱'的经营理念是他成功的根本，他在一生的经营生涯中执着地坚守着这一原则。小镇起家的山姆，感觉到小镇的顾客是如此朴素和实际，他们珍视每一个铜板的价值。"㊁这些评价强调的是沃尔玛一直坚持"价廉物好"和"省钱"的战略，自然包括第二个发展阶段，同时也体现了沃尔玛依目标顾客进行营销定位决策的逻辑。

从沃尔玛该阶段的年报陈述中，也能非常容易地发现"省钱"的利益定位点和"价廉物好"的属性定位点。我们略举几例进行证明。

例一，1972年沃尔玛年报。该年报封面上除了有店铺分布图，还包含一张店铺招牌图片，该图片写有"沃尔玛折扣商店，低价销售，商品优质"的文字（见图5-2，相同的店铺招牌在1977年年报中的停车场照片中也曾出现，参见图5-1）。在董事长山姆·沃尔顿的年报致辞中表示："我们继续坚持真正低价的策略并成为美国加价率最低的连锁公司。"该年报的内文插图中有多张沃尔玛店铺真实场景的照片，可以从中看到店铺挂的宣传海报上写着"你们的支持使我们尽可能地实现低价""只有折扣和低价"等文字。

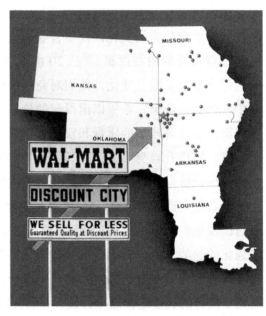

图5-2　1972年沃尔玛公司年报的封面照片局部

㊀ 贾尔斯. 沃尔玛连锁经营：公司成长的伟大学问 [M]. 康贻祥，译. 哈尔滨：哈尔滨出版社，2004：63.

㊁ 赵文明. 沃尔玛：我们与众不同 [M]. 北京：中华工商联合出版社，2004：45.

例二，1975年沃尔玛年报。在年报中，时任总裁和CEO的迈耶强调，继续坚持以更低价格销售优质商品的标准，并且做得更好，使沃尔玛成为为顾客带来更大价值的最好的场所。同时，年报中专门设有一部分为"对顾客的承诺"，其中承诺"继续坚持以每天最低的价格向顾客提供最优质量的商品"，以实现顾客满意。

例三，1980沃尔玛年报。年报中明确提出为顾客抵御通货膨胀，提供更加具有竞争力的低价，保证顾客花的钱更值。其中一张沃尔玛的店铺照片呈现的是床上用品货架，价签上写的是"价格破坏者，您只需支付1.96美元"。年报宣称："顾客价值是沃尔玛店铺的核心词，公司努力通过低价实现顾客价值。"

我们浏览了1972—1980年的沃尔玛公司年报，每天低价、商品优质和顾客满意，是在各年年报中反复出现的词汇，而且越来越强调实现顾客价值（就是省钱的意思）。

营销组合：价格出色+产品优质+其他要素可接受的模式

在这一阶段，沃尔玛仍然延续着前一阶段的营销组合模式：价格出色（主要定位点），产品优质（次要定位点），服务、店址、店铺环境和传播等其他营销组合要素（非定位点）在为定位点做出贡献的同时，达到目标顾客可接受的水平。这意味着沃尔玛公司在该阶段仍然坚持两点：一是依定位点进行营销要素组合；二是第二阶段定位点没有发生改变，直接决定着营销组合模式延续着第一阶段形成的模式。

（1）主要定位点所在位置的价格要素，努力做到通过低价让顾客省钱。在这一阶段沃尔玛仍然坚持第一阶段的三个价格策略：商品全方位低价、单品促销超低价、低于竞争对手。用一句话概括沃尔玛该阶段的价格策略，就是通过商品全方位低价、个别商品超低价的策略，让商品的价格普遍低于竞争对手，从而让目标顾客感受到真正省了钱。

一是商品全方位低价。在这一阶段，沃尔玛公司更加明确了全方位低价的策略，即所有商品（范围维度）在所有店铺（空间维度）的所有时间段（时间维度），都采取低价策略。

二是个别商品超低价。在天天低价的同时，沃尔玛该阶段继续坚持对一些商品有意大量采购，获得较低的进货价格，之后进行超低价的促销活动，这被称为单品促销策略。

三是确保价格低于竞争对手。该阶段沃尔玛更加保证在同一商圈范围内价格低于竞争对手。它们会努力了解竞争对手的销售价格，然后将自己的价格定在低于竞争对手的水平上。在1975年公司年报中，公司在总结成功的原因时提到，除了小镇战略、及时配送、运营成本控制之外，另一个重要原因是"侵略性的低价销售"，显然这是指采取比竞争对手更低的价格策略。

汤姆·彼得斯和罗伯特·沃特曼在20世纪80年代初研究了美国卓越公司的特质，大体反映了70年代企业的经营状况，在选出的43家卓越公司里就包括沃尔玛公司。这项研究谈到了卓越公司的一些共同特征："从这些卓越公司热切地追求质量、可靠度或服务就可以看出它们对顾客的重视。顾客导向并不表示它们在技术或成本方面就略逊一等。不过我们的确发现，这些公司对顾客重视的程度远超过对追求技术或降低成本。"○可见，沃尔玛重视降低成本是为了让顾客享受低价，进而为其省钱，而为顾客省钱是重视顾客的最为核心的表现。

有人曾经回忆当时一家沃尔玛在克林顿开张的情形：商品价格低得令人难以置信，橱窗上贴着"超低价"的大字标语，顾客蜂拥去抢购廉价的商品。○在这一阶段，几乎每一家沃尔玛折扣商店开业都是如此的情形。当然，不仅开业时如此，日常也是保持低价策略，做到了名副其实的天天低价。

山姆·沃尔顿在描述20世纪70年代激烈竞争情景时说："我们随时留心着吉布森等诸店也会步我们的后尘，就是它们变成真正的折扣商店时，我们也知道该如何对付它们，那就是保持尽量低的成本，以维持尽可能低

○ 彼得斯，沃特曼. 追求卓越 [M]. 胡玮珊，译. 北京：中信出版社，2007：126.
○ 奥尔特加. 信任萨姆：全球最大零售商沃尔玛的秘密 [M]. 屈陆民，韩红梅，石艳，译. 北京：华夏出版社，2001：130.

的价格。"㊀

可见,由于沃尔玛坚持"为顾客节省每一分钱"的定位点,因此努力降低价格水平,既减少了顾客购买的实际支出,又节省了顾客比较价格、避免商家价格欺诈的精力,反过来实现了"省钱"的利益定位点。沃尔玛在低价这一点上优于竞争对手,达到了出色的水平。

(2)次要定位点所在位置的产品要素,尽量做到优质,进而为省钱做出贡献。由前述可知,价廉而商品质量太次,不会达到让顾客省钱的目的。当然,如果商品质量极优,导致销售价格很高,也无法达到让小镇居民省钱的目的。因此,该阶段沃尔玛仍然坚持"让顾客选择到低价和合适的高质量产品"。

汤姆·彼得斯和罗伯特·沃特曼在研究20世纪70年代美国卓越公司(包括沃尔玛)的特质时指出:"在卓越企业里,品质最重要,这是它们最重视的字眼。品质引导大家注重创新,为每个顾客的每项产品尽最大努力。"㊁沃尔玛是该项研究中43个卓越公司的样本之一,因此表明20世纪70年代沃尔玛在追求低价的同时也非常关注销售商品的质量,低价和优质双向推动为顾客省钱。这里的"省钱"在本质上是"物有所值"的含义,而不只是"低价",低价仅仅表示顾客支出的成本,而没能说明顾客获得的利益,因此无法体现顾客感受的物有所值的程度,这也就是沃尔玛在1980年年报中反复强调的顾客价值。

事实证明,那些只追求低价而忽视提供的产品和服务的质量的公司,实现了低价却没有实现物有所值,风光一时(没有重复购买)后面临困境是非常正常和合理的。当然,实现了物有所值,但是没能使自己的收入大于成本,也无法延续公司的健康成长。这与我们后文讨论的流程构建和资源整合密切相关。

在20世纪70年代初期,美国出现了经济衰退,对零售商店的发展及绩效产生了重大影响。当时折扣商店的领头羊凯马特采取的应对策略之一

㊀ 沃尔顿,休伊. 富甲美国:零售大王沃尔顿自传[M]. 沈志彦,等译. 上海:上海译文出版社,2001:124.

㊁ 彼锝斯,沃特曼. 追求卓越[M]. 胡玮珊,译. 北京:中信出版社,2007:267.

是大力发展自有品牌,减少全国性品牌的经营,以降低成本,赚取更多的利润,但是商品质量却难以满足顾客的需求。正如专家所分析的:凯马特的"很多服装都质量低劣,甚至很难看。到70年代中期,凯马特被人们戏称为'涤纶宫',几乎不是一个吸引消费者的形象了。顾客们并没有完全放弃凯马特,但是,他们却开始更经常地到其他仍然提供更多吸引力的名牌产品的廉价商店去了"。[一]在同时有沃尔玛和凯马特的地区,人们倾向于沃尔玛的折扣商店,因为沃尔玛为了保证商品的质量,仍然在该阶段坚持主要经营全国性品牌产品。

在1962年沃尔玛第一家店铺开业时,店铺招牌上就写有"低价销售"和"顾客满意",当时实现"顾客满意"的关键措施是不满意就退货,这在很大程度保证了商品质量让顾客满意。在1972—1980年沃尔玛公司的年报中,"低价"一词常常伴随着"商品优质"同时出现。例如,1973年年报在介绍沃尔玛折扣商店时指出:沃尔玛是开在小镇和乡村的折扣商店,它向所在地区的人们提供与大城市相同的商品选择,经营着36种大类商品,采取每天低价的策略向购买者提供质量最优的商品。"采取每天低价的策略向购买者提供质量最优的商品"这句话在之后的年报中几乎是次次被强调。另外,通过沃尔玛公司年报提供的该阶段照片也可以看出商品选择的丰富性,我们仅以沃尔玛折扣商店服饰部为例(见图5-3和图5-4),照片呈现出服饰的种类丰富,款式和花色众多。

在这一阶段,沃尔玛公司在保持低价的同时,不断提升商品品质。有专家对此评价道:"商品的品质、档次也明显提高,特别是逐渐淘汰了较便宜的杂牌服装,代之以质量较高的品牌服装。在折扣商店搞这种提升商品档次的做法相当冒险,不过山姆还是成功了。"[二]1979年沃尔玛公司年报披露,该财年成立了专门的珠宝经营部门,其珠宝产品进入了48家沃尔玛店铺。

[一] 奥尔特加. 信任萨姆:全球最大零售商沃尔玛的秘密[M]. 屈陆民,韩红梅,石艳,译. 北京:华夏出版社,2001:177.

[二] 吕一林. 美国沃尔玛:世界零售第一[M]. 北京:中国人民大学出版社,2000:18.

第5章 第二阶段：由折扣商店的大量复制进一步完善省钱营销模式（1971—1980年）

图 5-3　1973 年沃尔玛公司年报刊登的店铺服饰部照片（一）

图 5-4　1973 年沃尔玛公司年报刊登的店铺服饰部照片（二）

总之，这一阶段与前一阶段相比，沃尔玛在价格和产品方面的表现更加出色和优秀，更好地实现了价廉物好和为顾客节省每一分钱的属性定位和利益定位。

（3）其他营销组合要素达到顾客可接受水平，并且为"省钱"定位点做出贡献。这一点与第一阶段的逻辑相同，就是依定位点进行服务、店址、店铺环境、传播四个要素的有机组合。

1）服务要素。沃尔玛在这个阶段继续坚持服务为低价和省钱做出贡献，同时达到顾客可以接受的水平。在20世纪70年代沃尔玛上市之后，有的零售分析师希望沃尔玛能实现股票价格和公司发展速度的高速增长。山姆·沃尔顿对此不屑一顾，他说："如果我们那样做了，我们就有眼无珠……能实现我们追求的发展，我们的同仁及顾客——很多也是股东——将得到更好的服务，如果我们未来十年中始终如一地这样做的话，不管增长率是15%、20%还是25%都无关紧要。"⊖ 可见，该阶段沃尔玛还是重视服务的。

沃尔玛在1973年公司年报中明确表示，经过良好训练的3500多名沃尔玛大家庭成员向顾客承诺："保证满意"不仅是一句口号。1974年年报中一张照片的说明中指出：从公司成立以来，保证顾客满意和以低价提供优质商品已经成了沃尔玛公司的准则。1975年年报专门设置了一小节，名为"对顾客的承诺"，对服务策略进行具体说明："5800名员工坚信这样的理念：礼貌和有效的顾客服务是公司持续成长的重要保证……沃尔玛的主要目标是保证顾客满意。我们知道，仅以最低价格提供优质商品，不足以让顾客在沃尔玛持续购物，我们还必须提供优质服务——这种服务不局限于店铺之内……优质的顾客服务、天天低价和保证满意使沃尔玛成为所有年龄段人群的一站式购物中心。"从此，服务越来越受到重视，在之后的沃尔玛公司年报中"优质服务"常常与"低价"和"优质商品"一并提起、同时出现。

⊖ 沃尔顿，休伊. 富甲美国：零售大王沃尔顿自传[M]. 沈志彦，等译. 上海：上海译文出版社，2001：112.

除了继续坚持自由退换货制度、三米之内向顾客打招呼制度外，1980年沃尔玛在每家店铺门口设立迎宾员，招呼顾客，这成为沃尔玛折扣商店服务的一个标志性特征。同时，山姆·沃尔顿曾经多次强调沃尔玛的持续成功，必须坚持低价格、好产品，以及友善服务、便利的购买地点与时间等。这一理念在第二发展阶段仍然坚持，但不会花费大量成本，重点改善无形服务，诸如服务过程的态度和礼仪等。

2）店址要素。沃尔玛在这个阶段继续坚持店址为顾客省钱做出贡献，同时也要达到顾客可接受的便利水平。因此，在这一阶段继续选择在小镇开店。1974—1978年担任沃尔玛总裁和首席运营官的费罗尔德·阿伦曾经解释小镇选址策略："事实是，我们的策略正确。在竞争出现以前，在那些小城镇实行折价销售的确容易。在早些时候，还没有那样做，所以很少有人同我们竞争。折价销售对小城镇的人来说还是一个闻所未闻的新概念……当他们看见在自己居住的小城镇也搞起折价销售活动的时候，便趋之若鹜。"⊖ 可见，该阶段选择小镇的店址战略是与低价战略融合在一起的，二者密不可分。

从沃尔玛该阶段（1971—1980年）的年报可以看出，几乎每年都在强调"我们实施的是小镇和乡村开店并取得优势的策略"。例如：1973年年报中指出"沃尔玛是开在小镇和乡村的折扣商店，它向顾客提供与大城市一样的商品选择"。1975年年报中沃尔玛总结成功的五大原因中有两个与选址有关：一是坚持在小城镇进行扩张；二是在小镇和农村市场取得优势并占据支配地位。1980年年报中继续说明：除了个别店铺开设在大中城市的郊区之外，更多的店铺开设在5000人至2.5万人的小镇。山姆·沃尔顿甚至说过："我们的信条是，即便是少于5000人的小镇，我们也照开不误，因此扩展的机会很多。如果人们想用几句话归纳我们成功的秘诀，他们常常会这样说，'哦，它们总是在无人知晓之前便捷足先登小镇市场'。很久以前，当我们开始被注意时，很多零售业的同行都把我们描绘成一群

⊖ 沃尔顿，休伊. 富甲美国：零售大王沃尔顿自传［M］. 沈志彦，等译. 上海：上海译文出版社，2001：123.

偶发奇想而进军小镇的乡巴佬。"㊀

沃尔玛的店址策略，除了在小镇和乡村开店之外，还有一个非常重要的特征，就是密集布局，快速形成优势和壁垒。例如：1972 财年的 51 家店铺都以沃尔玛总部所在地阿肯色州的本顿维尔小镇（注意不是以阿肯色州）为核心，进行跨州的密集布局，涉及本顿维尔小镇所在的阿肯色州及邻近的密苏里州、俄克拉何马州和堪萨斯州（详见图 5-2）。直到 1980 财年，虽然沃尔玛已经进入 11 个州，但仍然采取的是区域密集布局策略，276 家店铺的分布是：阿肯色州 57 家店铺、密苏里州 64 家店铺、俄克拉何马州 46 家店铺、得克萨斯州 36 家店铺、密西西比州 18 家店铺、田纳西州 17 家店铺、伊利诺伊州 16 家店铺、堪萨斯州 10 家店铺，另外刚刚开始布局的路易斯安那州、肯塔基州和亚拉巴马州各有 7 家、4 家和 1 家店铺。

沃尔玛公司在这一阶段的小镇店址策略与第一阶段的差别是辐射的空间更加广泛了，由第一阶段的 4 个州到该阶段的 11 个州，同时进入的小镇规模也有所变化，随着店铺规模的扩大，选址不再受限于 5000 人至 2.5 万人居民的小镇，有些小镇的人口超过了 3 万人，甚至更多。不过，该阶段的选择策略仍然是以小镇为主。

对此，山姆·沃尔顿曾经解释说："我们一直扩张到任何我们想去的地方。但要扩展到大城市去，我们的确要经过缜密的考虑。我们并不打算真正往大城市里发展，我们的做法是在大城市周围一定距离内先发展分店，静候城市向外发展。这个策略在实际中被证明十分管用。最早在塔尔萨施行，我们先在布罗肯阿罗和桑德斯普林斯设点。接着，在密苏里州边上的沃伦斯堡、贝尔顿、格兰德维尤，在堪萨斯州的周围邦纳斯普林斯和莱文沃思以及在达拉斯州，我们也如法炮制。"㊁山姆·沃尔顿将这种策略称为渗透策略，密集地在城市周边的小镇开店，形成店铺网络。

㊀ 沃尔顿，休伊. 富甲美国：零售大王沃尔顿自传 [M]. 沈志彦，等译. 上海：上海译文出版社，2001：114-115.

㊁ 沃尔顿，休伊. 富甲美国：零售大王沃尔顿自传 [M]. 沈志彦，等译. 上海：上海译文出版社，2001：115-116.

3）店铺环境要素。沃尔玛在这个阶段继续坚持店铺环境既要为顾客省钱，同时也要达到顾客挑选便利的可接受水平。这个阶段沃尔玛的特征是，在保持简单朴素的店铺环境的同时，增加顾客购物的舒适性和便捷性。具体做法是，在这个阶段配合前述的提升商品档次，有计划地改善店铺设施。

一是店铺规模扩大了。在这一阶段，不仅增加了顾客购买商品的选择范围，而且提升了顾客在店铺里活动的宽敞度和舒适度。1945年开设的第一家杂货商店面积约为460平方米，1962年开设的第一家杂货商店面积在700~800平方米。1972年沃尔玛有51家店铺，总店铺面积为60万平方英尺，平均每家店铺面积约为11 765平方英尺。1975年沃尔玛新增的26家店铺和2家新改建的店铺总面积为108万平方英尺，平均每家店铺面积约为38 571平方英尺。1980年沃尔玛新增的47家店铺总面积为240万平方英尺，平均每家店铺面积约为51 064平方英尺。1980年全公司店铺总数达到276家，总店铺面积到了1260万平方英尺，平均每家店铺面积约为45 652平方英尺。店铺都是一层结构，占地面积一般在3万~6万平方英尺。

山姆·沃尔顿曾经谈到该阶段的选址和店铺规模的确定方法："在大多数地方，我们只不过重复早期的做法，唯一要做的只是决定每一市场需要多大的店铺规模——我们有从3万平方英尺到6万平方英尺五种不同的规模——由于我们的目标市场规模不大，所以我们几乎每个小城镇都不能错过。我曾亲身到过很多地方，了解零售业同行竞争情况，我认为在这种小规模的社区里最有发展潜力。"㊀

二是店铺设施改善了。在这一阶段，沃尔玛在开设新店铺的同时，不断对已有店铺进行更新改造，旧店铺改造后在扩大面积的同时改善了设施和环境，新建店铺就按照新的标准进行建设。"如用更柔和、明亮的颜色代替原来暗灰的内墙涂色；清除剩下的老式货架；在需要的售货区域铺上

㊀ 沃尔顿，休伊. 富甲美国：零售大王沃尔顿自传[M]. 沈志彦，等译. 上海：上海译文出版社，2001：116.

地毯……整修一新的店堂吸引了更多的购物者",⊖ 更好地配合了商品档次的提高。

1976年沃尔玛公司年报披露，该财年所有店铺都安装了空调和新式货架。1979年还收回所有店铺中出租柜台经营的部分，完全由自己经营。之前为了节省投资，通常将店内的药品部、汽车服务中心、珠宝和鞋等柜台出租给其他公司进店经营，按销售额的5%~12%收取出租费用。收回这些部分后，可以使整个店铺更好地纳入统一规划和管理之中，呈现出一致化的形象和面貌，给顾客带来更好的体验和感觉。

三是商品陈列美观了。沃尔玛前总裁戴维·格拉斯曾经表示喜欢根据顾客需求进行商品陈列，他说："在很多情况下我们把做生意搞得过于复杂，你可以制作电脑报告、资金周转报告及其他任何种类的报告，甚至用电脑程序设计商品的摆设。但是如果你从顾客的角度考虑，你就会把商品陈列和花色品种的搭配放在首位。这并不是件容易的事。要从顾客的角度考虑，你必须想到许多细节问题。有人说'零售就是细节'，这话太对了。"⊜

在这一发展阶段，沃尔玛围绕着顾客挑选便利的核心点，对商品陈列进行了一系列的调整和改善，既突出"价廉"的定位点，也突出"物好"的定位点。例如，在1972年沃尔玛公司年报刊登的店铺服饰部照片中，我们很容易地发现特价区的商品陈列，服饰品堆放在较矮的货架上，用立体牌子醒目地标出很低的价格，屋顶悬挂招牌也突出低价（见图5-5）。

又如，在1979年沃尔玛公司年报刊登的店铺服饰部照片中，我们发现专门设立的家庭鞋品部将所有的家庭用鞋放在一起进行陈列，促销品放在端头，更加清晰地标示价格，非促销品则整整齐齐地摆放在货架上，既便于顾客进行家庭鞋品的选择，又很好地诠释了"价廉物好"的属性定位点（见图5-6）。

⊖ 吕一林. 美国沃尔玛：世界零售第一[M]. 北京：中国人民大学出版社，2000：18.
⊜ 沃尔顿，休伊. 富甲美国：零售大王沃尔顿自传[M]. 沈志彦，等译. 上海：上海译文出版社，2001：186–187.

第5章 第二阶段：由折扣商店的大量复制进一步完善省钱营销模式（1971—1980年）

图 5-5 1972 年沃尔玛公司年报刊登的店铺服饰部照片

图 5-6 1979 年沃尔玛公司年报刊登的店铺服饰部照片

4)传播要素。沃尔玛在这个阶段仍然坚持传播要为顾客省钱做出贡献。该阶段主要通过店铺的现场广告方式,向目标顾客传递价廉物好的信息。这种传播策略依赖于前述的地区渗透策略:在一定地区内的城市周边密集开店。例如,20世纪80年代初期,沃尔玛在密苏里州距离沃尔玛总部100英里内就有40家分店。山姆·沃尔顿曾经谈到这种渗透策略对于传播策略的影响:"这种渗透策略除了有利于分销和控制外,还有其他各种好处。从一开始,我们就没有对广告花太多的财力,而渗透策略帮我们节约了一大笔广告费用。像我们这样大多数在乡间地域活动,无须做广告,顾客便可以很快地从口耳相传中获得需要的商品信息。在阿肯色州我们有75家店铺,在密苏里州我们也有75家,在俄克拉何马州有80家。除了那些不希望我们到来的零售商人之外,每个人都知道我们是谁,都盼望着我们能前去设店。通过这条途径,我们不必再跑报社做广告,只需每月印刷一次夹页的商品广告分发就行了。"⊖虽然山姆·沃尔顿举的是20世纪80年代初期的例子,但是其传播策略延续了前两个阶段。

我们仍然将目光聚焦在20世纪70年代沃尔玛公司的传播策略。一是在店铺开业时,举行一个简朴而热闹的开业典礼,一下子让小城镇的几乎所有家庭都知道沃尔玛的折扣商店开张了。二是在店外招牌中凸显沃尔玛折扣商店"价廉物好"及"省钱"的定位点,使路过店铺和光顾店铺的顾客感受到这是一家什么样的店铺。在该阶段公司年报中,我们通常会看到沃尔玛店铺的外观照片,在这些照片中,无论是停车场的巨型招牌,还是店铺招牌两侧,都会有"价廉物好"或与其密切相关的英文(参见图5-1)。三是在店内布置中,无论是屋顶悬挂的招牌,还是货架端头的促销价签,都凸显了"价廉物好"及"省钱"的定位点(参见图5-5)。四是在沃尔玛配送货车的车厢上,也写有与"价廉物好"及"省钱"的定位点密切相关的文字,例如1976年年报的封面就是一辆配送货车,货车两侧写有"沃尔玛"公司名称,行李舱写有"沃尔玛折扣商店"以及"低价"等

⊖ 沃尔顿,休伊. 富甲美国:零售大王沃尔顿自传[M]. 沈志彦,等译. 上海:上海译文出版社,2001:116.

英文。五是在公司的历年年报中,频繁出现"顾客价值"和"以每天低价向顾客提供优质商品"的表述,这一点在前文讨论定位点时已经举例,这里不再赘述。其实,这五个方面都是让每一个顾客接触点体现定位点,并努力让顾客感知到定位点的真实存在。

1974年沃尔玛公司年报披露,沃尔玛广告费用占销售额的比重不足2%,主要还是通过不断开设新店铺形成广告伞式的传播效果(像涟漪一样扩散)。此外,还有一些规律性的促销广告,地区性促销活动有时也会有当地的电视广告。沃尔玛在该财年共有78家店铺,每月会印制12页大幅信函广告,邮寄到全部店铺,辐射城镇和乡村。每周会印制一两次整页报纸广告发放或邮寄给顾客。各店铺在周一或周五还会推出特别促销广告。这些描述大体反映了20世纪70年代沃尔玛的店铺传播策略。1978年沃尔玛公司年报指出:沃尔玛公司强调广告和促销项目规划要建立在商品和价格策略的基础上。这还是强调为"价廉物好"服务。1979年年报披露,该财年使用了报纸、多页传单、电视和广播等四种广告媒体,并指出"公司向顾客承诺尽可能天天低价,就不允许由于广告费用增加带来零售价格高于竞争对手。因此在公司总部控制广告费用的同时,每一家店铺都有自己的广告额度和预算"。

由前述可知,该阶段沃尔玛的营销组合模式仍然是"价格出色+产品优质+其他要素为定位点做出贡献且达到顾客可接受的水平",并且得到了进一步完善。这意味着沃尔玛继续通过产品、服务、价格、店址、店铺环境、传播等零售营销6个要素的有机组合,让顾客感知到"低价"和"省钱"购买理由的真实存在。有一个沃尔玛和凯马特直接竞争的例子可以说明这一点。1972年,凯马特拥有500多家店铺和30亿美元的销售额,而沃尔玛仅有50多家折扣商店和11家杂货商店,规模相差悬殊。当时,凯马特在阿肯色州的温泉城开设有一家店铺,由于没有竞争对手,售价较高,利润也比较丰厚。这个地方离沃尔玛总部比较近,沃尔玛对该地区顾客比较熟悉,又可以进行及时配送,因此进入该地区开店,直接与凯马特店铺进行竞争,毫不例外地取得了低价和省钱的优势。仅以单品促销汰渍洗衣粉活动为例,由于沃尔玛一次性大规模采购3500箱和低成本运营,每箱零售价格仅为 1.99 美元（原来为 3.97 美元），实现了惊人的低价和实实在在的省钱，使大量凯马特的顾客转向了沃尔玛。这在表面上看是低价策略，实际上是通过营销组合策略吸引顾客的，当然也离不开低成本业务流程的保障。

流程构建：采购为关键流程

由前述可知，零售流程主要包括开店流程、采购流程、配送流程和销售（服务）流程。在该阶段，沃尔玛完善了与低价和省钱定位点相匹配的流程结构：采购为关键流程，开店、配送和销售（服务）为非关键流程。

（1）沃尔玛公司继续完善采购这一关键流程。因为采购流程是实现价廉物好营销组合目标的最为重要的流程。与第一个阶段不同，该阶段逐渐形成比较规范的采购流程，不断增加向制造商直接采购的比例，进货标准就是价廉物好。随着沃尔玛经营规模的扩大，该阶段逐渐具备与制造商进行讨价还价的资本，进而可以更好地为采购价廉物好的产品提供保障。

当然，直接采购不是目的，目的是得到价廉物好的商品。沃尔玛在与品牌商角力的过程中，直到 1979 年才占据了比较主动的地位，那一年沃尔玛销售额达到了 10 亿美元，并以 30% 的速度增长，任何一家制造商也不能忽视这一分销大户，越来越多的制造商主动找沃尔玛做生意。抓住时机，在 20 世纪 80 年代早期，沃尔玛推出了一项新的采购政策，"要求从交易中排除制造商的销售代理，直接向制造商订货，同时将采购价降低 2%~6%，大约正好相当于销售代理的佣金数，如果制造商不同意，沃尔玛就终止与其做生意。这一策略相当有效"。⊖

在这一阶段，沃尔玛公司大体形成了采购的基本制度：精选制造商，谈判过程坚持价廉物好，实施低成本的采购策略，进行商品跟踪管理。这些制度的实施，确保了采购的商品是价廉物好的（见图 5-7），并为下一阶段的关键流程复制奠定了基础。

⊖ 吕一林. 美国沃尔玛：世界零售第一 [M]. 北京：中国人民大学出版社，2000：76.

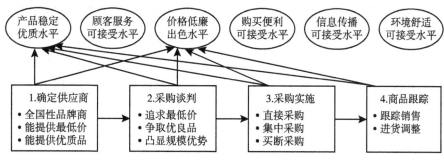

图 5-7 沃尔玛的关键流程——采购

（2）沃尔玛公司的开店、配送和销售（服务）为非关键流程。在这些非关键流程中，同样坚持为价廉物好做出贡献，同时保证服务、店址、店铺环境和传播达到顾客可接受的水平。

1）开店流程。在该阶段，沃尔玛将开店分为选址、设计、施工、开业四个步骤，并在每一个步骤都为节省成本和顾客便利达到可接受水平做出贡献（见图5-8）。

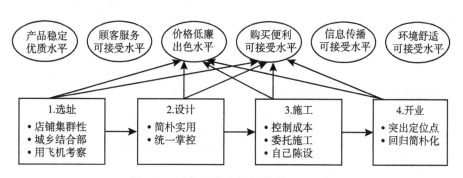

图 5-8 沃尔玛的非关键流程——开店

沃尔玛这一阶段开店选址有独特之处，就是山姆·沃尔顿和其他管理者乘飞机进行店址的选择。在这一发展阶段，沃尔玛新开的 200 多家店铺（除了购并的之外）几乎都是飞机选址的结果。有专家谈道："山姆·沃尔顿对挑选开店地点很有一套。他开着小飞机在小镇上空视察，研究最好的地点。他很愿意花工夫精挑细选，免得选错地方（或任何东西）浪费金钱。他满脑子只想降低作业成本。这部分可能是因为他天生就有省钱的基因，不过他也知道要扩展他的企业，建筑物和薪资花费绝对省不了，因此必须尽可能降低所有其他开支。"①山姆·沃尔顿曾经自述道："我喜欢亲自勘察地形，让我的飞机飞得低低的，径直掠过一个镇子，接着再飞下一个镇子。一旦找到一个合适地点，便着陆，查出地产主人，并马上同他洽谈土地买卖事宜……我们最初的 100 多家分店的地址就是由巴德和我经飞行勘察后选出来的……我可以担保，不会有很多零售业主像我一样驾机勘察可能的发展格局，但是这种方式对我们来说确实非常有效。前四五百家分店的开设，我们都保持了这一传统，即若不亲自驾机勘察，决不轻易签下土地买卖的交易。良好的地段和较低的价格，是开店成功的关键。"②

1974 年年报中曾经说明店铺建成后的设备陈设步骤：一是做出电力、管道设施、涂漆等规划，具体说明各种设备在店铺中的位置；二是规划从货架到购物车、办公设备的摆放位置；三是监督施工人员完成管线的铺设和相关设备的安放；四是店铺达到开业的标准和条件。

2）配送流程。该阶段沃尔玛的配送流程比前一阶段完善了许多，可以更好地为价格出色、产品优质的定位点做出贡献。沃尔玛商品配送流程的特征是：在保证商品及时送达的前提下，尽量降低物流成本。商品配送流程的每一个环节，都为"价格低廉"这一主要定位点和"产品质量稳定"这一次要定位点做出了贡献，并形成了店铺订货、配送实施、店铺收货和返程物流等方面的程序化管理（见图 5-9）。

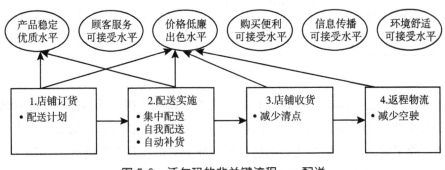

图 5-9　沃尔玛的非关键流程——配送

---

① 斯莱特. 忠于你的事业：沃尔玛传奇［M］. 黄秀媛，译. 北京：中信出版集团，2018：40.
② 沃尔顿，休伊. 富甲美国：零售大王沃尔顿自传［M］. 沈志彦，等译. 上海：上海译文出版社，2001：117-118.

山姆·沃尔顿曾经描述道:"我们的商店都坐落在很小的市镇,我们必须与这些分店保持联系,保证货物的充足供应……以前我们都是每个商店先直接向生产厂家订货,然后由统一的承运方将货物直接运送到各个商店。现在我们有了新的模式,比如商品统一订货制度,即将各个商店的订单集中到配送中心进行统一订货,并实行交叉装卸,即从各个商店统一预定的商品将在仓库接收,然后马上就运走,不在仓库停留……我们的配送系统所实现的规模经济和规模效益是我们最大的竞争优势之一。"㊀

1975年沃尔玛公司年报显示,1974财年全公司店铺商品中有55%是由总部的配送中心统一采购并配送到店铺,到了1975财年,这个比例增加到了60%。1976年财报显示,该财年这个比例达到了80%,另外20%的商品则由供应商直接送货到店铺。

3)销售(服务)流程。在这个阶段,沃尔玛的销售(服务)流程继续为价格出色、产品优质的定位点做出了贡献,同时也为其他方面达到顾客可接受的水平做出了贡献。沃尔玛销售流程的特征是:在保证低价出色的前提下,实现产品质量稳定,持续保持优质水平,维持购买便利、店铺环境和服务达到行业或目标顾客可接受的水平。如果说采购、配送环节主要是为主要定位点和次要定位点做出贡献,那么销售流程在保持定位点实现的基础上,主要是为非定位点达到行业平均或顾客可接受的水平做出贡献,具体手段是完善售前、售中和售后的全过程管理流程(见图5-10)。

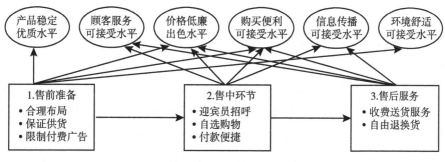

图 5-10 沃尔玛的非关键流程——销售(服务)

㊀ 贝里达尔. 沃尔玛策略[M]. 曾琳,译. 北京:机械工业出版社,2006:46.

由上可知，沃尔玛的业务流程是围绕着"价格出色＋产品优质＋其他要素为定位点做出贡献且达到顾客可接受的水平"进行构建的，其核心是保证在产品优质的基础上天天低价，天天低价的结果又进一步强化了企业的成本控制能力。第一，天天低价本身就可以吸引顾客购买，不必进行频繁的促销和广告活动，节约了营销成本；第二，天天低价的结果是价格稳定，这使销售额能被准确预测，从而减少缺货和积压的现象，前者可以降低单位销售成本，后者可以减少物流成本；第三，天天低价使销售额稳定增加，提高每平方米销售额和人均销售额，降低单位销售成本，增加销售总量，使采购量增加，带来采购价格的进一步降低。这就形成了一个低成本连续运营的业务流程，低成本开店—低成本采购—低成本配送—低价格销售—低成本开店，循环往复。

资源整合：由创始人特质聚合而成的高效执行力

这一阶段，沃尔玛更加强化前一阶段"依关键流程进行资源整合"的基本逻辑：通过无形资源和有形资源的整合，构建服务于"价廉物好"定位点的关键业务流程。这些资源的整合效率仍然取决于由创始人特质形成的组织队伍的高效执行力。这种能力提高了公司的运营效率，降低了成本，最终构建了独特的采购及其他运营流程。这里需要说明的是，在沃尔玛该阶段的10年发展过程中，基本是由创始人山姆·沃尔顿担任董事长和CEO，其中有30个月左右（1974年至1976年5月）是由罗恩·迈耶任董事长和CEO，不过从总体上看该阶段仍然是创始人山姆·沃尔顿领导的时代。

（1）创始人特质。在上一章中，我们得出结论：沃尔玛省钱营销模式的形成，与创始人山姆·沃尔顿的个人特质密切相关，这些特质主要表现在梦想至上、追求完美、勇于创新、永不放弃和崇尚简朴五个方面。这些特质造就了沃尔玛具有较高执行力的企业组织。对此第4章已有比较详细的论述。在沃尔玛发展的第二个阶段，山姆·沃尔顿仍然延续和固化他的前述五大品质。

一是梦想至上。在这一发展阶段，山姆·沃尔顿仍然坚持让沃尔玛成为世界上最好的零售商的梦想，丝毫没有动摇。这一梦想有两个含义："最好"和"零售商"。在这一阶段，沃尔玛公司不断发展，规模不断扩大，但是山姆·沃尔顿并非想成为最大的零售商，"最大"或许会成为"最好"的结果，但绝不是他追求的目标或梦想。正如专家所言：虽然"他喜欢公司成长，可是这种成长一定要能够赚钱，不能牺牲商店的利益"。[一]这与今天诸多互联网公司以巨额亏损为代价支撑公司规模扩张形成了鲜明的对比。

另外，沃尔玛在这个阶段专注于零售业发展，而不是盲目向非零售领域挺进。这也源于山姆·沃尔顿的梦想是创建最好的零售商，而不是最好的制造商。正如专家分析："最重要的是，他知道保持自己的核心能力是何等重要。例如，其他企业家很欣赏他敏锐的商业才干，怂恿沃尔玛跨行业进入制造业等其他领域，可是他迅速否决了这些想法。"[二]

二是追求完美。在这一阶段，山姆·沃尔顿追求完美的程度与前一阶段相比，有过之而无不及。我们仅以领导巡店为例。随着公司规模的扩大，诸多零售公司领导常常通过会议进行管理，很少独自巡店。然而，山姆·沃尔顿在公司规模较大的该阶段，一直坚持抽出时间独自巡店，随时纠正在巡店过程中发现的"枝梢末节"的问题，并将好的做法在全公司推广，即使是出国考察也不例外。1975年，山姆·沃尔顿去韩国和日本旅行，受韩国工人早晨喊公司口号的启发，推出了著名的"沃尔玛欢呼"。[二]1980年，山姆·沃尔顿在巡店的时候，看到路易斯安那州克罗利市一家沃尔玛店铺，店门口站着一位老店员，每位顾客进门时，就向顾客表示问候。随后，他要求所有店铺都设立迎接顾客的迎宾员，不仅可以向顾客传递热情和友好的信息，还可以起到防盗的效果。[三]对于独自巡店这件事，山姆·沃

[一] 斯莱特. 忠于你的事业：沃尔玛传奇[M]. 黄秀媛，译. 北京：中信出版集团股份有限公司，2018：47.

[二] 沃尔顿，休伊. 富甲美国：零售大王沃尔顿自传[M]. 沈志彦，等译. 上海：上海译文出版社，2001：160.

[三] 奥尔特加. 信任萨姆：全球最大零售商沃尔玛的秘密[M]. 屈陆民，韩红梅，石艳，译. 北京：华夏出版社，2001：298.

尔顿自述道："曾经有人问我是不是一个大事小事都要参与或爱伸手揽事的那种管理者。我认为，作为管理者，我更喜欢到处巡视，在巡视中我会关心大小事情。"㊀

三是勇于创新。在这一阶段，沃尔玛取得令人瞩目的成功，但是山姆·沃尔顿继续进行大胆的创新，以维持沃尔玛的持续竞争优势。在该阶段，沃尔玛推出了全员工参与的利润分享计划，通过购并方式进行店铺扩张，果断放弃杂货商店的经营，设立店铺迎宾员，实施"沃尔玛欢呼"的仪式，大胆地进行配送中心建设，还尝试过购物中心、工艺品商店、折扣药店和特级市场等多种业态，这些都对沃尔玛后来的发展起了重要的促进作用。沃尔玛副总裁曾经评价道："山姆的一个伟大力量在于他的独创性，他只属于他自己，独立思考。因此，他从不是橡皮图章式的主管，也从不随声附和任何人或任何事。"㊁

四是永不放弃。山姆·沃尔顿一旦决定的事情，就义无反顾地坚持做好，绝不放弃。在这一阶段，他仍然如此。1974年，山姆·沃尔顿（56岁）决定退居幕后，担任执行委员会主席，罗恩·迈耶任董事长和CEO（1976年离开沃尔玛公司），费罗尔德·阿伦任总裁和首席运营官（1978年因病退休），因为他相信新的领导人可以带领沃尔玛继续健康成长，由此他可以腾出更多时间享受自己爱好的旅游、打猎和高尔夫球等休闲活动，当然仍然坚持视察商店。两年之后，尽管沃尔玛业绩仍然出色，但是当山姆发现公司误入歧途之后，果断放弃自己喜爱的休闲生活，1976年6月重新担任沃尔玛的董事长和CEO，立刻忙碌起来，继续贯彻自己的理念和想法。

对于山姆·沃尔顿的永不放弃的品格，沃尔玛公司前总裁戴维·格拉斯曾经评价道："当山姆一旦决定做某件事，就绝不手软。他甚至会耗尽你的精力。他会提出一个想法，我们大家讨论之后可能觉得这样做为时尚早——或者根本不可能去做，好像事情已经解决了。要是确信自己的想法

㊀ 沃尔顿，休伊. 富甲美国：零售大王沃尔顿自传［M］. 沈志彦，等译. 上海：上海译文出版社，2001：121.

㊁ 沃尔顿，休伊. 富甲美国：零售大王沃尔顿自传［M］. 沈志彦，等译. 上海：上海译文出版社，2001：122.

是对的,那么这个想法他还会反复地提出来,让我们反复地讨论,一个星期接着一个星期,没完没了,直到最后每个人都觉得与其争辩,还不如直接去做那件事,于是大家只好同意。"①

五是崇尚简朴。在这一阶段,随着沃尔玛公司的健康成长,公司获得了理想的利润收入,随之沃尔顿家族还清了债务,实现了真正的财务自由,但是山姆·沃尔顿崇尚简朴的品格没有发生改变。他仍然坚持开着一辆旧的皮卡巡视附近的店铺,在小餐馆用餐,在街头理发店理发,同时在公司经营中他严格控制花钱。正如专家所言:"山姆崇尚简朴和节约的经营之道,相信由此带来的价格最低符合消费者的最大利益……而这一点是通过日常管理中节省每一分钱达到的……公司通常很少在店内或店外装饰上花钱,也很少登广告,对供应商则是一副强硬的讨价还价者形象。"②

(2)组织系统。在这一阶段,沃尔玛继续坚持山姆·沃尔顿已经确定的使命、愿景和目标,以及经营理念,在处理利益相关者利益以及制度规范等方面也取得了一些实质性的进展。

1)使命和目标层面,包括使命、愿景、经营目标三个方面。在这一阶段,沃尔玛仍然坚持第一阶段确定的使命和愿景,其使命是"通过提供价廉物好的商品让顾客满意",其愿景是"成为最好的零售商"。曾经担任沃尔玛高级主管的贝里达尔谈道:"公司的每一个人都理解这个目标,公司领导也经常强调。山姆经常说,'我们的目标绝不是成为最大的零售商,而是成为最好的'。"③

这一阶段的经营目标仍然是第一阶段的延续:向顾客提供价廉物好的商品,并获得一定的利润,以实现利益相关者(如顾客、员工、股东、企业、合作伙伴)利益,以及社区和社会的利益。与其他诸多公司不同的是,沃尔玛把顾客、员工、股东的利益放在了同等重要的位置上,一个明显的特征是提出了"将员工视为合伙人(Associate Partner)"(股东)的

---

① 沃尔顿,休伊. 富甲美国:零售大王沃尔顿自传[M]. 沈志彦,等译. 上海:上海译文出版社,2001:122.
② 吕一林. 美国沃尔玛:世界零售第一[M]. 北京:中国人民大学出版社,2000:54.
③ 贝里达尔. 沃尔玛策略[M]. 曾琳,译. 北京:机械工业出版社,2006:85.

理念，以及顾客是老板（大股东）的理念等，并且真真切切地落到了实处（这一点我们将在后文详述）。

2）经营理念层面。在这一阶段，沃尔玛仍然延续第一阶段形成的经营理念：通过提供价廉物好的商品让顾客满意，从而取得薄利多销的经营结果。这一经营理念的坚持，为后来沃尔玛公司的健康发展奠定了复制的基础。

3）组织结构层面。在这一阶段，沃尔玛的发展规模迅速扩大，公司的组织带有连锁组织的明显特征，同时仍然保证组织行为的一致性（体现在使命、愿景和经营目标等方面的认同和遵从感），这为后来的经营规模进一步扩大奠定了基础。

一是引进人才。随着连锁经营组织的建立和店铺数量的增加，以及人才出现流失，沃尔玛在该阶段不断引进人才作为储备和应急。在日常人才引进方面，该阶段需要若干指导店铺经营管理的人才，托马斯·杰斐逊是1972年加盟沃尔玛公司任区域经理的，当时一名区域经理负责指导10家左右店铺的经营，他在来沃尔玛公司之前，已经有21年在斯特林商店工作的经验。同时，沃尔顿家族人员适时加入沃尔玛公司，以保证未来经营和文化传承的延续性。1972年，山姆·沃尔顿的长子罗宾·沃尔顿加盟家族公司，主持扩大了本顿维尔的配送中心，还开设了一个专门配送服装的配送中心，并考虑组建自己的货车车队。

1974年山姆·沃尔顿有了退休打算，辞去了公司董事长和CEO的职务，罗恩·迈耶担任董事长和CEO，费罗尔德·阿伦担任总裁和首席运营官。由于罗恩和费罗尔德理念不合，1976年6月，山姆·沃尔顿重新出任公司的董事长和CEO，让罗恩·迈耶担任副董事长和财务总裁，迈耶拒绝后离开公司，其手下的一批高级经理，包括财务主管、数据处理中心主管和配送主管也随之离开，大约1/3的高级经理人员离开公司。罗恩·迈耶离开后，杰克·舒梅克接替了罗恩·迈耶成为负责公司运营的执行副总裁，也是排在山姆·沃尔顿和费罗尔德·阿伦之后的公司第三号人物。1970年杰克·舒梅克加入沃尔玛公司，1973年担任副总裁，1978年担任总裁，可见在1970年引入他的重要价值。1976年10月，山姆·沃尔顿邀请戴维·格拉斯（David Glass）加盟沃尔玛公司，担任财务和配送方面的副总裁，成为沃尔玛公司的第四号人物，在费罗尔德·阿伦1978年因病退休之后，担任沃尔玛公司总裁，足见当时引进他对于沃尔玛公司来说，好比"久旱逢甘霖"。该阶段随着1/3高级经理人员的离职，沃尔玛公司通过内部提拔和外部引进的方式，度过了人才流失的危机。1980年，唐·索德奎斯加盟沃尔玛公司，负责配送中心的工作，之后曾经担任公司执行副总裁、副董事长和首席运营官。

引进人才不是为了摆设，而是为了发挥作用。山姆·沃尔顿曾经在《富甲美国：零售大王沃尔顿自传》中谈到该阶段的人才使用："在我们最需要的时候，拥有合适的人干着合适的工作，这一直是沃尔玛历史的传统。直接来自校园的惠特克帮助我们创业；费罗尔德·阿伦，一位井井有条、勤奋肯干的德国人，把我们组织起来；罗恩·迈耶，出色的计算机专家，使我们的系统运转自如；杰克·舒梅克，一位具有商店经理之才的优秀而大胆的管理者，使我们摆脱陈规旧习，吸收了新思维；还有戴维·格拉斯，受命于危难之际，却沉着冷静，终于使我们这个庞大而难以调控的公司恢复了正常秩序……我几乎花了20年时间来说服唐·索德奎斯特离开本·富兰克林公司来到沃尔玛……他终于在我们最需要的时候加盟了沃尔玛公司，在戴维手下担任业务总管，而且干得非常出色。"㊀

二是健全组织。在这一阶段，沃尔玛公司继续完善连锁化的组织体系，总部与店铺为两端，用一系列职能部门将二者结合起来，形成合力，打造规模优势。这使沃尔玛公司组织形成了清晰的总部、店铺和员工三个层面。

第一，总部层面。在这一阶段，沃尔玛公司进一步完善总部的经营管理组织，包括总部职能部门和总部店铺经营管理部门。

在总部职能方面，逐步完善了董事会和高管团队体系。1972年财报显示，该财年山姆·沃尔顿为董事长兼总裁，其兄弟巴德·沃尔顿为高级副

㊀ 沃尔顿，休伊. 富甲美国：零售大王沃尔顿自传［M］. 沈志彦，等译. 上海：上海译文出版社，2001：156-157.

总裁，费罗尔德为执行副总裁，此外还有三个副总裁迈耶、惠特克和哈里斯分别负责财务、运营和商品，表明该财年总部至少设有财务部、运营部和商品部。初期董事会成员与高管团队有很大的重合性，各自都不足10人。该财年还新设立了房地产及建筑部，巴德·沃尔顿主管该部门工作，该部门专门负责新店开发，包括选址、筹资、设计，以及自己建设一部分商店，另外一部分商店由开发商建设，然后沃尔玛再租赁回来用于开店。

1973年年报显示，该财年除了董事会之外，还设有执行委员会、管理委员会和运营管理团队三个组织架构，其中运营团队中设有7名区域经理，表明此时已经将店铺辐射的地方分为7个区，每个区设有1名区域经理，负责指导和监督各个店铺的经营，平均每位区域经理分管10家左右的店铺。

1974年年报显示，该财年总部至少已经设有人事部、商品部、安全和防损部、广告促销部、分销中心、财务部、运营部、店铺规划和开发部（代替了原来的房地产及建筑部）等，因为该年年报大体是按照这几个部门进行工作总结报告的。该年年报显示，该财年设有9名区域经理，直接由主管公司运营的副总裁领导，每名区域经理负责8~11家店铺，区域经理不仅每周甚至每天与店铺经理沟通，而且经常去店铺考察并提出改进建议。

1975年年报显示，该财年沃尔玛公司在总裁和副总裁职位之外开始设立CEO（首席执行官，董事长兼任）和COO（首席运营官，总裁兼任），同时对店铺管理系统进行调整，将已经开设店铺的8个州分为3个经营区，每一个经营区由一位副总裁管理并向公司运营副总裁汇报工作。3位经营区副总裁各自领导3~4位区域经理，每位区域经理管理8~12家店铺的运营。

1976年年报显示，该财年沃尔玛公司总部成立了培训部，又被称为"使人沃尔玛化"的部门，开展对员工的全面培训，包括新员工、分店经理、助理经理、商品部经理和销售人员的培训等。同时，沃尔玛公司总部还成立了数据处理部门，该年年报专门报告了数据处理部门的发展情况。

1979年年报显示，1979年初，沃尔玛公司第一个数据处理和通信中心建成，面积为1500平方米，位于本顿维尔小镇的公司总部，这使全公司实现了计算机网络化和24小时的全天候信息传递。

至此，沃尔玛公司总部的组织架构得到进一步完善，不仅保证大型连锁公司的正常运行，而且为"价廉物好"及采购的关键流程做出了贡献。1980 年沃尔玛公司年报显示，公司除了设有总裁、CEO、COO 之外，还设有 1 名执行副总裁和 5 名高级副总裁，分管财务、运营、营销、商品和销售事务，另外还有 25 名副总裁，其中 5 位负责 5 个经营区店铺的管理，另外 20 位副总裁分别负责商品开发、安全及防损、商品管理、数据处理、新店开发、公共事务、服装分销、房地产、建筑和工程、配送、人力资源等。从这些分工不难看出公司总部设立的相关部门。

第二，店铺层面。在这一阶段，沃尔玛公司进一步完善店铺组织，由店铺经理负责管理与经营，设有店长助理、理货员、收银员、保洁员和迎宾员等岗位，店铺经理执行总部制定的方针和政策，并有一定的经营决策权。有专家分析道："沃尔玛一直保持管理队伍的精简，从最底层到最高层之间的层级相对来说很少。在商店里，雇员在部门经理手下工作，而部门经理又反过来受一些经理助理和商店的经理监督。几家商店经理向一名区域经理汇报工作，而三四个区域经理又受地区副总裁监督，他们要向杰克·舒梅克汇报工作，杰克·舒梅克则是公司最新的第三号人物。"[⊖]

4) 员工队伍层面。在这个阶段，沃尔玛员工队伍不断扩大。1970 财年公司有员工将近 1 000 人，1975 财年达到 5 800 人，1980 财年达到 21 000 人。从近千人到两万多人，大家的使命、目标和行动保持一致，以及队伍稳定、具有强大的执行力变得非常重要。在第一阶段，沃尔玛根据使命和目标确定了自己的组织性质，即通过提供价廉物好的商品为顾客创造价值。将这一性质变为组织的自觉行为，除了进行使命和目标的培训（使命和目标是企业文化的核心内容）之外，一个重要的前提是建立一支具有高执行力的员工队伍。1980 年沃尔玛公司年报中谈到，沃尔玛成功的原因之一就是拥有具有专注精神和快乐心情的员工，他们进行着卓越的工作，成为卓越团队的一员。他们这么做的一个重要原因就是沃尔玛视员工为合伙人和家人，而不是雇员。

⊖ 奥尔特加. 信任萨姆：全球最大零售商沃尔玛的秘密 [M]. 屈陆民，韩红梅，石艳，译. 北京：华夏出版社，2001：123.

为此，这一阶段沃尔玛完善了员工队伍建设的基本模式，具体包括提出"员工是合伙人"的理念、营造一种平等的公司氛围、分享公司发展带来的收益、听取员工的合理化建议、为员工提供职业发展的顺畅通道等措施。

一是提出"员工是合伙人"的理念。早在1973年初，沃尔玛公司在谈到"员工"（Employees）时，就用"合伙人"（Associate）一词代替了。其依据是，在1972年沃尔玛公司年报上使用的是"员工"一词，从1973年年报开始至今，使用"合伙人"一词代替了"员工"一词。这不仅是一个词的改变，还是一个理念的改变，是需要实现的目标。对这一理念的形成和提出过程，山姆·沃尔顿在《富甲美国：零售大王沃尔顿自传》中曾经进行说明。

1940年6月至1941年底，山姆·沃尔顿曾经在彭尼公司一家百货商店作为实习生，了解到彭尼公司创始人詹姆斯·彭尼将计时工资员工称为"合伙人"，有了自己创业也这样做的想法。山姆·沃尔顿谈道："这种合伙关系是我创业之初整体计划的一部分。作为一个年轻人，我当时就希望建立一家大零售公司，其所有雇员都应享有公司的股份。我让他们有机会参与决定公司盈利能力的许多决策。我也很希望从一开始我们付给自己雇员的薪金，能比其他同行都高，对他们平等对待。我很想对你们这么说，但不幸的是，这并非事实。"⊖

可见，山姆·沃尔顿创业之初就有的这一想法在前一发展阶段没有条件做到，到这一发展阶段具备了相应的条件，真正付诸实施行动，缘于他们夫妇二人在英格兰的一次旅行。在英格兰旅行时，他们看到J.M.刘易斯合伙公司的店铺招牌上写着"J.M.刘易斯合伙公司"，并列上了所有员工的姓名。二人感觉这很棒，要把沃尔玛公司当作一家合伙公司来经营，因此一回到公司就把沃尔玛的员工改称为合伙人了。当然，山姆夫妇的初衷是将这一理念落实到沃尔玛公司管理的实际行动中，而不是一句口号。山姆说道："如果我们不采取措施使之化为现实，那么这和商店的橱窗摆设就

⊖ 沃尔顿，休伊.富甲美国：零售大王沃尔顿自传[M].沈志彦，等译.上海：上海译文出版社，2001：130-131.

没什么两样，也就毫无意义了。我们当时的这个决策，即尽量给员工以更平等的对待，毫无疑问是我们在沃尔玛公司所做的最明智的举动。"㊀

二是营造一种平等的公司氛围。既然员工都是合伙人，那么无论是高级管理人员，还是中层管理人员，抑或是员工，仅仅是分工不同，大家都是合伙人，因此都应该是平等的，从而才会有被尊重感，进而可以更加开心和更加努力地工作。在这个阶段，沃尔玛公司营造了一种平等的公司氛围。沃尔玛于1970年成为上市公司，进而有了股东大会，1972年开始有了公司年报，一年一次的股东大会和一年一度的公司年报成为沃尔玛公司与利益相关者（包括员工）沟通的重要媒介，有时股东大会会开成联欢会，"正事在会上反而被搁在一边，大家一起做啦啦队操，唱唱歌，或吵吵闹闹，做些瞎起哄的事"。㊁1975年沃尔玛还推出了"沃尔玛欢呼"，山姆·沃尔顿与员工一起喊口号、扭屁股，开心地大笑。对此，有专家评论道："在沃尔玛有一种独特的氛围，或称公司文化，这是一种团队精神，一种小镇美国人努力工作、友善待人的质朴精神。他们辛苦工作，同时自娱自乐。"㊂

另外，沃尔玛公司在1975年创办了名为《沃尔玛世界》的员工月刊，成为员工表达想法的阵地，也是山姆·沃尔顿与员工沟通的媒介。1975年，在罗恩·迈耶担任董事长期间，沃尔玛公司举办了第一次员工野餐会，以后每年举办一次。最重要的年会还会在沃尔顿家里聚餐，员工有机会与山姆·沃尔顿夫妻二人握手和合影。当然，平等的氛围意味着取消特权，在整个20世纪70年代沃尔玛高层尽量减少特权。有专家对此描述道："沃尔顿鼓励一种人人平等的气氛。在总部，没有一个人，甚至包括公司的创始人，拥有一块指定的停车场地，先到者先安排。甚至公司的董事们在董事会的会议上，也得自己掏钱买咖啡或者苏打水。"㊃

㊀ 沃尔顿，休伊. 富甲美国：零售大王沃尔顿自传［M］. 沈志彦，等译. 上海：上海译文出版社，2001：135-136.

㊁ 吕一林. 美国沃尔玛：世界零售第一［M］. 北京：中国人民大学出版社，2000：131.

㊂ 吕一林. 美国沃尔玛：世界零售第一［M］. 北京：中国人民大学出版社，2000：128.

㊃ 奥尔特加. 信任萨姆：全球最大零售商沃尔玛的秘密［M］. 屈陆民，韩红梅，石艳，译. 北京：华夏出版社，2001：132.

三是分享公司发展带来的收益。这是合伙人的重要标志之一，不能参与公司分红就算不上真正的合伙人。在前一个发展阶段，沃尔玛为了实施低价战略，以及应对发展过程中多次出现资金短缺的窘境，员工工资很低。山姆·沃尔顿曾经回忆当时的情景："在零售商业中，不管你怎么分割，薪水都是最重要的经常费用之一，而这些经常费用则是你为了保持利润额而必须要解决的问题。""开始时，我们太小家子气了，我付给雇员的工资真的不是很高，我们除了计时付给工资以外，真的没有做过什么，我觉得那点工资在当时仅仅够维持最低的生活水准而已。"㊀当然，这是指对待普通员工，高级管理者不仅工资高，还有一系列的股票分红、利润分享的福利计划。从 1970 年开始，美国零售店员工会的地方分会就一直试图建立沃尔玛店员工会，山姆·沃尔顿一直抵触工会成立，甚至有一家店铺解聘了一名谈论组建工会的员工，引起店方和雇员之间的矛盾，而缓解矛盾的方法就是提高对员工的待遇。

妻子海伦曾经多次劝说山姆·沃尔顿改善对员工的待遇，但一直没有起作用，在沃尔玛发展的第二个阶段，妻子的劝告潜移默化地影响了山姆·沃尔顿。这缘于山姆·沃尔顿聘请的工会问题处理专家泰特（每天支付 300 美元）的建议，这个建议实际上是重复了海伦的观点："证明给他们看，你很关心他们。让他们分享你的利润，让他们知道，如果他们想要说什么，你愿意听。"㊁泰特建议召开商店经理会议，专门讨论这个问题，后来这个研讨会在密苏里南部的坦塔拉庄园（Tan-Tar-A）休闲胜地的湖上召开。这是一次非常重要的会议。专家认为"那次会议为将来的沃尔玛奠定了一定的文化基础"，开始了"我们关心"活动，鼓励员工有问题找经理，为员工创造利益和价值。

首先，利润分享计划。沃尔玛于 1971 年开始实施一项所有员工都参与的利润分享计划，只要在公司工作一年以上，以及每年至少工作 1000 小

㊀ 奥尔特加. 信任萨姆：全球最大零售商沃尔玛的秘密［M］. 屈陆民，韩红梅，石艳，译. 北京：华夏出版社，2001：126-127.

㊁ 奥尔特加. 信任萨姆：全球最大零售商沃尔玛的秘密［M］. 屈陆民，韩红梅，石艳，译. 北京：华夏出版社，2001：130.

时的员工都有资格参加该计划，公司会根据利润情况按每位员工工资的一定百分比提留一笔资金，当员工离开公司或退休时，可连本带利领取这笔资金，可以是现金或股票的形式。1972 年，用于该计划的金额是 17.2 万美元，共有 128 人获益（当时公司有员工 2300 多人）。这笔款项随着公司利润和股价的增长而增加，1985 年已经达到了 2.18 亿美元。1992 年，一位在沃尔玛工作 20 年的货车司机退休了，他得到的利润分享计划的金额为 70.7 万美元。

其次，员工购股计划。1972 年沃尔玛开始实施员工购股计划。员工是合伙人，而合伙人理应具有购买公司股票的优惠。因此，沃尔玛员工可以自愿地以低于市价 15% 的价格购买公司股票，费用直接用薪水抵扣，以后多次进行 1∶1 的配股，大大增加了员工的收益。随着公司股价的持续上升，沃尔玛员工中出现了百万富翁或千万富翁。由此，沃尔玛公司成立了员工分红信托基金组织，1977 年基金额为 440 万美元，1983 年增加到了将近 1 亿美元。

似乎是水到渠成，1973 年初山姆·沃尔顿采用彭尼公司的做法，开始将公司员工称为合伙人。[一] 可见，沃尔玛采取"把员工视为合伙人"的行动早于口号的提出。沃尔玛坚持不成立工会，就是缘于山姆·沃尔顿认为沃尔玛没有雇员，都是合伙人。

再次，防损奖励计划。1980 年沃尔玛开始实施防损奖励计划，公司与员工共享因防损而产生的收入，即如果店铺把损耗控制在公司的目标范围之内，该店的每一位员工都可以获得防损奖金，最多可达 200 美元。结果是，既让员工有了合伙人的责任感，又使他们享受到了公司收益增加的好处。尽管沃尔玛公司的损耗率仅为 2%，是行业平均水平的 50%，但是实施这一计划之后，损耗率进一步降低，1988 年下降至 1.5%。

最后，员工福利计划。1980 年沃尔玛公司年报显示，沃尔玛公司向员工提供的价值有健康服务、寿险、度假、节日和病假工资等项目，以及前

[一] 奥尔特加.信任萨姆：全球最大零售商沃尔玛的秘密 [M].屈陆民，韩红梅，石艳，译. 北京：华夏出版社，2001：132-133.

述的股票购买计划、利润分享计划等。

四是听取员工的合理化建议。这也是合伙人的一个重要标志，如果员工不能参与公司决策，则意味着员工没有合伙人的权利。因此，沃尔玛善于倾听并接受员工的合理化建议。

首先，主动听取建议。①实施门户开放政策。沃尔玛公司虽然建立了层级制度，但各个层级的员工仍然可以自由地跃层与总裁直接沟通，反映问题，提供工作改进的建议，而且不受时间和地点的限制。②建立巡店制度。山姆·沃尔顿在该阶段继续坚持巡店的习惯，"他的造访使经理和店员们更心甘情愿地努力工作，对于那些低收入的店员，让他们感觉沃尔顿和经理们关心他们，想听到他们说些什么，也很重要。沃尔顿对他碰到的每一个员工都要问一问工作情况怎样，他们发现了什么问题，怎样才能使他们的店更胜一筹，等等。他也总是要问他们一些有关个人的问题，并设法把他们的相貌和名字记住。他把家里的电话也列在电话簿上，所以，雇员有了问题直接给他打电话也并不是什么稀奇的事情。"⊖随着该阶段店铺数量的增多，山姆·沃尔顿个人已经无法独自完成巡店的任务，因此在该阶段建立了巡店制度，诸多经理必须进行巡店工作，特别是承担督查工作的地区副总裁，每周需要有4天在外面进行店铺巡视，店铺经理和职员可以直接向他们反映问题和提出建议。③周六例会制度。在该阶段，公司的每周六例会已经制度化，每个周六早晨7:30，公司高级主管、大区及分店经理和各层级同事，在总裁的带领下喊口号，然后对公司的经营理念和策略进行讨论，平等沟通，为公司发展献计献策，一些优秀的员工也常被邀请参会，诸多有价值的建议和重要决策都来源于周六晨会。

其次，采纳员工的建议。仅仅鼓励员工提建议，而不采纳员工的合理建议，就会使鼓励员工提建议成为一种谎言和噱头，从而使员工产生不被同等对待的感觉。因此，沃尔玛公司认真研究员工的建议，积极采纳员工的建议，建议若被采纳员工会获得相应的奖励。后来公司制定了相关制度，"如果谁提了特别好的建议，哪怕是一个小时工，也会被邀请参加周

⊖ 奥尔特加. 信任萨姆：全球最大零售商沃尔玛的秘密[M]. 屈陆民，韩红梅，石艳，译. 北京：华夏出版社，2001：124-125.

六上午的例会，与各位经理一起讨论，最终还会给予奖励"。⊖

或许，建议被采纳比获得奖励更加重要，更加有受到尊重的感觉。在1980年沃尔玛公司年报中刊登有一张员工微笑的照片，其说明文字是：每一位员工都被视为沃尔玛家庭中的重要成员，是家人，每一个人的尊严比他们的职级和薪酬重要。

五是为员工提供职业发展的顺畅通道。1976财年培训部成立之后，沃尔玛公司系统地对新员工、分店经理、助理经理、商品部经理和销售人员等进行全面培训，计划中有很多"顾客才是我们工作的理由"这样的口号，让大家接受并自觉践行沃尔玛的使命和目标，同时还有管理培训计划，很多人加入了店铺经理后备力量项目。由于沃尔玛公司处于高速发展阶段，不断扩展新的领域，开设新的店铺，因此骨干员工有更多的机会得到重用和升迁。

（3）有形资源系统。这里我们主要讨论物流系统、信息系统和资金（或财务）系统。这三个系统之间存在着相互影响的关系。在这个阶段，沃尔玛进一步完善了前一个阶段建立的三个系统的雏形，为沃尔玛未来快速发展奠定了基础。

1）物流系统。物流系统为沃尔玛的采购、配送等流程的有效运行做出了主要贡献，而物流系统的关键资源就是配送中心。1969年11月，沃尔玛公司在本顿维尔城南1.6公里的地方建设了总部和第一家配送中心，配送中心面积约为5500平方米。1970年又将其扩建，1971年8月15日完工，总面积达到了12.48万平方英尺。当时总部配送中心承担着公司采购和配送商品的40%的运输任务。

1972年，山姆·沃尔顿的长子罗宾·沃尔顿加盟家族公司，主持扩大了本顿维尔的配送中心，还开设了一个专门配送服装的配送中心，并考虑组建自己的货车车队。

1975年1月，沃尔玛第二个配送中心建成，面积约为1.4万平方米，距第一个配送中心3公里远，不承担仓储（或存货）功能，只是一个转运

⊖ 吕一林. 美国沃尔玛：世界零售第一 [M]. 北京：中国人民大学出版社，2000：125-126.

站,接收供应商送来的大宗货物,经检测、编配后转到沃尔玛的货车上,送达各个商店,大大提高了商品的运转效率。1975 财年有 60% 的商品由配送中心送到沃尔玛的店铺,而上一财年这个比例为 55%。

1976 年初,沃尔玛公司已有 80% 的商品由自己的配送中心统一配送到店铺,另外 20% 的商品则由供应商直接送货到店铺。

1977 年,沃尔玛建设了第三个配送中心,位于阿肯色州小石城东北约 80 公里处,距本顿维尔镇约 300 公里,面积为 3.5 万平方米,负责本顿维尔以东、以南店铺的配送任务,这些地区的店铺约占公司店铺数量的 40%。该配送中心在 1978 年夏季正式运营,配备了当时最新的高速自动化设备。该配送中心有助于将公司业务延伸到更远的伊利诺伊州、田纳西州、肯塔基州和密西西比州,而且还会减少对阿肯色州东部现有商店的送货次数,具有供应 175 家店铺的能力,辐射 300 英里的配送范围。当时负责配送业务的鲍勃·桑顿曾经说过:这个配送中心没有完全建设好的时候,就已经开始承担配送任务了,"山姆从来都是等到身后有 100 多个商店等着的时候,才新建一个配送中心"。㊀

1980 年沃尔玛公司年报显示,至该财年公司已经有四个高效率的仓库和配送中心,都设在了阿肯色州,其中三个在总部所在地本顿维尔小镇及附近。该财年的店铺数为 276 家,现有配送中心规模完全可以支撑全部店铺的配送任务。

沃尔玛配送中心的发展过程不仅表明沃尔玛对于物流系统建设舍得花钱,还表明根据店铺数量规模进行配送中心建设控制,既可以避免由于盲目建设而浪费资金,又可以保证配送所需,提高效率,降低成本。这为采购这一关键流程和配送这一非关键流程的构建做出了贡献。

2)信息系统。如果说配送中心是沃尔玛低成本业务流程的基础,那么信息系统就是这个流程的重要保证。在这一阶段,沃尔玛公司进一步完善信息系统,使其渗透到公司管理的多个方面,基本形成了零售信息管理的基本框架。

㊀ 奥尔特加. 信任萨姆:全球最大零售商沃尔玛的秘密[M]. 屈陆民,韩红梅,石艳,译. 北京:华夏出版社,2001:145.

1973年沃尔玛公司年报披露,该财年对数据处理部门进行了相当大的补充,表明在1972年已经专门设立了数据处理部门。

1974年沃尔玛公司年报显示,该财年沃尔玛的数据处理部门有了新的成果。①安装了数据无线系统,可以与店铺终端连接,能够搜集到来自22家商店(当时沃尔玛店铺数为64家)的销售数据,但是还不能即时送达,需要每天夜里整理后才能发出。②纺织品配送中心上线,可以提高纺织品样式的审核能力和运输单的创建能力。③完善了供应商系统,为配送中心再购买提供帮助。④计算机系统从 IBM360/20 升级到了 IBM370/125,数据处理效率得到提高。

1976年沃尔玛公司年报显示,该财年全公司真正意义上的计算机网络化配置完成,租用了更为先进的 IBM370/135 系统,为各个店铺配备了与配送中心数据系统相连接的电子扫描收款机,不仅用于存货控制,还用于工资发放、财务记录,以及各个店铺和部门运行、顾客信息等情况的数据分析,公司总部与配送中心、各个店铺通过系统连接起来,进行订货、发货和送货的管理。

1980年沃尔玛公司年报显示,1979年沃尔玛公司第一个数据处理和通信中心建成,位于本顿维尔小镇的公司总部。此时,"公司能够收集到比其他任何规模超过自己的竞争对手更多种类的有关销售和订单的数据,而且更加重要的是,通过处理这些数据,获得了更多有用的结果。所有库房的计算机都被连接到总部一个 16 000 平方英尺大楼里面的 IBM 中央处理机上。计算机把每个商店、每个部门、每天的销售数据、给每位雇员的薪金记录、库房存货清单的数目和更多其他的信息都储存起来了"。⊖

这些信息系统的完善主要还是围绕着订货和配送进行的,因此为采购这一关键流程的构建做出了重要贡献。这里有一个插曲:在1979年秋,通过计算机系统反馈给山姆·沃尔顿的每日销售额数字,让他感到当年销售额可以轻松地超过 10 亿美元,令他非常欣喜。这是信息系统建设给他带来的意外惊喜。

⊖ 奥尔特加. 信任萨姆:全球最大零售商沃尔玛的秘密[M]. 屈陆民,韩红梅,石艳,译. 北京:华夏出版社,2001:144-145.

3）资金（或财务）系统。这一阶段，在无形资源和有形资源的整合中，沃尔玛的发展资金比第一阶段充裕了很多，但是由于店铺购并和配送中心、信息中心的建设需要，资金的筹集还是非常重要的。1972年，沃尔玛公司第二次股票上市，集资900多万美元，增加了许多新的股东，为进入纽约证券交易所提供了基本条件。进入纽约证券市场之后，资金的筹集更有保障。另外的资金来源于沃尔玛健康成长而产生的利润。当然，尽量节约开支仍然是沃尔玛坚持的财务战略。1980年底，库恩有106家大K连锁店，经营面临困难，沃尔玛考虑收购这些店铺，如果沃尔玛自己建设或者租赁同等数量的商店，需要花费7500万美元，因此初期考虑花费1700万美元的现金和沃尔玛的股票完成交易。最后谈判的结果仅以750万美元的沃尔玛股票完成交易。后来，因为有16家大K商店需要改建，需要一笔数额不小的资金，沃尔玛出售了6000万美元的债券。

沃尔玛公司发展第二阶段的核心成果：完善省钱营销模式

通过本章的分析，我们发现：在沃尔玛公司第二阶段发展的10年时间，沃尔玛从经营杂货商店（5美分–10美分商店）和折扣商店两种业态，转型为主要经营折扣商店业态，完善了省钱营销模式，即通过省钱营销模式对折扣商店业态进行复制，进一步完善省钱营销模式，为后来沃尔玛公司的多业态发展奠定了基础。我们将前述的研究结果，回归到我们事先确定的研究框架之中，就会得到一些有趣的发现。

（1）发展概述。由前述可知，这一阶段沃尔玛就是复制折扣商店业态，用什么方法复制呢？就是用省钱营销模式来复制，也可以说是用复制省钱营销模式的方法来复制折扣商店业态，或者自己开设新的店铺，或者购并他人店铺后进行整合，事实证明这些都取得了成功。1980年沃尔玛公司年报显示，沃尔玛店铺总数达到276家（1971财年为38家），总的营业面积为117万平方米（1971财年约为8万平方米），营业额达到12.48亿美元（1971财年为4428万美元），比上年增长了39%，利润额为4115万美元（1971财年为162万美元），比上年增加了40%，利润率为3.3%。

对这一阶段的发展,山姆·沃尔顿曾经总结道:"进入 70 年代后,我们已经成为一个真正的有效益的零售实体,并为日后的腾飞打下了扎实的基础。奇怪的是,我们的竞争对手竟没能赶上来,也没能设法制止我们的飞速发展。不论什么时候,我们在一个城镇里开设一家沃尔玛商店,顾客们就会从其他商店蜂拥而至。对手们很快就会明白,如果要同沃尔玛抗衡,就得研究和学习沃尔玛的经营方式。"㊀这表明沃尔玛在这一阶段已经有了比较完善的营销模式。沃尔玛在第二阶段的具体发展情况见表 5-1。

表 5-1　沃尔玛省钱营销模式完善阶段的发展情况(1971—1980 年)

类别			简况
领导人和组织机构	领导人	CEO	山姆·沃尔顿(1971—1974 年;1976—1980 年);罗恩·迈耶(1974—1976 年)
	组织机构	连锁组织	在前一阶段形成了简单化的连锁组织,在这一阶段连锁组织进一步完善,总部职能部门相对完整,店铺岗位相对齐全,总部对于店铺的支持除了配送系统和信息系统之外,形成了副总裁—区域经理—店铺经理—经理助理—店员的管理服务体系。企业文化建设取得了明显进展,形成了使命、愿景、价值观等多方面的一致化
零售业态	杂货商店	特征	杂货商店,又称一价商店,或者"5 美分–10 美分商店",店里很多商品以 5 美分或 10 美分的统一价格出售,也会有一些商品以 1 美元或者几美元的价格出售,属于廉价商店的一种类型,一般从特许经营总部或代理商处进货
		该阶段发展情况	1971 年,开始减少杂货商店(包括本·富兰克林和沃尔顿家庭中心)的经营,卖掉、关掉或改为折扣商店,1968 年还有 16 家这样的商店,1970 财年有 14 家,1974 财年有 6 家,1976 年年报没有该业态的统计。但是另有资料显示,沃尔玛是 1978 年关掉了最后一家杂货商店和家庭中心,结束了长达 30 多年的特许经营的模式㊁
	折扣商店	特征	折扣商店,也被称为廉价商店,其特征是以经营非食品类别的日常生活用品为主,并以低廉的价格进行销售,从厂商直接进货,大量铺货,初期为柜台售货,后进化为自选购物方式

㊀ 沃尔顿,休伊. 富甲美国:零售大王沃尔顿自传[M]. 沈志彦,等译. 上海:上海译文出版社,2001:129.

㊁ 吕一林. 美国沃尔玛:世界零售第一[M]. 北京:中国人民大学出版社,2000:16.

（续）

类别			简况
零售业态	折扣商店	该阶段发展情况	1970 财年，沃尔玛已经有 18 家沃尔玛折扣商店，分布在美国 4 个州。1980 财年，沃尔玛店铺总数达到 276 家，分布在美国 9 个州，全部为折扣商店业态
业绩表现	店铺数量	杂货商店	逐渐减少，1970 财年有 14 家，1974 财年有 6 家，1978 年有 0 家
		折扣商店	快速增加，1970 财年有 18 家，1974 财年有 72 家，1980 财年达到 276 家
	经营业绩		1970 财年销售额为 3100 万美元，平均每家店铺实现近 100 万美元；利润额为 120 万美元，平均每家店铺实现近 4 万美元。1980 财年，销售额达到 12.5 亿美元，平均每家店铺实现 450 万美元；利润额为 4120 万美元，平均每家店铺实现近 15 万美元。在 10 年中，销售额和利润额都大幅增长
	无形资产	品牌资产	进一步提升沃尔玛品牌价值，上市公司名称为 Wal-Mart Stores Inc.（沃尔玛百货有限公司）；店铺名称为 Wal-Mart Discount City（沃尔玛折扣商店）；品牌标志为 Wal-Mart（英文字体）；品牌形象为"提供价廉物好的商品"
		经营模式	进一步完善了省钱营销模式，品牌和营销模式融合成为可以复制的"本"

（2）研究结果。我们把前述内容用可视化图形表现出来，再进一步分析和提炼，逐一回答表 2-1 提出的"省钱营销模式的 14 个问题"，就会得出相应的研究结果。

1）省钱营销模式完善阶段的模式图。这个图形是按照目标层面、顾客层面、流程层面和资源层面的结构进行绘制，每个层面由若干维度构成，箭头表明各个维度之间的因果或影响关系（箭头粗细表明主要影响程度和次要影响程度）。这个图形的形成基于前述的案例分析，或者说，该图形是沃尔玛省钱营销模式完善阶段的可视化呈现（见图 5-11）。基本逻辑与第一个发展阶段大体相同：创始人特质决定了公司的使命，公司使命决定了营销目标，营销目标决定了目标顾客选择，目标顾客决定了定位点决策，定位点决策决定了营销组合策略，营销组合策略决定了关键流程的构建，关键流程的构建决定了公司重要资源的整合，这是公司决策由上到下的过程。但是，使命和目标的实现则是由下到上的反馈过程。该模式图与第一阶段模式图的差别表现在三个方面。

第5章 第二阶段：由折扣商店的大量复制进一步完善省钱营销模式（1971—1980年）

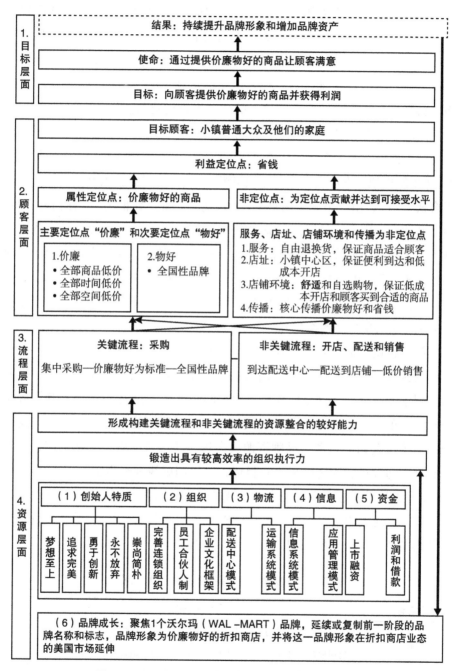

图 5-11 沃尔玛省钱营销模式完善阶段的模式图

第一，虽然形式大体一致，但是第二阶段反映出的各个阶段匹配程度更加清晰和完善，逻辑和因果关系更加明显，这由前述分析的顾客层面和流程层面可以看出：一是营销组合各个要素的确是围绕着定位点进行各个维度的组合，内容更加丰富，组合水平也更高了；二是各个流程对于营销组合模式的贡献是根据突出定位点的营销组合构建的。

第二，在形式表现上也有一些差别，主要表现在资源层面。除了创始人特质方面没有发生变化，其他方面变化较大。在组织方面，由前一阶段的"简单组织框架"发展为"完善连锁组织"，由"尝试合伙人制"发展为"员工合伙人制"，由"企业文化萌芽"发展为"企业文化框架"。在物流方面，由"开建配送中心"发展为形成"配送中心模式"，由"组建运输车队"发展为"运输系统模式"。在信息方面，由"筹建信息系统"发展为形成"信息系统模式"，由"日常存货管理"发展为形成"应用管理模式"。在资金方面，由"合伙人投资"发展为"上市融资"等，最终形成了构建关键流程和非关键流程的资源整合的较好能力，锻造出具有较高效率的组织执行力。

第三，由"品牌创建"阶段进入"品牌成长"阶段，由前一阶段多品牌经营到仅经营沃尔玛品牌，由多品牌复制到沃尔玛单一品牌复制，提升和积累了品牌资产。这里同样需要说明的一点是，在图5-11中品牌资源是公司资源的一个重要组成部分，同时也是这种模式运行的一个结果，这个结果会丰富公司的资源，品牌资源又会进一步提升品牌声誉和资产，二者互相推动与促进，因为结果不是目标，所以用虚线框来表示。

2）省钱营销模式形成阶段的问题回答。依据前面的分析，我们可以得出表2-1列出的问题答案，由此形成表5-2。该表为我们完善省钱营销理论及模型奠定了一定的基础。

表 5-2　省钱营销模式完善阶段的 14 个问题

七个层面	14 个问题
公司使命	（1）公司使命是怎样的？通过提供价廉物好的商品让顾客满意 （2）公司使命是如何形成的？由具有独特特质的创始人决定并延续着
营销目标	（1）营销目标是怎样的？提供价廉物好的商品并获得利润 （2）营销目标是如何形成的？由公司使命决定

(续)

七个层面	14 个问题
目标顾客	（1）目标顾客是怎样的？小镇普通大众及他们的家庭 （2）目标顾客是如何形成的？由营销目标决定
营销定位	（1）营销定位是怎样的？通过享用价廉物好的商品来省钱 （2）营销定位是如何形成的？由目标顾客关注点和竞争优势决定
营销组合	（1）营销组合是怎样的？价格出色＋产品优质＋其他要素可接受的模式 （2）营销组合是如何形成的？由省钱的定位点决定
营销流程构建	（1）流程模式是怎样的？采购为关键流程 （2）流程模式是如何形成的？由"价格出色＋产品优质＋其他要素可接受"营销组合模式决定
营销资源整合	（1）资源模式是怎样的？由创始人特质和合作伙伴聚合而成的高效组织执行力 （2）资源模式是如何形成的？由"采购为关键流程"决定

（3）研究结论。由前面的分析，以及表 5-2 和图 5-11 的进一步归纳，我们可以得出沃尔玛折扣商店完善后的省钱营销模式，即沃尔玛店铺的完善省钱营销管理瓶（见图 5-12）。

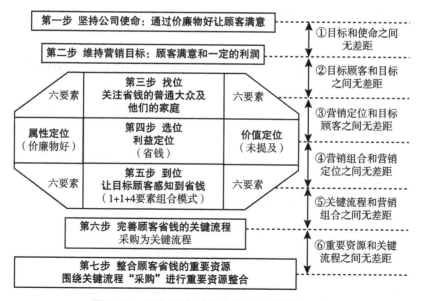

图 5-12　沃尔玛店铺的完善省钱营销管理瓶

由前述可知，这种省钱营销模式与第一阶段的没有太大差别，但是在具体内容及表现方面有了潜在的变化，不过这种变化并没有改变省钱营销模式的基本逻辑：①确定并继续坚持公司使命，即通过价廉物好让顾客满意；②选择并继续维持与使命相匹配的营销目标，即让顾客满意的同时，公司也能获取一定的利润；③继续选择与营销目标相匹配的目标顾客，即关注省钱的普通大众及他们的家庭；④根据目标顾客的需求进行营销定位，即通过提供价廉物好的产品（属性定位），让顾客省钱（利益定位），没有提及价值定位；⑤依据确定的省钱的营销定位点，进行了营销要素组合，以价廉出色（价格组合要素）和产品优质（产品组合要素）为顾客省钱为核心，服务、店址、店铺环境、传播达到顾客可接受的水平；⑥根据突出省钱定位点的营销组合，构建了关键流程"采购"，以及一般流程"配送和销售"；⑦根据关键流程"采购"，整合公司人力、资金和品牌资源，主要是创始人为核心构成的组织的高效执行力。

这种模式完善的重要意义如下：一是探索出连锁折扣商店的省钱营销模式，这种模式可以在折扣商店业态中进行复制，降低开店的风险；二是这种省钱营销模式还可以尝试未来在其他零售业态进行复制，为公司的其他零售业态创新和发展奠定基础。

沃尔玛公司省钱营销模式完善阶段大事记（1971—1980年）

- 20世纪70年代初期，山姆·沃尔顿为公司制订了十年发展战略规划，主要的4项战略是：①稳定扩张，首先在本顿维尔镇周围500公里半径的小城镇建立标准规模的店铺；②在全部店铺确保低价和最低的毛利率（与其他公司相比）；③尽全力削减库存与运营成本；④最重要的是使员工继续保持忠诚、士气和热情。[⊖]
- 1971财年，沃尔玛新开店铺6家。
- 1971财年，沃尔玛公司成立房地产及建筑部，巴德·沃尔顿主管该

⊖ 吕一林. 美国沃尔玛：世界零售第一[M]. 北京：中国人民大学出版社，2000：88.

部门工作，该部门专门负责新店开发，包括选址、筹资、设计，以及自己建设一部分商店，另外一部分商店由开发商建设，然后沃尔玛再租赁回来用于开店。

- 1971财年，继续减少杂货商店（包括本·富兰克林和沃尔顿家庭中心）的经营，卖掉、关掉或改为折扣商店，1968年还有16家这样的商店，1971财年减少到13家，1974财年仅剩下6家。
- 1971年，沃尔玛开始实施一项所有员工都参与的利润分享计划，只要在公司工作一年以上，以及每年至少工作1000小时的员工都有资格参与该计划，公司会提成一部分收益用于分享计划。㊀该计划实施的1972年，用于该计划的金额是17.2万美元，共有128人获益（当时公司有员工2300多人）。
- 1972财年，沃尔玛新开店铺13家，店铺总数达到51家，分布在美国阿肯色州、密苏里州、堪萨斯州、俄克拉何马州和路易斯安那州五个州。
- 1972年，沃尔玛开始实施员工购股计划，员工可以自愿地以低于市价15%的价格购买公司股票，可以直接用薪水抵扣。㊁
- 1972年左右，沃尔玛开始设有5位区域经理，平均每位区域经理分管10家左右的店铺。托马斯·杰斐逊就是1972年加盟沃尔玛公司担任区域经理的，他在进入沃尔玛公司之前，已经有21年在斯特林商店工作的经验。㊂
- 1972年，山姆·沃尔顿的长子罗宾·沃尔顿加盟家族公司，主持扩大了本顿维尔的配送中心，还开设了一个专门配送服装的配送中心，并考虑组建自己的货车车队。
- 1972年，沃尔玛公司第二次股票上市，集资900多万美元，增加了

㊀ 沃尔顿，休伊. 富甲美国：零售大王沃尔顿自传[M]. 沈志彦，等译. 上海：上海译文出版社，2001：136.

㊁ 吕一林. 美国沃尔玛：世界零售第一[M]. 北京：中国人民大学出版社，2000：133-134.

㊂ 奥尔特加. 信任萨姆：全球最大零售商沃尔玛的秘密[M]. 屈陆民，韩红梅，石艳，译. 北京：华夏出版社，2001：107.

许多新的股东，为进入纽约证券交易所提供了基本条件。

- 1973财年，沃尔玛已经有64家沃尔玛折扣商店，分布在五个州：阿肯色州、密苏里州、堪萨斯州、俄克拉何马州、路易斯安那州。

- 1973财年，除了董事会之外，还设有执行委员会、管理委员会和运营管理团队三个组织架构，其中运营团队中设有7名区域经理，表明此时已经将店铺辐射的地方分为7个区，每个区设有1名区域经理，负责指导和监督各个店铺的经营，平均每位区域经理分管10家左右的店铺。

- 1973年，沃尔玛采用彭尼公司的做法，开始对公司员工称为合伙人（Associate）。因此，沃尔玛坚持不成立工会，他们认为自己没有雇员，都是合伙人。

- 1974财年，沃尔玛已有78家店铺，营业额为1.67亿美元，利润额为616万美元。

- 1974财年，沃尔玛的计算机系统已经能够搜集到来自22家商店（当时沃尔玛店铺数为64家）的销售数据，但是还不能即时送达，需要每天夜里整理后才能发出。该财年计算机系统从IBM360/20升级到了IBM370/125，数据处理效率得到提高。

- 1974年，山姆·沃尔顿（56岁）决定退居幕后，担任执行委员会主席，罗恩·迈耶担任董事长和CEO（1976年离开沃尔玛公司），费罗尔德·阿伦担任总裁和首席运营官（1978年因病退休）。不过，这仅维持了大约30个月的时间。

- 1975财年，沃尔玛有104家店铺，分布在美国8个州，销售额为2.36亿美元，利润达635万美元。

- 1975财年，沃尔玛公司在总裁和副总裁职位之外开始设立CEO（首席执行官，董事长兼任）和COO（首席运营官，总裁兼任），同时对店铺管理系统进行调整，将已经开设店铺的8个州分为3个经营区，每一个经营区由一位副总裁管理并向公司运营副总裁汇报工作。3位经营区副总裁各自领导3~4位地区经理，每位地区经理管理8~12家店铺的运营。

- 1975年，该年年报回顾了沃尔玛发展简史，提出了"沃尔玛营销哲学"（Wal-Mart Marketing Philosophy）的概念，核心内容为专注于小镇和乡村的店铺发展，同时总结了沃尔玛在高度竞争市场成功的五大原因：①在小镇和乡村市场取得优势或支配地位；②坚持在小城镇进行新店铺的扩张；③快速向店铺补货，店址都选在距配送中心350英里之内的地方；④主动的低价促销和提高辨识度的商品销售技术；⑤严格的运营管理和精心的成本控制。
- 1975年1月，沃尔玛第二个配送中心建成，面积约为1.4万平方米，距第一个配送中心3公里远，不承担仓储（或存货）功能，只是一个转运站，接收供应商送来的大宗货物，经检测、编配后转到沃尔玛的货车上，送达各个商店。此时，沃尔玛通过自己的配送中心送到店铺的商品比例达到了60%。
- 1975年，在罗恩·迈耶担任董事长期间，沃尔玛公司举办了第一次员工野餐会，以后每年举办一次。最重要的年会还会在沃尔顿家里聚餐，员工有机会与山姆·沃尔顿夫妻二人握手和合影。㊀
- 1975年，沃尔玛公司创办了名为《沃尔玛世界》的员工月刊，成为员工表达想法的阵地，也是山姆·沃尔顿与员工沟通的媒介。这在1976年沃尔玛公司年报中提到过。
- 1975年，山姆·沃尔顿去韩国和日本旅行，受韩国工人早晨喊公司口号的启发，推出了著名的"沃尔玛欢呼"。在每周六早上7:30公司工作会议之前，山姆·沃尔顿会带领参会的高级主管、商店经理一起欢呼"Walmart"拆分的字母口号并做阿肯色大学的啦啦队操。
- 1975年，沃尔玛公司购买了位于小石城的名为霍华德-吉伯特公司的3家折扣商店。这表明沃尔玛走向了通过自建和购并"两条腿"进行店铺扩张的道路。
- 1976年1月，沃尔玛公司已有80%的商品由自己的配送中心统一配

㊀ 奥尔特加. 信任萨姆：全球最大零售商沃尔玛的秘密 [M]. 屈陆民，韩红梅，石艳，译. 北京：华夏出版社，2001：134.

送到店铺，另外 20% 的商品则由供应商直接送货到店铺。

- 1976 财年，沃尔玛有 125 家店铺，销售额达到 3.4 亿美元，利润额达到了 1113 万美元。

- 1976 财年，沃尔玛公司成立了培训部，又被称为"使人沃尔玛化"的部门，开展对员工的全面培训，包括新员工、分店经理、助理经理、商品部经理和销售人员的培训等，培训计划中有很多"顾客才是我们工作的理由"这样的口号。

- 1976 财年，全公司真正意义上的计算机网络化配置完成，租用了更为先进的 IBM370/135 系统，为各个店铺配备了与中心数据系统相连接的电子扫描收款机，不仅用于存货控制，还用于工资发放、财务记录，以及各个店铺和部门运行、顾客信息等情况的数据分析，公司总部与配送中心、各个店铺通过系统连接起来，进行订货、发货和送货管理。

- 1976 财年，沃尔玛所有店铺都安装了空调和新式货架，在需要的售货区域铺上了地毯。店铺分为 36 个商品部，经营着相似的商品类别，约有 3.5 万种，多数为全国性品牌，个别为沃尔玛公司自有品牌。

- 1976 年 6 月，山姆·沃尔顿回归，重新担任公司董事长和 CEO。让罗恩·迈耶担任副董事长和财务总裁，迈耶拒绝后离开公司，其手下的一批高级经理，包括财务主管、数据处理中心主管和配送主管也随之离开，引起连锁反应，总计大约有 1/3 的高级经理人员离开公司。罗恩·迈耶离开后，杰克·舒梅克接替了罗恩·迈耶，成为负责公司运营的执行副总裁，也是排在山姆·沃尔顿和费罗尔德·阿伦之后的公司第三号人物。⊖ 杰克·舒梅克 1970 年加入沃尔玛公司，1973 年担任副总裁，1978 年担任总裁。

- 1976 年 10 月，山姆·沃尔顿邀请戴维·格拉斯加盟沃尔玛公司，担任财务和配送方面的副总裁。在费罗尔德·阿伦退休之后，他担

⊖ 奥尔特加.信任萨姆：全球最大零售商沃尔玛的秘密[M].屈陆民，韩红梅，石艳，译.北京：华夏出版社，2001：119-120.

任沃尔玛公司总裁。

- 1977 财年，沃尔玛新增加了 28 家店铺，进入第 9 个州——得克萨斯州，总店铺数达到 153 家，年销售额达到 4.78 亿美元，利润额达到 1604 万美元。

- 1977 年，沃尔玛公司收购了名为莫尔价值（Mohr Value）的折扣商店连锁公司，它在伊利诺伊州有 21 家店铺，每家店铺平均年销售额为 300 万～500 万美元，沃尔玛收购后关闭了 5 家店铺，其余 16 家改造为沃尔玛折扣商店。㊀ 沃尔玛由此成功进入伊利诺伊州。

- 1977 年，沃尔玛公司在《福布斯》一项全国折扣商店、百货商店、杂货商店等连锁公司的调查中被评为股票回报率、投资回报率、销售增长率和利润增长率四项第一，之后连续几年保持这一荣誉。

- 1977 年，沃尔玛建设了第三个配送中心，于 1978 年正式投入运营，位于阿肯色州小石城东北约 80 公里处，距本顿维尔镇约 300 公里，面积为 3.5 万平方米，负责本顿维尔以东、以南店铺的配送任务，这些地区的店铺约占公司店铺数量的 40%。这一年着手建立自动化的配送中心，通过计算机将各个店铺与供应商直接联系起来。

- 1978 财年，沃尔玛新增加了 42 家店铺，总店铺数达到 195 家，年销售额达到 6.78 亿美元，利润额达到 2119 万美元，辐射美国 10 个州。

- 1979 财年，沃尔玛新增加了 34 家店铺，总店铺数达到 229 家，年销售额达到 9.00 亿美元，利润额达到 2944 万美元，辐射美国 10 个州。

- 1979 年，沃尔玛公司第一个数据处理和通信中心建成，面积为 1500 平方米，位于本顿维尔小镇的公司总部，这使全公司实现了计算机网络化和 24 小时全天候信息传递。

- 1979 年，沃尔玛公司收回所有店铺中出租柜台经营的部分，完全由自己经营。之前为了节省投资，通常将店内的药品部、汽车服务中心、珠宝和鞋等柜台出租给其他公司进店经营，按销售额的

㊀ 沃尔顿，休伊. 富甲美国：零售大王沃尔顿自传 [M]. 沈志彦，等译. 上海：上海译文出版社，2001：195.

5%~12% 收取出租费用。㊀

- 1979 年，山姆·沃尔顿被美国《零售周刊》评为"1979 年零售年度人物"。
- 1980 财年，沃尔玛店铺总数达到 276 家，总营业面积为 117 万平方米，营业额达到 12.48 亿美元，比上年增长 39%，利润额为 4115 万美元，比上年增加了 40%，分布在美国 11 个州。
- 1980 财年，沃尔玛公司已经有四个高效率的仓库和配送中心，都设在了阿肯色州，其中三个在总部所在地本顿维尔小镇及附近。
- 1980 财年，该年年报回顾了沃尔玛发展历史，阐述了山姆·沃尔顿经营的三条原则：①干净和管理良好的店铺；②让每一位顾客都满意的愉快保证；③天天低价地提供具有广泛选择的优质商品。同时，该年年报指出，服务社区、胜任的管理、顾客满意、竞争力的价格和关心员工成为沃尔玛公司的基石。
- 1980 年，唐·索德奎斯加盟沃尔玛公司，负责配送中心的工作，之后曾经担任公司执行副总裁、副董事长和首席运营官。
- 1980 年，山姆·沃尔顿在巡店的时候看到路易斯安那州克罗利市一家沃尔玛店铺门口站着一位老店员，每当顾客进门时，就向顾客表示问候。他被这一场景吸引，要求所有店铺都设立迎宾员，不仅可以向顾客传递热情和友好的信息，还可以起到防盗的效果。
- 1980 年，沃尔玛公司开始实施防损奖励计划，如果店铺把损耗控制在公司的目标范围之内，该店的每一位员工都可以获得防损奖金，最多可达 200 美元。结果是，既让员工有了合伙人的责任感，又使他们享受到了公司收益增加的好处。

㊀ 吕一林. 美国沃尔玛：世界零售第一［M］. 北京：中国人民大学出版社，2000：18.

第 6 章

第三阶段上半期：向仓储商店、购物广场、社区商店等线下业态复制省钱营销模式

（1981—2000 年）

由前述可知，沃尔玛公司在第二阶段（1971—1980 年）有了上市筹措的资金和店铺带来的利润，以及可以复制的省钱营销模式，随后将省钱营销模式集中化、大规模、跨区域、快速地复制于折扣商店（店铺名称为 Wal-Mart Discount City，其中 Wal-Mart 之间的 "-" 在 1992 年被蓝色五角星取代，其他店铺标识也是如此，该年年报的封面就是五角星图案）单一业态，并在复制过程中对省钱营销模式进行完善。在发展的第三阶段上半期（1981—2000 年），沃尔玛不仅继续进行前一阶段的折扣商店复制，同时将完善的省钱营销模式复制于仓储商店（山姆会员店，Sam's Club）、超级商店或超级中心（在中国被称为购物广场，Wal-Mart Supercenters）和社区商店（Wal ★ Mart Neighborhood Market）等线下新型零售业态。有学者认为，1985 年是"沃尔玛扩展史上的一个转折点：过去 10 年里，公司销售额和利润额分别以年均 39% 和 43% 的速度递增。这种持续的成长巩固

了沃尔玛在区域市场的统治地位，同时也增强了公司管理层的信心：只要继续依靠它那些已证明成功的发展和经营管理模式，沃尔玛完全有能力扩展到全国去"。㊀ 在20世纪80年代初期，沃尔玛的竞争对手凯马特和西尔斯都开始了多元化发展之路。"这时的山姆也开始对多元化经营产生兴趣，特别是对将使沃尔玛成功的折扣经营理念运用到其他领域深感兴趣。而且，在小镇市场日趋饱和的情况下，他也急于探索一些接近较大城市地区的经营形式。"㊁ 其实，在本质上就是将省钱营销模式复制到其他的零售业态。

这一阶段，沃尔玛的发展是令人惊奇的。1983年沃尔玛在俄克拉何马州的中西部开设了第一家山姆会员店，1988年在密苏里州的华盛顿开设了第一家沃尔玛购物广场，1998年在阿肯色州开设了第一家社区商店，2000年沃尔玛已经成为世界级零售商。2005年沃尔玛公司年报显示，2000财年沃尔玛公司店铺数为3983家，其中美国本土2992家，包括折扣商店1801家、超级中心721家、山姆会员店463家、社区商店7家，海外991家，销售额为1562.49亿美元，利润额为53.24亿美元，店铺分布在美国50个州及海外波多黎各（美国自治邦）、加拿大、阿根廷、巴西、墨西哥、中国、韩国、德国、英国9个国家或地区。2002财年销售额增加至2040.11亿美元，这不仅使沃尔玛公司成为全球最大的零售商，也使其凭借着2002财年的销售额居世界500强首位。在这个阶段，沃尔玛将省钱营销模式在更多的零售业态进行复制，并进一步完善顾客、流程和资源三个层面的匹配度，这不仅使已有的折扣商店持续成功，也使创新的仓储商店和超级中心等业态取得成功。因此，我们把这一阶段视为沃尔玛公司省钱营销模式向线下新型业态的复制阶段，并按照逻辑营销或者营销定位瓶的框架对其进行描述和分析。在这个阶段，山姆·沃尔顿担任董事长至1992年4月5日辞世，担任首席执行官至1988年。1992年4月7日山姆·沃尔顿的长子罗伯森·沃尔顿接任董事长，而戴维·格拉斯1984年出任公司总裁兼首席运营官,1988年出任公司总裁兼首席执行官至2000年。1988年唐·索

㊀ 吕一林. 美国沃尔玛：世界零售第一［M］. 北京：中国人民大学出版社，2000：21.

㊁ 吕一林. 美国沃尔玛：世界零售第一［M］. 北京：中国人民大学出版社，2000：102.

德奎斯晋升为副董事长兼首席运营官。因此，山姆·沃尔顿和戴维·格拉斯是该阶段沃尔玛公司最重要的领导人，其他重要领导人是罗伯森·沃尔顿、索德奎斯等。

公司使命：让人们生活得更好

在前两个阶段，沃尔玛的使命强调的是：通过提供价廉物好的商品让顾客满意。在这个阶段，沃尔玛的使命有所凝练和升华，比原有使命更加关注普通人或者普通大众，体现出一定的社会责任感。当然，其核心仍然是延续前两个阶段的内容，即通过创建世界上最好的商店，让低收入人群也能消费品质较好的商品并达到满意，从而使生活变得更好。

在柯林斯和波勒斯的眼中，高瞻远瞩的公司会成为基业长青的公司，沃尔玛是他们研究的18家高瞻远瞩的公司之一，研究的截止时间为20世纪90年代初期。在研究高瞻远瞩的公司的使命时，他们不是仅仅依靠一个来源（比如沃尔玛公司关于使命的宣言和声明），而是通过分析几代CEO言行的一致性来识别，最终得出沃尔玛的使命是"我们存在的目的是向顾客提供物有所值的东西：用比较低的价格和比较多的选择改善他们的生活，其他一切都属次要。"⊖它简化为核心使命就是"让普通人有机会买到富人才买得起的东西"。⊜沃尔玛对其使命的坚守具有连贯性，没有发生本质上的改变，改变的仅仅是具体的经营策略。因此，通过提供价格低廉的丰富、优质的产品，让人们生活得更好，是沃尔玛一直没有改变的使命或宗旨，也被专家认定为不变的核心理念。有专家曾经评论道："沃尔玛就是创立在'让人人买得起商品'这一目标上。处处节省成本，处处关心顾客，这两点让沃尔玛成为伟大的'实现者'：让普通人有机会买到富人才买得起的东西。在此过程中，他们一心一意地为大多数美国人以及全世界

⊖ 柯林斯，波勒斯. 基业长青：企业永续经营的准则[M]. 真如，译. 北京：中信出版社，2006：75.

⊜ 柯林斯，波勒斯. 基业长青：企业永续经营的准则[M]. 真如，译. 北京：中信出版社，2006：244.

的人创造'好生活'。"⊖

柯林斯和波勒斯的研究认为，沃尔玛的使命和价值观表现为高、中层级。⊜ 第一，在使命的表述上，沃尔玛表现居于中层级，有证据表明，沃尔玛提出了一个与使命相关的概念，并将其作为行动指南；沃尔玛主要成员反复谈论或在文件中提及此概念，并在公司内部进行交流。第二，在使命的延续上，沃尔玛表现居于高层级，有证据表明，首次提出与公司使命相关的概念后，在整个公司历史发展中变化很小并且一直受到重视。第三，在超越利润动机上，沃尔玛表现居于中层级，有证据表明，沃尔玛高度重视盈利和股东收益率，二者的重要性类似于使命。第四，在使命与行动的一致上，沃尔玛表现居于高层级，有重要证据表明，公司使命并不是停留在文字层面，沃尔玛的营销和投资策略、组织行为等都与其相一致，使命成为行动指南。

沃尔玛的使命中提到的"让人们生活得更好"不仅针对顾客，也包括员工、合作伙伴等利益相关者。正如山姆·沃尔顿所言："没有几家公司像沃尔玛一样。我们提高了顾客的生活水平，为他们节约数亿计的美元，我们也改善了我们员工的生活水平。而这两大团体中的许多人又投资于我们的股票并年年获利。"⊜ 尽管沃尔玛与供应商之间的关系问题常常受到质疑，但是不争的事实是：它向供应商提供了扩大经营的资源和机会，帮助其提高运营效率，最终使消费者、供应商和沃尔玛三方获利。⊝

沃尔玛使命的持续坚守，源于创始人山姆·沃尔顿的人生目标。有专家指出："他的目标一直是改变别人的生活，而不是成为风云人物，更不是聚敛巨大财富。他在童年时期目睹了贫穷的生活，因此他把协助最需要帮

⊖ 索德奎斯. 沃尔玛不败之谜：沃尔玛全球前副董事长揭密[M]. 任月园，译. 北京：中国社会科学出版社，2009：139.

⊜ 柯林斯，波勒斯. 基业长青：企业永续经营的准则[M]. 真如，译. 北京：中信出版社，2006：300-301.

⊜ 沃尔顿，休伊. 富甲美国：零售大王沃尔顿自传[M]. 沈志彦，等译. 上海：上海译文出版社，2001：250.

⊝ 罗伯茨，伯格. 向世界零售巨头沃尔玛学应变之道[M]. 崔璇，译. 北京：中国电力出版社，2014：106.

助的人提升生活水准,变成自己努力的目标。"[1] 在 1992 年山姆·沃尔顿去世之后,这一点仍然得到不折不扣的坚守。一个明显的证据是,1998 年沃尔玛公司年报显示,"好生活"这一词汇已经有了作为沃尔玛商标进行注册的迹象,这一点我们会在本章营销定位部分进行详细说明。

另外,在这个阶段明确提出为利益相关者创造价值,例如 1998 年沃尔玛公司年报中提到"要为顾客、员工和股东创造价值"。这仍然隐含着让人们生活得更好的使命。

可见,该阶段沃尔玛的使命可概括为"让人们生活得更好"。实际上,这是前两个阶段使命的延续、凝练和提升,在本质上是一致的,也可以视为前两个阶段使命的复制,因为顾客满意了才有利于生活得更好。因此在这一阶段,无论是沃尔玛已有的折扣商店业态,还是新发展的仓储商店、超级中心和社区商店等业态,都是以此作为生存和发展的目的。

营销目标:为顾客提供价廉物好的商品并赢利

在沃尔玛公司发展的第三阶段上,仍然延续第一、二阶段的营销目标,即为顾客提供价廉物好的商品并获得一定的利润。

由前述可知,柯林斯和波勒斯将沃尔玛视为高瞻远瞩的公司,而高瞻远瞩的公司的共同特征之一就是秉承超越利润的理念,并分为高、中两个层级。[2] 福特汽车、惠普、万豪酒店、索尼公司属于高层级,其特征是"盈利性的作用或股东财富只是公司部分而不是主要驱动目标",通过"合理""充分""公平"的收益和盈利来实现使命,而不是追求"最大"收益和"最大"利润。沃尔玛、迪士尼公司等处于中层级,其特征是关注使命的达成,也重视盈利和股东收益率,后者为前者服务。这意味着两个层级的公司都具有超越利润的目标。

---

[1] 斯莱特. 忠于你的事业:沃尔玛传奇[M]. 黄秀媛,译. 北京:中信出版集团股份有限公司,2018:42.

[2] 柯林斯,波勒斯. 基业长青:企业永续经营的准则[M]. 真如,译. 北京:中信出版社,2006:300-301.

尽管对于沃尔玛的营销目标有着多种多样的描述，但是通过分析我们认为其营销目标是向顾客提供价廉物好的商品，同时获得一定的利润，以保证公司持续地为实现使命做出贡献。自然，这里的价格低廉是非常重要的，但是产品和服务不能是过低的水平，同时还必须保证能有盈利，以支撑公司永续健康发展。这一目标在多业态和国际化过程中仍然得以延续。

1984年沃尔玛公司年报披露，该财年沃尔玛公司继续坚持公司创建以来的经营哲学：尽最大努力降低成本，提供与承诺一致的服务，以实现为顾客提供价廉物好的商品的目标。

1990年沃尔玛公司年报的封面上印有一张沃尔玛配送货车的图片，该图片显示：在配送货车的车厢侧面、行李舱，以及后轮轮胎的两块挡泥板上，都写有"沃尔玛　天天低价"的英文（见图6-1）。该年报目录页的页眉位置有类似的表述"你信任的品牌总是低价，总是"，突出的仍然是"价廉物好"。

图6-1　1990年沃尔玛公司年报的封面图片

在1996年进入中国的第一家沃尔玛店铺开业典礼上，时任中国区总裁钟浩威表示："我们希望能尽快和中国的消费者建立联系，并以优惠的价格向他们提供高品质的商品，我们相信沃尔玛的'天天平价，始终如一'策略，将有助于提高消费者购买力。"⊖

1999年沃尔玛公司年报披露，全球的沃尔玛店铺都是以"价廉物好和盈利"为营销目标。该年报指出："在全球化的过程中，沃尔玛的商业模式——商品质量、顾客服务和天天低价——可以转化为世界各种语言。"因为无论哪里的顾客，都偏好以低价格实现所需高质量商品的更大范围的选择。为此，在该阶段沃尔玛公司开发了大量自有品牌的商品。在2000年沃尔玛公司年报中，公司负责商品开发的执行副总裁鲍勃·康纳里指出："我们开发自有品牌不是为了提高利润率，而是为了提升顾客价值和顾客忠诚度。"这里"顾客价值"的重要内容仍然是"价廉物好"。

可见，该阶段沃尔玛的目标与前两个阶段一致，是对前两个阶段经营目标的直接复制，即"为顾客提供价廉物好的商品并赢利"。因此，无论是沃尔玛已有的折扣商店业态，还是新发展的仓储商店、超级中心和社区商店等业态，也无论这些店铺在世界的哪些地方，都以此为经营和发展的目标。

目标顾客：大中小城市普通大众及他们的家庭

在前两个阶段，沃尔玛主要在小城镇发展，发展业态为杂货商店和折扣商店业态，目标顾客为小城镇普通大众及他们的家庭。然而，在第三阶段，沃尔玛的店铺除了继续在小城镇渗透之外，开始向大中城市延伸，并从美国扩展至全球，因此目标顾客已经不局限于小镇居民，而扩展为大中小城市的普通大众及他们的家庭。当然，关注低价的不仅仅是中低收入家庭的主妇，诸多高收入家庭的主妇也非常在意商品价格的高低，自然也成

⊖ 国键，慕真．天天平价，始终如一：美国沃尔玛公司开拓市场的成功之道［J］．中国对外贸易商务月刊，1999（2）：37-39．

为沃尔玛的常客，这部分人可以视为沃尔玛店铺的延伸性目标顾客群，而中低收入人群及家庭是沃尔玛店铺的核心目标顾客群。

直到1983年，"沃尔玛大多数的分店仍分布在只有5000人至2.5万人的小镇上，1/3的分店所在地没有任何同类零售企业的竞争。在这些几乎没有竞争对手的小镇里，沃尔玛的销售额通常占到当地总零售额的10%~20%"。㊀从1983年开始，沃尔玛尝试发展新的仓储商店业态，1984年开始尝试小型折扣药店和工艺品商店，这些店铺（特别是仓储商店）需要进入较大城市的人口稠密区。1985年是沃尔玛加快向较大城市发展的一年，单店的平均面积由1980年的4400平方米增加到1985年的6000平方米以上，有的达到了8000平方米。㊁随后，沃尔玛开始在大中小城市全方位拓展。

同时，从1991年进入墨西哥之后，沃尔玛就开始了海外市场发展的旅程。在进入拉丁美洲和亚洲的发展中国家后，沃尔玛并非以小城镇的低收入人群及家庭为目标顾客，而是率先进入大型的比较发达的城市。例如，沃尔玛在1996年进入中国，最初选择的店址都在一线城市，光顾沃尔玛店铺的都是中高收入人群，而当时低收入人群大多去农贸市场、小商品市场、本土小店铺购物，后来沃尔玛才成为普通大众购物的场所。这表明沃尔玛的目标顾客是那些关注全国性品牌和价格较低的人群及家庭，而不是片面追求低价的人群及家庭。随着进入地居民生活水平的提高，普通家庭逐渐成为沃尔玛的核心目标顾客群体。我们曾经对沃尔玛在中国的顾客进行分析，包含有多个收入层级，他们都有一个共同的特点：注重节俭，关注物有所值。因此，也可以将沃尔玛的目标顾客概括为关注物有所值的人群及家庭，覆盖了各个收入阶层的人群或家庭。

一项对该阶段的研究结果表明，"沃尔玛一向以服务工薪阶层为荣，在它每星期1.1亿的顾客中，绝大多数（64%）属于吃光、用光阶层，年薪在2.5万美元至5万美元。但它越来越多的店开设在富人区，传统的廉

㊀ 吕一林. 美国沃尔玛：世界零售第一[M]. 北京：中国人民大学出版社，2000：22.
㊁ 吕一林. 美国沃尔玛：世界零售第一[M]. 北京：中国人民大学出版社，2000：22-23.

价策略开始被'颠覆'"。㊀不过,沃尔玛仍然会保证同样商品的最低价格。无论是低收入人群,还是高收入人群,都关注的是物有所值,寻求相同商品的最低价格。因此,在20世纪90年代之后,沃尔玛的宣传口号频繁出现"天天平价",不是一味追求低价,而是保证一定商品质量和盈利基础上的低价。

有专家对沃尔玛四种零售业态的目标顾客进行了分析,"沃尔玛折扣店、购物广场是针对低收入阶层消费者开设的;山姆会员店是面向小企业主和其他需要进行大量购买的个体消费者而开设的仓库型大商场……而社区商店则主要针对中上层家庭消费者,这种销售模式是对前三种零售业态的一种补充"。㊁山姆会员店最初的名称为山姆批发会员店(Sam's Wholesale Club),设想的是以小企业主为主要目标顾客,但是随着店铺发展,越来越多的家庭消费者到店内购物并成为主要购买者。于是在北卡罗来纳州,地方法院判定沃尔玛违反了该州法律:"批发名称只能用于仅向零售商或转售者销售商品的企业。"于是,沃尔玛山姆批发会员店于1990年去掉"批发"一词,更名为山姆会员店(Sam's Club)。社区商店虽然被称为"针对中上层家庭消费者",但是也提供"高质低价"的产品,并非仅仅开设在高档社区,因此目标顾客应该也是普通大众及他们的家庭。

可见,在该阶段,沃尔玛发展的主要业态有折扣商店、仓储商店、超级中心(在中国被称为购物广场)和社区商店四种,各种业态的目标顾客也有了一些差别,但是仍然可以概括为"普通大众及他们的家庭"。同时,沃尔玛发展的区域从小城镇延伸至大中城市,因此我们可以将该阶段的目标顾客描述为"大中小城市的普通大众及他们的家庭"。由此可以推论该阶段沃尔玛部分复制了前两个阶段的目标顾客选择策略,仅仅是在空间上由小城镇和乡村延伸至大中城市。

㊀ 贾尔斯. 沃尔玛连锁经营:公司成长的伟大学问[M]. 康贻祥,译. 哈尔滨:哈尔滨出版社,2004:57.

㊁ 贾尔斯. 沃尔玛连锁经营:公司成长的伟大学问[M]. 康贻祥,译. 哈尔滨:哈尔滨出版社,2004:78.

营销定位：通过价廉物好的商品实现省钱

这一阶段沃尔玛营销定位点的形成逻辑与第一、二阶段相同，源于沃尔玛公司的使命、营销目标和目标顾客所关注要素的聚焦点，或者说重合交叉点。

同时，沃尔玛该阶段的营销定位点的内容也与第一、二阶段相同：利益定位为"省钱"，属性定位为"价廉物好"，没有强调价值定位（但隐含着生活得更好或者幸福感的满足）。价廉物好（属性定位）是顾客体验到省钱（利益定位）的原因。

山姆·沃尔顿在《富甲美国：零售大王沃尔顿自传》中写道：在创业初期，"我们保持在经营杂货店中学到的东西，如坚持为顾客服务和保证顾客满意，但是我不得不承认，在那些年月里，我们还没有像今天这样强调商品质量，我们始终坚持的一点是要保持我们的价格比其他任何商店都低……这种做法使我们在最初的十年里处于极为有利的位置——通过与顾客建立联系，使我们在这些小城镇的市场上的销售额不断上升。这种想法是很简单的：当顾客们想到沃尔玛商店，他们就会想到低廉的价格和保证满意。他们可以完全确信他们不可能在其他地方发现更便宜的价格，如果他们不满意所买货物，我们可以退货"。[一] 可见，在沃尔玛创业早期的前10年是通过低价和自由退换货让顾客省钱的，自由退换货是让顾客选择到质量满意的产品。后来在继续实施低价策略的同时，沃尔玛不断提高商品质量，真正实现了为顾客省钱的利益定位。

一个佐证是，山姆·沃尔顿在《富甲美国：零售大王沃尔顿自传》中有下列表述："沃尔玛公司由于经营十分有效率，从而为顾客节省了数十亿美元。无论你相信与否，为顾客省钱，这本身就是一种回报，它也是我们公司经营哲学的基石……尽可能为顾客省下每一美元。"[二] 该书于1990年开

[一] 沃尔顿，休伊. 富甲美国：零售大王沃尔顿自传[M]. 沈志彦，等译. 上海：上海译文出版社，2001：56-57.

[二] 沃尔顿，休伊. 富甲美国：零售大王沃尔顿自传[M]. 沈志彦，等译. 上海：上海译文出版社，2001：238；253.

始写作，主要反映的是 20 世纪 80 年代及之前的情况，这意味着沃尔玛在 80 年代继续坚持"为顾客节省每一分钱"的利益定位点。另一个佐证是，1983 年沃尔玛创办了山姆会员店，该店宣称坚持"我们所做的一切都是为您省钱"。㊀

有专家认为，山姆·沃尔顿深信"为顾客节省每一分钱"的经营理念是他成功的根本，他在经营生涯中执着地坚守这一原则。㊁1996 年沃尔玛进入中国以后，我们常常会看到店铺里写着"天天平价""为顾客节省每一分钱"的标签。曾经在沃尔玛总部山姆·沃尔顿身边工作过的迈克尔·贝里达尔回忆道，在沃尔玛公司官方网页上，在解释实施的天天平价、让利销售、特惠商品三种定价策略时，使用了"让顾客更省钱""让你的钱更经花"等语句，㊂表明沃尔玛在该阶段继续坚持"为顾客节省每一分钱"的利益定位点，以及价廉物好的属性定位点，没有明确提出或者诉求价值定位点。

1992 年山姆·沃尔顿逝世时，美国《时代》周刊曾经评论道，山姆·沃尔顿的构想使沃尔玛在激烈竞争的零售市场中获得优势，这个构想就是：选择最适当的地点设立大型零售店铺，用最低的价格出售全国性品牌的商品。㊃克劳福德和马修斯在 2000 年左右曾经对全球 98 家卓越公司进行研究，沃尔玛是他们研究的案例之一。他们认为沃尔玛保持卓越的关键原因在于：一贯地向顾客提供低价和大量的全国性品牌商品，这些商品不一定是现有最好的，但是顾客日常关注的。㊄另外，沃尔玛主管运营的副总裁汤姆·库格林在 1996 年年报中指出："我们要为顾客找到最低价格的最好商品，并通过尽可能最好的服务提供给每一位顾客。"这三个证据证明：沃尔玛通过价廉物好的属性定位实现了为顾客省钱的

㊀ 海盛. 天天平价为您省钱 [N]. 中国商报，2002-11-26（1）.

㊁ 赵文明. 沃尔玛：我们与众不同 [M]. 北京：中国工商联合出版社，2004：45.

㊂ 贝里达尔. 沃尔玛策略 [M]. 曾琳，译. 北京：机械工业出版社，2006：23.

㊃ 斯莱特. 忠于你的事业：沃尔玛传奇 [M]. 黄秀媛，译. 北京：中信出版集团股份有限公司，2018：51.

㊄ 克劳福德，马修斯. 卓越的神话 [M]. 许效礼，王传宏，译. 北京：中信出版社，2002：42.

利益定位。

前述内容都是将沃尔玛公司作为一个整体进行的营销定位分析，没有按照零售业态的类型进行具体分析，这表明折扣商店、仓储商店、超级中心、社区商店四种零售业态都是相同的利益定位点（省钱）和属性定位点（价廉物好），后三种业态都是对第一种业态（折扣商店）定位点的复制。纵观该阶段沃尔玛的零售业态发展史，很容易得出上述结论。当折扣商店比杂货商店更能让顾客省钱时，山姆·沃尔顿就用折扣商店取代了杂货商店成为发展的主流业态；当仓储商店比折扣商店更能让顾客省钱时，山姆·沃尔顿就用仓储商店取代了折扣商店成为发展的主流业态；当超级中心比仓储商店更能让顾客省钱时，山姆·沃尔顿就用超级中心取代了仓储商店成为发展的主流业态。不过，在这一发展阶段，新的业态发展并没有停止旧有业态的发展，而是保持多种业态并存的格局，互为补充，都为顾客省钱服务。

这里需要特别说明的一点是，该阶段虽然没有在定位口号中明确提出"好生活"，但是隐含着该含义，同时在沃尔玛公司文献当中已经出现了"好生活"的词汇，并且得以重点强调。我们在1998年沃尔玛公司年报中发现，最后一页——山姆会员店招募会员的推广页，上半部分是一个家庭"美好生活"的照片（见图6-2），下半部分是招募会员的文字广告语，标题为"这个房间有一个秘诀"，括号中的内容为"因为有了它，人们的生活会更好"。其中，"它"是指山姆会员身份，有了这个身份有很多好处，如广泛的优质商品选择，享受前所未有的低价等。该页最后出现了一行醒目的字体"The Secret To Living Well"（好生活的诀窍），句尾右上角还有"TM"两个字母，这意味着这句话在申请商标的过程中，或表明自己拥有独享权利。可见，当时沃尔玛公司已经非常重视"好生活"的价值定位点，也有了将其作为商标一部分的想法，只是到了2007年9月才成为正式定位（广告）语："Save money, Life better"（沃尔玛中国有限公司将其翻译为"省钱、省心，好生活"），代替了原有的广告语"永远低价"。

图 6-2　1998 年沃尔玛公司年报的山姆会员推广照片

营销组合：价格出色 + 产品优质 + 其他要素可接受的模式

在这一阶段，沃尔玛仍然延续着前两个阶段的营销组合模式：价格出色（"价廉"定位点的最重要影响因素），产品优质（"物好"定位点的最重要影响因素），服务、店址、店铺环境和传播等其他营销组合要素（非定位点所在位置）在为定位点做出贡献的同时，达到目标顾客可接受的水平。这意味着沃尔玛公司在该阶段仍然坚持两点：一是依定位点进行营销要素组合；二是第三阶段上半期定位点没有发生改变，进而导致营销组合模式也延续着前两个阶段的状态，即依前述的营销定位点进行产品、服务、价格、店址、店铺环境和传播六个要素的有机组合，形成了"价格出色 + 产品优质 + 其他要素可接受"的"1+1+4"的营销组合模式。当然对于不同的零售业态，各个营销组合要素的具体内容会有所不同。

由前述可知，克劳福德和马修斯在 2000 年左右曾经对全球 98 家卓越公司进行研究，沃尔玛是他们研究的案例之一。他们认为沃尔玛保持卓越的关键原因在于，它"被多数消费者看成主要提供一贯低价格的零售商，公司长期的市场口号'永远低价，永远'……其次，公司以经营范围广泛的各色名牌产品而自豪——倒不一定是现有的最好的产品，而是消费者渴求看重的产品。在其他属性上，沃尔玛的表现与人们所期望的大型商家的表现一样"。⊖这里的其他属性是指服务、体验和便利性，涉及服务、传播和分销等组合要素。

（1）主要定位点所在位置的价格要素，努力做到低价和省钱。这里不仅是让顾客感受到低价（实际并一定是最低价格），重要的是让顾客感受到诚实的价格。一项对该阶段的研究结果表明，沃尔玛并非总是最低价格，但是多数消费者却认为它总是按最低价格销售，"也许，没有一家经营消费品的企业会像沃尔玛那样正确地理解价格属性。这家零售巨头，通过自己始终一贯、诚实的定价，成功地在消费者心中留下了最低价格的印象，并且成了这些消费者可以信赖的采购代表"。⊜

沃尔玛如何让顾客相信或感知到是低价呢？除了尽可能地低价销售外，还有一个重要之处是不在定价问题上玩花样、耍手段，诚实地定价，即天天低价，全部商品都低价，同时坚决避免以低价为借口销售低劣商品。对此有专家评论道：沃尔玛公司"在赢得消费者的信任方面做得十分出色，事实上已经成为定价问题上的权威。不光是消费者有这种印象，我们调查过的许多企业经理人都一再说，当他们想到最低价格的时候，总是想到沃尔玛"。⊜

在这个阶段，沃尔玛的低价策略已经产生了光环效应。有专家认为："沃尔玛卖的东西并不全是最低价，但该公司的消费者却觉得沃尔玛的价格是'真正的'价格。任何低于此的价格只不过是别的公司诱惑购物者的

⊖ 克劳福德，马修斯. 卓越的神话：为什么大公司从不试图在所有方面都做到最好？[M]. 许效礼，王传宏，译. 北京：中信出版社，2002：42.

⊜ 克劳福德，马修斯. 卓越的神话：为什么大公司从不试图在所有方面都做到最好？[M]. 许效礼，王传宏，译. 北京：中信出版社，2002：56.

⊜ 克劳福德，马修斯. 卓越的神话：为什么大公司从不试图在所有方面都做到最好？[M]. 许效礼，王传宏，译. 北京：中信出版社，2002：58.

一种短期花样，最终是不能长久的。"㊀

可见，由于沃尔玛坚持"为顾客节省每一分钱"的定位点，因此努力降低价格水平，既减少了顾客购买的实际支出，又节省了顾客比较价格、避免商家价格欺诈的精力，反过来实现了"省钱"的利益定位点。在低价这一点上做到了优于竞争对手，达到了出色的水平。在这一点上，沃尔玛将折扣商店出色的特征"价廉"，成功复制到了仓储商店、购物广场和社区商店三种业态。

山姆会员店是模仿普尔斯会员店（Price Club，为世界上第一家仓储商店品牌）的产物，而仓储商店的最大特征就是为顾客省钱，这与沃尔玛的使命、目标和营销定位都是完全符合的，因此山姆·沃尔顿决定将其确定为发展的新业态。山姆·沃尔顿曾经描述当时的情形：在20世纪80年代初期，"我们从事折价零售这一行已有将近20年了。只有高效率的经营商才能生存下来，因为价格和利润一直在逐步下降。忽然，我们发现有一群批发折价商以低于我们的价格出售商品，这些批发商的一般管理费用很低，因而利润可以压低至5%~7%，远远低于折价零售业22%的水平。原来我们的'天天低价'使我们得以发展到这个程度，但现在已不是了，所以我们必须进入该领域"。㊁有专家对于仓储商店低价的描述也可以看出其"由低价让顾客省钱"的特征：仓储商店的销售毛利"空前地低，平均只有10%~13%，不但比传统百货公司、食品超市低，甚至比折扣百货店的销售毛利率还低一半，因此商品格外便宜"。㊂

沃尔玛超级中心是巨型超级市场（又称特级市场）的衍生业态。折扣商店业态是满足人们日常生活用品——主要是非食品的需求，超级市场是满足人们日常生活用品——主要是食品的需求，仓储商店是满足人们批量购买的需求，虽然包括食品和非食品，但是不够丰富。在20世纪80年代

㊀ 克劳福德，马修斯. 卓越的神话：为什么大公司从不试图在所有方面都做到最好？[M]. 许效礼，王传宏，译. 北京：中信出版社，2002：62.

㊁ 沃尔顿，休伊. 富甲美国：零售大王沃尔顿自传[M]. 沈志彦，等译. 上海：上海译文出版社，2001：199-200.

㊂ 吕一林. 美国沃尔玛：世界零售第一[M]. 北京：中国人民大学出版社，2000：103.

中期，沃尔玛受到大型超级市场（日常生活用品一次购足）业态的冲击。因此，山姆·沃尔顿受到法国家乐福巨型超级市场的启发，1987年12月与一家美国超市连锁公司合作，在达拉斯郊区开设了一家名为"美国特级市场"（Hypermart USA）的巨型超级市场，其目的是让顾客来店一次就可以低价地购足日常用品。有学者曾经对当时的情形进行描述："在此之前，山姆俱乐部虽已成功地经营了食品，但毕竟品种非常有限，且其巨大的单店销量使之只能开在50万人口以上的大都市区，这样的市场十分有限，也不足以抵挡超市的竞争。为此，山姆看中了特级市场这一经营形式，希望将特级市场建成一个'没有围墙的购物中心'，即除了品种非常齐全的食品和一般商品外，还包括各种非竞争关系的服务业、24小时营业的便利店和加油站等。具体经营策略类似于山姆会员店：低价大量买进和卖出；每日最低价；很少做广告等。"㊀ 但是，沃尔玛在达拉斯的沃斯堡开设的两家特级市场都没有取得成功。山姆·沃尔顿曾经谈道："我们的特级市场虽然还不算是什么灾难，但也颇令人失望。这两家商场只能做到勉强盈利，这就教会我们如何将食品杂货业和一般零售业结合在一起，缩小其规模。于是一个称为超级中心的构想出现了。"㊁ 到1990年，沃尔玛在尝试开设4家特级市场之后，宣布不再建新的特级市场。沃尔玛得出的结论是："是营业面积的大小，而非一次购齐商品的经营理念决定了其成功与否，即店面越大，生存越困难；反之，如将营业面积缩小到1.1万～1.4万平方米，就可能盈利。"㊂ 随后，沃尔玛对特级市场进行了革新，将其由2万～3万平方米的面积缩减到1万～1.4万平方米，毛利率从15%提升到了17%～18%，仍然低于中型超级市场的毛利率（一般为18%以上），这就是超级中心业态的雏形。1988年，沃尔玛在密苏里州开设了第一家沃尔玛超级中心，1989年在俄克拉何马州开设了第二家，从此取得了成功。超级中心由于规模小于特级市场，因此更适合在中小城市发展，进而可以补充沃尔玛折扣商店

㊀ 吕一林. 美国沃尔玛：世界零售第一［M］. 北京：中国人民大学出版社，2000：113-114.

㊁ 沃尔顿，休伊. 富甲美国：零售大王沃尔顿自传［M］. 沈志彦，等译. 上海：上海译文出版社，2001：199.

㊂ 吕一林. 美国沃尔玛：世界零售第一［M］. 北京：中国人民大学出版社，2000：113-116.

的业态。对此有学者评论道：沃尔玛"将超级中心看作以往折扣商店的延伸，准备在任何有折扣商店的小镇建超级中心，或者不如说是替代那些已上了'年纪'，显得陈旧了的沃尔玛折扣商店"。㊀

可见，在该阶段沃尔玛选择发展的新业态，无论是遭遇挫折的特级市场、连锁药店、工艺品店，还是成功的仓储商店、超级中心、社区商店等，都是具有低价特征的业态，也可以说在价格策略上复制了折扣商店的省钱诉求，即使是全球化发展也是如此。例如，1996年8月12日在中国深圳开业的沃尔玛超级中心和山姆会员店，就是两个例证。有专家曾经对其开业时的低廉价格特征进行描述："沃尔玛购物广场㊁的商品比外面市场便宜10%~20%，山姆会员店则便宜10%~30%。"㊂

1996年沃尔玛公司年报中专门设有一个小标题"我们卖得更便宜"，在该标题下谈道：在沃尔玛没有什么比天天低价的理念更重要了，这一成功的理念在折扣商店和山姆会员店都是适用的，天天低价带来的是真正的低价，使顾客感受到了省钱，从而进一步降低公司成本，形成良性循环。对此，该年报解释说：由于顾客熟知沃尔玛的低价理念，因此沃尔玛不必像竞争对手那样每周进行循环式的广告投放和投入，从而使沃尔玛得以保持最低的广告预算。同时，沃尔玛天天低价，就不必进行每周、每季度的大规模促销活动，从而减少了或避免了由此带来的库存激增和成本增加。

（2）次要定位点所在位置的产品要素，尽量做到优质，进而为省钱做出贡献。由前述可知，低质低价并不能达到让顾客省钱的目的。在这一发展阶段，沃尔玛发展了仓储商店、超级中心、社区商店等新型业态，但是仍然坚持前两个阶段的宗旨：让顾客选择到低价和高质量产品，以实现为顾客省钱的利益定位。在这一阶段，沃尔玛公司越来越强调为顾客创造价值，在20世纪90年代年报中出现较多的词汇就是价值，而对于顾客价值的解释使用最多的词汇就是最低价格、最优商品和最好服务。

第一，从沃尔玛公司的自我声明来看，该阶段继续推出高质量产品策

㊀ 吕一林. 美国沃尔玛：世界零售第一[M]. 北京：中国人民大学出版社，2000：117.
㊁ 指超级中心.
㊂ 孙洪，王东才. 走近沃尔玛[J]. 信息与电脑，1996（10）：8-10.

略。沃尔玛全球前副董事长唐·索德奎斯在 1993 年曾经表示："我们的经营基础是国内品牌，且会一直坚持贯彻这个理念。它们会一直是我们运作的基础。过分强调自有品牌是有风险的事情。"㊀ 这段话有两个含义：一是以经营全国性品牌为主；二是发展自有品牌作为补充。核心是以满足顾客对高质量产品的需求。

第二，从第三方研究者的评价来看，该阶段继续推出高质量产品策略。由前述可知，克劳福德和马修斯在 2000 年左右曾经对沃尔玛公司进行消费者调查，结果显示：多数消费者认为沃尔玛一贯地实施低价策略，并且提供范围广泛的全国性品牌的产品。这里对于商品的描述包括质量好和较为广泛的选择范围两个维度，这意味着顾客总能以低价买到自己满意的商品。

第三，从沃尔玛公司的具体行动来看，该阶段不断提高商品的质量。其中一个重要证据是推出了自有品牌商品，并且根据"价廉物好"的原则进行开发。由于沃尔玛更加了解顾客需求，以及有能力控制商品的成本和质量，因此更加容易体现沃尔玛定位点的要求，也可以实现与其他公司店铺的差异化。正如沃尔玛前销售执行副总裁鲍勃·康纳里在 2000 年年报中所言："我们首先是一个品牌至上的公司，我们之所以成为全球最大的零售商，是因为我们以天天低价的方式提供高品质的名牌产品。但是我们同样也通过自有品牌去填补一些名牌产品所产生的价值和价格空白。"㊀ 对于沃尔玛实施自有品牌策略的原因，他解释道："20 世纪 80 年代后期，无数国内品牌的价格持续飞涨，超出了我们认为合理的范畴。尽管我们的售价还是相对较低，但是大家不认为给了顾客足够的价值。沃尔玛的管理层决定，我们的顾客应该有权以合理的价格买到名牌质量的商品。于是公司着手开发几个自有品牌的产品线，产品的质量可以同国内名牌媲美，但价格要低上一大截。这跟零售业的传统自有品牌大不相同。当时，那些商品的

㊀ 罗伯茨，伯格. 向世界零售巨头沃尔玛学应变之道 [M]. 崔璇，译. 北京：中国电力出版社，2014：29.

特点就是价格低，但是质量也次，包装也简陋。"㊀可见沃尔玛推出的自有品牌价格低、质量好，且包装并不简陋。

例如，在20世纪80年代初期，美国狗粮市场缺乏全国性品牌，沃尔玛陷入难以向顾客提供质量较好的狗粮的窘境。为了解决这个问题，沃尔玛抓住机会，在1982年以山姆·沃尔顿的猎犬名字OL'Roy创立了狗粮品牌，保证价格低和质量好，销售竟超过雀巢的普瑞纳品牌，成为美国第一大狗粮品牌。2000年沃尔玛公司年报中专门讨论了沃尔玛的自有品牌策略，标题为"OL'Roy的新魔法，自有品牌用高质量产品填补顾客价值的空隙"，报告中指出：至今沃尔玛已有数千种自有品牌产品，沿着OL'Roy品牌成功的轨迹，为具有节俭意识的顾客创造价值。该年报提到了自有品牌"宜洁"大受顾客欢迎，并获得了高出全国性品牌40%的利润，足见自有品牌对于提升商品质量、满足顾客需求的重要作用。1996年沃尔玛公司年报披露，自有品牌"山姆的选择"（Sam's Choice）罐头平均每年销量达6亿罐。截至2000年底，沃尔玛公司的自有品牌在美国的沃尔玛连锁店中，已经占到20%~25%。㊁这不仅改进了经营商品的质量，而且获得了比其他商品更高的利润。

又如，山姆·沃尔顿创立的自有品牌"山姆的选择"，在商品包装上写有品牌故事："沃尔玛的创立者山姆·沃尔顿倾听顾客的意见，理解顾客的需求，并致力于为顾客提供物美价廉的产品。'山姆的选择'传承了这个理念，我们采用来自世界各地最好的原料并依照我们设定的最高标准来生产新产品。我们相信这样的产品只有在沃尔玛的商店才能买得到。我们的产品质优价廉，物超所值。我们相信我们的产品会令您满意，否则将无条件向您退款。更好的产品、更低的价格就在沃尔玛，这就是我们的承诺。山姆·沃尔顿（签名）"。㊂

㊀ 罗伯茨，伯格. 向世界零售巨头沃尔玛学应变之道[M]. 崔璇，译. 北京：中国电力出版社，2014：120.
㊁ 国家经贸委贸易市场局. 对美国沃尔玛公司的考察报告[J]. 中国统计，2001（10）：22-24.
㊂ 贝里达尔. 沃尔玛策略[M]. 曾琳，译. 北京：机械工业出版社，2006：108.

从该阶段沃尔玛发展的折扣商店、仓储商店和超级中心等业态来看，其产品策略都做到了商品质量好、选择种类多，并为低价做出贡献。

山姆·沃尔顿曾经描述山姆会员店的产品策略："山姆会员店都是一些仓库型的大商场，瞄准的是一些小企业主和其他进行大量购买的顾客。客户只需支付一笔会费就可以在山姆会员店购物，许多知名的高质量商品都是以批发价出售，从轮胎、照相机、手表、办公用品到鸡尾酒、香肠和软饮料，应有尽有。"㊀ 有学者分析道："保证商品种类齐全、价格又特别便宜的诀窍在于只经营每大类商品中那些需求最多、销量最大的品种、规格或品牌，有时甚至只限制在最好卖的一两种……而且很多商品的最小销售包装都要比一般商店大得多……这些措施使得同样的商品在仓储商店买能比在普通零售店买便宜30%~40%，因此大大提升了对顾客的吸引力。"㊁ 山姆会员店经营的商品种类构成为：食品类占33%，杂货类占31%，耐用消费品占22%，非耐用消费品占6%，服务占8%。

超级中心业态的产品策略也是如此。有学者曾经对此描述道："商品组合也基本是一个超市加一个折扣商店，食品商品大类比超市略窄，但是商品质量好；综合商品中不包括大型耐用电器设施，也不附设餐馆。经营商品总计约6.5万种，预期年销售3000万美元，食品、综合商品各一半，仍遵循'一站购齐'的原则……沃尔玛的目标是通过这样一个超市加折扣商店㊂，且食品价格比传统超市更低的大店带给当地居民在家乡购物的方便。"㊃

总之，这一阶段与前一阶段相比，沃尔玛在价格和产品两方面的表现更加出色和优秀，更好地实现了价廉物好的属性定位和为顾客节省每一分钱的利益定位。一方面，沃尔玛努力复制和创新具有"价廉物好"特征的新型业态（仓储商店和超级中心）；另一方面，沃尔玛对已有折扣商店的

㊀ 沃尔顿，休伊. 富甲美国：零售大王沃尔顿自传［M］. 沈志彦，等译. 上海：上海译文出版社，2001：199.

㊁ 吕一林. 美国沃尔玛：世界零售第一［M］. 北京：中国人民大学出版社，2000：103-104.

㊂ 文献原文为"折扣百货"，此处有改动。

㊃ 吕一林. 美国沃尔玛：世界零售第一［M］. 北京：中国人民大学出版社，2000：116-117.

省钱营销模式进行复制。

（3）其他营销组合要素达到顾客可接受的水平，并且为"省钱"定位点做出贡献。这一点与前两个阶段的逻辑相同，就是依定位点进行服务、店址、店铺环境、传播四个要素的有机组合。

1）服务要素。沃尔玛在这个阶段继续坚持服务为低价和省钱做出贡献，同时达到顾客可接受的水平。1984年沃尔玛公司年报中的照片显示，沃尔玛已经设立了顾客服务台，专门解决顾客反映的问题，背板的内容主要是：如果顾客购买的商品不满意，可以自由退换，保证让顾客满意（见图6-3）。这表明沃尔玛公司长期遵循着创业之初确定的信条：保证顾客满意。

图6-3　1984年沃尔玛公司年报中的顾客服务台照片

1988年沃尔玛公司年报中再次提到了山姆·沃尔顿说过的名言：顾客是我们的老板，他们是给我们发放工资的人，他们决定着一家公司的成功与失败。同时，他强调沃尔玛公司的目标是通过给顾客提供"价廉物好"的商品而使其获得满意的体验。该年年报中的一张店铺内景照片也突出了这些思想（见图6-4）。照片右下角的说明为"我们是否成功的一个重要标准就是取悦顾客——我们老板的程度"。照片上方的店内广告为"天天低价"。

山姆·沃尔顿在《富甲美国：零售大王沃尔顿自传》中提出了沃尔玛成功经营的十大规则，其中第八条就是超越顾客期望，他解释说："给予他们所需要的，并在此基础上再增加一点什么。让客户知道你感激他们。妥善处理你的过失，要诚心道歉，不要找借口。我曾在第一家沃尔玛店铺标牌上写过一句最重要的话'保证满意'。这标牌一直竖立着，他们造就了所有的一切变化。"㊀ 在

图6-4　1988年沃尔玛公司年报中的店铺内景照片

这一发展阶段，在服务方面超越顾客期望仍然是沃尔玛坚持的一个重要原则。1997年沃尔玛公司年报中刊登了三封顾客的感谢信，感谢沃尔玛员工为他们提供了超越期望的服务，包括帮助顾客寻找本店已经售完的商品并及时告知哪里有售，为顾客提供送货到家服务，解决社区顾客家中温度低的问题等。

同时，沃尔玛公司继续坚持山姆·沃尔顿开创的一些服务举措，并且已经制度化。本书作者在1996年的研究文献中曾经描述沃尔玛的三米微笑原则和自由退换货制度。其中，对于三米微笑原则的描述是："当任何一位顾客距离营业员3米的时候，不管营业员在做什么工作，都必须面向

㊀ 沃尔顿，休伊. 富甲美国：零售大王沃尔顿自传［M］. 沈志彦，等译. 上海：上海译文出版社，2001：246.

顾客，面露微笑，主动打招呼，并问'有什么需要我效劳的吗？'沃尔玛会经常强调，要让顾客在每一家沃尔玛连锁店都感到'这是他们的商店'，都会得到殷勤、诚恳的接待。"㊀对于自由退换货制度的描述是："顾客在沃尔玛的任何一家连锁店购买了物品，不论是什么原因，也不论多长时间㊁，只要想退想换，随时可以在其中一家店进行。"㊂在2000年之前，沃尔玛基本明确并实施了服务的八大基本原则：一是顾客永远是对的；二是顾客才是真正的老板；三是保证顾客满意；四是超越顾客期望；五是向顾客提供盛情的服务；六是与顾客距离三米要微笑打招呼；七是店铺门口设立迎宾员迎接顾客；八是解决顾客问题不过夜（日落原则）。㊃

　　沃尔玛制定的上述服务原则，普遍应用于折扣商店、仓储商店、超级中心和社区商店等全部业态，这使沃尔玛的服务达到了顾客可接受的水平，甚至超越了顾客的期望。同时，由于这些业态都是以"价廉物好"为特征的，因此不能为顾客提供很多的服务项目，或者说，服务策略的制定还必须为省钱定位点做出贡献，这要求尽量减少支付成本较高的服务。所以，沃尔玛的服务策略具有两大特征：一是提供顾客非常关注的需要公司支付少量成本的服务，诸如自由退换货，而减少那些顾客不关注且需要公司支付较高成本的服务，诸如免费送货到家等；二是增加不需要花钱的服务，诸如保持热情、友善、打招呼、微笑等，减少花钱的服务等。对此，有专家描述道："沃尔玛不仅为顾客提供质优价廉的商品，同时还提供细致盛情的服务。如果顾客在下雨天来店购物，店员会打着雨伞将他们接进店内或送上车。有一次，一位顾客到沃尔玛寻找一种特殊的油漆，而店内正好缺货，于是店员便亲自带这位顾客到对面的油漆店购买。"㊄这样就避免

　　㊀ 李飞，周景妹. 连锁王：连锁经营策划与设计 [M]. 北京：北京经济学院出版社，1996：269.

　　㊁ 后来改为一个月之内.

　　㊂ 李飞，周景妹. 连锁王：连锁经营策划与设计 [M]. 北京：北京经济学院出版社，1996：269.

　　㊃ 赵文明. 沃尔玛：我们与众不同 [M]. 北京：中国工商联合出版社，2004：30-33.

　　㊄ 贾尔斯. 沃尔玛连锁经营：公司成长的伟大学问 [M]. 康贻祥，译. 哈尔滨：哈尔滨出版社，2004：53.

了因为过度服务而使成本增加,最终导致价格上升的窘境,保证不会弱化或改变沃尔玛的竞争优势或者说省钱营销模式。这一点在仓储商店体现得更为明显,早期的仓储商店只允许现金交易(不接受信用卡)、货物自提(不提供送货服务)和批量购买(不拆零销售,只整包销售)等,这些服务项目的减少,都是为了让顾客享受到最低的价格。有专家曾经描述沃尔玛超级中心和山姆会员店1996年刚刚进入中国时的服务情况,认为是服务周到,"营业时间长:两家商店都是早上7点30分开门,晚上10点关门,每天营业14.5小时。送货上门:会员只要一次购物满2000元,在指定范围内可为会员送货,每次收费49元(因为商品价格不包括送货成本)。另外,商场内还有商务中心,除为会员提供一般电话服务及传真服务之外,还提供彩色文件制作及工程图纸放大及缩小、快速打印和复印等"。⊖

1996年沃尔玛公司年报中提到"沃尔玛公司的服务和价值文化",指出:成为最大的零售商从来都不是公司的目标,公司的目标从山姆和巴德兄弟在20世纪60年代创建公司时就已经确定,即提供无与伦比的商品价值和尽可能完美的服务。在这个阶段,沃尔玛的优质服务几乎跟价廉、物好同等重要了,并且全球的沃尔玛店铺都是如此。在1998年的公司年报中,沃尔玛国际经理马丁表示:沃尔玛是全球性品牌,对世界任何地方的顾客来说都意味着低成本、最大价值、最广泛的高质量产品选择和最高标准的服务。

在2000年沃尔玛公司年报的封面照片中,员工工作服上写着"我能帮助您吗?永远低价,永远"(见图6-5),这意味着通过服务使顾客满意,同时服务也要为省钱的利益定位点做出贡献。

2)店址要素。沃尔玛在这个阶段继续坚持店址为顾客省钱做出贡献,同时也要达到顾客可接受的水平。为省钱做出贡献,店址选择在租金便宜的地段;达到顾客可接受的水平,店址选择突破了小镇的策略,开始向大中城市拓展,一般设在城市郊区,而不像在小镇开店那样店址选在小镇中心区。

⊖ 孙洪,王东才. 走近沃尔玛[J]. 信息与电脑,1996(10):8-10.

图 6-5　2000 年沃尔玛公司年报的封面照片

对于仓储商店的选址策略，有专家曾经进行分析："仓储商店极低的毛利率要求它有很高的单店销售规模，最低也要几千万美元，高的达上亿美元，因此只有设在人口 40 万～50 万的较大城市；低成本、高客流所需的停车空间又使它只能设在地价便宜的郊区。"⊖ 早期山姆会员店的发展也是选择在城市的郊区，但是这些城市的人口规模并非达到 40 万～50 万人，因为这种规模的城市仓储商店竞争比较激烈，为了躲避竞争，山姆会员店更"倾向于进入人口较少的城市，10 万～20 万人的城市"。⊜ 而沃尔玛前两个阶段折扣商店的发展区域一般是 3 万人以下的小城镇。

对于超级中心的选址策略，沃尔玛则是起步于大城市郊区的小城镇。这与第二个发展阶段情况有些类似，对于前一阶段折扣商店的选址策略，山姆·沃尔顿曾经说过："我们并不打算真正往大城市里发展，我们的做法

⊖ 吕一林．美国沃尔玛：世界零售第一 [M]．北京：中国人民大学出版社，2000：104．
⊜ 吕一林．美国沃尔玛：世界零售第一 [M]．北京：中国人民大学出版社，2000：106．

是在大城市周围一定距离内先发展分店,静候城市向外发展。"○ 由前述可知,沃尔玛超级中心的目标是"通过这样一个超市加折扣商店,且食品价格比传统超市更低的大店带给当地居民在家乡购物的方便"。○ 1988 年 3 月 1 日沃尔玛开业的第一家超级中心,选址于密苏里州大城市圣路易以西 80 公里处的小城(该城有 9200 人),是对原有沃尔玛折扣商店的改扩建。同年开业的第二家超级中心,选址于俄克拉何马州、离大城市塔尔萨 50 公里远的一个社区,该社区有 6000 人。第三家超级中心则选址在密苏里州圣路易西南 100 公里的小镇,该镇有 7000 人。后来,有些店铺的选址虽然在大城市,但是也主要在居民社区附近,这样既可以满足顾客就在身边购物和停车便利的需求,又可以降低铺面租赁费用,为顾客省钱做出贡献。

图 6-6 显示了沃尔玛折扣商店选址位置在城市郊区比较宽敞的地区,可以保证足够的店铺单层面积,并且地价比较便宜,还有一定的空间为顾客设置停车场。

图 6-6 1982 年沃尔玛公司年报中的折扣商店外观照片

在该阶段的选址策略上,沃尔玛由前一阶段的小镇策略演化为现阶段的区域领先策略,在一个区域密集布点完成后,再进入下一个区域,进而

○ 沃尔顿,休伊. 富甲美国:零售大王沃尔顿自传[M]. 沈志彦,等译. 上海:上海译文出版社,2001:115-116.

○ 吕一林. 美国沃尔玛:世界零售第一[M]. 北京:中国人民大学出版社,2000:117.

降低经营成本,保证在实施低价策略(为顾客省钱)的同时,也能获得一定的利润。对此有专家描述道:"山姆·沃尔顿知道,区域领先(即处于绝对的支配地位)比什么都重要。区域领先可以降低后勤成本、广告费用、招收雇员的成本。他不受让沃尔玛成为全国性大公司的诱惑。相反,他的方法是一个地区接一个地区的'地毯式轰炸'。这种对区域领先策略的看重,以及对战略的有效实施,使得沃尔顿的利润不论在附近地区还是在边远地区都比同行高出几个百分点。这些高出的利润为公司提供了额外的资源,支持公司在 30 年以来获得了 20% 以上的增长速度。按照沃尔顿的方法,是盈利支持了增长,而不是增长导致了盈利。"①

3)店铺环境要素。沃尔玛在这个阶段继续坚持店铺环境为顾客省钱,同时也要达到顾客挑选便利的可接受水平。在这个阶段的特征是,在保持简单朴素店铺环境的同时,继续增加顾客购物的舒适性和便捷性。当然,折扣商店、仓储商店和超级中心在这个阶段店铺环境是有所不同的,但是都不违背前述基本原则。

山姆·沃尔顿曾经回忆第一家山姆会员店的租金:以每平方英尺 90 美分(也可能是只有 75 美分)租下一幢旧建筑。②山姆会员店高级副总裁汤姆·库格林也曾经谈到店铺环境符合目标顾客的特征:"经营小生意的业主每年缴纳 25 美元的会费,他们就有一个及时交货的仓库,而且所享有的价格优惠同大公司一样……他们知道仓库里没有必要的装潢,而开着铲车为他们卸货的人可能就是经理。他们就喜欢这样。"③科特勒和阿姆斯特朗对山姆会员店等仓储商店的解释是:"是较大的、通风良好的、类似仓库的设施,它们很少装潢店面。顾客必须亲自将家具、重型设备和其他大件商品搬到收银台。这类会员店不提供送货上门服务,也不接受信用卡付

---

① 斯莱沃斯基,莫里森,艾伯茨,等. 发现利润区:2 版 [M]. 凌晓东,等译. 北京:中信出版社,2003:60.
② 沃尔顿,休伊. 富甲美国:零售大王沃尔顿自传 [M]. 沈志彦,等译. 上海:上海译文出版社,2001:200.
③ 沃尔顿,休伊. 富甲美国:零售大王沃尔顿自传 [M]. 沈志彦,等译. 上海:上海译文出版社,2001:201.

款，不过它们确实提供最低价格。"⊖ 可见，仓储商店的店铺环境是非常简陋的，就像一个大仓库一样，诸多商品陈列在高高的仓库货架上。有专家曾经将其与折扣商店的店铺环境进行比较："折扣商店相对于传统百货公司虽然简陋，但是毕竟有商品展示、店堂布置，而山姆会员店根本没有商品展示，钢制货架从水泥地板直达近10米高的天花板，商品就在打开的包装盒内或成包地堆在货架上。"⊜ 在仓储商店发展早期，店里冬天时凉风习习，而在夏天却闷热不堪，后来家庭类型顾客逐渐增加，店铺舒适度才有所改观。图6-7显示了山姆会员店的仓储式陈列，店堂与仓库非常相似。这些都是为了降低成本和价格，尽可能地为顾客省钱。

图6-7　1996年沃尔玛公司年报中的山姆会员店陈列照片

沃尔玛超级中心的店铺环境比山姆会员店好得多，是折扣商店的升级模式，宽敞、明亮和舒适，但不是奢华的、铺张的，而是简单朴素的。有专家在评价沃尔玛折扣商店和超级中心店铺环境时指出：一尘不染的货架和产品，清洁的地板，明亮的窗户和干净的卫生间，不太拥挤的收银通道等。⊝

1996年沃尔玛进入中国，8月12日在深圳同时开业了一家超级中心和一家山姆会员店，有专家对二者的购物环境进行了描述，表现出该阶段沃尔玛店铺的环境特征。⊛ 为了更加清晰化地呈现，我们把相关内容整理成表格的形式（见表6-1）。由此也可以看出，沃尔玛店铺环境的规划既考

⊖ 科特勒，阿姆斯特朗. 科特勒市场营销教程［M］. 俞利军，译. 北京：华夏出版社，2000：340.
⊜ 吕一林. 美国沃尔玛：世界零售第一［M］. 北京：中国人民大学出版社，2000：107.
⊝ 贝里达尔. 沃尔玛策略［M］. 曾琳，译. 北京：机械工业出版社，2006：60.
⊛ 孙洪，王东才. 走近沃尔玛［J］. 信息与电脑，1996（10）：8-10.

虑了省钱，又考虑了在省钱基础上的舒适性和便利性。

表6-1 深圳沃尔玛超级中心和山姆会员店的购物环境比较

购物环境特征	沃尔玛超级中心	山姆会员店
规模较大	店址在新开发的生活小区——湖景花园1~3层，营业面积17 000平方米，是大型超市和百货店的组合形态	位于郊区，营业面积14 000平方米，外设10 000平方米的停车场，是大型超市和杂货店的组合形态
建筑简单	内部装修不奢华，类似于国内的中档百货商店，卖场明亮且清洁	大型仓库式建筑，桁架式穹顶结构，内部装修采用10~12米高的仓储货架，下面两层陈列商品，上面几层储存备货，仓库和卖场合二为一
环境舒适	宽敞明亮，卫生整洁，温度适宜，商品陈列整齐美观	简单明亮，设有中央空调，商场外围设有休闲区，出售汉堡、冰激凌等饮食

4）传播要素。沃尔玛在这个阶段仍然坚持传播为顾客省钱做出贡献。该阶段主要通过沃尔玛店铺现场、配送货车车身、公司年报等方式进行宣传，向目标顾客传递"价廉物好"和省钱的定位点或者说购买理由。这一阶段在路牌、招牌、吊牌、工牌中反复出现的口号有"天天低价"和"我们销售得更便宜"，在广告中偶尔出现"省钱"和"好生活"的词汇。

由于该阶段沃尔玛从小镇策略发展至区域领先策略，在区域市场具有较大的影响力，同时在20世纪90年代末已经成为全美国和世界上最大的零售公司，2000财年已拥有近4000家店铺和4000辆配送货车，因此沃尔玛连锁店铺（包括店铺、员工、购物袋、指示牌等）和配送货车成为宣传自己的最好媒介。换句话说，一个个"价廉物好"的店铺好似一块块固定的宣传牌，一辆辆写有"天天低价"的货车好似一幅幅移动的广告画，向人们讲述着沃尔玛为顾客省钱的故事，顾客到店铺购物又亲身感受到了省钱，向亲朋好友进行口碑传播，形成了口碑传播的涟漪效应，吸引的顾客越来越多，因此沃尔玛不用花费多少广告费用。

这方面的具体做法主要显示出两个特征。一是利用沃尔玛本身的全部媒介与顾客进行沟通。例如，我们前面谈到的每年公布的年报、网站上的公司介绍、配送货车的车厢、停车场的招牌、店铺外的门牌、店铺内的价签和吊牌、员工身着的工作服、顾客手中的购物袋等，都写有沃尔玛的宣传语。二是这些宣传语的核心都是突出定位点：价廉物好和省钱。这样就会给顾客一个一致化的品牌形象和购买理由。

通过沃尔玛公司该阶段20年的年报，我们就可以得出上述结论。这里仅列举年报中反映的相关信息进行说明。

1980年沃尔玛公司年报中明确提出了"帮助顾客抵御通货膨胀"，通过提供价廉物好的商品，让顾客花的钱更值（也就是省钱的意思）。年报中明确指出沃尔玛成功的三条经营原则，其中之一就是"天天低价地向顾客提供广泛选择的优质商品"。在1981年年报的店铺外观照片中，我们可以看到折扣商店店牌上写有"我们销售得更便宜"（见图6-8）。这是该阶段折扣商店的统一标识（1982年和1984年的年报也刊登有类似的照片，参见图6-6）。同时，该年年报刊登的店铺内景照片中，顾客手中的沃尔玛购物袋也有类似表述："天天低价且质量好"。

图6-8　1981年沃尔玛公司年报中的折扣商店外观照片

1984年沃尔玛公司年报更是突出了"价廉物好"和"省钱"的属性定位和利益定位，并把"省钱"作为口号提出。该年年报刊登了山姆·沃尔顿给股东的一封信，其中指出："有趣的是，我们提出的经过时间证明的在小城镇为顾客提供最大价值的哲学或理念（以最低价格提供高质量商品），在变化的市场形势下更加具有吸引力。我们计划持续地做到在每一家店铺满满皆是'我们销售得更便宜'。"在该年年报刊登的店铺门面招牌中，仍然有"我们销售得更便宜"的标识语。在1984年年报刊登的店铺内景照片中,购物袋上也有类似表述:"以天天折扣的价格获得高质量的品牌商品"(见图6-9)。年报中该图片的说明是:堪萨斯店铺收银员露丝·威尔金森认为,令顾客开心并使他们再次光顾,就是一切。

1984年年报中,不仅在压题照片中明确提出了"我的工作就是为您节省时间和金钱"的口号(见图6-10),而且在另外一张沃尔玛迎宾员欢迎顾客光顾的照片中,迎宾员的肩牌上也有同样的口号(见图6-11)。年报对此解释说,每一位沃尔玛员工都践行

图6-9 1984年沃尔玛公司年报中的收银员服务照片

这句口号"我的工作就是为您节省时间和金钱"。从门口的迎宾员到开票员、仓库管理员、理货员,再到收银员,大家一起共同为顾客节省时间和金钱。这意味着前后台员工都在努力践行"以天天最低的价格向顾客提供优质的商品"这一理念。

1998年沃尔玛公司年报显示,"天天低价"和"省钱"仍然是沃尔玛公司的营销定位点,并且明确提出了"好生活"的口号。该年报提到,沃尔玛美国区总裁兼CEO李斯阁表示继续坚持山姆·沃尔顿制定的经营原则:天天低价。该年报中还指出,沃尔玛要为顾客、员工和股东创造价

图6-10 1984年沃尔玛公司年报中的压题照片

值，关键就是聚焦这一理念：人＋产品＋价格＝价值。这里"价值"一词的重要内涵就是为人们增加收益和省钱。

1998年沃尔玛公司年报中刊登了配送货车的图片（见图6-12），我们可以看到车身除了有非常醒目的沃尔玛名称的标志外，还有一行小字：天天低价！这表明直到该阶段末期，车身仍然是沃尔玛公司的重要传播手段，当时沃尔玛有3300多辆配送货车，就意味着沃尔玛有3300多个移动的广告牌。

1998年沃尔玛公司年报中还刊登了沃尔玛加拿大一家店铺经理的照片，其胸牌上写着"我们销售得更便宜，每一天"和"我们永远为您工作"（见图6-13）。

前文提到，1998年沃尔玛公司年报中刊登的山姆会员店招募会员的广告中使用了"好生活"这一词汇，即"The Secret To Living Well"（好生活的诀窍），这句话的右上角标注有"TM"，

图6-11　1984年沃尔玛公司年报中的迎宾员服务照片

图6-12　1998年沃尔玛公司年报中的配送货车照片

意为没有完成商标的注册。虽然这句广告语的引申含义为"好生活的秘诀是拥有山姆会员卡"，但是公司将其视为商标，这或许是后来"省钱、省心，好生活"定位语的序曲。

对于沃尔玛公司的传播策略，营销学者科特勒和阿姆斯特朗曾经评价道："沃尔玛用于广告宣传的费用低于其他竞争者，仅占销售额的0.5%。

相比之下，凯马特则达 2.5%，西尔斯达 3.8%。因为沃尔玛拥有顾客所需并购买得起的商品，所以它的知名度由顾客间相互转告而迅速提高。因此，它不需要制作更多的广告进行宣传。"㊀

沃尔玛还用会员制锁定顾客，并建立顾客忠诚，从而进一步节约了广告费用。这一点在山姆会员店表现得更为突出。仓储商店初期的"目标顾客是购买批量较大、从事小生意的顾客，如小餐馆、小饮食店、加油站、小旅馆等，后来为增加客源和销售额，才开始吸收个人消费者作为会员，而这类会员也多限制在联邦政府雇员，学校、医院、金融机构雇员或退休人员的范围内，两类会员都要交年费 20~30 美元，然后就可享受按批发价购买商品的优惠。这种做法虽在利润上有些损失，如个人消费者占了会员数的 80% 以上，购买量却不足 40%，但节省了广告宣传费用，拥有了一批忠实顾客，且付费制可以刺激会员经常光顾商店"。㊁

图 6-13　1998 年沃尔玛公司年报中一家店铺经理的照片

由前述可知，该阶段沃尔玛尽管发展了仓储商店和购物广场等新的业态，但是其营销组合模式仍然是对折扣商店营销组合模式的复制（当然具体表现在不同业态之间会有一定的差异），即"价格出色＋产品优质＋其他组合要素为定位点做出贡献且达到顾客可接受的水平"。这意味着继续通过产品、服务、价格、店址、店铺环境、传播零售营销组合 6 个要素的有机组合，让顾客感知到"低价"和"省钱"，乃至购买理由的真实存在。

㊀　科特勒，阿姆斯特朗. 科特勒市场营销教程［M］. 俞利军，译. 北京：华夏出版社，2000：349.

㊁　吕一林. 美国沃尔玛：世界零售第一［M］. 北京：中国人民大学出版社，2000：104.

流程构建：采购为关键流程

由前述可知，零售流程主要包括开店流程、采购流程、配送流程和销售（服务）流程。在该阶段，沃尔玛复制了前一阶段与价廉物好和省钱定位点相匹配的流程结构：采购为关键流程，开店、配送和销售（服务）为非关键流程。

（1）沃尔玛公司复制了前一阶段的采购关键流程。因为采购流程是实现价廉物好营销组合目标的最为重要的流程，这一点与前一阶段是一致的。与前一阶段不同的是，该阶段沃尔玛逐渐成为美国和世界上最大的零售商，在与品牌商讨价还价时处于更加有利的定位，可以更好地为采购价廉物好的商品提供有力保障。沃尔玛公司年报显示，1981 财年共有 330 家店铺，销售收入 16 亿美元，销售额在全美零售企业排行榜中居第 33 位，分布在美国 11 个州，属于美国区域性零售公司。1991 财年店铺数量为 1730 家，销售收入达到 326 亿美元，分布在美国 35 个州，成为美国第一大零售商。1996 年沃尔玛公司年报中披露了一组数据：每周约有 6000 万人次光顾沃尔玛商店；沃尔玛商店平均每 2 秒钟就卖出一个芭比娃娃，每年售出的芭比娃娃占全美市场销量的 33%；每年平均每位美国男人、妇女或儿童在沃尔玛的商店里购物 360 美元；每年平均每位美国男人、妇女或儿童在沃尔玛的商店里使用了 23 个购物袋；每年沃尔玛销售 255 万辆自行车，6 亿罐 Sam's Choice 品牌饮料；沃尔玛店和山姆会员店每平方米的年销售额为 3304 美元，每家店铺平均营业面积为 8500 平方米，总营业面积约为 2500 万平方米。到了 2000 财年，沃尔玛已经在世界上拥有 3983 家店铺，销售额为 1562.49 亿美元，店铺分布在美国 50 个州及海外波多黎各（美国自治邦）、加拿大、阿根廷、巴西、墨西哥、中国、韩国、德国、英国 9 个国家或地区。可见，在这一阶段的发展过程中，沃尔玛为顾客争取最低价的实力逐渐增强，直至成为完全主导的一方，按照顾客可接受的价格进行产品定制和自有品牌开发。

山姆·沃尔顿曾经在《富甲美国：零售大王沃尔顿自传》中描述沃尔玛与宝洁公司关系的转变过程。㊀在 20 世纪 80 年代初期的时候，沃尔玛和宝洁公司已经有了很大的交易量，但是缺少直接沟通，好像是敌对关系，沃尔玛曾经因为宝洁公司不接受自己提出的采购价格而提出终止销售宝洁产品，当时谁离开谁似乎生意都不会太坏。1987 年之后，双方形成了共同服务顾客的合作伙伴关系，甚至合伙人的关系，这缘于一次高层的"闲暇"会面。一天，山姆·沃尔顿的朋友和长期的网球搭档乔治·比林斯利邀请他乘独木舟游览普林河，同时邀请了自己的另外一位老朋友卢·普里切特——宝洁公司的副总裁，这次见面沟通确立了双方的合作关系以顾客需求为标准的基调。

卢·普里切特曾经回忆两个人会面之后的进展："结果，我们把两个公司的各 10 名最高层管理人员召集到本顿维尔，大家在两天中进行推心置腹的沟通和交流。不出 3 个月，我们建立了一支由宝洁和沃尔玛两家公司的人员组成的队伍，从而建立了一种全新的供应商—零售商关系。我们以合作方式来开展业务，其中最重要的成果之一是，我们开始用计算机来分享信息。宝洁公司可以监测沃尔玛公司的销售和存货数据，然后利用该信息高效率地制订自己的生产和运输计划。我们用信息技术来共同管理业务，而不仅仅是审核业务，由此开辟了新的天地。"㊁

由于沃尔玛公司在与供应商谈判时处于主导地位，因此在复制前一阶段采购流程的过程中，又有新的创新和发展，核心仍然是为价廉物好做出贡献（见图 6-14，图中黑字为该阶段完善部分）。

对于这一阶段采购流程的描述，我们曾经进行过比较系统的研究，㊂经过一定的补充和完善后，转述并说明于此。

㊀ 沃尔顿，休伊. 富甲美国：零售大王沃尔顿自传 [M]. 沈志彦，等译. 上海：上海译文出版社，2001：184-185.

㊁ 沃尔顿，休伊. 富甲美国：零售大王沃尔顿自传 [M]. 沈志彦，等译. 上海：上海译文出版社，2001：185-186.

㊂ 李飞，汪旭晖. 零售企业竞争优势形成机理的研究：基于沃尔玛公司的案例研究 [J]. 中国软科学，2006（6）：129-137.

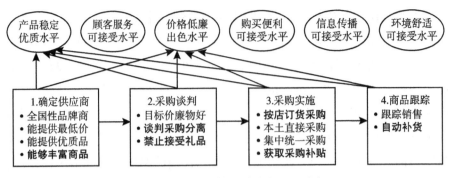

图 6-14 沃尔玛的关键流程——采购

1)在确定供应商环节,一个重要的内容是根据店铺销售需求进行采购,对供应商规模、实力、技术、产品质量、信用等有一系列的资质认证,要求厂商只提供自己较好的 10 种产品即可,沃尔玛则用 4 个标准(提高沃尔玛已有商品质量、降低沃尔玛价格水平、增加沃尔玛的价值和丰富沃尔玛商品品种)对其进行评价,⊖最后由采购经理确定大致的产品数量、质量和价格水平。

2)在采购谈判环节,采办人员(非采购经理)具体负责,他们不能接受宴请,不能接受礼品,谈判在沃尔玛公司进行,公司要求每一名采购人员绝对站在消费者采购代理的立场上,苛刻地挑选商品,顽强地讨价还价,迫使供应商提供最好的商品,给出最低的价格。⊜

3)在采购实施环节,主要有三种方式。一是根据店铺订货采购,各个店铺根据销售和库存情况向配送中心提出订货计划,配送中心汇总订单,向厂家发出订货单,这一切在几小时内完成。二是直接采购,20 世纪 80 年代早期,沃尔玛取消中间商制度,直接向厂家采购,使采购价格降低 2%~6%。三是集中采购,从 20 世纪 90 年代初开始,沃尔玛统一采购的比例已经超过 85%,在美国拥有 10% 的市场占有率,这种规模使宝洁、可口可乐、卡夫等巨型公司超过 10% 的商品是在沃尔玛店铺销售的,它们愿意按照批量给予沃尔玛大幅回扣;至于规模不大的数以

⊖ 杨春. 沃尔玛采购与物流配送[M]. 北京:海天出版社,2007:38-39.
⊜ 吕一林. 美国沃尔玛:世界零售第一[M]. 北京:中国人民大学出版社,2000:10;74;104-105.

百计的消费品厂商,几乎100%的商品是通过沃尔玛销售的,因此,不得不接受沃尔玛的低廉采购价格。⊖ 四是获取采购补贴,沃尔玛要求供应商提供佣金和免费商品支持:年度佣金为销售额的1.5%,仓库佣金为销售额的1.5%~3%,新店开张首单免费,新品进场首单免费。⊜ 这一系列措施在保证采购到优质产品的同时,至少可使沃尔玛商品进价低于竞争对手10%。

4)在商品跟踪环节,通过信息系统跟踪各类商品的销售和库存情况,及时发现畅销品、滞销品和缺货品等。同时,已经与诸多品牌商实施了商品销售和库存的信息共享计划,进而实现沃尔玛配送中心和品牌商向各店铺的自动补货,不仅降低了库存,还可以避免断货现象的发生,前者可以减少费用,后者可以增加收益。

(2)沃尔玛公司的开店、配送和销售(服务)为非关键流程。在这些非关键流程中,同样坚持为价廉物好做出贡献,同时保证服务、店址、店铺环境和传播达到顾客可接受的水平。这些内容仍然是对上一发展阶段流程的复制。

1)开店流程。在该阶段,沃尔玛将开店分为选址、设计、施工、开业四个步骤,并在每一个步骤都为节省成本和顾客便利达到可接受水平做出贡献(见图6-15,图中黑斜体字为该阶段完善的内容)。

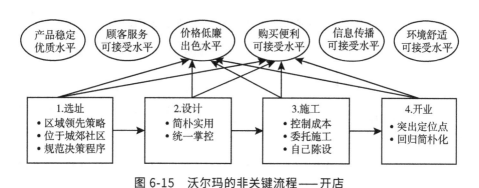

图6-15 沃尔玛的非关键流程——开店

⊖ 贝里达尔. 沃尔玛策略[M]. 曾琳,译. 北京:机械工业出版社,2006:推荐序一;36-37.

⊜ 胡松评. 向沃尔玛学供应链管理[M]. 北京:北京大学出版社,2006:87,117.

第一步，选址。一是从前一阶段的小镇战略开始向大中城市的边缘扩展，一般是处在大城市郊区的社区附近，当然在国际化的发展过程中也开始在大中城市里的非中心区设店，这是沃尔玛巨大的品牌影响力使然，很多时候得到了房地产商的租金优惠。二是明确实施区域领先策略或中心辐射策略，"根据这种策略，山姆·沃尔顿可以在地图上决定在哪里设立某个地区的第一家商店。他会选择一个尽可能远离仓库的地方开店，然后逐渐把这个地区填满。他一个州接着一个州，一个郡接着一个郡地开店，直到这个地区的市场达到饱和"。㊀ 三是规范决策程序，"首先，由市场调查委员会研究各潜在地点、搜集信息；其次，由一执行小组评估经济上的可行性，然后由一财团评价该地点；最后，由决策委员会评审决定"。㊁ 这三个方面的制度都是为了满足顾客便利性需求，同时降低开店成本。例如，山姆会员店的选址一般具备两个条件：第一，该地点土地价格和房屋租金要明显低于市中心，土地价格一般为市中心的 1/10 以下；第二，符合城市的发展规划，店址通常为未来城市扩展的延伸区域。㊂ 这样就可以降低现在和未来的成本，避免投资风险。

尽管沃尔玛折扣商店、山姆会员店、购物广场和社区商店的店址选择都注重降低成本，但是各自业态不同，满足顾客的便利性需求不同，因此也有着不同的店址选择特征（见表6-2）。

表 6-2 沃尔玛四种零售业态店址选择特征比较

业态类型	特征	核心相同点	关键差异点
折扣商店	主要是以低廉的价格向小城镇家庭消费者销售日常生活用的非食品类全国性品牌	店址租金低，为价廉和购物便利性做出了贡献	①开在人口不足1万人、经济相对发达的小镇；②常常处于小镇中心区的交叉路口处

㊀ 斯莱特. 忠于你的事业：沃尔玛传奇［M］. 黄秀媛，译. 北京：中信出版集团，2018：116.

㊁ 贾尔斯. 沃尔玛连锁经营：公司成长的伟大学问［M］. 康贻祥，译. 哈尔滨：哈尔滨出版社，2004：53.

㊂ 锐智. 沃尔玛零售攻略：完全揭秘世界第一零售巨头的核心竞争力与专业零售方法［M］. 广州：南方日报出版社，2004：54.

（续）

业态类型	特征	核心相同点	关键差异点
山姆会员店	主要是以低廉的价格向小商人、团体和家庭消费者批量化地销售多品类少品牌的日常生活用品	店址租金低，为价廉和购物便利性做出了贡献	①开在人口在10万～20万的城市郊区；②容易和便利到达；③有设置较大停车场的空间
购物广场	主要是以低廉的价格向大中城市非中心区的居民销售多品类多品牌的日常生活用品	店址租金低，为价廉和购物便利性做出了贡献	①开在大城市的非中心区或城乡交界处；②常常位于社区之中或社区附近
社区商店	主要是以中等价格向社区居民销售少品类少品牌的日常生活用品和服务	店址租金低，为价廉和购物便利性做出了贡献	①开在城市的居民社区里；②一般是沃尔玛购物广场的商圈附近

第二步，设计。这里仍然坚持前一阶段的两种做法：一是简朴实用，一个最大的特征是整洁明亮，这样会让顾客感觉到舒适而不奢华，体现更加实惠的"价廉物好"；二是统一进行店铺设计，"所有新开业的零售店的店址选择都按统一标准，店铺面积大小、店铺装饰、商场货架尺寸、商品摆放位置、商品标牌放置等都由公司统一规定。为了让顾客挑选商品时观看价格标牌方便，公司一律要求所有商品的价格标牌都挂在货架上"。⊖

第三步，施工。它与前一阶段基本相似，一般委托第三方进行，仍然严格控制成本，店铺员工进行商品摆放和陈列。为了降低成本，有时候会要求品牌商提供开店时首次陈列的商品。

第四步，开业。它同样是前一阶段的复制，一是开业仪式简单欢快，不会花费不必要的费用；二是突出"价廉物好"的定位点。这样不仅节省费用，还可以减少信息干扰，实实在在地让顾客感受到"价廉物好"的购物体验。这不是通过话语说出来的，而是让顾客感受到了。正如山姆·沃尔顿所言："不管是星期六早晨的会议，或股东大会，或商业开业典礼，或平常的日子，我们总是尽量使生活变得意趣盎然，使沃尔玛公

⊖ 贾尔斯.沃尔玛连锁经营：公司成长的伟大学问[M].康贻祥，译.哈尔滨：哈尔滨出版社，2004：77-78.

司成为快乐之地。"[1]

2）配送流程。在该阶段，沃尔玛的配送流程比前一阶段更加完善，继续为"价廉物好"的定位点做出了贡献。其流程仍然延续或者说复制前一阶段形成的环节：店铺订货、配送实施、店铺收货和返程物流等方面（见图5-9），但是配送效率比前一阶段有了更大的提高。

第一步，店铺订货。在采购阶段，配送中心已经根据店铺订货计划完成了采购，接着店铺会提出上货的时间要求，形成配送计划。这既可以保证向店铺配送顾客需要的商品，又可以通过减少库存降低成本。

第二步，配送实施。一是实施集中配送，从店铺下订单到商品进入配送中心不过1天时间，商品到达配送中心48小时之内送到各个店铺，店铺不必设有仓库，仓库可以改为增加效益的卖场；二是自我配送，不用供应商和第三方配送，不仅可以通过降低供应商物流费用为低价进货提供条件，而且大大减少了货等车和店等货的现象，商店缺货率大大降低；三是自动补货，通过信息系统厂商可以及时了解自己的商品在各店铺的销售情况，根据协议及时向配送中心供货，配送中心也可以随时掌握各种商品在零售店铺的销售情况，及时自动向店铺补货。

第三步，店铺收货。由于配送中心差错率低于1%，店铺接货时不必进行清点。这样既可以节省店铺清点货物增加的人工成本，也可以减少货车等待清点的时间，卸车后就可以赶往下一个送货点。

第四步，返程物流。20世纪60年代末和70年代初，沃尔玛就开始尝试回程载货，即在配送到店返程时，顺路到供应商处装载货物回到配送中心。[2]1981年沃尔玛公司年报中就已经提出减少或消除返程物流车的空驶现象，随后不断地增加返程物流的装载率，进一步提高了物流效率。

3）销售（服务）流程。在这个阶段，沃尔玛的销售（服务）流程延续前一阶段的特征，继续为"价廉物好"的定位点做出贡献，同时也为非

---

[1] 沃尔顿，休伊. 富甲美国：零售大王沃尔顿自传［M］. 沈志彦，等译. 上海：上海译文出版社，2001：161.

[2] 罗伯茨，伯格. 向世界零售巨头沃尔玛学应变之道［M］. 崔璇，译. 北京：中国电力出版社，2014：176.

定位点方面达到顾客可接受的水平做出贡献。与前一阶段相似，这一阶段完善了售前、售中和售后的全过程管理流程（见图 5-10），差别在于电子信息系统得到了更加充分的应用。

第一步，售前准备。通过计算机软件系统分析顾客购买特征，绘制商品陈列图，依图进行店铺的布局设计，购物广场不求奢华，讲求整洁、明亮；山姆会员店则采取仓店合一的布局方式，几乎没有装饰，商品通过机械操作上架，1万平方米的店面只需要 30~40 位员工。商品及时上架到指定位置，并可以源源不断得到补充。同时，沃尔玛在每一家店铺开张时都会进行一些广告宣传，但开业之后就会大幅削减广告，使其广告费只占销售额的 0.5%，大大低于行业平均水平。

第二步，售中环节。一是提供便利服务，提供免费停车场；继续在门口设置迎宾员，不仅使顾客感到亲切，而且对偷窃行为起到了威慑作用，失窃率大大降低；顾客在 3 米范围内，员工必须微笑地打招呼，微笑时必须露出 8 颗牙齿；设置专业人员免费为顾客提供购买计算机、照相机、录像机等商品的咨询服务；收银员必须站立着从事收银服务。二是稳定价格（即不降价），尽量避免出现由于促销打折带来的商品销售波动，为准确地预测商品销量提供条件，不必保留店铺的仓库，为供应商和自己节省库存成本。㊀

第三步，售后服务。一是仅为一定购买额（在中国为 2000 元）以上的顾客提供送货服务，收取一定送货费用（在中国的指定范围内每次 49 元），㊁ 一个月内可以自由退换货。

由上可知，沃尔玛该阶段的业务流程仍然是前一阶段的复制，即围绕着"价格出色 + 产品优质 + 其他组合要素为定位点做出贡献且达到顾客可接受的水平"进行构建的，其核心是保证"价廉物好"，形成了一个低成本连续运营的业务流程，低成本开店—低成本采购—低成本配送—低价格销售—低成本开店，循环往复。这个流程使沃尔玛的进货价格和运营费用

㊀ 赫斯克特, 萨塞, 史科莱斯格. 价值利润链 [M]. 刘晓燕, 蒋甜甜, 廉晓红, 等译. 北京: 机械工业出版社, 2005: 6-23.

㊁ 胡松评. 向沃尔玛学供应链管理 [M]. 北京: 北京大学出版社, 2006: 87; 117.

大大低于竞争对手（见表6-3）。⊖

表6-3 沃尔玛经营成本和行业平均水平比较

内容	沃尔玛	行业平均	差距
商品损失费用占销售额比例	1.0%	1.6%	0.6%
广告费用占销售额比例	0.5%	1.2%	0.7%
租金成本占销售额比例	0.8%	1.8%	1.0%
人工成本占销售额比例	10.0%	10.4%	0.4%
物流费用占销售额比例	2.8%	4.8%	2.0%
管理费用占销售额比例	15.8%	21.2%	5.4%
经营成本合计	30.9%	41.0%	10.1%
利润率	高	低	0.6%

由前文的采购分析可以发现，沃尔玛的进货价格可以低于竞争对手10%，由表6-3可知其经营成本低于竞争对手10.1%，利润率高于竞争对手0.6%，从理论上讲，沃尔玛的销售价格可以低于竞争对手19.5%（=10%+10.1%−0.6%）。

资源整合：由创始人特质而延续的高效执行力

这一阶段，沃尔玛更加强化前两个阶段"依关键流程进行资源整合"的基本逻辑：通过无形资源和有形资源的整合，构建服务于"价廉物好"定位点的关键业务流程。这些资源的整合效率仍然取决于由创始人开始及继任者延续的创始人特质形成的组织队伍的高效执行力。这种能力提高了公司的运营效率，降低了成本，从而为采购及其他运营流程的形成做出支撑。在沃尔玛该阶段的20年发展过程中，大约有一半的时间是由创始人山姆·沃尔顿担任董事长和CEO，担任董事长至1992年4月5日辞世，担任CEO至1988年。1992年4月7日罗伯森·沃尔顿接任董事长，而戴

⊖ 杨. 成本改进181法：让昨天的成本成为明天的利润[M]. 林小驰，译. 北京：中国财政经济出版社，2005：146-147.

维·格拉斯 1984 年出任公司总裁，1988 年出任 CEO 至 1999 年。1988 年唐·索德奎斯晋升为副董事长兼首席运营官。因此，山姆·沃尔顿、罗伯森·沃尔顿和戴维·格拉斯是该阶段沃尔玛公司最重要的领导人。

（1）创始人和继任者特质。在沃尔玛发展的第三阶段上半期，山姆·沃尔顿和继任者仍然延续和复制前述的五大品质：梦想至上、追求完美、勇于创新、永不放弃和崇尚简朴。

一是梦想至上。在这一发展阶段，山姆·沃尔顿仍然坚持让沃尔玛成为世界上最好的零售商的梦想，努力地实现利益相关者的利益，让人们生活得更好。他在患病之后曾经谈道："我确信唯一可以改善人们生活质量的办法，就是以正确和道德的方式来发展我们称之为'自由企业'的机制……我也确信没有几家公司像沃尔玛一样。我们提高了我们顾客的生活水平，为他们节约数以亿计的美元，我们也改善了我们员工的生活水平……因此我对自己的选择十分自豪，对于如何度过此生的抉择感到很满足。"⊖ 可见，梦想至上是山姆·沃尔顿一生的追求。激励员工，满足顾客，这帮他达成了成为最好零售商的愿望。⊜ "他的目标一直是改变别人的生活，而不是成为风云人物，更不是聚敛巨大财富。他在童年时期目睹了贫穷的生活，因此他把协助最需要帮助的人提升生活水准，变成自己努力的目标。"⊜

在山姆·沃尔顿在世时，他的梦想就是沃尔玛领导集体的梦想，当他去世后，接任领导人仍然延续着他的梦想。山姆·沃尔顿的长子罗伯森·沃尔顿是他的四个子女中唯一长期担任沃尔玛公司高级职务的人，深受山姆·沃尔顿一言一行的影响，担任公司董事长之后，其重要任务就是代表家族继续完成父亲的梦想，沃尔顿家族希望，"新的沃尔玛公司管理

⊖ 沃尔顿，休伊. 富甲美国：零售大王沃尔顿自传 [M]. 沈志彦，等译. 上海：上海译文出版社，2001：161.

⊜ 斯莱特. 忠于你的事业：沃尔玛传奇 [M]. 黄秀媛，译. 北京：中信出版集团股份有限公司，2018：25.

⊜ 斯莱特. 忠于你的事业：沃尔玛传奇 [M]. 黄秀媛，译. 北京：中信出版集团股份有限公司，2018：42.

团队能让整个公司继续延续山姆·沃尔顿的精神"。㊀罗伯森·沃尔顿曾经谈道："家父去世后，我们下定决心要让整个公司谨记他的名字和理念。有趣的是，这些年来，这些理念越来越强大。这是格拉斯的承诺。"㊁新任副董事长和首席运营官唐·索德奎斯，"成为宣扬山姆·沃尔顿理念最重要的领导人"。㊂他认为，沃尔玛保持不败的第一个原因就是拥有并追逐梦想，"靠着灵活的做法和坚韧的奋斗，山姆想拥有一家商店的梦想实现了，并且超出了他的预期。成功路上，成千上万的人跟随他的梦想一起成长"。㊃山姆·沃尔顿的梦想从拥有一家自己的商店，进化为拥有世界上最好的商店，新的领导团队则在继续追逐"世界上最好的商店"梦想的同时，将其扩展至更广泛的区域。在1989年沃尔玛公司年报中，时任公司总裁兼CEO的戴维·格拉斯特别强调：如果想成为赢家，就必须不断提出新的想法，不断有新的梦想，必须保持变革和进步。

　　二是追求完美。在这一阶段，山姆·沃尔顿和继任者继续追求经营管理的完美化，以实现他们的梦想。山姆·沃尔顿患病后，仍然坚持巡店，参加自己感兴趣的会议，并且关注重要的细节。在巡店过程中，他关注顾客的真实购物体验，以及与一线员工的直接沟通。参加会议时，他尽量发挥自己的独特作用。例如，他在1990年6月参加了股东大会，宣称在10年之后的2000年公司营业额将达到1000亿美元，"他豪气冲天地向在场的8000名股东和员工挑战高呼'我们办不办得到？'群众大声响应'办得到！'"㊄22个月之后，他因癌症与世长辞。可见，山姆·沃尔顿一生"一

㊀ 斯莱特. 忠于你的事业：沃尔玛传奇[M]. 黄秀媛, 译. 北京：中信出版集团股份有限公司, 2018: 96.
㊁ 斯莱特. 忠于你的事业：沃尔玛传奇[M]. 黄秀媛, 译. 北京：中信出版集团股份有限公司, 2018: 96.
㊂ 斯莱特. 忠于你的事业：沃尔玛传奇[M]. 黄秀媛, 译. 北京：中信出版集团股份有限公司, 2018: 99.
㊃ 索德奎斯. 沃尔玛不败之谜：沃尔玛全球前副董事长揭密[M]. 任月园, 译. 北京：中国社会科学出版社, 2009: 19.
㊄ 斯莱特. 忠于你的事业：沃尔玛传奇[M]. 黄秀媛, 译. 北京：中信出版集团股份有限公司, 2018: 117.

直把全部心血投注于商店经营之中,紧盯每一个细节"。○

　　山姆·沃尔顿的继任者们也同样继承了他追求完美的特质。一方面,这源于继任者们都是多年跟随山姆·沃尔顿工作的,耳濡目染,继承了他追求完美的做事风格;另一方面,新的管理团队面临着组织规模扩大的新挑战,不敢怠慢,必须谦虚经营,力求完美。正如专家所言:"沃尔玛公司新的管理团队可能是唯恐自满导致停滞不前,不过,他们更可能是担心自己没有能力应对眼前更艰巨的挑战——管理一个越来越复杂的组织。"○新任 CEO 格拉斯像山姆·沃尔顿一样,一旦到达一家商店,绝不会走马观花,而是关注细节。例如,一次他到纽约州北部一家沃尔玛店铺视察,特别叮嘱店铺经理不要用几种商品低价的方法跟对手竞争,而是采取尽可能多的品种低价的方法。1995 年底,库格林担任运营部执行副总裁和首席运营官。一次,他到一家山姆会员店视察,卖场里找不到店铺经理,员工反映经理常常坐在办公室里,库格林就在店铺经理离开办公室的时候,把办公室的门锁上了,迫使店铺经理花费更多时间在卖场里。这个故事广泛流传开来,以后店铺经理都尽可能地在商店里巡视。

　　三是勇于创新。在这一阶段,山姆·沃尔顿继续进行大胆创新,例如发展了超级中心和仓储商店两种新型业态,并逐渐成为这两种业态的领先者。新的管理团队更加认识到创新的重要性,随着公司规模的不断扩大,原有的经营和管理方法必须与时俱进。正如专家所言:原来"以小镇为中心、低调经营的沃尔玛公司,不需要规模更大、更复杂、更引人注目的公司所需要的领导技能",而今天则与过去大大不同了。○因此,新的领导团队必须进行创新和冒险,其冒险精神甚至超过山姆·沃尔顿,正如专家评价:"接替山姆·沃尔顿的领导班子不仅相信成长,他们也愿意采取促进成长所需要的一

　　○ 斯莱特. 忠于你的事业:沃尔玛传奇[M]. 黄秀媛,译. 北京:中信出版集团股份有限公司,2018:7.
　　○ 斯莱特. 忠于你的事业:沃尔玛传奇[M]. 黄秀媛,译. 北京:中信出版集团股份有限公司,2018:12.
　　○ 斯莱特. 忠于你的事业:沃尔玛传奇[M]. 黄秀媛,译. 北京:中信出版集团股份有限公司,2018:8.

切行动。最重要的是，他们勇于冒险，而这是他们与山姆·沃尔顿最大的不同"，尽管他也勇于冒险，"但是，拿山姆·沃尔顿所冒的风险与新管理团队所冒的风险相比，实在是小巫见大巫"。㊀新管理团队不仅参与了山姆·沃尔顿领导的沃尔玛超级中心、山姆会员店的创新，而且进行了社区商店的创新，并在山姆去世后成功地将这三种业态进行快速拓展。其中一个重要创新是增加了食品的经营。这源于山姆·沃尔顿和格拉斯的差异化带来的不同创新。山姆·沃尔顿对经营日常生活用的非食品情有独钟，而格拉斯则偏爱经营食品，这就带来了 1962—1988 年沃尔玛主要在折扣商店业态创新，而在 1988 年格拉斯任首席执行官之后，主要在购物广场和山姆会员店业态进行创新，因为这两个业态经营食品的比重大大增加了。㊁

四是永不放弃。在这一阶段，山姆·沃尔顿仍然延续他的永不放弃的精神，即使得知自己患了癌症，仍然抽时间视察店铺，参加股东大会。山姆·沃尔顿在《富甲美国：零售大王沃尔顿自传》中曾经总结道："我的成就就是用生命换来的。如果我想达到我自己设定的目标，我就不得不每天为之奋斗，费尽心思，坚持不懈。我想戴维·格拉斯评价我的话是对的：每天起床开始我就想着要去改进一些东西。查利·鲍姆说得也对，我一直被一种追求卓越的念头所驱使。"㊂山姆·沃尔顿总结的沃尔玛成功十大规则中，有两条与永不放弃有关。他在第六条中指出："成功要大肆庆祝，失败则不必耿耿于怀……当一切不幸失败时，穿上一套戏装，唱一首傻呵呵的歌曲，其他人也会跟着你一起唱。"㊃他在第十条中指出："如果每个人都在走老路，而你选择一条不同的路，那你就有绝好的机会，但你要做好准备，许多人会来动摇你，告诉你路走错了。我猜想，在我一生中听得最多

㊀ 斯莱特. 忠于你的事业：沃尔玛传奇 [M]. 黄秀媛，译. 北京：中信出版集团股份有限公司，2018：9.

㊁ 斯莱特. 忠于你的事业：沃尔玛传奇 [M]. 黄秀媛，译. 北京：中信出版集团股份有限公司，2018：103.

㊂ 沃尔顿，休伊. 富甲美国：零售大王沃尔顿自传 [M]. 沈志彦，等译. 上海：上海译文出版社，2001：249.

㊃ 沃尔顿，休伊. 富甲美国：零售大王沃尔顿自传 [M]. 沈志彦，等译. 上海：上海译文出版社，2001：246.

的莫过于这样一句话：在一个不超过5万人口的城镇，一家折扣商店是难以长久维持的。"㊀然而，沃尔玛坚持下来，并且长久地生存和发展着。

新的管理团队继承了山姆·沃尔顿永不放弃的精神，专注于零售业的创新和发展，不断地进行信息技术在零售商店的应用，一直保持业态创新和新技术应用的领先位置。正如格拉斯所言："从很久以前，我就坚信科技会成为我们企业的终极推动力……我一直在倡导使用高科技，不断地努力推动它，并达到我们现有的系统性和精细程度，而且范围从物流业务到所有财务业务，无所不包。"㊁有专家评论道："20世纪90年代，格拉斯继续扮演着沃尔玛公司伟大冒险家的角色，把公司的成长寄希望于数目不断增加的超级中心的成功运作。"㊂这些都是专注和坚持的结果。

五是崇尚简朴。在这一阶段，尽管沃尔顿家族已经成为非常富有的家族，但是山姆·沃尔顿继续坚持简朴的风格。正如专家所言："为了落实简朴原则，他的总部办公大楼比其他大部分企业的总部朴实得多。一名记者如此形容：布置得就像公车站，甚至像公车站一样使用塑料椅。他自己的生活也同样朴实，一直住在简单的牧场式住宅里。沃尔玛那么有钱，为什么还要这么节俭？山姆·沃尔顿说，公司每次用钱不当，甚至只要多花一分钱，顾客就得多花一分钱买东西。沃尔玛公司每省下一块钱，就比对手超前一步。节俭绝对是他的天性。"㊃甚至，在沃尔玛发展初期，山姆认为在科技方面的投入都是浪费钱，难以对公司长远发展做出贡献。

新的管理团队继承了山姆·沃尔顿的简朴品格，同时坚持必要的科技投入，这是与山姆·沃尔顿不同的地方，但是一定确保科技投入能带来更大的价值。对此，有专家评论道："就像山姆·沃尔顿一样，格拉斯自认节

㊀ 沃尔顿，休伊. 富甲美国：零售大王沃尔顿自传[M]. 沈志彦，等译. 上海：上海译文出版社，2001：247.

㊁ 斯莱特. 忠于你的事业：沃尔玛传奇[M]. 黄秀媛，译. 北京：中信出版集团股份有限公司，2018：107.

㊂ 斯莱特. 忠于你的事业：沃尔玛传奇[M]. 黄秀媛，译. 北京：中信出版集团股份有限公司，2018：106.

㊃ 斯莱特. 忠于你的事业：沃尔玛传奇[M]. 黄秀媛，译. 北京：中信出版集团股份有限公司，2018：65-66.

俭，但对他认为重要的事物，花钱也绝不手软。他认为没有什么比沃尔玛公司引进新科技，以掌握竞争优势重要。"㊀"在沃尔玛的案例中，创业家的节俭意识即使在公司营业收入达到1000亿美元之后仍然保持着。"㊁

（2）组织系统。在这一阶段，沃尔玛继续坚持山姆·沃尔顿已经确定的使命、愿景和目标，以及经营理念，在处理利益相关者利益以及制度规范等方面也取得了更多的进展，企业文化得以延续，逐步建立并完善了全球化连锁经营组织。

1）使命和目标层面，包括使命、愿景、经营目标三个方面。在这一阶段，沃尔玛的使命由以前的"通过提供价廉物好的商品让顾客满意"，提升为"让人们生活得更好"，而愿景和经营目标仍然坚持前两个阶段的提法"成为最好的零售商"和"向顾客提供价廉物好的商品，并获得一定的利润"，以实现利益相关者的利益。

2）经营理念方面。在这一阶段，沃尔玛仍然延续前两个阶段形成的经营理念：通过提供价廉物好的商品让顾客满意，从而获得薄利多销的经营结果。

3）组织结构和员工队伍层面。在这一阶段，沃尔玛的规模迅速扩大，公司的组织带有全球连锁组织的特征，继续保持着组织行为的一致性（体现在使命、愿景和经营目标等方面的认同和遵从感），这为后来经营规模的进一步扩大奠定了基础。这主要表现在组建后创始人时代的管理团队、健全全球化的组织系统、继承和完善企业文化三个方面。

一是组建后创始人时代的管理团队。尽管该阶段随着全球化连锁经营组织的建立和店铺数量的增加，地区经理和商店经理人才缺乏，但是该阶段更为重要的是山姆·沃尔顿离世之后新的管理团队的组建，这涉及公司能否顺利完成过渡，延续山姆·沃尔顿的使命和目标，并且带领沃尔玛公司走向更加辉煌的未来。这是创始人离世后，诸多企业发展中都要面临的

㊀ 斯莱特. 忠于你的事业：沃尔玛传奇 [M]. 黄秀媛，译. 北京：中信出版集团股份有限公司，2018：104.
㊁ 斯莱沃斯基，莫里森，艾伯茨，等. 发现利润区：2版 [M]. 凌晓东，等译. 北京：中信出版社，2003：43.

难题。沃尔玛的持续成功就在于很好地解决了这个问题，新一代领导团队把沃尔玛变成全世界最成功的企业之一。

沃尔玛后创始人管理团队的形成，缘于山姆·沃尔顿生前的精心安排和多年培养。正如专家所分析的，"在山姆·沃尔顿在世的最后几个月里，他其实花了相当多的时间盘算接班问题"。[一]关于接任董事长的人选，他比较了外部引进、内部提拔和家族成员三种来源后，决定还是由家族成员接任，以使沃尔顿家族与公司在高层面上保持紧密联系，这样不仅可以维护沃尔顿家族38%股份的利益，更重要的是传承已经形成的经营理念和价值观。那么，由哪位子女继任呢？"罗伯森·沃尔顿是理所当然的人选。山姆·沃尔顿的4个子女，只有罗伯森长期参与沃尔玛公司的业务，并且担任高级职务……身为父亲的他知道，罗伯森是个能力高强的领导人才，因此他为能够挑选自家人挑起这个重担而感到欣慰。"[二]

对于首席执行官的人选，山姆·沃尔顿没有让罗伯森兼任，"这充分表明他认为，公司的实际经营管理应该留给家族之外的其他人主持"。[三]家族成员理解并支持山姆·沃尔顿的想法。实际上，对于首席执行官一职，山姆·沃尔顿在20世纪80年代初期就已经安排好了。1984年，"他让担任首席财务官的格拉斯与担任副董事长的舒梅克交换职务，格拉斯成为总裁兼首席运营官，舒梅克不再管理商店，改为主持财务……1988年，山姆·沃尔顿卸下首席执行官职务，由格拉斯接任。角逐失利的舒梅克黯然退休。索德奎斯晋升为副董事长兼首席运营官，保罗·卡特接替舒梅克成为首席财务官"。[四]这些人都是山姆·沃尔顿的拥戴者和追随者，同时又有着自己的特点和风格。例如，"格拉斯与山姆·沃尔顿明显不同，他倡导

[一] 斯莱特. 忠于你的事业：沃尔玛传奇［M］. 黄秀媛，译. 北京：中信出版集团股份有限公司，2018：90.

[二] 斯莱特. 忠于你的事业：沃尔玛传奇［M］. 黄秀媛，译. 北京：中信出版集团股份有限公司，2018：90-91.

[三] 斯莱特. 忠于你的事业：沃尔玛传奇［M］. 黄秀媛，译. 北京：中信出版集团股份有限公司，2018：91.

[四] 斯莱特. 忠于你的事业：沃尔玛传奇［M］. 黄秀媛，译. 北京：中信出版集团股份有限公司，2018：91-92.

科技创新，推动国际计划，成立购物广场，一手把沃尔玛公司变成了那个时代美国最伟大的成长机器"。㊀ 索德奎斯擅长演讲，"像早期山姆·沃尔顿一样，担负起宣扬公司文化的任务……他不像山姆·沃尔顿那样事必躬亲，也不像格拉斯那样内向害羞，因此，周六晨会经常由他主持"。㊁ 可见，在山姆·沃尔顿去世之后，除了董事长之外，其他领导人仍然延续着自己的职位，表明领导团队交接是逐渐完成的，没有发生家族成员之间的争权夺利和公司的巨大动荡，这是山姆·沃尔顿的远见卓识。

有专家评价道："一组能干的职业经理人已经就位，这是山姆·沃尔顿亲自安排的团队。这些人都曾经与他一起身经百战，对他的经营理念了然于心，会继续发展他建立的企业文化。"㊂ 罗伯森·沃尔顿说："家父去世后，我们下定决心要让整个公司谨记他的名字和理念。"㊃ 而新的管理团队"强调集体领导，而不是宣扬某一个领导人的重要性"。㊃ 这样做的好处是：不会因为领导人的更迭，而让顾客和合作伙伴感到沃尔玛公司从头再来了，仍然是原有的、他们熟悉的沃尔玛。这与诸多企业的领导人交接情形完全不同。

二是健全全球化的组织系统。在上一阶段，沃尔玛公司主要是完善连锁化的组织体系，完善总部与店铺组织系统，并通过总部的一系列职能部门（财务部、人力资源部、信息部、配送部）以及大区经理将总部和店铺结合起来，形成规模优势。在这一阶段，随着沃尔玛公司规模的进一步扩大和国际化发展，从小镇起家的地区性公司发展成为全球最大的跨国性零售公司，组织系统不得不进行巨大调整。正如专家所言："新的管理团队不必为促进商店的顺畅运作而调整山姆·沃尔顿建立的管理作风，因为原有的体制已经运作得非常好，不必多事。他们面对的真正挑战，在于如何建

㊀ 斯莱特.忠于你的事业：沃尔玛传奇[M].黄秀媛，译.北京：中信出版集团股份有限公司，2018：85.

㊁ 斯莱特.忠于你的事业：沃尔玛传奇[M].黄秀媛，译.北京：中信出版集团股份有限公司，2018：92.

㊂ 斯莱特.忠于你的事业：沃尔玛传奇[M].黄秀媛，译.北京：中信出版集团股份有限公司，2018：87.

㊃ 斯莱特.忠于你的事业：沃尔玛传奇[M].黄秀媛，译.北京：中信出版集团股份有限公司，2018：96.

立一个复杂得远远超乎山姆·沃尔顿所能接受的企业组织，以管理和控制新沃尔玛公司的飞速成长。"㊀

有专家评价道："沃尔玛公司早年毫无官僚气息，由山姆·沃尔顿和他手下一批忠心耿耿的主管亲自管理。但是，随着组织的扩大，公司的内部结构也逐渐膨胀。"㊁这在20世纪90年代非常明显。

在2000年，公司分为四大事业部：一是管理折扣商店、超级中心和社区商店的事业部；二是管理山姆会员店的事业部；三是管理国际业务的事业部；四是管理物流的事业部。在前两个管理商店的事业部中，"通过事业部总裁、区域总裁、区域经理、店铺经理四个层次，直接对店铺的选址、开办、进货、库存、销售、财务、促销、培训、广告、公关等各项事务进行管理"。㊂

有专家曾经描述了2002年沃尔玛公司的店铺管理的组织结构：㊃大约有4000名商店经理，由350名区域经理负责管理，每名区域经理负责管理6~8家商店（一店可能有多名经理）。设有35名区域副总裁，管理所辖区域的30~40家商店，以及8~10个区域经理。区域副总裁向事业部总裁汇报，事业部总裁向首席执行官汇报。

另外，还有两个重要的总部职能部门，在这一阶段有了新的发展。一是人力资源部门。在20世纪80年代中期，山姆·沃尔顿对成立完整的人力资源部门毫无兴趣，只是强调寻找和训练适合经营商店的人才，因此当时人力资源部门人数很少，管理者也不愿意到人力资源部担任领导。到了90年代，情况发生了很大变化，人力资源部门的职能和人数规模大幅扩大。二是法律和公共关系部门。山姆·沃尔顿长期认为，做好自己的事情

㊀ 斯莱特. 忠于你的事业：沃尔玛传奇[M]. 黄秀媛，译. 北京：中信出版集团股份有限公司，2018：13.

㊁ 斯莱特. 忠于你的事业：沃尔玛传奇[M]. 黄秀媛，译. 北京：中信出版集团股份有限公司，2018：132.

㊂ 国家经贸委贸易市场局. 对美国沃尔玛公司的考察报告[J]. 中国统计，2001（10）：22-24.

㊃ 斯莱特. 忠于你的事业：沃尔玛传奇[M]. 黄秀媛，译. 北京：中信出版集团股份有限公司，2018：134.

就行了，不必跟媒体和政府拉关系，因此反对建立相应的职能部门。随着沃尔玛的成长和受关注程度的提高，诸多与外部的关系问题呈现出来，特别是在国际化发展过程中更是如此。1989年，山姆·沃尔顿允许公司成立媒体公共部门。法务人员也逐渐增加，1999年专用律师人数达到30名，2002年达到90人。1999年成立政府公关部门，不过到2002年仍然仅有4个人。在该阶段沃尔玛国际化发展过程中，这些部门起到了非常重要的作用。不过，为了控制成本，这些非直接与顾客发生联系的部门的规模是受到限制的。

组织规模的庞大化和卓越的经营成绩，是滋生官僚组织的土壤。山姆·沃尔顿毕生都在防止沃尔玛公司变成庞大的官僚组织。㊀继任的管理团队在不得不增加组织层次的情况下，也努力实现山姆·沃尔顿的"防止官僚组织"的想法。对此，当时的首席执行官谈道："没有人决定要建立科层组织。这是随着公司成长而自然出现的。你不可能避免掉进这种陷阱，制造出更多的阶层。以前有地区经理和区域经理向公司领导人负责，现在又多出了部门经理、营运主管，还有辅助人员、人事主管以及各式各样的辅助功能。然后公司又出现了专门业务，需要特别的机构才能运作。公司变得越来越没有弹性。如果公司里面有6个阶层，而不是4个阶层，要做决定就更难了，执行决定也得花更多的时间。我们一直在试图防止这些现象发生。"㊁

具体的解决办法是"一次只管一家店"。新的管理团队一再强调，"要管理如此庞大复杂的组织，唯一的办法就是不要把公司想得如此庞大复杂，只要把它看成一连串个别的单位就行了，而这些单位就是商店"。㊂对此，格拉斯也曾经解释说："我们的管理方法就是一次只管一家店。你怎么

㊀ 斯莱特. 忠于你的事业：沃尔玛传奇 [M]. 黄秀媛，译. 北京：中信出版集团股份有限公司，2018：130.

㊁ 斯莱特. 忠于你的事业：沃尔玛传奇 [M]. 黄秀媛，译. 北京：中信出版集团股份有限公司，2018：131.

㊂ 斯莱特. 忠于你的事业：沃尔玛传奇 [M]. 黄秀媛，译. 北京：中信出版集团股份有限公司，2018：132.

可能同时管理年收入为 2400 亿美元的所有零售业务？我一点概念也没有。不过，我知道如何管理零售商店，而且知道，只要能够让很多商店顺利经营，就可以达到 2400 亿美元的营业额。"㊀

三是继承和完善企业文化。沃尔玛该阶段最为重要的组织资源整合，就是企业文化的继承和完善。当山姆·沃尔顿去世后，继任者需要回答三个问题：山姆·沃尔顿领导创建的企业文化特色是什么？要不要继续坚守山姆·沃尔顿领导创建的企业文化？如何传承沃尔玛的企业文化？

第一个问题，山姆·沃尔顿领导创建的企业文化特色是什么？有专家曾经对此进行归纳："沃尔玛公司的企业文化，包含山姆·沃尔顿为了让公司顺利运作所建立的一套准则或法则。他拥有一套严密的经营理念，这一点在企业领导人中是难得一见的，更难得的是，他还把这种理念变成了具体的运作法则。这些法则的目标，就是使沃尔玛公司的顾客提升生活水准，这也是他的企业文化的宗旨。"㊁"为了让顾客感受到沃尔玛公司工作人员的关心，公司上下毫不懈怠地努力，这亦成为沃尔玛公司企业文化中最重要的特色"。㊂正如本顿维尔镇超级中心的经理加里·雷恩斯所言："如果你把顾客当作自家人看待，在大多数城镇，他们自然就会变成你的家人，而且绝对会成为你的朋友。"㊃1989 年公司年报中指出，在沃尔玛顾客就像宾客（Guests）一样被对待，重提了山姆·沃尔顿"把顾客视为老板"的哲学，表示沃尔玛无论是新技术的采用，还是销售和运营决策，一个非常明确的决策标准就是可否让顾客更加满意。不过其前提是，公司也要把员工当家人，沃尔玛将员工视为合作伙伴，而非雇员。这就形成了沃尔玛企业文化的核心链条：公司善待员工—员工善待顾客。

这种文化特色不仅体现在沃尔玛对待顾客的态度上，还体现在对待顾

㊀ 斯莱特. 忠于你的事业：沃尔玛传奇［M］. 黄秀媛，译. 北京：中信出版集团股份有限公司，2018：132.

㊁ 斯莱特. 忠于你的事业：沃尔玛传奇［M］. 黄秀媛，译. 北京：中信出版集团股份有限公司，2018：60.

㊂ 斯莱特. 忠于你的事业：沃尔玛传奇［M］. 黄秀媛，译. 北京：中信出版集团股份有限公司，2018：141.

客的行为上。有专家认为:"这种特色在沃尔玛公司仍然非常显著,也非常强烈。门口有迎宾员殷勤地接待顾客,店内的员工也在努力贯彻三米微笑原则。商店仍然以天天平价作为号召,员工仍然面带笑容地在商店里穿梭。"㊀ 这一系列描述都是沃尔玛企业文化在行为上的呈现。可见,在沃尔玛公司,企业文化不是一句口号,而是从口号到行动的完整过程。浏览该阶段沃尔玛公司 20 年的年报,多次重复提到"顾客满意""以天天低价提供优质商品",这是所有沃尔玛人的行动指南。

同时,这种文化特色不仅体现在沃尔玛对待员工的态度上,还体现在对待员工的行为上。除了股票期权和利润分享计划之外,沃尔玛还营造了一种轻松、幽默和快乐的文化氛围。对此,有专家分析道:"沃尔玛的经营哲学是:以轻松创造效益。轻松愉快的工作环境缓解了员工们的工作压力,增加了员工的工作兴趣,提高了员工的工作效率。"㊁ 他举了三个例子。① 1984 年山姆与格拉斯打赌:当年税前净利润不会超过 8%,否则山姆在华尔街跳草裙舞。结果山姆输了,他真的穿上奇装异服在华尔街跳草裙舞,形成轰动一时的新闻事件。② 1987 年副董事长查理·塞尔夫在一次周六例会上打赌说该年 12 月营业额可以超过 13 亿美元,否则他就穿红裤、戴金发、骑白马游街。结果他输了,就真的穿着粉红色裤子,戴着金色假发,骑着白马,在总部所在的本顿维尔镇的闹市区走了一圈。③ 山姆会员店的一位员工答应送给格拉斯一件猪皮大衣,结果在一场公司的足球赛后,送给了他一头猪。"在沃尔玛,高级主管遭受'愚弄'的事是相当常见的,山姆认为这也是公司文化的一部分,它使公司上下级更加贴近,沟通变得更加容易。"㊂

第二个问题,要不要继续坚守山姆·沃尔顿领导创建的企业文化?新管理团队的回答是肯定的。正如有专家所言:"沃尔玛公司应该保留哪些过

㊀ 斯莱特. 忠于你的事业:沃尔玛传奇[M]. 黄秀媛,译. 北京:中信出版集团股份有限公司,2018:141.

㊁ 贾尔斯. 沃尔玛连锁经营:公司成长的伟大学问[M]. 康贻祥,译. 哈尔滨:哈尔滨出版社,2004:51.

㊂ 贾尔斯. 沃尔玛连锁经营:公司成长的伟大学问[M]. 康贻祥,译. 哈尔滨:哈尔滨出版社,2004:51.

去？舍弃哪些部分？新管理团队表示，这一点儿都不麻烦，事实上，保留山姆·沃尔顿留下的管理作风是最容易做的决定。这些管理精髓大部分已经被纳入一套严谨的企业法规中，用以管理沃尔玛公司旗下商店的运作。新的管理团队不必为了促进商店的顺畅运作而调整山姆·沃尔顿建立的管理作风。"㊀

罗伯森·沃尔顿也曾经表示："家父去世后，我们下定决心要让整个公司谨记他的名字和理念……山姆·沃尔顿的名字不是沃尔玛公司营销宣传的一部分，它主要通行于公司内部，属于公司文化的一部分。我们所推销的是天天平价、亲切周到的服务、便利、保持货品供应充足。"㊁

第三个问题，如何传承沃尔玛的企业文化？在传承内容方面没有变化，主要体现为传承已经形成的企业文化内容，将理念和原则等制度化。在传承形式方面有所变化，主要体现为根据环境变化创新企业文化的传承方式，改变了过去主要由山姆·沃尔顿一人宣贯的方式。

在企业文化传承内容方面，最重要的是将企业文化的内容制度化，员工借由制度的遵守逐渐成为习惯，习惯是潜意识的自觉，是文化呈现的一种形式或标志，可以形象地说：制度是强制，习惯是自觉，企业文化形成过程就是从制度到习惯的过程。山姆·沃尔顿在《富甲美国：零售大王沃尔顿自传》中归纳出沃尔玛成功的十大规则，新的继任者又依据山姆·沃尔顿的思想补充了沃尔玛的三大基本信仰，这些内容被制度化，成为沃尔玛企业文化的基石。三大基本信仰是尊重个人、服务顾客、追求卓越。十大规则是：①忠于你的事业；②与同事共同分享利益，视他们为伙伴；③激励你的同事；④尽可能与同事进行沟通；⑤感激同事为公司做的每一件事；⑥成功了庆祝，失败了也要寻找乐趣；⑦善于听取员工意见；⑧超越顾客期望；⑨比竞争对手更节约成本；⑩逆流而上，另辟蹊径，不墨守成规。

在企业文化传承方式方面，由于企业规模的巨型化，不可能像山姆·沃

㊀ 斯莱特. 忠于你的事业：沃尔玛传奇［M］. 黄秀媛，译. 北京：中信出版集团股份有限公司，2018：13.

㊁ 斯莱特. 忠于你的事业：沃尔玛传奇［M］. 黄秀媛，译. 北京：中信出版集团股份有限公司，2018：96.

尔顿早年那样亲力亲为，需要进行传承方式的调整和改变。正如山姆·沃尔顿的次子约翰·沃尔顿所说："家父是个了不起的人物，他在世的时候，每天都与员工碰面，并不断强化这些原则。现在的管理团队所用的方法是将这些原则纳入整个体制中……他们在组织系统和实务运作上找到了各种方法，把家父凭着本能进行的加强企业文化的任务变得体制化。"[1]具体地说，在传承企业文化的过程中，沃尔玛新的管理团队做到了以下几点：一是分工推广企业文化，将权力下放给接近商店的主管，这样才能使企业文化真正落地；二是将企业文化体制化，例如把领导层视察商店变成一种制度等，把公司理念变成信仰和法则作为行动指导；三是打造稳定的员工队伍，避免因员工频繁更换带来的企业文化无法形成或流失（员工"跳槽"问题在20世纪90年代末期非常突出，按小时计酬的全职和兼职员工流动率曾经高达70%，[2]之后逐渐下降）；四是把企业组织集中于本顿维尔总部，通过高级主管一次只管一家店的方法，层层落实相关决策。有专家对这种方法进行了详细的介绍："大部分高级主管都住在本顿维尔镇或附近地区，而他们每周都有一套固定行程：星期一上午赶到外地辖区，到辖下商店视察，评估这些商店有什么问题，周末回到本顿维尔总部，参加星期五或星期六的会议，向上司报告业务情况。在周末的业务检讨会上，针对某一家商店的问题进行讨论，是常有之事。公司主管们所谓的'一次只管一家店'，就是这个意思。"[3]

除了对员工有利润分享计划、股票期权制度、职业发展激励基金之外，沃尔玛还有一系列的培训项目。1987年，沃尔玛成功地实施了"店中店"（Store-Within-A-Store）的店铺经理培养新制度，选择一些后备力量在指定店铺担任助理经理，负责该店铺几个部门的全部工作，以提升他们的经营管理能力。1988年沃尔玛公司年报显示，公司的员工培训项目有沃

---

[1] 斯莱特. 忠于你的事业：沃尔玛传奇[M]. 黄秀媛, 译. 北京：中信出版集团股份有限公司, 2018：144.

[2] 斯莱特. 忠于你的事业：沃尔玛传奇[M]. 黄秀媛, 译. 北京：中信出版集团股份有限公司, 2018：147.

[3] 斯莱特. 忠于你的事业：沃尔玛传奇[M]. 黄秀媛, 译. 北京：中信出版集团股份有限公司, 2018：153.

尔顿零售学院、零售管理训练营、店中店计划、山姆运营学校、部门经理发展导向课、顾客服务经理培训等。同时，公司延续着倾听、接纳"合伙人"建议，并给予奖励的做法，这是公司持续创新的重要源泉，即使是临时工也不例外。在20世纪80年代末，一位来自佛罗里达大学营销专业的学生，在沃尔玛配送中心工作了一个夏天，提出了一个填写订单的有效建议，公司采纳了他的建议，并以他的名字在佛罗里达大学设立了一项为期5年的零售专业奖学金。⊖

（3）有形资源系统。这里我们主要讨论物流系统、信息系统和资金（或财务）系统。在这个阶段，沃尔玛进一步复制和完善前一阶段建立的三个系统，为沃尔玛的持续发展做出了贡献。

1）物流系统。正如前一章所说，物流系统为沃尔玛的采购、配送等流程的有效运行做出了主要贡献，而物流系统的关键资源就是配送中心。

在20世纪80年代之前，沃尔玛共建立了5个配送中心，⊜而在20世纪80年代和90年代，配送中心得到更加快速的发展，一些基本元素是对前一阶段配送中心的复制，为价廉物好做出了直接贡献。沃尔玛高级副总裁兼财务总管杰伊·菲茨西蒙甚至说过沃尔玛实际上是配送业，而人们误以为是零售业。⊜无论如何，配送效率绝对是沃尔玛成功的重要因素。

1987年沃尔玛公司年报显示，该财年沃尔玛公司已经有10个配送中心，总面积达到了700万平方英尺，平均每个配送中心的面积在70万平方英尺，拥有750辆配送货车、5000辆挂车，每年接收和运出货物超过3000万次。大多数配送中心实施两班倒，每个配送中心大约聘用500人，服务着大约150家沃尔玛公司的店铺。沃尔玛运输车队共有750名司机以及300名后勤保障人员，1986年行驶了9000万英里。

1989年沃尔玛公司年报显示，该财年沃尔玛公司仍然维持16个配送

⊖ 吕一林. 美国沃尔玛：世界零售第一［M］. 北京：中国人民大学出版社，2000：125.
⊜ 吕一林. 美国沃尔玛：世界零售第一［M］. 北京：中国人民大学出版社，2000：93.
⊜ 贝里达尔. 沃尔玛策略［M］. 曾琳，译. 北京：机械工业出版社，2006：46.

中心，但是总面积进一步扩大，达到了 1150 万平方英尺，配送员工达到了 10 000 人，配送及时率达到 99%，订单履行准确率超过了 99%。

有数据资料显示，到了 20 世纪 90 年代初，沃尔玛公司的配送中心总数达到了 20 个，总面积为 160 万平方米，300 多亿美元的年销售额，8 万多种商品，其中 85% 的商品都是由沃尔玛自己的配送中心进行配送，而竞争对手仅有 50%~60% 集中配送。2002 年沃尔玛配送中心数量达到了 62 个，辐射到沃尔玛拥有店铺的所有地方，为 4000 多家店铺提供配送服务。⊖ 此时，沃尔玛已经有了六种配送中心类型（见表 6-4，根据已有数据资料⊜整理）。

表 6-4　2000 年左右沃尔玛六种配送中心情况

类型名称	基本情况
干货配送中心	主要承担日用商品（除生鲜食品外）的进货、分装、储存和配送任务
食品配送中心	主要承担食品类（包括生鲜品和非生鲜品）的配送任务，设有冷藏的仓储和运输设施，直接送货到店
山姆会员店配送中心	主要承担山姆会员店业态的配送任务（当时山姆会员店存在着第三方配送的情形，后来都改为集中配送）
服装配送中心	主要承担服装类商品的配送任务，配送到其他类型配送中心，再到店铺，不直接配送到店铺
进口商品配送中心	主要承担进口商品的配送任务，配送到其他类型配送中心，再到店铺，不直接配送到店铺
退货配送中心	主要承担店铺退货的商品的配送任务，或退给供应商，或送往折扣商店，或就地处理，通过出售包装箱和供应商手续费获得收入

有人曾经这样描述 2001 年 4 月考察沃尔玛本顿维尔镇干货配送中心的情况：⊜占地 81 万平方米，建筑面积 11 万平方米，各种传送带的总长度达

⊖ 贾尔斯. 沃尔玛连锁经营：公司成长的伟大学问 [M]. 康贻祥，译. 哈尔滨：哈尔滨出版社, 2004：100.

⊜ 国家经贸委贸易市场局. 对美国沃尔玛公司的考察报告 [J]. 中国统计, 2001（10）：22-24.

⊜ 国家经贸委贸易市场局. 对美国沃尔玛公司的考察报告 [J]. 中国统计, 2001（10）：22-24.

21公里，共有264个进货和发货用的汽车装卸口，24小时连续作业；主要用于生鲜食品以外的日用商品进货、分装、储存和配送，为500公里半径内的沃尔玛购物广场和折扣店服务。配送中心的基本流程是：供应商将商品送到配送中心，经过核对采购计划、进行商品检验等程序，分别送到货架的不同位置存放；商店提出要货计划后，工作人员通过计算机系统立即查出所需商品的存放位置，并打印出带有商店代号的标签，整包装的商品直接从货架上送往传送带，零散的商品由工作人员取出后也送到传送带上，经传感器对标签进行识别后，自动分送到不同商店的汽车装卸口。一般情况下，商店要货的当天就可以将商品送出。

与凯马特和塔吉特等零售公司不同，沃尔玛拥有自己的车队和司机，20世纪90年代初期就已经有2000多辆牵引车头、1万多个拖车车厢，确保自主控制配送过程和提高配送效率。有专家分析道："沃尔玛通常为每家分店的送货频率是每天一次，而凯马特平均5天一次，塔吉特平均3~4天一次；沃尔玛的商店通过计算机向总部订货，平均只要2天就可以补货，如果急需，则第2天即可到货，这一速度同业中无人可及。这使沃尔玛拥有相对竞争对手的极大优势，在凯马特为不能及时补货而烦恼时，沃尔玛的货架总能保持充盈，并随时掌握到货时间，其运输成本也总是低于竞争对手。"㊀

沃尔玛全球前副董事长唐·索德奎斯曾经总结沃尔玛配送中心的四个演化阶段：㊁第一阶段，建造并运营自己的仓库，接收商品，配送到店铺；第二阶段，开始储备一些商品，方便店铺直接到仓库取货，不必找供应商订货；第三阶段，把仓库转变为配送中心，实现机械化和自动化，有补货和监控系统；第四阶段，构建成整合上下游的垂直供应链系统，一方面服务于商店的自动补货系统，另一方面服务于供应商的联合商品管理系统。

2）信息系统。在这一阶段，随着信息技术的发展，沃尔玛公司不断完善信息系统，为降低成本和提高运营效率做出重要贡献。

㊀ 吕一林. 美国沃尔玛：世界零售第一［M］. 北京：中国人民大学出版社，2000：94.

㊁ 索德奎斯. 沃尔玛不败之谜：沃尔玛全球前副董事长揭密［M］. 任月园，译. 北京：中国社会科学出版社，2009：207.

有学者将沃尔玛2005年之前的信息化过程分为四个阶段[一]：1969—1979年为第一阶段，该阶段的信息化重点是内部的日常关键作业系统；1980—1993年为第二阶段，该阶段的信息化重点是建立与供应商之间的业务数据共享，达到对存货和物流的高效、低成本的管理；1994—2000年为第三阶段，该阶段以提供最终消费者的在线购买方式的业务为信息化重点；2001—2004年为第四阶段，该阶段以辅助性活动部门为信息化重点。实际上，在沃尔玛公司发展的第三阶段上半期，信息系统主要进行了三方面的工作：一是将总部与各个店铺密切联系起来；二是建立并完善了与供应商的连接系统；三是尝试开展线上零售业务。

第一，通过卫星系统使总部与各个店铺紧密连接起来。在20世纪70年代，沃尔玛总部与各个店铺还是通过电话和传真进行联系，效率不高。随后，新上任的公司副总裁舒梅克和数据处理经理黑本建议开展利用人造卫星进行联系的计划。在20世纪80年代初期，沃尔玛与休斯公司合作，花费2400万美元制造了一颗沃尔玛专用的人造卫星，并于1983年发射升空。这使总部可以即时了解各个店铺的经营情况。正如有人所描述的：在公司的卫星通信室里，"看上一两分钟，就可以了解一天的销售情况，可以查到当天信用卡入账的总金额，以及任何区域或任何商店、任何商品的销售数量。如果有什么重要或紧急的事项要通知各商店及配送中心，而且要当面宣布，山姆本人或其他主管可以立刻到公司的摄影棚去，然后利用卫星传至各地。每周六凌晨3点，山姆到计算机中心看输出的表格，即可知道上周的各项业绩如何，为上午的经理会做好准备"。[二]1988年沃尔玛公司年报披露，该财年沃尔玛完成了美国最大的私人卫星通信系统的建设，将公司总部与各个经营单位和店铺联系起来，并有了图像传输功能，管理层可以与员工面对面进行沟通，山姆·沃尔顿在总部控制室的讲话可以清晰地传送到各家店铺的每一位员工。

第二，通过一系列信息技术建立并完善了与供应商的连接系统。1981

[一] 林泉，林志扬. 沃尔玛的信息化之路与启示：基于信息依赖度分析模型的案例研究[J]. 中国工业经济，2006（10）：113-120.

[二] 吕一林. 美国沃尔玛：世界零售第一[M]. 北京：中国人民大学出版社，2000：97.

年，沃尔玛开始应用商品条码和电子扫描器技术，这"不仅缩短了顾客结账时间，更便于利用计算机跟踪商品从进货到库存、配货、送货、上架、售出的全过程，及时掌握商品销售和运行信息，加快商品周转速度……商品的整个处置过程中总计节约了 60% 的人工成本"。㊀ 这套系统在 1983 年应用到 25 家店铺，1984 年普及到 70 多家店铺，1985 年达到了近 300 家。到了 20 世纪 80 年代末期，沃尔玛的所有店铺都应用了商品条码扫描系统。

1985 年，沃尔玛与供应商建立电子数据交换系统（EDI），又称自动订货系统或无纸贸易系统，就是沃尔玛与供应商通过计算机进行联网，分享供应商商品在沃尔玛的销售和库存的即时情况，从而实现自动补货。截至 1990 年，沃尔玛就已经与 5000 多家供应商中的 1800 家实现了电子数据交换，成为这一技术的全美国最大的应用者。

1991 年和 1993 年，沃尔玛应用更加先进的快速反应系统和连线系统（Retail Link）与供应商共享预测方法，从而进一步完善了自动订货和补货系统。"这些系统利用条码扫描和卫星通信，与供应商每日交换商品销售、运输和订货信息，包括商品规格、款式、颜色等细节，最快的时候，从发出订单、生产到将货物送达商店，总共不到 10 天。"㊀

在 20 世纪 90 年代中期，沃尔玛出现了存货过多和业绩下滑的问题。公司主管运营的副总裁库格林，主张用高科技使商店经理正确控制库存量。1997 年初，他发现许多商店经理不会使用公司的 Telxon 可携式条码阅读机，于是通过现场测验方式督促他们熟悉使用方法，结果大大削减了存货。

第三，通过互联网技术开始线上零售业务。1994 年网上商店在美国诞生，1995 年 7 月亚马逊正式上线营业，当时主要是销售图书类产品，后来扩展到各种类型的商品。沃尔玛早在 1996 年就启动了 Wal-Mart.com 线上购物网站，1999 年第二次启动 Wal-Mart.com 线上购物网站，2000 年店内的广告采用沃尔玛的视频网络进行播放。尽管沃尔玛较早地开办了线上商店，但是仅将其作为线下商店的一种补充，并没有把它视为一种重要的零

㊀ 吕一林．美国沃尔玛：世界零售第一［M］．北京：中国人民大学出版社，2000：98．

售业态。因此,该阶段沃尔玛的线上零售仅仅处于探索和尝试的阶段。

3)资金(或财务)系统。无论是组织系统的完善,还是新技术的采用,都需要一定的资金支撑,在这一阶段沃尔玛建立了稳健的资金(或财务)系统。其中,最重要的原因是公司销售额健康增长,长期获得理想的利润,进而支持沃尔玛构建采购这一关键流程,最终为"价廉物好"做出贡献。《福布斯》杂志曾经将沃尔玛列为全美1977—1987年,在股票回报率、投资回报率、销售增长和利润增长等方面领先的零售公司。2000财年,年利润额达到了53.24亿美元,成为全球最赚钱的十大公司之一。

沃尔玛公司发展第三阶段上半期的核心成果:复制省钱营销模式至线下零售业态

通过本章的分析,我们发现:在沃尔玛公司第三阶段上半期发展的20年(1981—2000年)里,沃尔玛从折扣商店业态扩展至仓储商店、超级中心和社区商店业态,在业态扩展过程中复制了省钱营销模式,即将折扣商店形成的省钱营销模式,复制到仓储商店、超级中心和社区商店等新型零售业态。尽管在该阶段沃尔玛也开展了线上零售业态的尝试,但是处于探索阶段,没有明显地呈现出对省钱营销模式的复制。我们将前述的研究结果回归到我们事先确定的研究框架之中,就会得到一些有趣的发现。

(1)发展概述。由前述可知,这一阶段沃尔玛一方面继续复制省钱营销模式于原有的折扣商店业态,另一方面将省钱营销模式复制于仓储商店、超级中心和社区商店等新型业态,并在全美乃至全球进行复制,从而使沃尔玛成为世界上最大的零售商。1991财年,沃尔玛实现销售额达到326亿美元,超过了西尔斯和凯马特,成为全美最大的零售商,大约10年之后,沃尔玛营业额超过了2000亿美元,位居世界500强第一的位置。

实际上,沃尔玛在这个阶段进行了多种业态的尝试,失败的就停止发展,成功的就进行扩张。尝试失败的业态主要有药店、工艺品店和特级市场等。1983年底，沃尔玛在折扣商店经营药品的基础上，在艾奥瓦州开设了第一家2000平方米的药店，主要经营卫生保健品，随后开设了20多家，1990年初将其全部卖掉，但是折扣商店中一直保留着药品的经营。

1984年底，沃尔玛在密苏里州的春田市创办了海伦工艺品店（Helen's Arts and Gaft），面积约为1500平方米，经营各类工艺美术品，计划以此打开城市市场。随后，沃尔玛尝试开设三家店铺，都没有取得成功，1988年将其全部卖掉。

1987年12月，沃尔玛与他人合作（各出资50%）的第一家特级市场（名为美国特级市场，Hypermart USA）在达拉斯郊区开业，营业面积达到20 000平方米，35%为食品，其他为非食品。这种业态比超级市场经营品类更多，价格也更便宜，比仓储商店经营的花色品种更为丰富，因此家乐福的特级市场在欧洲取得了很大成功。但是，沃尔玛在美国的尝试并没有取得成功，很快终止了这个业态的发展。

在新业态创新过程中，尽管药店、工艺品店和特级市场没有成功，但是仓储商店、超级中心（其实是改良的、缩小化的特级市场）、社区商店取得了成功，进而该阶段就对这三种业态进行复制性扩张。

有专家对沃尔玛该阶段的发展总结道："80年代末到90年代初，还是沃尔玛折扣百货店和山姆会员店齐头并进发展的时期。进入90年代后，山姆会员店的发展进入高峰，但1994年后又让位于超级中心；与此同时折扣百货店的发展则几乎处于停滞，实际上，是用超级中心新店代替了折扣百货店……山姆和沃尔玛公司大胆试验，不断改革、创新的结果，是找到了更有效的方式以更好地满足顾客需要，并力求首先发现美国人的未来购物方式……山姆和沃尔玛公司这些努力的意义就远不止经济上的效率和规模了——它帮助提高了人类的一般生活质量，帮助了美国生活方式和美国文化在世界的传播。"⊖ 沃尔玛在第三阶段上半期的具体发展情况见表6-5。

⊖ 吕一林. 美国沃尔玛：世界零售第一［M］. 北京：中国人民大学出版社，2000：118-119.

表 6-5　沃尔玛在省钱营销模式复制阶段上半期的发展情况（1981—2000 年）

类别			简况
领导人和组织机构	领导人	CEO	山姆·沃尔顿（1981—1987年）；戴维·格拉斯（1988—1999年）完成了领导人的更迭和交接。在前一阶段健全总部职能部门的基础上，该阶段进一步完善运营体系，副总裁—地区经理—店铺经理—经理助理—店员的管理服务体系逐渐成熟。企业文化建设复制了前一阶段的成果，使命、愿景、价值观等多方面得到完善和延续
	组织机构	连锁组织完善化	
零售业态	折扣商店	特征	沃尔玛折扣商店（店铺名称初期为 Wal-Mart Discount City，后改为 Wal-Mart Store，1992 年之后为 Wal ★ Mart Store），其特征是以经营非食品类别的日常生活用品为主，并以低廉的价格进行销售，从厂商直接进货，大量铺货，初期为柜台售货，后进化为自选购物方式
		该阶段发展情况	在 20 世纪 80 年代，沃尔玛继续开设新的折扣商店，进入 90 年代之后折扣商店发展有所放缓，从 1997 年开始本土折扣商店数量开始逐年下降。2000 财年，沃尔玛折扣商店有 2373 家，其中美国本土 1801 家，海外 572 家
	仓储商店	特征	沃尔玛山姆会员店，其特征是面向小企业主和其他需要进行大量购买的个体消费者提供多品类、花色品种少的日常生活用品，采取会员制，提供较少服务，位于租金便宜的地方，仓储式陈列，低价、批量式销售，较少广告宣传
		该阶段发展情况	1983 年在俄克拉何马州的中西部开设了第一家仓储商店，名为山姆批发会员店，1990 年更名为山姆会员店。之后发展进入高峰，直到 1994 年店铺数超过 400 家，从 1995 年开始发展缓慢（美国本土每年基本以个位数增加），增长速度和总量逐渐被超级中心超过。2000 财年，山姆会员店达到 512 家，其中美国本土 463 家，海外 49 家
	超级中心	特征	沃尔玛购物广场（店铺名称为 Wal-Mart Supercenters，1992 年之后为 Wal ★ Mart Supercenters），其特征是经营日常生活用的全品类商品，满足顾客日常生活一次购足的需要，面积在 1 万平方米左右，毛利率在 17%~18%，满足关注廉价的居民家庭的需要。类似于特级市场和超级市场中间的一种业态形式
		该阶段发展情况	1988 年在密苏里州的华盛顿开设了第一家沃尔玛购物广场，1994 财年不足 100 家，之后成为沃尔玛重点发展的零售业态，2000 财年沃尔玛购物广场达到 1104 家，其中美国本土 721 家，海外 383 家
	社区商店	特征	沃尔玛社区商店（店铺名称为 Wal ★ Mart Neighborhood Market），主要以进入的社区及周边居民为目标顾客，满足他们日常生活消费频率较高商品的需要，较少家用电器、服务等商品的经营，面积在 3800~5000 平方米，距离沃尔玛购物广场有着合适的距离，既可以是购物广场的延伸，又可以享用购物广场的配送资源，在坚持低价的同时，满足社区居民更加便利的需要

第6章 第三阶段上半期：向仓储商店、购物广场、社区商店等线下业态复制省钱营销模式（1981—2000年）

（续）

类别			简况
零售业态	社区商店	该阶段发展情况	1998年在阿肯色州开设了第一家沃尔玛社区商店，因此该阶段仅仅是起步和尝试，2001财年仅有19家
业绩表现	店铺数量	折扣商店	在美国本土1981—1996年是增加趋势，1997年开始逐年减少。1983财年店铺数为551家，1990财年为1402家，1993财年开始海外发展，2000财年全球共有折扣商店2373家
		仓储商店	在该阶段快速增加。1984财年为3家，1990财年为123家，1992财年为208家，1993财年开始海外发展，2000财年全球山姆会员店数量达到512家
		超级中心	在该阶段快速增加。1990财年仅为6家，1993财年开始海外发展，1995财年为158家（海外有11家），2000财年达到1104家（其中海外有383家）
		社区商店	该阶段处于起步和尝试阶段。2001年年报显示1999财年为4家，2000财年为7家，2001财年为19家
	经营业绩		1990财年沃尔玛店铺数达到1500家，销售额高达258亿美元，利润额达10亿美元。1995财年，沃尔玛店铺数达到2784家，销售额达到825亿美元，利润达到26.8亿美元，成为世界上最大的零售企业。2000财年沃尔玛店铺数达到3983家（本土2992家，海外991家），销售额高达1913亿美元，利润达到62.9亿美元
	无形资产	品牌资产	1969年10月31日沃尔玛正式成立时公司法定名称是"沃尔玛有限公司"，1970年1月9日更名为"沃尔玛百货有限公司"（Wal-Mart Stores Inc.），沿用至2018年初。沃尔玛除仓储商店之外的店牌，1992之前用Wal-Mart名称和标志，1992年之后改用Wal★Mart，该阶段其品牌精神（提供价廉物好的商品）进一步得到传播和强化
		经营模式	进一步复制省钱营销模式，分别形成了折扣商店、仓储商店、超级中心和社区商店的省钱营销模式，并在全球范围内进行复制

（2）研究结果。我们把前述内容用可视化图形表现出来，再进一步分析和提炼，逐一回答表2-1提出的"省钱营销模式的14个问题"，就会得出相应的研究结果。

1）省钱营销模式复制阶段上半期的模式图。这个图形的结构与完善阶段的结构大体相同，按照目标层面、顾客层面、流程层面和资源层面的结构进行绘制，每个层面由若干维度构成，箭头表明各个维度之间的因果或影响关系（箭头粗细表示主要影响和次要影响程度）。这个图形是沃尔玛省钱营销模式复制阶段上半期的可视化呈现（见图6-16），概括出沃尔玛仓储商店、超级中心和社区商店等业态的共同模式或一般模式。基本逻辑与第二个发展阶段大体相同：创始人特质决定了公司的使命，公司使命决定了营销目标，营销目标决定了目标顾客选择，目标顾客决定了定位点决策，定位点决策决定了营销组合策略，营销组合策略决定了关键流程的构建，关键流程的构建决定了公司重要资源的整合，这是公司决策或规划由上到下的过程。但是，使命和目标的实现则是由下到上的反馈过程。该模式图与第一阶段模式图似乎有一些差别，但是在本质上没有发生变化，就是对前一阶段省钱营销模式的复制。

第一，在使命和目标描述方面延续了第二阶段的思想，使命描述比前一阶段更加明确了"为人类福祉做出贡献"的追求，提升了公司的品牌价值。第二阶段的使命描述是"通过提供价廉物好的商品让顾客满意"，而该阶段的使命描述调整为"让人们生活得更好"，其实就是前一阶段使命的更好表达。对于目标的描述与第二阶段相同，为"向顾客提供价廉物好的商品并获得利润"。

第二，在目标顾客选择方面，由"小镇普通大众及他们的家庭"调整为"大中小城市普通大众及他们的家庭"，缘于该阶段原有的折扣商店，以及新开发的仓储商店、超级中心、社区商店等都逐渐进入国内外大中小城市，特别在国际化发展过程中有时首先进入的是巨型城市，例如进入中国率先在深圳、北京和上海等大城市开店。另外，仓储商店的目标顾客延伸至批量购买的中小企业主，本书将其视为普通大众。这些顾客都比较在意购物时的低价和省钱。

第三，在营销定位点选择方面，此阶段完全复制了前一阶段的属性定位（价廉物好）和利益定位（省钱），隐含着价值定位（好生活，年报及宣传语中多次提到，但是没有成为固化的广告语）。

第四，在营销组合策略方面，此阶段基本复制了前一阶段的逻辑。不过，为了更好地实现定位点，在具体内容上进行了补充。在价格策略方面，此阶段完全复制了前一阶段的策略。在产品策略的"物好"中，此阶段增加了"自有品牌"策略。在店址策略中，此阶段增加了"大城市郊区"策略。在店铺环境策略方面，此阶段尽力做到简单、便捷和舒适。在传播方面，此阶段复制了前一阶段的内容，突出"价廉物好"和"省钱"。

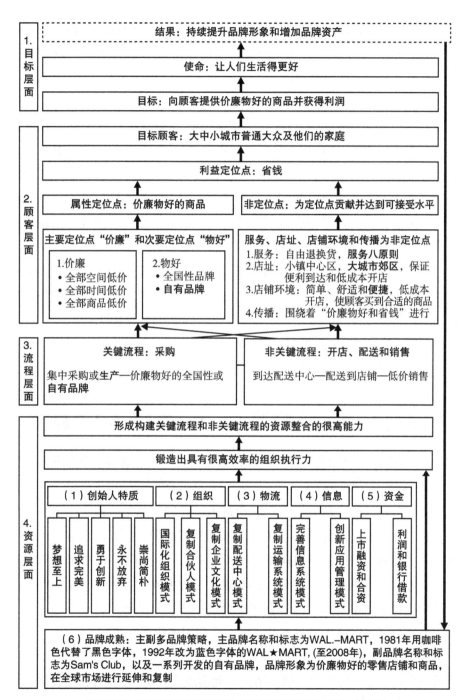

图 6-16 沃尔玛省钱营销模式复制于线下店铺的模式图

第五，在构建流程方面，此阶段大体复制了前一阶段的逻辑，只不过为了更好地实现"价廉物好"的商品供应，增加了自有品牌的设计和生产，以满足采购未能满足的需求。

第六，在资源整合方面，领导人特质和资金支持两个方面基本没有变化，延续前一阶段的内容，而在组织建设、物流系统、信息系统等方面基本是对上一阶段的复制，复制于折扣商店、仓储商店、超级中心和社区商店等业态，复制范围从美国拓展至全球。不可否认，此阶段在复制过程中进行了调整和完善，我们称之为创新式完善，最终形成了构建关键流程和非关键流程的资源整合得很好的能力，锻造出具有很高效率的组织执行力。

1981年，沃尔玛公司停止使用了近20年的品牌标志，设计使用了新的品牌标志（见图6-17），主要变化在于两点：一是字体消除了棱角，更加圆润；二是字体颜色由黑色改为咖啡色，看起来更加温暖。

1992年，沃尔玛公司又用五角星代替了原有品牌标志中的横杠（见图6-18），同时用蓝色取代了原来的咖啡色。

图6-17　1981—1992年沃尔玛使用的品牌标志

图6-18　1992—2008年沃尔玛使用的品牌标志

从前一阶段的"品牌成长"阶段进入"品牌成熟"阶段，由前一阶段单品牌经营到多品牌经营，由单品牌复制到多品牌复制，沃尔玛大大提升和积累了品牌资产。这里同样需要说明的一点是，在图6-17中品牌资源是公司资源的一个重要组成部分，同时也是这种模式运行的一个结果，这个结果会丰富公司的资源，品牌资源又会进一步提升品牌声誉和资产，二者互相推动与促进，因为结果不是目标，我们用虚线框来表示。

2）省钱营销模式复制阶段上半期的问题回答。依据前面的分析，我们可以得出表2-1列出的问题答案，由此形成表6-6。该表为我们复制省钱营销理论及模型奠定了一定的基础。

表6-6 省钱营销模式复制阶段上半期的14个问题

七个层面	14个问题
公司使命	（1）公司使命是怎样的？让人们生活得更好 （2）公司使命是如何形成的？由具有与创始人特质相同的新领导人延续着创始人确定的公司使命
营销目标	（1）营销目标是怎样的？提供价廉物好的商品并获得利润 （2）营销目标是如何形成的？由公司使命决定
目标顾客	（1）目标顾客是怎样的？大中小城市普通大众及他们的家庭 （2）目标顾客是如何形成的？由营销目标决定
营销定位	（1）营销定位是怎样的？通过享用价廉物好的商品来省钱 （2）营销定位是如何形成的？由目标顾客关注点和竞争优势决定
营销组合	（1）营销组合是怎样的？价格出色+产品优质+其他要素可接受的模式 （2）营销组合是如何形成的？由省钱的定位点决定
营销流程构建	（1）流程模式是怎样的？采购为关键流程 （2）流程模式是如何形成的？由"价格出色+产品优质+其他要素可接受"营销组合模式决定
营销资源整合	（1）资源模式是怎样的？由领导人特质和合作伙伴聚合而成的高效组织执行力 （2）资源模式是如何形成的？由"采购为关键流程"决定

（3）研究结论。由前面的分析，以及表6-6和图6-16的进一步归纳，我们可以看出沃尔玛将折扣商店的省钱营销模式复制到了仓储商店、超级中心、社区商店三种业态，并形成了相似的省钱营销模式，即沃尔玛店铺的复制省钱营销管理瓶（见图6-19）。

由前述可知，这种省钱营销模式与第二阶段的没有太大差别（仅在使命、目标和目标顾客描述上有些差别），但是在具体内容及表现方面有了变化，不过这种变化并没有改变省钱营销模式的基本逻辑：①继续坚持和提升公司使命，即让人们生活得更好；②选择并继续维持与使命匹配的营销目标，即通过价廉物好让顾客满意的同时，公司也能获取一定的利润；③继续选择与营销目标相匹配的目标顾客，即关注省钱的普通大众及他们的家庭，只不过范围包括了大中小城市；④根据目标顾客的需求进行营销定位，即通过提供价廉物好的产品（属性定位），让顾客省钱（利益定位），没有明确价值定位（隐含着好生活，没有作为口号或宣传语提出）；⑤依据确定的省钱的营销定位点，进行了营销要素组合，以价廉出色（价格组合要素）和产品优质（产品组合要素）为顾客省钱为核心，服务、店址、店铺环境、传播达到顾客可接受的水平；⑥根据突出省钱定位点的营销组合，构建了关键流程"采购"，以及一般流程"配送和销售"；⑦根据关键流程"采购"，整合公司人力、资金和品牌，以及配送中心和信息系统等资源，其中最为重要的是以领导人为核心构成的组织的高效执行力。

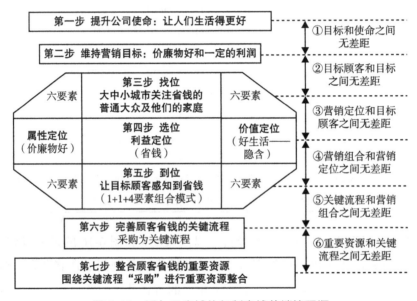

图 6-19　沃尔玛店铺的复制省钱营销管理瓶

该阶段省钱营销模式成功复制的重要意义如下：一是探索出省钱营销模式不仅可以用于折扣商店业态，也可以复制于仓储商店、超级中心、社区商店等线下零售业态；二是这种省钱营销模式还可以尝试未来在线上零售业态进行复制，为公司的零售业态创新奠定基础。

沃尔玛公司省钱营销模式复制阶段上半期大事记（1981—2000年）

- 1981 财年，沃尔玛店铺总数达到330家，分布于美国11个州，营业额达到 16.43 亿美元，比上年增长了 32%，利润额为 5568 万美元，比上年增长了 35%。营业额居美国零售业排行榜第 33 位，仅为居第一位的西尔斯的 9%。每平方英尺营业额比上年提高了 12%，达到了 120 美元。

- 1981 财年，沃尔玛店铺总建筑面积为 1550 万平方英尺，每家店铺规模一般在 3 万~6.5 万平方英尺，平均每家为 4.7 万平方英尺，都是一层建筑，销售面积占建筑面积的比例约为 90%。每家商店设有 36 个商品部，经营品种达到 3.5 万个。店铺独立设店或者开在购物中心里，大多数可以辐射到乡村地区，有较长的营业时间和足够的停车场。

- 1981 财年，配送中心规模进一步扩大：位于阿肯色州本顿维尔小镇的 39 万平方英尺的配送中心在 1980 年 2 月开始运营；位于阿肯色州瑟西的配送中心扩大了 14.2 万平方英尺，达到了 20.2 万平方英尺；位于得克萨斯州巴勒斯坦的 51 万平方英尺的配送中心于 1981 年 3 月开始运营。

- 1981 年 8 月，沃尔玛公司收购了一家区域性折扣商店连锁公司 Kuhn's-Big K Stores Corp，该公司有 120 多家店铺，收购后关闭了与沃尔玛已有店铺重合的 14 家店铺，以及亏损的店铺，保留下来 92 家店铺，使沃尔玛在凯马特之前顺利快速进入美国东南部地区，也消除了一个区域性竞争对手。

- 1981 年，沃尔玛公司开始使用商品条码和电子扫描器技术，1983 年被应用到 25 家店铺，1984 年普及到 70 多家店铺，1985 年达到近 300 家，到 20 世纪 80 年代末期应用到了所有店铺。

- 1981 年，沃尔玛公司停止使用了近 20 年的品牌标志，设计使用了新的品牌标志，主要变化在于两点：一是 Wal-Mart 字体消除了棱角，更加圆润；二是字体颜色由黑色改为咖啡色，看起来更加温暖。

- 1982 财年，沃尔玛店铺总数达到 491 家，分布于美国 13 个州，营业额达到 24.44 亿美元，利润额为 8279 万美元。每平方英尺营业额为 133 美元（1981 财年为 120 美元，1980 财年为 110 美元）。

- 1982 财年，沃尔玛店铺总建筑面积将近 2000 万平方英尺，每家店铺面积一般在 3 万~8 万平方英尺，平均每家店铺约为 4.8 万平方英尺。店铺一般开设在 5000 至 2.5 万人口的小镇，大多数店铺辐射广大的乡村地区，大约有 41 000 名员工（包括全日制和非全日制），被称为合伙人。
- 1982 年，以山姆·沃尔顿猎犬 OL'Roy 的名字创立了狗粮品牌，保证价格低和质量好，销量超过雀巢的普瑞纳品牌，成为美国第一大狗粮品牌。从此，沃尔玛开启了自有品牌之路。
- 1982 年 12 月，位于亚拉巴马州卡尔曼的配送中心建成并开始运营，为公司向美国北部和东北部进行店铺拓展提供了条件，有点"车马未动，粮草先行"的意思。
- 1983 财年，沃尔玛店铺总数达到 551 家，营业额达到 33.76 亿美元，利润额为 1.24 亿美元。每家店铺面积一般在 3 万~8 万平方英尺，平均每家店铺约为 5 万平方英尺。店铺一般开设在 5000 至 2.5 万人口的小镇，大多数店铺辐射广大的乡村地区，满足居民日常生活用品一次购足的需求，大约有 46 000 名员工（包括全日制和非全日制）。
- 1983 财年，沃尔玛店铺总建筑面积将近 2772.8 万平方英尺，每平方英尺的营业额达到 145 美元（二者相乘与该财年营业总额数据不一致，但年报就是如此）。店铺分布在美国 14 个州。
- 1983 财年，沃尔玛已经有 6 家配送中心，由其配送到店铺的商品占销售总额的 82%。同时，开始尽量避免配送货车回程的空驶问题。
- 1983 年，沃尔玛公司的第一颗专用人造卫星升空，这颗卫星是 20 世纪 80 年代初期沃尔玛公司与休斯公司合作制造的，花费 2400 万美元。1987 年沃尔玛卫星网络形成。这使沃尔玛总部可以即时了解各个店铺的经营情况。
- 1983 年，沃尔玛公司在俄克拉何马州的中西部市开设了第一家仓储商店，名为山姆批发会员店，表明该年开始发展仓储商店业态。1990 年山姆批发会员店更名为山姆会员店。

- 1983年，沃尔玛公司在折扣商店经营药品的基础上，在艾奥瓦州开设了第一家2000平方米的药店，主要经营保健卫生品，随后开设了20多家，尝试失败之后，1990年初将其全部卖掉。
- 1983年，店铺服务人员配备了新的肩牌，上面写着"我的工作就是为您节省时间和金钱"！这可能是第一次将"省钱"作为口号提出（详见1984年沃尔玛公司财报）。
- 1984财年，沃尔玛店铺总数达到645家（其中有3家山姆批发会员店），分布在美国19个州，营业额达到46.66亿美元，利润额为1.96亿美元，纯利润率为4.2%（上年为3.7%）。每平方英尺营业额为150美元。
- 1984财年，沃尔玛店铺总建筑面积将近3435.3万平方英尺。每家店铺面积一般在3万~10万平方英尺，平均每家店铺约为5.3万平方英尺。店铺大多数开设在小镇，也开始开设在大城市周边地区，满足居民日常生活用品一次购足的需求。大约有62 000名员工（包括全日制和非全日制）。
- 1984财年，沃尔玛已经有6家配送中心，由其配送到店铺的商品占销售总额的81%。
- 1984年，山姆·沃尔顿兑现对员工的承诺，公司税前利润达到8%，他在华尔街跳了草裙舞。
- 1984年，担任首席财务官的戴维·格拉斯与担任副董事长的舒梅克交换职务，格拉斯担任公司总裁兼首席运营官。
- 1984年，沃尔玛公司在密苏里州的春田市创办了海伦工艺品店，面积约为1500平方米，经营各类工艺美术品，计划以此打开城市市场。沃尔玛公司尝试开设三家店铺后，没有取得成功，1988年将其全部卖掉。
- 1985财年，沃尔玛店铺总数达到756家（其中有11家山姆批发会员店），分布在美国20个州，营业额达到64亿美元，利润额为2.7亿美元，纯利润率为4.2%。店铺总占地面积为4190万平方英尺，每平方英尺营业额为166美元。大约有81 000名员工（包括全日制和非全日制）。

- 1985年1月，位于艾奥瓦州欢喜山65万平方英尺的配送中心开始运营，主要服务于美国北部中心地区。由配送中心直达店铺的商品占店铺销售总额的77%。

- 1985年，沃尔玛与供应商建立电子数据交换系统，又称自动订货系统或无纸贸易系统，就是沃尔玛与供应商通过计算机进行联网，分享供应商商品在沃尔玛的销售和库存的即时情况，从而实现自动补货。截至1990年，沃尔玛与5000多家供应商中的1800家实现了电子数据交换，成为这一技术的全美国最大的应用者。

- 1985年，沃尔玛加快向较大城市发展，单店的平均面积由1980年的4400平方米增加到1985年的6000平方米以上，有的达到了8000平方米。

- 1985年11月，沃尔玛公司建立了沃尔顿零售学院，与阿肯色继续教育中心大学合作，承担着沃尔玛公司管理人员的培训任务，对店长、地区经理、大区经理等管理者的培训已经开始，未来再拓展至其他管理者。

- 1986财年，沃尔玛店铺总数达到887家（其中有23家山姆批发会员店），分布在美国22个州，营业额达到84.51亿美元，利润额为3.27亿美元，纯利润率为3.8%。大约有104 000名员工（包括全日制和非全日制）。店铺总建筑面积达到5120万平方英尺。

- 1986年，广告费用总额仅占销售额的0.7%。

- 1986年，沃尔玛公司的利润分享计划受益员工达到75 000人（1972年仅为128人），分享金额达到了4.5亿美元（1972年仅为17.2万美元）。

- 1986年，沃尔玛公司有19 000名员工参加了总部或店铺组织的不同类别的培训，包括经理助理培训、商品知识培训、山姆会员店运营培训、编制计划培训、员工安置培训以及部门经理培训等。

- 1987财年，沃尔玛店铺总数达到1037家（其中有49家山姆批发会员店），分布在美国23个州，营业额达到119.09亿美元，利润额为

4.5 亿美元，纯利润率为 3.8%。大约有 141 000 名员工（包括全日制和非全日制）。店铺总建筑面积达到 6330 万平方英尺，平均每平方英尺实现销售额 194 美元。

- 1987 财年，沃尔玛公司已经有 10 个配送中心，总面积达到了 700 万平方英尺，平均每家配送中心面积在 70 万平方英尺，拥有 750 辆配送货车、5000 辆挂车，每年接收和运出货物超过 3000 万次。大多数配送中心实施两班倒，每个中心大约聘用 500 人，服务着大约 150 家沃尔玛公司的店铺。沃尔玛运输车队共有 750 名司机以及 300 名后勤保障人员，1986 年行驶了 9000 万英里。

- 1987 年 12 月，沃尔玛公司与位于达拉斯的一家超市连锁公司合作（各出资 50%），创办的第一家特级市场在达拉斯郊区开业，营业面积达到 20 000 平方米，35% 为食品，其他为非食品。1988 年 1 月，第二家在堪萨斯州的托皮卡市开业。1990 年沃尔玛在开办了 4 家特级市场后，没有取得成功，随后终止了该业态的发展。

- 1987 年，沃尔玛成功地实施了"店中店"（Store-Within-A-Store）的店铺经理培养新制度，选择一些后备力量在指定店铺担任助理经理，负责该店铺几个部门的全部工作，以提升他们的经营管理能力。

- 1987 年，沃尔玛被《财富》杂志评选为"最受赞美的十大公司"之一。

- 1988 财年，沃尔玛店铺总数达到 1218 家（其中有 84 家山姆批发会员店），分布在美国 24 个州，营业额达到 159.59 亿美元，利润额为 6.27 亿美元，纯利润率为 3.9%。大约有 200 000 名员工（包括全日制和非全日制）。店铺总建筑面积达到 7780 万平方英尺，平均每平方英尺实现销售额 213 美元。

- 1988 财年，配送中心增加了 147.7 万平方英尺的面积。一是扩大了已有的 3 个配送中心；二是 1988 年 1 月在南加利福尼亚州的劳伦斯开设了公司的第 11 个配送中心，面积为 58.3 万平方英尺。

- 1988 年，山姆·沃尔顿卸任首席执行官，由戴维·格拉斯接任。同时，唐·索德奎斯晋升为副董事长兼首席运营官。

- 1988年，沃尔玛公司在密苏里州的华盛顿开设了第一家沃尔玛超级中心，表明该年开始发展超级中心业态。
- 1989财年，沃尔玛店铺总数达到1381家（其中有105家山姆批发会员店，2家超级中心），分布在美国25个州，营业额达到206.49亿美元，利润额为8.37亿美元，纯利润率为4.1%。店铺总建筑面积达到9164万平方英尺，平均每平方英尺实现销售额225美元。
- 1989年沃尔玛公司年报显示，该财年沃尔玛公司仍然维持16个配送中心，但是总面积进一步扩大，达到了1150万平方英尺，配送员工达到了10 000人，配送及时率达到99%，订单履行准确率超过了99%。
- 1990财年，沃尔玛利润超过10亿美元。沃尔玛店铺总数达到1528家（其中有123家山姆批发会员店、6家超级中心），分布在美国29个州，营业额达到258.11亿美元，利润额为10.76亿美元，纯利润率为4.2%。大约有275 000名员工（包括全日制和非全日制）。店铺总建筑面积达到1亿平方英尺，平均每平方英尺实现销售额250美元。
- 1990年10月，沃尔玛正式宣布建立名为"Retail Link"的供应商平台，供应商可以通过这个平台得到与自身商品相关的销售和库存数据，并可以与沃尔玛的每一家店铺直接联系起来。
- 1990年12月10日，沃尔玛完成了对于麦克莱恩公司的收购，该公司为26 000个零售商提供商品分销服务，在11个州分布着14家配送中心，供应12 500类商品。
- 1991财年，沃尔玛公司以326亿美元的销售额成为美国第一大零售商，凯马特以321亿美元居第二位，上一年居第一位的西尔斯以319亿美元居第三位。
- 1991财年，沃尔玛店铺总数达到1730家（其中折扣商店1573家、山姆批发会员店148家、超级中心9家），分布在美国35个州，营业额达到326.02亿美元，利润额为12.91亿美元，纯利润率为4.0%。大约有328 000名员工（包括全日制和非全日制）。店铺总建筑面积

（未包括山姆批发会员店）达到1.11亿平方英尺，平均每平方英尺实现销售额263美元。

- 1991年，沃尔玛配送中心总面积从上年的1180万平方英尺增加到1460万平方英尺。该年新建并开始运营3家各自超过100万平方英尺的配送中心，分别位于印第安纳州的西蒙（3月开始运营）、阿肯色州的塞瑟（5月开始运营）和科罗拉多州的洛夫兰（9月开始运营）。全公司已经有16个配送中心，平均每个配送中心服务98家店铺。

- 1991年，沃尔玛公司继续开展员工建议活动，采纳员工建议400多条，由此节省费用3800万美元。

- 1991年，沃尔玛与墨西哥最大的零售公司CIFRA成立合资公司，在墨西哥城开设仓储商店，开始进入海外市场。

- 1991年和1993年，沃尔玛公司应用更加先进的快速反应系统和连线系统与供应商共享预测方法，从而进一步完善了自动订货和补货系统。该系统利用条码扫描和卫星通信，与供应商每日交换商品销售、运输和订货信息，从发出订单、生产到将货物送达商店，总共不到10天。

- 1992财年，沃尔玛店铺总数达到1932家（其中折扣商店1714家、山姆会员店208家、超级中心10家），分布在美国42个州，营业额达到438.87亿美元，利润额为16.09亿美元，纯利润率为3.7%。大约有371 000名员工（包括全日制和非全日制）。折扣商店和山姆批发会员店每平方英尺销售额分别从263美元和501美元提高到了279美元和522美元。

- 1992年，店铺名称"Wal-Mart"品牌标志中的"-"替换为蓝色五角星（直至2008年），该年年报的封面就是五角星图案，以突出这一变化。

- 1992年3月17日，山姆·沃尔顿荣获由美国总统乔治·布什颁发的总统自由勋章——美国最高荣誉的平民奖。

- 1992年4月5日，山姆·沃尔顿辞世。1982年他被确诊为白血病，

1989年被确诊为骨癌。
- 1992年4月7日，罗伯森·沃尔顿担任公司董事会主席。
- 截至1992年年底，共有22个配送中心，平均每个配送中心面积约为100万平方英尺。配送中心共有16 000名员工和2500名司机。
- 1992年，在墨西哥已有3家仓储商店、4家折扣商店和1家综合商店，没有沿用在美国市场的店铺名称，而是另外的名称。
- 1993财年，沃尔玛店铺总数达到2148家（其中墨西哥有10家店铺），分布在美国45个州及墨西哥1个国家，营业额达到554.84亿美元，利润额为19.95亿美元，纯利润率为3.6%。大约有434 000名员工（包括全日制和非全日制）。沃尔玛店铺每平方英尺销售额从上一年的265美元提高到了297美元。
- 1993年，沃尔玛国际部成立，波比·马丁担任国际部总裁兼CEO。
- 1994财年，沃尔玛店铺总数达到2463家（其中墨西哥有24家店铺），分布在美国47个州及墨西哥1个国家，营业额达到673.44亿美元，利润额为23.33亿美元，纯利润率为3.5%。大约有528 000名员工（包括全日制和非全日制）。
- 1994年，沃尔玛首次进入中国香港，并开设了3家名为价值会员店（Value Clubs）的店铺。
- 1994年初，沃尔玛在加拿大收购了122家沃克（Woolco）商店，之后更名为沃尔玛折扣商店，成功地复制了沃尔玛的企业文化，进入了北美市场。
- 1995财年，沃尔玛店铺总数达到2784家（其中海外226家），分布在美国50个州及加拿大、墨西哥和中国香港等国家或地区，营业额达到824.94亿美元，利润额为26.81亿美元，纯利润率为3.2%。大约有622 000名员工（包括全日制和非全日制）。
- 1995年，沃尔玛在阿根廷和巴西开设店铺，进一步在南美扩大辐射范围。
- 1996财年，沃尔玛店铺总数达到2943家（其中海外276家），分布在美国50个州及海外波多黎各（美国自治邦）、加拿大、墨西哥、阿根廷和巴西等国家和地区，营业额达到936.27亿美元，利润额为27.40亿美元，纯利润率为2.9%。大约有675 000名员工（包括全日制和非全日制）。

- 1996财年，店铺营业总面积为2500万平方米，美国居民人均0.1平方米，每家店铺平均面积约为8500平方米，沃尔玛商店（包括折扣商店和超级中心）和山姆会员店每平方米销售额为3304美元。
- 1996年年报中出现了微笑先生（Mr Smiley）标志，为黄色笑脸☺，意味着欢迎光临和为顾客服务而开心，常常出现在沃尔玛店铺招牌和员工胸牌上。2019年沃尔玛公司曾经为笑脸的拥有权和使用权与法国一家公司有一场诉讼。
- 1996年，沃尔玛成为墨西哥最大的零售商和加拿大最大的折扣连锁零售商。
- 1996年8月，沃尔玛在中国深圳同时开业了一家山姆会员店和一家超级中心（在中国被称为购物广场），表明正式进入中国大陆市场。
- 1996年，沃尔玛启动了Wal-Mart.com线上购物网站，1999年第二次启动Wal-Mart.com线上购物网站，2000年店内的广告采用沃尔玛的视频网络进行播放。沃尔玛比较早地开办了线上商店，但是仅仅作为线下商店的一种补充，并没有把它视为一种重要的零售业态。因此，该阶段沃尔玛的线上零售仅仅处于探索和尝试的阶段。
- 1997财年，销售额超过了1000亿美元。沃尔玛店铺总数达到3054家（其中海外314家），分布在美国50个州及海外波多黎各（美国自治邦）、加拿大、墨西哥、阿根廷、巴西、中国和印度尼西亚等7个国家和地区，营业额达到1048.59亿美元（2000年年报修正的数据），利润额为30.56亿美元（2000年年报修正的数据），纯利润率为2.9%。
- 1997年，该年年报称，沃尔玛已经与可口可乐和麦当劳一样，成为全球化品牌。
- 1997年，沃尔玛公司股票成为道琼斯工业平均指数股票。
- 1997年，沃尔玛公司拥有3300辆货车、3800名司机，一年完成了

90万次的运货任务，已经成为美国最大的货运公司之一。
- 1997年12月30日，沃尔玛完成收购德国Wertkauf旗下的21家特级市场（Hypermarket），成功进入欧洲这一最大的消费市场之一。
- 1998财年，沃尔玛店铺总数达到3394家（其中海外589家），分布在美国50个州及海外波多黎各（美国自治邦）、加拿大、墨西哥、阿根廷、巴西、中国和德国7个国家和地区，营业额达到1179.58亿美元，利润额为35.26亿美元，纯利润率为3.0%。有82 500名员工遍布全世界。
- 1998年财年，沃尔玛国际销售额为75亿美元，1997财年为50亿美元，1996财年为37亿美元，1995财年为15亿美元，足见其国际化步伐的加快。
- 1998财年，沃尔玛资产部已经拥有3.1亿平方英尺的房地产，是美国最大的零售面积拥有者和管理者。
- 1998年，该年年报的最后一页——山姆会员店招募会员的推广页，上半部分是一个家庭"美好生活"的照片，下半部分是招募会员的文字广告语，标题为"这个房间有一个秘诀"，括号中的内容为"因为有了它，人们的生活会更好"。其中，"它"是指山姆会员身份，有了这个身份有很多好处，如广泛的优质商品选择、前所未有的低价等。该页最后出现了一行醒目的字体"好生活的诀窍"，句尾右上角还有"TM"两个字母，这意味着这句话在申请商标的过程中，或表明自己拥有独享权利。
- 1998年，在阿肯色州开业了第一家沃尔玛社区商店。
- 1998年，沃尔玛通过成立合资公司进入韩国，开设超级中心。
- 1999财年，沃尔玛店铺总数达到3591家（其中海外703家），分布在美国50个州及海外波多黎各（美国自治邦）、加拿大、墨西哥、阿根廷、巴西、中国、韩国、德国8个国家和地区，营业额达到1376.34亿美元，利润额为44.30亿美元，纯利润率为3.2%。
- 1999年，该年年报披露，沃尔玛已经有世界最大的数据库，这些数据用于寻找一种方式，以更好、更快和天天低价地满足顾客需要。

- 1999年10月，沃尔玛在英国收购阿斯达（ASDA）公司的229家店铺，成功进入英国市场。
- 1999年，沃尔玛在德国收购了Interspa的374家连锁超市，进一步扩大了在德国的经营范围。
- 2000财年，沃尔玛店铺总数达到3983家（其中海外991家），分布在美国50个州及海外波多黎各（美国自治邦）、加拿大、墨西哥、阿根廷、巴西、中国、韩国、德国、英国9个国家和地区，营业额达到1650.13亿美元，利润额为53.77亿美元，纯利润率为3.3%。
- 2000年，在《财富》杂志"最受赞美的公司"十大公司排行榜中，沃尔玛居第5位，其他有通用电气、可口可乐、微软、戴尔、伯克希尔-哈撒韦、西南航空、英特尔、默克（制药）和迪士尼。从1987年第一次入选，至此沃尔玛已经入选8次。
- 2000年，沃尔玛公司分为四大事业部：一是管理折扣商店、超级中心和社区商店的事业部；二是管理山姆会员店的事业部；三是管理国际业务的事业部；四是管理物流的事业部。在前两个管理商店的事业部中，通过事业部总裁、区域总裁、区域经理、店铺经理四个层次，直接对店铺的选址、开办、进货、库存、销售、财务、促销、培训、广告、公关等各项事务进行管理。
- 2000年，李斯阁担任沃尔玛公司总裁兼CEO。

第 7 章

第三阶段下半期：向线上商店及全渠道商店等业态复制省钱营销模式

（2001—2020 年）

由前述可知，在沃尔玛发展的第三阶段上半期（1981—2000 年），不仅继续进行前一阶段的折扣商店复制，同时将完善的省钱营销模式复制于仓储商店（山姆会员店）、超级中心和社区商店等线下新型零售业态，都取得了成功。在沃尔玛发展的第三阶段下半期（2001—2020 年），迎来了全球零售业的线上商店和全渠道商店的革命，沃尔玛在保持原有三种零售业态（折扣商店除外，其数量逐渐减少）复制省钱营销模式的基础上，开始将省钱营销模式向线上商店及全渠道商店进行复制，这种复制仍然处于创新的探索过程之中，其特征与亚马逊的全渠道战略明显不同，沃尔玛更加关注的是如何将线上零售与已有的大量线下店铺进行融合，而不是大量发展全新的线上商店。沃尔玛这种边创新边复制的情形至少会延续至 2030 年，而本书主要基于沃尔玛 2001—2020 年的发展情况进行讨论。

沃尔玛公司在 2018 年初宣布，作为一家全渠道零售商，从 2018 年

2月1日起将公司法定名称由"沃尔玛百货有限公司"（Wal-Mart Stores Inc.）变更为"沃尔玛公司"（Walmart Inc.）。这一变更表明沃尔玛越来越重视为顾客提供无缝连接的零售服务，以满足顾客多种购物方式，包括在线下门店、网上、移动设备上购物，或以门店取货和接受送货上门的方式购物。

这一阶段，沃尔玛仍然保持着稳定和较高速度的增长。2001财年沃尔玛公司店铺数为4172家，其中美国本土3118家，包括折扣商店1736家、超级中心888家、山姆会员店475家、社区商店19家，海外开设店铺1054家，公司总销售额为1807.87亿美元，利润额为62.35亿美元，店铺分布在美国50个州及海外波多黎各（美国自治邦）、加拿大、阿根廷、巴西、墨西哥、中国、韩国、德国、英国9个国家或地区。2021财年沃尔玛公司店铺数增加至11 443家，美国本土5342家，其中包括折扣商店374家（大大减少）、山姆会员店599家（大大增加）、超级中心3570家（大大增加）、社区商店等799家（大大增加），海外开设店铺6101家，公司总销售额为5552.33亿美元（亚马逊同期为4698亿美元），利润额为135.10亿美元（亚马逊同期为334亿美元），店铺分布在美国50个州及海外波多黎各（美国自治邦），以及欧洲、北美、中美、南美、亚洲、非洲的24个国家。在《财富》杂志公布的世界500强排行榜中，沃尔玛连续8年排在首位（2014—2021年），其他年份也基本位居前三。2020年沃尔玛公司年报显示，该财年共有员工220万人，其中在美国工作的有150万人，在国外工作的有70万人。在这个阶段，沃尔玛不仅将省钱营销模式在超级中心、仓储商店和社区商店等三种零售业态进行复制，而且尝试进行线上商店的复制，以及线上线下全渠道商店的复制，并进一步完善顾客、流程和资源三个层面的匹配度，在线下店铺的复制继续取得成功，线上店铺和全渠道店铺的复制也取得明显成效。由于向线下店铺的复制在前一章已经充分讨论，而且2010年之后的线下店铺复制已经带有全渠道的特征，因此，我们把这一阶段视为沃尔玛公司省钱营销模式向线上及全渠道业态的复制阶段，并按照逻辑营销或者营销定位瓶的框架对其进行描述和分析。在这个阶段，李斯阁于2000—2008年担任总裁兼CEO，2009—

2013年改由麦·道克担任，2014年至今由董明伦担任。其间，董事长一职在1992—2014年由沃尔顿家族成员罗伯森·沃尔顿（山姆·沃尔顿的长子）担任，2014年至今由格雷格·彭纳（Greg Penner）（罗伯森·沃尔顿的女婿）担任。

公司使命：让人们生活得更好

在前两个阶段（1940—1980年），沃尔玛的使命强调的是：通过提供价廉物好的商品让顾客满意。在第三阶段上半期（1981—2000年），沃尔玛的使命提升为：通过创建世界上最好的商店，让低收入人群也能消费好东西并达到满意，从而使生活变得更好。到了该阶段（2001—2020年），这一使命的描述更加清晰和明确。

沃尔玛全球前副董事长唐·索德奎斯在2008年谈到，沃尔玛成功的12条原因之一就是确定并一直坚持同一的使命。他说："大厦在增高，根基却从未动摇：要通过提供物美价廉的商品，帮助人们提高生活水平。"⊖这表明在2000年之后，沃尔玛公司仍然坚持已经确定的公司使命。

另外一个明显的标志是，沃尔玛宣传口号和标志的改变。2007年9月12日晚，美国观众从电视中惊奇地发现，沃尔玛"天天低价"（Always Low Price, Always）的广告没有出现，取而代之的是"省钱，好生活"（Save money, Live better），此时寓意"让人们生活得更好"使命的缩略语"好生活"成为沃尔玛品牌的定位语，并且固定为公司的口号。2008年沃尔玛引入最新的品牌标志（Logo），采用更加柔和的英文字体，并且去掉了1992年版的"Wal"和"Mart"中间原有的蓝色五角星，在字母后面增加了六条橙色的光芒线，可以把它想象成原Logo中五角星幻化成的"星光"，也可以用它代表阳光，代表大自然，这与沃尔玛转型环保型企业的理念相一致；同时又形似火花，代表灵感与智慧，更代表了沃尔玛是顾客

⊖ 索德奎斯．沃尔玛不败之谜：沃尔玛全球前副董事长揭密[M]．任月园，译．北京：中国社会科学出版社，2009：26．

省钱的智慧之选。Logo 设计中的色彩选择了较为活泼的蓝色和橙色，给人以舒心的生活气息。这几方面都与人们的美好生活息息相关。

在 2007 年沃尔玛公司年报中，封面购物车图片上还有"Always Low Price, Always"（天天低价）标语，但是开篇第一页的第一句话就是："我们在全世界的使命：为人们省钱以使他们生活得更好！"紧接着引用了山姆·沃尔顿的一句话："最棒的是，如果我们共同努力，我们将降低每个人的生活成本，不仅仅是在美国，我们将给全世界一个机会，让人们省钱并过上更好的生活。"类似的话，在 2007 年年报中多次出现。这是沃尔玛从 1962 年创建以来一直坚持的使命。在 2008 年沃尔玛公司的年报封面上印着醒目的大字："为人们省钱以使他们生活得更好！"沃尔玛公司每年年报的图片和文字呈现的是该年经营管理的主题和突出成果，可见该年年报再次重复和强调了沃尔玛公司使命的主题，并且出现了带有这句话缩略语的口号和标志："Save money, Live better"与黄色星光图案融为一体（见图 7-1，星光应为六条光芒线，图中使用的是半个标志图案，也是沃尔玛常见的使用方式）。图 7-1 中口号末尾右上角的"SM"标记是服务商标（Service Marks）的缩写，表明此时沃尔玛公司已经将其作为服务商标了，开始固定化和标准化。

图 7-1　沃尔玛 2007 年新启用的口号和标志

2010 年沃尔玛公司年报的封面上再次出现了"为人们省钱以使他们生活得更好"的口号，配的图片是一家人推着沃尔玛购物车、面带笑容的幸福情景，同时，购物车上原有"天天低价"的标语已经改为"省钱、省心，好生活"了（见图 7-2，购物车牌下端的小字）。

2012 年沃尔玛公司年报中，为庆祝沃尔玛公司成立 50 周年，梳理了 50 件大事，其中最后一件大事是"沃尔玛庆祝'帮助顾客省钱并让顾客生活得更好'50 周年"。这意味着，沃尔玛自认为从诞生那一天起，都是为"帮助顾客省钱并让顾客生活得更好"而生存和发展。

至今，沃尔玛公司仍然沿用这一口号。2019 年沃尔玛公司年报中，公司总裁兼 CEO 董明伦在给股东的信中仍然强调"我们的使命就是：为人们省钱而让他们的生活变得更好"。

2022 年 4 月，人们仍然可以在沃尔玛公司官方网站上看到这样的介绍："沃尔玛公司致力于通过实体零售店、在线电子商店，以及移动端等不同平台的不同方式来帮助世界各地的人们随时随地省钱，并生活得更好。"

可见，该阶段（2001—2020 年）沃尔玛的使命明确为"让人们生活得更好"。实际上，这是前三个阶段使命的延续、凝练和提升，在本

图 7-2 2010 年沃尔玛公司年报封面

质上是一致的，也可以视为前三个阶段使命的复制。在这一阶段，无论是沃尔玛的线下业态，还是线上业态，抑或是线下线上融合的全渠道业态，不论是处于美国本土的店铺，还是遍布全世界 24 个国家和地区的店铺，都是以此为使命的。

营销目标：为顾客提供价廉物好的商品并赢利

在沃尔玛公司发展的第三阶段下半期，仍然延续第一、二阶段和第三阶段上半期的营销目标，即为顾客提供价廉物好的商品并获得一定的利润。"提供价廉物好的商品"就可以为顾客省钱，从而实现让人们生活得更好的使命。同时，"获得一定的利润"就可以保证公司健康生存和发展，从而可以进一步更好地实现让人们生活得更好的使命。可见，目标与使命之间有着清晰的因果关系。

在 2001 年沃尔玛公司年报中，新任总裁兼 CEO 李斯阁明确表示，在过去的财年，沃尔玛一方面无界限地通过天天低价改善人们的生活，另一方面给利益相关者创造更大的价值。在 2002 年沃尔玛公司年报中，李斯

阁明确指出:"我们越来越趋近于世界上最大的公司,但是我们的目标从来不是最大的,而是利益相关者认为的我们是最好的公司,利益相关者包括我们的客户、我们的同事、我们的供应商、我们的社区,更重要的是我们的股东。我们的既定目标是盈利增长速度等于或高于销售额的增长速度。"同时,2002年沃尔玛公司年报中再次强调"我们首先是商人"(在《员工手册》也有这一条),其目标是为顾客提供价廉物好的商品并使销售额和利润增长。沃尔玛在2004年年报中特别强调"提高了人们的生活水平",通过向顾客提供高质量、广泛选择和可以接受的价格的日常生活用品,让他们省下钱来购买提高生活水平的商品。

沃尔玛全球前副董事长唐·索德奎斯在2008年谈道:"沃尔玛的使命(从刚开始到现在)很激动人心:看看我们能做什么,不为金钱目标,而为服务他人。不论面前有何挑战,需要做出何种决策,我们都不愿意背离这种使命。当然,它与我们开发产品、制定策略、整合资源和人力去实现盈利模式以获得长期成功并不矛盾。每个真正成功的企业都必须努力实现持续性发展。即便我们寻求利润,但我们永远不放弃为顾客服务的初衷。"⊖可见,这里唐·索德奎斯使用的"使命"一词可以理解为沃尔玛的营销目标:通过提供价廉物好的商品来服务他人,并获得盈利以持续发展。按照唐·索德奎斯的说法,沃尔玛不断创新仓储商店、超级中心、社区商店等零售业态,以及全球化发展的战略,都是为了实现"为顾客提供价廉物好的商品并赢利"这一目标服务的。他说:"我们可以在全球的沃尔玛商店和折扣会员店向顾客提供低价商品,帮助大家提高生活水平——这一点,跟我们当初在美国小镇上随后在全美国做的一样。山姆想通过物美价廉的商品来改善人们生活的愿景在全世界变成了现实。"⊜

即使进入了线上店铺和全渠道店铺的时代,沃尔玛的使命和目标仍然没有改变。在2010年沃尔玛公司年报中,总裁兼CEO麦·道克在给股东、

⊖ 索德奎斯. 沃尔玛不败之谜:沃尔玛全球前副董事长揭密[M]. 任月园,译. 北京:中国社会科学出版社,2009:139.

⊜ 索德奎斯. 沃尔玛不败之谜:沃尔玛全球前副董事长揭密[M]. 任月园,译. 北京:中国社会科学出版社,2009:32.

员工和顾客的信里指出:"遍布全球的顾客,都相信我们能够实现'为他们省钱以使他们生活得更好'的使命,他们期望商品的高质量、低价格和最好的价值……每一位员工每天都在服务顾客和维护着公司的利益和价值。"沃尔玛之所以没有像亚马逊发展线上商店那么激进和快速,一个重要原因就是线上商店大多处于亏损的状态,前期需要大量急速地增加成本,这对于实现沃尔玛的目标存在着一定的风险。当实施全渠道战略之后,沃尔玛找到了线上商店与线下商店相融合的路径,并且可以较好地实现"为顾客提供价廉物好的商品并赢利"的营销目标。正如有专家所评论的:"沃尔玛发布的一个新的精简版网站和移动应用程序,改变了外观和用户体验,同时让消费者比以往更容易找到他们所熟知和喜爱的品牌。同样在新网站上,沃尔玛通过与 Lord & Taylor 的合作,为消费者带来了更多的高端时尚产品。沃尔玛可以超越日常的低价,吸引更多的高端客户;而 Lord & Taylor 则扩大了它们的在线业务和客户群,且不会产生大量成本。"⊖这些措施无疑是为向顾客提供价廉物好的商品服务的。

可见,该阶段沃尔玛的营销目标与前几个发展阶段一致,是对前几个阶段营销目标的直接复制,即"为顾客提供价廉物好的商品并赢利"。这一目标适用于沃尔玛遍布世界任何地方的任何店铺形态,无论是线下还是线上,还是二者融合的全渠道店铺业态。

目标顾客:大中小城市普通大众及他们的家庭

由前述可知,在第三阶段上半期(1981—2000 年),目标顾客已经不局限于小镇居民,而扩展为大中小城市的普通大众及他们的家庭,中低收入人群及家庭是沃尔玛店铺的核心目标顾客群,高收入人群及家庭可以视为沃尔玛店铺的延伸性目标顾客群。

在该阶段(2001—2020 年),沃尔玛经营的线下业态有折扣商店、仓储商店、超级中心和社区商店四种,同时还经营有多家线上商店,以

⊖ 裴晓静. 亚马逊与沃尔玛:新零售争夺战 [J]. 中国品牌,2019(7):80-82.

及线下和线上相融合的全渠道商店。实际上，沃尔玛的线下店铺具有不同程度的全渠道店铺的特征，比如线下购买、线上支付，或者线上购买、线下提货等。2022年4月沃尔玛官方网站披露的数据显示，2021财年，平均每周全球有超过2.65亿的顾客和会员光顾分布在世界24个国家和地区的10 500多家分店（2021年年报公布的店铺数为11 443家）以及电子商务网站，全球有超过220万名的沃尔玛员工为世界各地的顾客提供各种各样的服务。美国90%的居民在10英里之内就可以找到至少一家沃尔玛店铺。

可见，尽管沃尔玛各种业态的目标顾客有一些差别，但是仍然可以概括为"普通大众及他们的家庭"，只不过是在时间和空间上都变得无界了，这些都源于沃尔玛成为一家全球化的全渠道零售公司。由此，可以推论该阶段沃尔玛复制了前几个阶段的目标顾客选择策略，只不过是复制到了更加广阔的空间和时间。在2010年之后的沃尔玛公司年报中，我们常常会看到这样的表述：随时随地为顾客省钱，以使他们的生活变得更好。

营销定位：通过价廉物好的商品实现省钱和好生活

这一阶段沃尔玛营销定位点的形成逻辑与前几个阶段相同，源于沃尔玛公司的使命、营销目标和目标顾客所关注要素的聚焦点，或者说重合交叉点。沃尔玛在该阶段营销定位点的内容与前几个阶段相同的是：利益定位为"省钱"，属性定位为"价廉物好"。不同的是，该阶段沃尔玛更加强调价值定位"好生活"，将其固定化为一句口号并确定为服务商标。价廉物好（属性定位）是顾客体验到省钱（利益定位）的原因，而省钱又是好生活（价值定位）的重要原因之一。继续将属性定位点确定为"价廉物好"，最根本的原因是沃尔玛的目标顾客仍然最关注这两个属性。我们通过沃尔玛公司在2003年1月的一次调查结果（见表7-1），⊖就可以看出这

⊖ 贝里达尔. 沃尔玛策略 [M]. 曾琳, 译. 北京：机械工业出版社，2006：191.

一点。在 2002 年沃尔玛公司的年报中，总裁兼 CEO 李斯阁在致利益相关者的信中曾经引用《纽约时报》的评价：沃尔玛通过向顾客提供价廉物好的商品，大大提高了美国人的平均生活水平。

表 7-1 影响顾客持续光顾沃尔玛店铺的因素调查结果

属性类别	非常重要	一般	无所谓
1. 价格具有竞争力	96%	3%	1%
2. 商品存货	94%	6%	0%
3. 商品档次/新鲜	92%	6%	2%
4. 商品种类	89%	9%	2%
5. 尊重顾客	89%	8%	3%
6. 足够的店员服务	87%	11%	2%
7. 商店各方面条件	87%	12%	1%
8. 购物环境舒适	87%	12%	1%
9. 店员态度好	89%	8%	3%
10. 店员能力出众	84%	13%	3%
11. 经理乐于助人	80%	16%	4%
12. 特价广告促销	81%	12%	7%
13. 位置离家近	75%	20%	5%
14. 重视顾客	67%	28%	5%

（1）从纵向看，该阶段定位点由"价廉物好"和"省钱"拓展至"好生活"。在该阶段的 2001—2007 年初，沃尔玛的宣传语还是"天天低价"和"优质产品"等，有时也会出现"为顾客省钱"的表述。在沃尔玛的购物车、送货车、店铺门前广告牌和员工的胸牌上出现较多的还是"天天低价"和"广泛的优质产品选择"等。例如，在 2006 年沃尔玛公司年报中，董事长罗伯森·沃尔顿谈道："天天低价定位是我们业务的基础……这一核心原则对我们的增长和业务战略至关重要。"总裁兼 CEO 李斯阁在该年年报中表示："我们的每一个业务部门都在继续蓬勃发展，不断创新，并使顾客以可承受的价格购买优质产品。"

但是，进入 2007 年之后，沃尔玛开始强调"好生活"的价值定位点。

2008年沃尔玛公司年报中出现了"省钱，好生活"的服务商标及口号。从此以后，在沃尔玛的购物车、送货车、店铺门前广告牌和员工的胸牌上，我们常常看到的口号变成了"省钱，好生活"，在中国市场看到的则是"省钱、省心，好生活"。公司领导人的讲话也更多地强调"省钱"和"好生活"了。当然，"天天低价"和"优质产品"仍然是沃尔玛反复提到的词语，几乎在每年的公司年报中都会出现，同时从始至终镶嵌在公司官方网站的简介当中，因为它们是"省钱"的同义语，"价廉物好"是公司的价格和产品策略视角，"省钱"是顾客获得的利益视角。

（2）从业态看，三个定位点（价廉物好、省钱和好生活）从线下商店延伸到线上商店和全渠道商店。换句话说，这三个定位点并非仅仅用于某一种或者某几种线下或线上零售业态，而是沃尔玛品牌的定位点，适合沃尔玛所有的线上、线下及二者相互融合的业态。

2007年，当沃尔玛的定位点从属性（价廉物好）和利益（省钱）延伸至价值（好生活）时，沃尔玛已经进入了线上商店和线下线上融合的零售时代，或者说等待着进入全渠道零售的时代。沃尔玛的全渠道发展可以分为三个阶段：一是线上商店与线下商店融合探索阶段（即线上商店发展的阶段）（1996—2010年），1996年线上商店（Walmart.com）正式上线，2000年升级后重新上线，尔后开始探索线上与线下店铺的联动，2007年推出线上购物、线下提货的服务，2010年Walmart.com的销售额为60亿美元，占沃尔玛总销售额的1.5%；二是全渠道零售启动阶段（2010—2016年），加速线上线下零售业务的融合式发展，并在英国、巴西、中国、加拿大等地建立了线上商店平台；三是快速扩张阶段（2016年至今），通过自建和收购等方式，增加诸多的线上及线下线上融合的零售商店，包括Hayneedle（领先的家居线上商店）、Moosejaw（户外运动品线上商店）、Bonobos（男装线上商店）、ELOQUII（14~28码女装线上商店）、Art.com（艺术和墙壁装饰类别中最大的在线零售商店），以及印度最大电商网站Flipkart。所有的这些线上商店都不同程度地实施了全渠道零售战略，带有全渠道商店的特征，与沃尔玛的实体商店融为一体。因此，沃尔玛的全部零售业态都普遍实施了三个定位点的战略。

这一点，我们可以在 2022 年沃尔玛官方网站上看到端倪，沃尔玛宣称："每天低价（EDLP）是我们战略的基石，我们对价格的关注从未如此强烈。今天的客户寻求我们提供的一站式购物的便利。从杂货和娱乐到体育用品和工艺品，我们提供顾客喜欢的深度分类，无论他们是通过我们的移动应用程序在 Walmart.com 网上购物，还是在商店购物。"同时，无论是在沃尔玛的线下商店，还是在沃尔玛的线上商店，我们都会经常看到"省钱，好生活"的标语。

（3）从空间看，三个定位点（价廉物好、省钱和好生活）从美国本土延伸到全世界 24 个国家和地区。1992 财年沃尔玛还没有国际化发展，在美国本土的 42 个州分布着 1932 家店铺，这些店铺都定位于"价廉物好"和"省钱"，隐含着"改善人们的生活"。1993 财年沃尔玛开始了国际化发展，成立了国际部，到了 2006 财年，在美国本土和全球 10 个国家和地区分布着 6014 家店铺（分别为折扣商店、仓储商店、超级中心、社区商店等线下商店，以及线上商店），与此同时，沃尔玛不仅将公司文化复制到了全球范围的店铺，还将"价廉物好""省钱"，以及隐含着的"好生活"三个定位点复制到了全球范围的店铺。自从 2007 年沃尔玛提出"省钱，好生活"的服务商标之后，至 2021 财年，已经在全世界遍布着超过 1 万家线下店铺，以及诸多的线上店铺，这些店铺无一例外地都实施了三个定位点（价廉物好、省钱和好生活）。

至今，世界各地的沃尔玛员工手册上，在"服务顾客"项目下都有"价廉物好"（天天低价和提供顾客满意的优质产品）的详细说明和规定。在 2007 年之后，我们发现：无论是户外的广告牌，还是店内的宣传语，都经常出现"省钱，好生活"的服务商标；无论是在沃尔玛公司年报中，还是在沃尔玛公司官方网站的介绍中，抑或是公司领导人的讲话中，都会经常出现这样一句话："沃尔玛公司致力于通过实体零售店、在线电子商店，以及移动端等不同平台不同方式来帮助世界各地的人们随时随地省钱，并生活得更好。"其中，"随时"是指"全渠道店铺"，"随地"是指"全世界店铺"，这就意味着沃尔玛全世界的全渠道店铺（实际上就是沃尔玛所有店铺），选择的都是"价廉物好，省钱和好生活"的定位点。

营销组合：价格出色+产品优质+其他要素可接受的模式

在这一阶段，沃尔玛仍然延续着前几个阶段的营销组合模式：价格出色（"价廉"定位点的最重要影响因素），产品优质（"物好"定位点的最重要影响因素），服务、店址、店铺环境和传播等其他营销组合要素（非定位点所在位置）在为定位点做出贡献的同时，达到目标顾客可接受的水平。这意味着沃尔玛公司在该阶段仍然坚持两点：一是依定位点进行营销要素组合；二是第三阶段下半期定位点没有发生改变（仅仅是明确提出了"好生活"），进而导致营销组合模式也延续着前两个阶段的状态，即依前述的营销定位点进行产品、服务、价格、店址、店铺环境和传播六个要素的有机组合，形成了"价格出色+产品优质+其他要素可接受"的"1+1+4"的营销组合模式。当然，由于该阶段零售业态更加复杂和多元化，特别是线上商店和全渠道商店的发展，使其营销组合的具体表现会有所不同。

我们在2006年曾经运用消费者关联模型工具对沃尔玛的营销组合模式进行分析，得到的结果与克劳福德和马修斯的研究结果非常相似，只不过我们评价的是零售营销组合的六个维度：产品、服务、价格、店址、店铺环境和传播，其结果见表7-2（图中黑字是沃尔玛的表现情况）。⊖顾客感到沃尔玛的商品价格低廉而诚实，是自己的采购代理。在产品质量稳定方面，沃尔玛赢得了顾客的信赖，保证产品为顾客实现效用价值。同时，沃尔玛在服务方面做到了适应顾客，在到达和购买便利方面实现了便利进入、容易寻找，在沟通方面尊重顾客，在店铺环境方面做到了安全卫生。可见，由于该阶段发展的新型业态的定位点复制了已有折扣商店的定位点，根据依定位进行营销组合的逻辑，沃尔玛的仓储商店、超级中心、社区商店自然也都复制了折扣商店的营销组合模式或者说逻辑。

⊖ 李飞，汪旭晖. 零售企业竞争优势形成机理的研究：基于沃尔玛公司的案例研究［J］. 中国软科学，2006（6）：129-137.

表 7-2　沃尔玛公司的营销组合模式

等级	产品	服务	价格	店址	传播	店铺环境
消费者追逐（5分）	产品出色或丰富	超越顾客期望	**顾客的购买代理**	到达和选择很便利	沟通亲切，体现关怀	令人享受
消费者偏爱（4分）	**产品值得信赖**	顾客满意	价格公平可信	到达和选择较便利	关心顾客	使人舒适
消费者接受（3分）	产品具有可信性	**适应顾客**	价格诚实，不虚假打折	**便利进出，容易寻找**	**尊重顾客**	**安全卫生**
消费者抱怨（1~2分）	产品质量低劣	顾客不满意	价格误导和欺诈	进出困难，找货不易	没人情味，不关心顾客	不想停留

（1）主要定位点所在位置的价格要素，努力做到低价和省钱。在这个阶段（2001—2020 年），沃尔玛仍然坚持低价的价格策略，为"省钱"的利益定位直接做出贡献，并为"好生活"做出间接贡献。这已经成为沃尔玛品牌（包括遍及全球的各种零售商店）的共同特征，或者说长期坚守的重要价格策略，至今也没有改变。正如沃尔玛前总裁兼 CEO 麦·道克所言："不管哪个市场，都得遵循'天天低价'策略。没有例外，没有借口。"⊖

第一，在该阶段，天天低价已经成为一种制度。在沃尔玛《员工手册》中，"我们的文化"一节里专门有"服务顾客"的条款，其中就有"天天平价"的详细说明："'天天平价'是一种节俭策略。它意味着我们要努力使我们的成本比竞争对手低，以便能用低价去销售商品。因此，在沃尔玛，顾客并不只在降价的时候能得到我们的最低价格，而是每天都能享受到……'天天平价'使顾客认识到沃尔玛的商品价格更优惠从而经常光顾。'天天平价'对于每个沃尔玛员工来说，是一个责任，也是一个机会，也是我们应该为顾客做到的。"⊖沃尔玛一直坚守着天天低价的策略并在全世界进行推广。这在 2021 财年沃尔玛公司年报中可以得到进一步证明：2021 财年，每周全球有 2.4 亿名顾客，光顾了沃尔玛分布在全球 26 个国

⊖ 罗伯茨，伯格. 向世界零售巨头沃尔玛学应变之道 [M]. 崔璇，译. 北京：中国电力出版社，2014：89.

⊖ 彭剑锋. 从乡村小店到世界零售巨头：全方位剖析沃尔玛成功历程 [M]. 北京：机械工业出版社，2010：262.

家和地区的 11 443 家线下商店和 54 个品牌的线上商店所构成的全渠道零售网络，在全世界的沃尔玛线下线上所有全渠道店铺中，都随时随地为顾客省钱，以便让他们的生活变得更好。其中，为顾客省钱是通过"天天低价地向顾客提供高质量的商品和服务"实现的，并强调"天天低价"一直是沃尔玛价格策略的理念和哲学。

第二，在该阶段，天天低价有三种具体表现形式。2004 年有专家描述，沃尔玛公司的网页上有三种定价策略的介绍，每一种策略都是围绕着"为顾客省钱"进行说明的。一是天天平价策略，沃尔玛解释说"因为你辛辛苦苦地赚钱，我们要保证你购物时享受到尽可能优惠的价格……我们要让你的钱更禁花"。二是让利销售，沃尔玛解释说"这是我们为了让顾客更省钱的另一个承诺。只要我们做得到，我们就会在天天平价的基础上进一步降价"。三是特惠商品，沃尔玛解释说"当你看到标有'特惠'的商标，你就会明白自己可以购买到超值的商品……我们以超低价来销售"。㊀2006 年另有专家对沃尔玛的天天低价策略进行描述："方法很简单：一模一样的商品，在这里的售价总是比别处低 15% 左右。在沃尔玛的海鲜柜台，你可以买到 4.84 美元一磅的三文鱼，价格低得让你难以置信。对于一个每月要花 500 美元采购食品的四口之家来说，沃尔玛 15% 的优惠就意味着省下几百美元。"㊁

对此，沃尔玛全球前副董事长唐·索德奎斯在 2008 年曾经解释说："我们的竞争者没有意识到，慢慢地，我们把他们的顾客拉进了我们的店里。因为顾客会算计，天长日久，在沃尔玛买东西可以少花很多钱，从而大大地减少他们的生活开支。这严重地冲击了传统的零售策略——搞几样商品大减价引诱顾客、玩玩花招，现在，顾客可以从天天低价中受益更多。不管你做什么生意，顾客总希望从你那儿得到更大的价值。"㊂

第三，在该阶段，天天低价更加明显地为降低成本做出贡献。不可否

㊀ 贝里达尔. 沃尔玛策略 [M]. 曾琳, 译. 北京：机械工业出版社, 2006：23.

㊁ 费什曼. 沃尔玛效应 [M]. 张桦, 译. 北京：中信出版社, 2007：6.

㊂ 索德奎斯. 沃尔玛不败之谜：沃尔玛全球前副董事长揭密 [M]. 任月园, 译. 北京：中国社会科学出版社, 2009：130.

认,沃尔玛公司的天天低价是通过降低成本实现的,换句话说,降低成本是"因",天天低价是"果"。不过,在这个阶段,天天低价为沃尔玛降低成本也做出了越来越多的贡献,即"天天低价"反哺了降低成本。一是可以减少频繁促销的人工成本。正如专家分析的:"'天天低价'策略使员工不用在每次促销时人工改变价格标签,因此减少了劳动力成本……当沃尔玛在巴西实行了'天天低价'后,改变标签价格的次数降低了60%,结账拥挤度也减少53%。"⊖ 这不仅改善了服务,还降低了人工成本。二是可以减少频繁促销的库存成本。频繁促销会导致库存发生非规律性变化,常常会出现过度库存造成库存积压的情况,"天天低价"使公司可以有效掌握销售规律,减少库存成本。三是可以减少频繁促销的广告成本。"天天低价"意味着价格稳定,"可以为零售商减少广告成本——不论是每周发邮件还是通过电视或者收音机的促销宣传……对手的广告投资额占销售额的2%,而沃尔玛只有0.5%"。⊖

可见,在该阶段沃尔玛发展的业态,无论是旧业态,还是新业态,无论是线上业态,还是线下业态,抑或是二者融合的全渠道业态,无论是在美国本土的业态,还是在全球发展的业态,都是具有低价特征的业态,可以说在价格策略上复制了已有的"省钱"利益定位点和"天天低价"属性定位点。

(2)次要定位点所在位置的产品要素,尽量做到优质,进而为省钱做出贡献。由前述可知,低质低价并不能达到让顾客省钱的目的,价廉物好才能达到省钱的目的。在这一发展阶段,沃尔玛继续复制仓储商店、超级中心、社区商店等线下业态,其中复制的重要内容就是"价廉物好","物好"是继续实施高质量的商品策略。与此同时,该阶段沃尔玛在全世界通过自建和购并等方式,发展了54个品牌的购物网站或线上商店,这些线上商店同样也复制了线下店铺的"价廉物好"的属性定位,自然也是实施高质量的商品策略。让顾客感受到高质量的商品,除了个体商品好之外,

---

⊖ 罗伯茨,伯格. 向世界零售巨头沃尔玛学应变之道 [M]. 崔璇,译. 北京:中国电力出版社,2014:85.

还有一个非常重要的方面，即广泛的商品选择，实际上就是广泛的高质量商品选择。以 2012 年年报披露的情况为例，为了满足顾客一站购足的需要，沃尔玛增加了数百类商品的 10 000 多个花色品种，包括全国性品牌、自有品牌等，并适当提高库存水平。

第一，从沃尔玛公司的自我主张来看，该阶段继续实施高质量商品策略。这一点我们在分析沃尔玛公司该阶段使命时就能感受得到。沃尔玛全球前副董事长唐·索德奎斯在 2008 年曾经谈道："我们的愿景没有改变：通过物美价廉的商品来提高人们的日常生活水平……在全世界变成了现实。"㊀2021 年沃尔玛公司年报明确提出仍然坚持"以天天低价的方式向顾客提供广泛选择的高质量产品和服务"。在前一个发展阶段，我们看到沃尔玛还较多地提到经营全国性品牌，在该阶段出现较多的提法是"高质量的商品"，这意味着在该阶段"全国性品牌"并非完全等同于高质量（过去二者几乎是同义词），一些自有品牌质量可能更高，因此高质量成为沃尔玛该阶段采购商品的重要标准，取代了全国性品牌的旧标准。

第二，从第三方研究者的评论来看，该阶段沃尔玛公司继续实施高质量商品策略。2003 年《财富》杂志刊登了一篇名为"沃尔玛帝国"的文章，该篇文章罗列了沃尔玛公司的几类商品较高的市场份额："狗粮 36%，一次性尿布 32%，胶卷 30%，牙膏 26%，止疼药 21%。"㊁对其成功的原因，专家分析道："沃尔玛的策略一直以来都非常简单：以尽可能低的价格向顾客提供他们所需要的商品。沃尔玛的采购员尽可能地了解顾客的需求，然后根据这些需求进行采购，为顾客提供高质量和高价值的商品。"㊂同时，我们在 2006 年曾经运用消费者关联模型工具，对沃尔玛的营销组合模式进行分析，得到的结果显示：消费者认为沃尔玛除了实施低价策略之外，还

㊀ 索德奎斯. 沃尔玛不败之谜：沃尔玛全球前副董事长揭密［M］. 任月园, 译. 北京：中国社会科学出版社, 2009：32.
㊁ 贝里达尔. 沃尔玛策略［M］. 曾琳, 译. 北京：机械工业出版社, 2006：100.
㊂ 贝里达尔. 沃尔玛策略［M］. 曾琳, 译. 北京：机械工业出版社, 2006：101.

为顾客提供选择广泛的高质量商品。○

第三，从沃尔玛公司的具体行动来看，该阶段沃尔玛公司继续实施高质量商品策略。其中一个重要证据是：继续按照"价廉物好"的原则，扩大自有品牌商品。随着沃尔玛成为世界上最大的零售商，发展自有品牌是实现"价廉物好"定位点的重要措施。正如有专家在2004年分析道："沃尔玛正在创立越来越多的自有品牌商品以击垮经验丰富的大商场品牌商品。显然，当你能够建立自己的生产线时，自有品牌的利润较高而每件商品的成本却很低……人们对这些品牌的一个感觉就是这些品牌和那些全国性品牌的商品质量一样好，甚至更好，但价格却很低。"◎ 随着该阶段国际化步伐的进一步加快，以及全渠道零售的发展，沃尔玛不仅自创自有品牌，还收购了诸多其他公司拥有的自有品牌，形成自有品牌集群，并在世界范围内的沃尔玛店铺进行组合销售（见表7-3）。⑤ 这些品牌涉及食品、服装、玩具、家具、床上用品、狗粮、运动休闲等日常生活用品。

表7-3 沃尔玛部分自有品牌在全球市场的组合分布（2011年）

品牌名称	国家或地区										
	阿根廷	巴西	加利福尼亚	智利	中国	欧盟	印度	日本	墨西哥	波多黎各	英国
725 Originals	*	*			*	*			*		
Athletic Works	*	*	*		*	*	*		*	*	
Bakers & Chefs		*			*				*	*	
Durabrand	*	*	*		*	*					
宜洁	*	*	*	*	*	*			*	*	
特选			*					*	*		*
Faded Glory	*	*					*		*	*	

○ 李飞，汪旭晖. 零售企业竞争优势形成机理的研究：基于沃尔玛公司的案例研究［J］. 中国软科学，2006（6）：129–137.

◎ 贝里达尔. 沃尔玛策略［M］. 曾琳，译. 北京：机械工业出版社，2006：108.

⑤ 罗伯茨，伯格. 向世界零售巨头沃尔玛学应变之道［M］. 崔璇，译. 北京：中国电力出版社，2014：44–45.

（续）

品牌名称	国家或地区										
	阿根廷	巴西	加利福尼亚	智利	中国	欧盟	印度	日本	墨西哥	波多黎各	英国
乔治	*	*	*				*	*	*	*	*
惠宜	*	*	*	*	*	*	*	*	*		*
Kid Connection	*	*	*		*	*	*	*	*	*	*
明庭			*		*		*	*	*	*	
Member's Mark		*			*						
OL'Roy	*	*	*		*	*			*		*
Select Edition	*	*	*		*	*		*			*
简适	*	*	*		*	*	*	*		*	

至今，沃尔玛自有品牌的发展为提升沃尔玛商品质量做出了重要贡献。仅以中国市场为例，2020年沃尔玛自有品牌有三大核心品牌：惠宜（品牌广告语为"质优价美，始终如一"，摘自沃尔玛中国官方网站2022年4月，下同）、沃集鲜（品牌广告语为"新鲜优质每一天"）和George（品牌广告语为"时尚生活，轻松拥有"），拥有约3500款商品，基本覆盖各个品类，能够满足消费者日常生活所需。"惠宜"主要覆盖快速消费品和包装食品，已经多次进行品质升级，体现了沃尔玛对高品质的无止境追求。"沃集鲜"，一是实现更新鲜——为保证果蔬商品的新鲜，该品牌不仅完成了代表性果蔬的产地直采和全程冷链配送，还达成了"每周7配"的标准；二是实现更优质——原料均来自优质供应商，且优中选优；三是实现更美味，即由糕点大师傅研制配方，然后严格筛选出更贴近消费者喜好的口味。2019年9月，起源于英国的沃尔玛自有品牌"George"，以中国消费者的穿着理念和生活方式为出发点在中国全渠道上市，以性价比、品质、时尚而深受消费者的认可和喜爱。另外，George品牌与中国百年老字号"张小泉"独家合作的联名款厨房刀具系列，颇受顾客的青睐。

2019年有学者对亚马逊和沃尔玛的线上商店商品结构进行对比：㊀亚马

㊀ 胡昕. 亚马逊和沃尔玛电子商务发展比较分析［J］. 时代经贸，2019（35）：8-10.

逊由图书零售起步，至今扩充到数百万种全新、翻新及二手商品，包括图书、影视、音乐和游戏、数码下载、电子产品、食品、生鲜、家居和园艺用品、玩具、婴幼儿用品、服饰、鞋类、珠宝、健康和美容用品、体育、户外用品、工具以及汽车和工业产品等，还涉足影视服务、家政服务、金融服务等。沃尔玛线上商店零售的商品超过4300万件，其中家庭用品、书籍、珠宝和电子产品为四类热销的品类，而酒精、动物、收藏品、二手产品、货币、药物与医疗器械在内的许多商品等被列为不允许销售商品。同时，沃尔玛还拓展了金融服务、健康服务、商务服务以及宠物服务等服务项目。

这一阶段与前一阶段相比，沃尔玛在价格和产品两方面的表现，都受到以亚马逊为代表的线上商店的冲击，特别是在非食品类商品的广泛选择性方面，不如亚马逊，不过沃尔玛不断巩固在食品和生鲜品等方面的商品优势，通过自有品牌在非食品领域努力提升商品品质。可见，无论是线上业态，还是线下业态，随时随地追求"价廉物好"的属性定位，因此这一阶段还是对前几个阶段省钱营销模式的复制。

（3）其他营销组合要素达到顾客可接受的水平，并且为"省钱"定位点做出贡献。这一点与前几个阶段的逻辑相同，就是依定位点进行服务、店址、店铺环境、传播四个要素的有机组合。

1）服务要素。沃尔玛在这个阶段继续坚持服务为低价和省钱做出贡献，同时达到顾客可接受的水平。尽管我们认为沃尔玛的属性定位点为"价廉物好"，但是从沃尔玛自身来看，对服务的强调和重视并不亚于价格和产品策略。这从沃尔玛公司该阶段各年年报（网站）、规章制度和第三方评论中可以看出来。

第一，在沃尔玛公司该阶段年报（网站）中呈现的证据。一方面是延续已有的优秀服务传统。2001年沃尔玛公司年报明确指出："我们的文化可以保证我们满足顾客的期望。因为我们的文化建立在三个基本原则之上：尊重个人（包括员工和客户），对客户的最高服务标准和追求卓越的不懈努力。"这里对于服务用的词语是"最高服务标准"。同时，该年年报还指出："沃尔玛是一家真正的全球性公司。公司已经证明它的文化超越了国界翻译成许多不同的语言。所有顾客都可以享受到优质的服务、低廉的价格，以及很好的商品选择，只要那里开设有沃尔玛商店。"2022年4月，沃尔玛中国官方网站在介绍沃尔玛文化时提到"服务顾客、尊重个人、追求卓越、诚信行事"四大价值观，其中"服务顾客"强调"聆听顾客，预测并满足顾客需求；支持并赋能员工更好地服务顾客；不断创新，有智慧地冒险，迅速应对顾客需求"。

另一方面是创新的服务项目。在2012年沃尔玛公司年报中，公司总裁兼CEO麦·道克指出："在沃尔玛的公司文化中，顾客是第一位的，这就意味着我们必须用新的方式，在为顾客服务方面付出巨大努力。我们的全球顾客研究团队开发了世界一流的分析工具，识别顾客趋势并支持销售和营销决策。"在全渠道背景下，到店提货和及时配送服务变得重要，沃尔玛在该阶段开始强化这两方面服务。在2018年沃尔玛公司年报中，我们会看到以下内容："我们知道顾客的生活比以往更加忙碌，所以我们的首要目标是让每一个人的生活变得更轻松。他们依赖于我们的低价并希望我们帮他们节省时间。我们正在以新的方式将我们的线下商店作为一种战略优势。在2018财年，我们在美国将1100家店铺作为线上商店的提货点，下一个财年计划再增加1000个。"沃尔玛在加拿大、墨西哥和中国等国际市场都开始了线上购买、线下到店提货或者快速配送服务的尝试。

第二，在沃尔玛公司规章制度中呈现的证据。我们浏览一下该阶段的沃尔玛《员工手册》，就会发现该阶段继续沿袭或者复制了前一阶段形成的服务项目，在《员工手册》中专门设有"服务顾客"条款，其下包括顾客是老板、保证满意、日落原则、盛情服务、主动介绍商品等条目，每个条目都有具体说明和比较详细的规定。由于篇幅所限，我们仅以"盛情服务"条目为例，其内容为："满足顾客需求且超出顾客期望的方法之一就是采取盛情服务。例如当一位顾客问您某种商品在哪里：①告诉他们商品陈列在哪个部分，可满足顾客需求；②把他们带到该商品处，则超出了顾客的期望。使顾客感受到他们很受欢迎——微笑、行注目礼、向离您三米之内的每一个人打招呼，这就叫'三米原则'。尽可能叫出顾客的名字。'迎宾员'这一方案是沃尔玛公司盛情服务的一个例子，并已经成为一种趋势。'迎宾员'具有独特的职责，就是当顾客走进沃尔玛商场时，向他们表示欢迎。正式的做法为，由'迎宾员'推出购物车、微笑，并且让我们的顾客知道我们很高兴他们光临沃尔玛。"㊀

第三，在第三方对沃尔玛服务的评论中呈现的证据。2004年有专家评论道："沃尔玛的经营者显然深谙顾客服务对于提高公司销售业绩和利润的重要性。沃尔玛是公认的物美价廉和服务上乘的好去处。"㊁这位专家认为，沃尔玛之所以如此，是秉承了"lagniappe"的顾客服务理念，该词的意思是：为了表示感谢，额外赠送一些小礼物等类似的东西。沃尔玛的很多服务都体现了"lagniappe"，"包括主动打招呼、微笑服务、主动提供推车、目光交流、热情地询问'您想买什么'，运用积极良好的倾听技巧，了解商店的布局、熟悉商品的位置、顾客付款手续迅速以及感谢顾客光临购物……这样，理所当然地引起顾客购物狂潮"。㊂

沃尔玛全球前副董事长唐·索德奎斯2008年在评价沃尔玛的服务时谈道：留住顾客需要"把顾客当作客人，除了商品供应和定价搞得好以外，还要让顾客来这里购物时感觉愉快。首先，大多数人都喜欢友好的购物氛围。这听起来很简单，可想想吧：在几千个商店动员起成千上万的员工每天对待每一位顾客都友好——真不是一件容易的事啊！许多人在自己家里都做不到"，然而沃尔玛真正做到了。㊃

2015年有顾客讲述了当时在美国沃尔玛购物时发生的故事。顾客买了一些饮料，付完款后忘记拿走了，到家发现后回到店里找。当时收银员不在，顾客就去了客服柜台，那里排着退货的长队，只有一位客服人员在忙着，他拄着双拐，微笑着、有条不紊地给顾客退货。这位忘记拿饮料的顾客举着购物小票向他说明情况后，客服人员没有丝毫怀疑，建议她到货架

㊀ 彭剑锋. 从乡村小店到世界零售巨头：全方位剖析沃尔玛成功历程[M]. 北京：机械工业出版社，2010：261-262.
㊁ 贝里达尔. 沃尔玛策略[M]. 曾琳，译. 北京：机械工业出版社，2006：181.
㊂ 贝里达尔. 沃尔玛策略[M]. 曾琳，译. 北京：机械工业出版社，2006：181.
㊃ 索德奎斯. 沃尔玛不败之谜：沃尔玛全球前副董事长揭密[M]. 任月园，译. 北京：中国社会科学出版社，2009：125.

拿取等量的饮料,然后扫码就可以拿走了。当她去货架取货时,收银员回来了,微笑着从收银柜台下取出她忘记的饮料并递给她。这位顾客评论道:"被信任的感觉真好!这本来是有点儿折腾人的事儿,因为这份信任,在漆黑的夜里开车往家走,我感觉温暖、自在。"⊖其实,这种事情在沃尔玛是经常发生的。

2)店址要素。沃尔玛在这个阶段继续坚持店址为顾客省钱做出贡献,同时也要达到顾客可接受的便利水平。为省钱做出贡献,是指店址选择在地点相对便宜的线上线下空间。达到顾客可接受的便利水平,是指店址选择范围涉及全渠道、全球化的很大范围,离顾客的空间距离和心理越来越近。虽然店址形式进入了线上线下融合的全渠道时代,但是在本质上店址选择的逻辑还是前面几个阶段的延续。我们可以从线下、线上两个方面进行分析。

第一,从线下店址选择来看,坚持为顾客省钱做出贡献,同时也要达到顾客可接受的便利水平。一是从个体店铺位置来看,除了折扣商店(因为该阶段折扣商店数量逐渐减少,基本没有新开的店铺)之外,超级中心、仓储商店和社区商店仍然坚持开在租金比较便宜的城乡交界处、非中心商业区和居民社区附近,这些地方通常交通便利并且拥有较大的停车场。例如,沃尔玛该阶段"在交通方面,主要有两个衡量标准:一是该地区是否接近公路干线,交通网络是否四通八达,商品从火车站、码头运至商店是否方便,白天能否通过大型货车……二是该地是否有较密集的公交车路线,各条公交车路线的站点能否均匀全面地覆盖整个市区"。⊖

二是从整体店铺分布来看,同样坚持为顾客省钱做出贡献,同时也要达到顾客可接受的便利水平。一方面,进入一个地区以后密集开店(也可以称之为"蜜蜂策略"),这样不仅可以快速取得区域市场的竞争优势,还可以快速地形成配送和管理的规模效益,自然可以降低配送和管理成本。仅以该阶段2006年的数据为例,该年沃尔玛在美国开设的店铺总数达到

⊖ 真妮. 感受美国沃尔玛的服务[J]. 家庭之友:佳人,2011(4):64.
⊖ 彭剑锋. 从乡村小店到世界零售巨头:全方位剖析沃尔玛成功历程[M]. 北京:机械工业出版社,2010:80.

了 3800 多家，"一半以上的美国人出家门不到 5 英里、开车不到 10 分钟就能到达一家沃尔玛。90% 美国人的住处距沃尔玛不到 15 英里"。㊀ 另一方面，在全球范围内开店，当然进入一国后也尽量采取相对集中的开店策略。由前述可知，2021 财年沃尔玛公司店铺数增加至 11 443 家，其中美国本土 5342 家，分布在美国 50 个州，海外开设店铺 6101 家，分布在欧洲、北美洲、中美洲、南美洲、亚洲、非洲的 24 个国家和地区。早在 2006 年，沃尔玛就已经成为墨西哥、加拿大等国的最大零售商，在英国的食品零售份额居第二位。

第二，从线上店址选择来看，坚持为顾客省钱做出贡献，同时也要达到顾客可接受的便利水平。亚马逊的线上商店发展大大快于沃尔玛，这是承担巨大投资风险带来的结果。虽然沃尔玛线上商店初期发展有些慢，但主要还是为了避免投资风险和降低成本，在单纯发展线上商店不能为顾客省钱且线下商店可以满足顾客便利需求的前提下，盲目投资线上商店并不是沃尔玛明智的选择。其实，沃尔玛一直在尝试线上商店如何与线下商店融合的问题，这在该阶段表现得非常明显。

第一阶段，建店，即建设线上商店。对于传统的线下商店经营公司来说，这是全渠道转型必须完成的第一件事情（反过来，对于线上商店经营公司来说，建设线下商店则是必须完成的第一件事情）。1995 年亚马逊网上书店（Amazon.com）正式营业，初期主要是经营图书、音乐和视频，三年之后通过购并方式向其他产品领域延伸。紧随其后，1996 年沃尔玛就开通了线上商店（Walmart.com），主要销售有限的大件商品，线上商店部门设立在沃尔玛公司总部本顿维尔小镇。当时沃尔玛公司宣称，要在两年之内将其建设成为商品和服务最为齐全、最为丰富的在线网站（实际上就是线上商店）。可见，沃尔玛在发展线上商店方面是起步早并且决心非常大的。1999 年圣诞节时由于出现顾客订货量比较集中，沃尔玛没有能力完成及时配送，不得不在圣诞节前夕取消了全部订单，后被媒体称为"沃尔玛的圣诞灾难"。这几年（1996—1999 年）沃尔玛线上商店连续亏损，这或

㊀ 费什曼. 沃尔玛效应 [M]. 张桦，译. 北京：中信出版社，2007：7.

许对于互联网公司来说是非常正常的,但是对于以低成本为竞争优势的沃尔玛公司来说,形成了一定的压力。

在 2000 年沃尔玛公司年报中,沃尔玛线上商店 CEO 杰妮·杰克森指出:"沃尔玛线上商店是建立在沃尔玛品牌和'砖头+水泥'线下商店的优势基础上的。"沃尔玛线上商店经过较大调整后于 2000 年 1 月 1 日重新上线,将部分股权卖给了 Accel Partners 风险投资公司,总部设在硅谷,独立运营,初期线上销售商品分为 24 大类,涉及器具、宠物、玩具、旅游等 50 多万种商品。当时亚马逊新增了厨房家具、照相摄影和保健等品类,推出第三方平台业务。沃尔玛凭借其线下零售的品牌优势,在该年的第二季度线上销售额达到 15.96 亿美元,而当时的亚马逊仅为 5.77 亿美元,处于亏损的状态。在该年度 12 月,贝佐斯受邀到沃尔玛总裁兼 CEO 李斯阁家中做客,贝佐斯向李斯阁介绍亚马逊与玩具反斗城的合作模式,李斯阁则询问是否有更深层次合作的可能,贝佐斯回答"希望沃尔玛对我们的提议更感兴趣"。⊖ 后来也有人说,李斯阁是与贝佐斯谈收购的事情,而价格没有谈拢,导致后来成为竞争对手。2001 年沃尔玛将转售给 Accel Partners 公司的股份收回,完全由自己经营。

2003 年沃尔玛线上商店进一步完善服务功能。一方面,不断增加商品类别,甚至还包括在部分沃尔玛线下商店没有售卖的产品(如床垫等),但是在线上不销售 5 美元以下的商品。另一方面,不断改善服务,包括在线购物、订单查询、跟踪退换货、特惠信息等。2004 年沃尔玛线上商店开始以 88 美分/首的价格销售音乐,与 Apple 公司的 iTune 展开竞争。在 2004 年感恩节的 4 天特卖中,为了吸引高收入顾客,沃尔玛线上商店还增加了一些新颖和贵重商品的销售,例如羊绒衫、按摩椅等,这大大增加了顾客的访问量。从此,沃尔玛线上商店一直是在边发展、边探索、边完善的过程中。2022 年 4 月沃尔玛公司网站对 Walmart.com 的介绍是这样的:"Walmart.com 提供了多种功能来满足互联网客户的需求。无论您如何购

⊖ 宁向东,刘小华. 亚马逊编年史:1994—2020 [M]. 北京:中信出版集团股份有限公司,2021:127-128.

物，这都是我们以最低价格创造便利的承诺的一部分。"

实际上，在全渠道时代，线下零售商和线上零售商各有优势。沃尔玛已经有近万家线下商店，关键在于如何将线下商店和线上商店连接起来。而亚马逊等线上零售商还需要发展线下商店，否则根本无法实施全渠道战略，线下商店数量达到一定规模并非短时间可以完成的。

第二阶段，连接，即连接线下商店。对于沃尔玛这种传统零售商来说，开一家线上商店或许并不是难的事情，难的是如何将线上商店与线下近万家店铺连接起来，并形成协同效应（不仅仅是配送中心和采购过程的协同）。这种连接如同是一次"惊险的跳跃"，更像是"鲤鱼跃龙门"，一旦成功，在全渠道战略发展中会大大超越线上零售商，否则将会被线上零售商超越。线上商店和线下商店的连接线是顾客跨渠道或者说全渠道购物"跑"出来的，但需要零售商设计并开辟出"操场"和"跑道"，即在线上线下（即全渠道）提供顾客购买和消费旅程所需要的产品和服务，设计出与顾客的每一个接触点，而数字化转型只不过是这场变革的配角，主角一定是线下线上的全渠道融合或转型，未来是向智能零售转型。零售的数字化转型脱离全渠道转型和智能化转型就会成为无源之水和无本之木，因此不能脱离"视顾客为生活者"（而非消费者和购物者）的理念和全渠道、智能化转型来讨论零售的数字化转型。

回到连接问题上来。实际上，Walmart.com 从上线至 2005 年就有了诸多与线下的连接（实际上是并存的），诸如顾客可以线上线下收集信息、线上线下下订单、线上线下接收货物、线上线下进行意见反馈，但是大多处于线下线上各自运行的状态，并没有无界、无缝地融合为一体，顾客的购买和消费旅程难以在线上线下自由穿梭。此时，外界一直质疑沃尔玛转型不成功。事实并非如此，一是沃尔玛一直在尝试和寻找突破口，并没有消极地等待；二是当时仍然是线上商店和线下商品并行的时代，线下零售商还有绝对的优势，在线上商店革命开始后的第三年（沃尔玛 1997 财年），沃尔玛销售额突破了 1000 亿美元，10 年后的 2007 财年就超过了 3000 多亿美元，说明当时还是线下商店主导的时代，尽管该时间段是线上商店革命爆发的时间。2011 年之后，全渠道零售时代才开始来临，换句话说，线上商店革命经历了大约 16 年的时间（1994—2010年），就进入了全渠道商店革命的时代，⊖ 之后零售商竞争优势主要表现不是线上或线下商店的规模，而是全渠道的整合能力，一个旧的时代结束，一个新的时代来临。

令人意外的是，沃尔玛用一个非常简单的方式，就把线下商店与线上商店连接起来，并收到了全渠道融合带来的效果。2007 年，沃尔玛率先推出名为"线上购买、线下取货"（site to store）的服务，即顾客线上购买（下单并在线支付）后，沃尔玛会把订单的商品配送到顾客指定沃尔玛商店的一个专门存货位置，顾客到这家沃尔玛门店自取商品。这一线上线下的连接措施取得了多重效果。

一是增加了线上流量和销售额。当时沃尔玛有许多顾客习惯线下购买，缘于购买的确定性（眼见为实），因此大多不到沃尔玛线上购买。"线上购买、线下取货"服务的推出，解决了顾客购买的"确定性"问题，同时也为顾客节省了"邮费"（沃尔玛公司的说法，是指配送费），意想不到地使线上购物者数量大大增加，超过 50% 的顾客就是通过这项服务开始了他们在 Walmart.com 的第一次购物。服务推出 4 个月后的数据统计显示，沃尔玛线上销售数量的 1/3 来源于这项措施。

二是增加了线下客流和销售额。来店取货的顾客常常顺便购物。美国《线上零售商》（Internet Retailer）杂志披露，20% 的顾客在线下店铺提取他们在线上购买的商品时，会在线下店铺顺便购买至少 60 美元的商品。

三是减少了运营费用，提高了运营效率。由于沃尔玛这项服务不是送货到家，而是统一送到各个门店，因此节约了配送成本，据计算，沃尔玛每周可节省 1000 加仑汽油和 5000 个包装箱。同时，这也大大提高了配送效率，只需要批量地集中配送到各个店铺，而不必零零散散地配送到家，通过沃尔玛已有的配送体系就可以高效率地完成。

这项连接的成功使沃尔玛的线上流量大大增加，2009 年沃尔玛又新增加美容产品、尿不湿、非处方药等个人护理产品，使线上产品总数超过

⊖ 李飞. 零售革命：修订版 [M]. 北京：经济科学出版社，2018：23.

150万种,而线下门店商品一般只有10万多种。

随后,沃尔玛又将"线上购买、线下取货"完善至"线上购买、当天取货"(pick up today),即顾客在线上订购商品,当天就可以到门店提取购买的商品。这进一步增加了客流和销售额,2009年沃尔玛在线流量超过10亿,"线上购买、线下取货"和"线上购买、当天取货"带来了超过15%的流量增长。沃尔玛线上销售额从2005年的16亿美元上升到2011年的40亿美元,沃尔玛在美国线上零售业态企业的销售额排行榜中从第13名上升到第4名。

2022年4月,沃尔玛公司官方网站仍然强调线下商店与线上商店之间的融合,全渠道地与顾客连接,并介绍了几种方式:"我们帮助客户节省时间和金钱的几种方式:一是Walmart App(沃尔玛应用程序)——从支付到快递退货、处方配药和当天取件的杂货订单,您只需轻触按钮即可完成更多工作。二是Mobile Scan & Go(移动扫描应用程序)——在店内用手机购物和结账。三是Curbside Pickup(店内取货服务)——网上订购,店内取货。四是Next Day Delivery(次日送达服务)——在许多市场,客户可以享受超过35美元的合格订单的快速免费送货服务。五是Walmart+(沃尔玛会员计划)——将店内和网上优惠结合在一起。六是Walmart GoLocal(沃尔玛交付服务)——为各种规模的企业客户提供交付服务。七是Built for Better(为更好而建)——一个网上购物目的地,让顾客可以轻松识别和购买对他们的健康和地球持续发展更有益的产品。"

第三阶段,扩展,即进一步扩展线上商店。在探索出一定的全渠道融合的方法之后,沃尔玛开始通过购并的方式进一步扩大线上商店的业态,以弥补沃尔玛已有线上商店的品类局限。2022年4月,沃尔玛公司官方网站列出了下列典型的收购事件。

2016年3月,沃尔玛以9000万美元的价格收购了Jet.com,并开始扩大其电子商务网站组合。作为Jet.com收购的一部分,Hayneedle.com(家居用品)也加入沃尔玛。它成立于2002年,是一家领先的在线家居用品和装饰零售商,其中包括世界上最大的户外产品零售商,拥有超过3000个品牌,是家具、装饰、设计等各种空间、风格和预算的理想选择。总部位于内布拉斯加州的奥马哈。

2017年2月，沃尔玛以大约5100万美元的价格收购了户外服装和商品在线零售商Moosejaw。它成立于1992年，是一家领先的在线户外产品零售商，拥有大型网站和10多家实体店，其中位于阿肯色州本顿维尔的实体店于2021年开业。Moosejaw拥有400多个品牌，为登山、徒步旅行、露营、雪上运动、瑜伽、游泳和骑自行车等活动提供各种各样的服装和装备。其总部位于密歇根州麦迪逊高地。

2017年6月，沃尔玛以3.1亿美元的价格收购了最大的男装在线零售商Bonobos。它成立于2007年，是有史以来最大的专门从事男装的网络服装品牌之一。总部位于纽约市的Bonobos经营着一种独特的零售模式，包括60多家完全个性化的零售店，称为Guideshops，以及一个迷人的电子商务平台。众所周知，它是一家拥有超预期完美产品和客户服务的零售商，它让购物变得有趣。

2018年10月，沃尔玛收购了大码女装品牌ELOQUII，它销售14~28码的女装，创立于2011年，原是有限服装公司（The Limited）的一个部门，于2014年作为一个直接面向消费者的独立品牌重新上线。总部位于俄亥俄州哥伦布市和纽约长岛市。

2018年12月，沃尔玛宣布收购在线家居装饰零售商Art.com。它是艺术和墙壁装饰类别中最大的在线零售商，拥有200万张策划图片，以及越来越多的独家产品。这家零售商成立于1998年，还拥有一流的按需定制能力。总部位于加利福尼亚州的埃默里维尔。

3）店铺环境要素。沃尔玛在这个阶段继续坚持店铺环境为顾客省钱，同时也要达到顾客挑选便利的可接受水平。在该阶段之初（2001年），沃尔玛提出"零售娱乐化"（Retailtainment）的概念，在商场里举办一些展览、演出、游戏等活动。2001年沃尔玛公司年报中指出："沃尔玛清楚今天的顾客不仅要求一个广泛的购物选择，使其辛苦挣来的钱花得物有所值，而且还希望得到优秀的服务。关于这一点，我们意识到必须关注顾客，创造一个愉快和充满活力的购物环境。在沃尔玛我们称之为'零售娱乐化'，目标是使顾客在购买过程中增加兴趣和娱乐体验。这样不仅为顾客和员工创造了愉快的环境，还增加了顾客的购买次数和忠诚度。"这一阶段店铺环境（包括线上和线下店铺环境）的完善，主要是关注环境舒适、愉悦和便于搜寻货物，节省顾客的购物时间并实现开心购物。

随着人们生活水平的不断提高，沃尔玛也在不断改善购物环境，但是绝不追求奢华和华而不实，做到让顾客感到舒适的同时，又为降低店铺设计和装饰成本做出贡献。2005 年有专家对沃尔玛的店铺环境评价道："在沃尔玛的店中，人们会有'在家里一样'的感觉，这是沃尔玛吸引大多数顾客前去消费的根本原因，也是消费者在沃尔玛购物时心灵回归平静的原因，同时沃尔玛这种平等、和谐、轻松、自然的感觉能增强消费者的信任感。"㊀

2008 年沃尔玛全球前副董事长唐·索德奎斯曾经谈道：沃尔玛在策略选择时，"思考出发点是一致的，通常的考虑是：专注于顾客，提供他们想要的商品，而非你想卖给他们的商品；降低运营成本；尽量降低价格；营造一个愉快友好的购物环境"。㊁这段话清晰地表明，在该阶段的店铺环境要达到顾客可接受的水平，同时为"价廉物好"做出贡献。

2018 年沃尔玛公司年报指出："我们致力于为顾客提供一种简单、快速、友善和愉悦的购物体验，用户在线下商店、线上商店和移动设备，通过声音或行为都可以强化线下商店的现实感。"

2022 年 4 月，沃尔玛公司官方网站介绍道："我们一直在寻求将技术引入零售业的方法，为客户提供无缝的购物体验。你可以在沃尔玛商店找到大量商品，但随着顾客越来越多地在数字和实体店面购物，我们让你更容易地找到你需要的东西。通过路边取货、移动扫描和移动应用等创新，我们为客户提供了更多省时和省钱的方式，同时重新构想了数字购物和实体购物的协同工作方式。作为世界上最大的实体零售商之一，我们也是发展最快、最具活力的电子商务组织之一。90% 的美国人口居住在距离我们商店 10 英里的范围内，我们准备将我们的物理位置与我们的电子商务业

㊀ 陈伟. 沃尔玛大学：标准化管理的 68 个细节 [M]. 北京：企业管理出版社，2005：36.
㊁ 索德奎斯. 沃尔玛不败之谜：沃尔玛全球前副董事长揭密 [M]. 任月园，译. 北京：中国社会科学出版社，2009：118.

务相结合，以提供前所未有的便利。我们正在创造一种让顾客随时随地购物的体验——在他们想要的时候，提供他们想要的东西。根据 comScore 的数据，我们最大的网站 Walmart.com 每月有多达 1 亿的独立访问者，并且每年都在增长。"仅以中国市场的山姆会员店为例，具有线下山姆会员店、山姆 App、山姆微信小程序、山姆会员店京东专营店等多种全渠道业态形式，顾客可以线上线下全渠道地完成了解产品、选择比较、下订单、付款、提货或收货、售后评论的全过程，常常是线下线上跳跃式完成的。同时，由前述可知，沃尔玛收购了诸多的线上商店品牌，这些线上商店的店铺环境各有不同，但是都遵循沃尔玛营销定位点实现的基本逻辑。

4）传播要素。沃尔玛在这个阶段除了仍然坚持传播为顾客省钱（利益定位点）做出贡献之外，还补充传播"好生活"这一价值定位点。这主要表现在两个方面：一是直接传播利益定位点和价值定位点；二是尽量花费较少的费用。该阶段主要通过沃尔玛自己的线上线下全渠道店铺、公司网站、公司年报等方式传播利益定位点（省钱）和价值定位点（好生活）。

第一，沃尔玛在自己的线下线上店铺现场传播定位点。无论人们走进沃尔玛的线下店铺，还是浏览沃尔玛的线上店铺，都会很容易地看到"省钱"和"好生活"等类似的表述及场景。

一是从线下店铺来看，反复出现沃尔玛定位语。我们略举几例。2001年沃尔玛公司年报中刊登了一张沃尔玛店铺外观的照片，照片中除了有沃尔玛店铺名称和标志之外，还有沃尔玛的西班牙文的定位语"我们卖得更便宜"，显然这是一家开在讲西班牙语的国家的店铺（见图 7-3）。2006年沃尔玛公司年报的封面上刊登了一张快乐的一家人（顾客）推着购物车的照片，购物车的标牌和商品包装袋上印着当时的定位语——"天天低价"，内页图片购物篮上也有相同的表述。

沃尔玛虽然在 2008 年用"省钱，好生活"代替了原来的"天天低价"的定位语，但是在 2008 年沃尔玛公司年报的店铺图片上，我们仍然能够看到在价签上标有"天天低价"（见图 7-4）。

图 7-3　2001 年沃尔玛公司年报中的沃尔玛店铺外观照片

图 7-4　2008 年沃尔玛公司年报中的沃尔玛店铺内景照片

2010 年沃尔玛公司年报中刊登了多幅沃尔玛线下店铺的实景照片，通过这些照片可以看出在店堂陈列货架上、购物车标牌上，以及包装袋上，都印有全新的定位语"省钱，好生活"（见图 7-5），代替了原来的"天天低价"。员工胸牌上的文字也由"天天低价"更换为"省钱，好生活"。

图 7-6 呈现的是 2013 年沃尔玛一家线下店铺取货点的情形，一位老年顾客在线上购物后到线下店铺附设的一个取货点，取货后推着购物车去停车场。照片中的背景是沃尔玛线下店铺（取货点）的广告牌，除了有沃尔玛的标志和名称之外，还有定位语："省钱，好生活！"⊖

⊖　扈邑．与亚马逊争锋：沃尔玛加紧布局电子商务 [J]．IT 时代周刊，2013（8）：27-28．

a）购物袋　　　　　　　　b）购物车

图7-5　2010年沃尔玛公司年报中的购物袋和购物车照片

二是从线上店铺来看，也经常出现沃尔玛定位语。线上店铺定位语的表现形式与线下商店一致。例如，在沃尔玛到家App上可以看到与线下商店一样的沃尔玛品牌组合图案：名称为沃尔玛，标志为六瓣的太阳花，还有"省钱、省心，好生活"的品牌定位语。扫描山姆App的二维码，除了看到一系列商品优惠券之外，还有一句定位语："更好的生活尽在山姆。"在沃尔玛的英文购物网站，也是多频次地出现"Save money，Live better"的定位语。

图7-6　2013年沃尔玛公司一处线下取货点的广告牌

第二，沃尔玛在自己的全球公司的官方网站传播定位点。2022年4月，在沃尔玛全球官方网站上，我们经常会看到"Save money，Live better"和"every day low price"。例如在介绍沃尔玛美国公司时，开头文字就是"Every Day Low Prices on a Broad Assortment-Anytime，Anywhere"（随时随地以天天低价提供广泛选择的商品）。在介绍线上商店业务时，沃尔玛表示"我们为顾客提供了更多节省时间和金钱的方式，重新构想了线上购物和线下购物的融合运营方式"。在介绍沃尔玛国际业务时，沃尔玛表示

"Walmart helps people save money and live better"（沃尔玛帮助人们省钱和过上更好的生活）。在介绍沃尔玛发展历史时，沃尔玛全球官方网站上写道："我们一直致力于改善顾客的生活。今天，我们正在帮助世界各地的居民省钱，过上更好的生活。"

在沃尔玛中国的官方网站（walmart.cn），更是如此。2022年4月21日，我们进行了一次线上实际体验，通过搜索引擎搜索沃尔玛中国官网，就会出现这样的词条："沃尔玛中国官网-为人们省钱省时，让他们生活得更好！"品牌名称与定位语同时出现。

首先，打开沃尔玛中国网站的首页，我们会看到一系列低价和改善人们生活的新闻报道，头版头条题目就是"全球最大山姆在上海开业，中国首家旗舰店打造灵感无限的高品质生活方式"，文中引用了山姆会员商店中国业务总裁文安德的一段话："旗舰店完全体现了山姆的核心理念——在超大的会员专属空间里，山姆以全球精选的商品、妙趣横生的购物体验、完善的配套服务，为会员不断创造各种高品质生活方式的灵感，让家庭所有成员——无论是年轻的父母、孩子还是祖辈，都觉得'逛山姆'永远充满了惊喜，山姆非常期待和会员在旗舰店共同度过美妙的时光，感受'更好的生活尽在山姆'。"这里突出的还是"好生活"。

接着，我们进入"关于我们"的板块，在"公司概述"栏目页面下会读到这样的文字："沃尔玛公司致力于通过实体零售店、在线电子商店，以及移动设备移动端等不同平台不同方式来帮助世界各地的人们随时随地节省开支，并生活得更好。"在"公司概述"栏目下的"沃尔玛全球概况"中，又一字不差地重复了这句话。

进到"沃尔玛大卖场"（Walmart Hypermarket，对超级中心在中国的另外一种称呼，有时还称为购物广场）栏目页面，我们会读到这样的文字："沃尔玛大卖场不仅注重食品安全和商品质量，还一直致力于为实现'为顾客省钱、让他们生活得更好'的目标而做出努力。"其中附设的一幅大卖场店铺内景的图片，所有商品价签上除了标示价格之外，还有一句标识语"省心价"（见图7-7）。从该栏目附设的其他照片中，我们可以看到店铺购物车的标牌上有"省钱、省心，好生活"的定位语。

图 7-7　2022 年 4 月沃尔玛中国官网刊登的沃尔玛店铺内景照片

来到"山姆会员商店"的栏目页面，我们会多频次地看到会员店的标识语"更好的生活尽在山姆"，还会读到这样的文字："秉承'会员第一'的经营理念，山姆为会员打造高品质的生活方式。山姆精选商品，凭借强大的全球采购资源和单品驱动策略，保证商品的品质和价格优势。会员无须反复挑选和比价就可买到高品质商品……山姆会员商店将继续扩大在中国的投资和加强全渠道平台的搭建，不断提升和优化商业模式，开发适合中国家庭的差异化高品质商品、投资线下门店与电商业务满足不同的购物场景、加强会籍权益，让更多的家庭享受山姆会员商店带来的优质生活，体现'更好的生活尽在山姆'这一经营理念。"同时，我们也会看到突出美好生活的图片（见图 7-8）。

图 7-8　2022 年 4 月沃尔玛中国官网刊登的沃尔玛山姆会员店宣传照片

走进"全渠道"的栏目页面,我们同样会看到"价廉物美""省钱、省心,好生活"的类似内容。在介绍沃尔玛网上超市时,该页面显示:"沃尔玛网上超市为顾客提供个性化优惠信息和商品推荐,让顾客能够在享受便捷的同时,精明购物节省开支。"在介绍沃尔玛京东官方旗舰店时,该页面显示:"根据中国消费者的购物习惯,沃尔玛官方旗舰店特别精选出 2500 多种日常生活用品,店铺全年不打烊,为全国顾客打造更低价更优质的线上体验!"在介绍山姆会员商店线上业务时,该页面附设了一幅移动终端照片,呈现出"更好的生活尽在山姆"的定位语(见图 7-9)。

图 7-9 2022 年 4 月沃尔玛中国官网刊登的沃尔玛山姆店线上终端照片

第三,沃尔玛在自己的公司各年年报中传播定位点。该阶段 20 年的沃尔玛公司年报都非常突出地阐述"价廉物好""天天低价"和"省钱,好生活"的定位点。我们在前面讨论使命和定位部分已有诸多论述,这里进行简单的重复。2001—2006 年年报主要突出的是"天天低价""价廉物好"和"省钱"的定位点。例如,在 2001 年年报中有这样的表述:沃尔玛店铺发展的基础,就是所有顾客关注的优质的服务、较低的价格和广泛的商品选择。同时,年报中呈现的店铺外观招牌和员工标牌照片也都是过去固定的口号:"天天低价"和"我们销售得更便宜"等。在 2006 年年报中,董事长罗伯森·沃尔顿在给股东的信中表示:"我们天天低价的定位,是我们生意的基础。"公司总裁兼 CEO 李斯阁表示:"我们的每一个业务部门都在持续地蓬勃发展,不断创新并让顾客以可承受的价格购买到优质产品。"

2007年沃尔玛在全球推出了新的广告语，年报内容也有所调整。2007年年报中，尽管封面图片呈现的购物车标牌文字还是"天天低价"，但是首页的提示语已经明确提出："沃尔玛在全世界的使命——我们为人们省钱，以使他们生活得更好。"后面的说明文字强调，这是沃尔玛在1962年开办第一家店铺时就确定的理念，并且引用了山姆·沃尔顿关于"为人们省钱并让人们生活得更好"的一段原话（前文已有摘录）。之后，几乎在每一年年报中都会看到这句话或者是简化的定位语"省钱，好生活"。2008年沃尔玛公司年报封面上印着醒目的大字："为人们省钱，以使他们生活得更好！"这一使命和定位成为该年年报的主题。2010年年报封面上再次出现"为人们省钱，以使他们生活得更好"口号。2012年年报主题是庆祝沃尔玛成立50周年，年报中声称：沃尔玛50年来都是在帮助顾客省钱，以使他们生活得更好。在沃尔玛公司2019年年报中，公司总裁兼CEO董明伦在给股东的信中仍然强调"我们的使命就是：为人们省钱而让他们的生活变得更好"。

可见，在该阶段的传播仍然复制了前几个阶段的两个特征。一是利用沃尔玛本身的全部媒介与顾客进行沟通。例如，我们前面谈到的每年公布的年报、网站上的公司介绍、配送货车的车厢、停车场的招牌、店铺外的门牌、店铺内的价签和吊牌、员工的工作服和工牌、顾客手中的购物袋等，都写有沃尔玛的宣传语；二是这些宣传语的核心都是突出定位点：天天低价、价廉物美、省钱、好生活等。这样就会让顾客感受到一致化的品牌形象和购买理由，同时在传播方面大大节约了费用，支出仅占销售额的0.5%左右。

由前述可知，该阶段沃尔玛尽管发展了线上商店和全渠道商店等新的业态，但是其营销组合模式仍然是对已有业态营销组合模式的复制（当然具体表现在不同业态之间会有一定的差异）"价格出色＋产品优质＋其他组合要素为定位点做出贡献且达到顾客可接受的水平"。这意味着继续通过产品、服务、价格、店址、店铺环境、传播零售营销组合6个要素的有机组合，让顾客感知到"低价""省钱""好生活"购买理由的真实存在。

流程构建:采购为关键流程

由前述可知,零售流程主要包括开店流程、采购流程、配送流程和销售(服务)流程。在该阶段,沃尔玛复制了前几个阶段与价廉物好、省钱、好生活定位点相匹配的流程结构:采购(包括自有品牌的设计和生产)为关键流程,开店、配送和销售(服务)为非关键流程。

(1)沃尔玛公司复制了前一阶段的采购关键流程。因为采购流程是实现价廉物好营销组合目标的最重要的流程,这一点与前一阶段是一致的。与前一阶段不同的是,该阶段沃尔玛大力发展自有品牌,以便更好地为顾客提供价廉物好并具有广泛选择性的产品。当然该阶段产品线大大丰富了,这与竞争对手亚马逊的快速崛起有关。

由于全渠道时代已经来临,加之全球化发展,沃尔玛公司在复制前一阶段采购流程的过程中,又有新的创新和发展,但是仍然坚持为"价廉物好"做出直接贡献,以实现为顾客省钱和好生活的定位目标(见图 7-10,图中黑字为该阶段完善部分)。对于这一阶段的采购流程,我们在前一章已经进行详细描述,这里简要重复并重点讨论该阶段创新完善的部分。

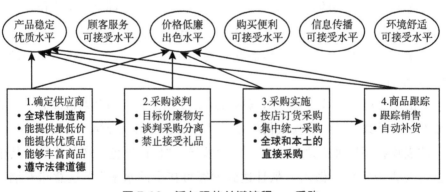

图 7-10 沃尔玛的关键流程——采购

1)在确定供应商环节,由前一阶段的"全国性品牌商"改变为"全球性制造商",这里有两个重大变化:一是由"全国"变为"全球",一方面意味着在全球范围内选择能提供物有所值商品的制造商，另一方面意味着在有沃尔玛店铺的地方实现部分本地采购，这两个方面都会直接为"价廉物好"定位点做出贡献；二是"品牌商"变为"制造商"，意味着沃尔玛不仅向拥有品牌的制造商采购，而且还推出大量自有品牌委托制造商进行贴牌生产，并且不局限于知名制造商。这不仅可以大大丰富沃尔玛的产品线，还可以实现"价廉物好"。在"全球性制造商"里选择谁或者放弃谁，在继续沿用前一阶段的4个标准（是否提高了沃尔玛已有商品质量，是否降低了沃尔玛的价格水平，是否增加了沃尔玛的价值，是否能够丰富沃尔玛商品品种）的基础上，增加了一个是否遵守政府法律和社会伦理道德的标准，更加强调了社会责任。㊀最后由采购经理确定大致的产品数量、质量和价格水平。沃尔玛全球前副董事长唐·索德奎斯在2008年曾经谈道："沃尔玛从1万多家美国供应商那里采购了绝大多数商品。这些供应商有大有小，既有世界赫赫有名的，也有小的如家庭作坊、小农场和少数民族人们及妇女经营的企业。"㊁一切都以采购到价廉物好的商品为准绳，推出自有品牌也是这个道理。例如，2018年沃尔玛在中国销售的自有品牌有12个，在每年上百亿美元的采购额中，自有品牌商品占90%以上，㊂都是价廉物好的商品的重要补充。

2020年沃尔玛公司年报指出："作为一家零售商店和仓储商店的运营商，我们利用遍布全球（包括美国）的100 000多家供应商及全球供应链，采购我们在零售商店、仓储商店及线上商店销售的商品。同时，我们也从店铺所在地的生产商那里购买商品，尤其是'新鲜'类别的产品。我们的购买量可能会占供应商所在公司年销售额的很大一部分，使我们能够从供应商处获得优惠价格。我们的供应商应该遵守道德行为标准，包括遵守当地用工法律、当地工人安全法和其他适用法律。通过我

㊀ 杨春. 沃尔玛采购与物流配送 [M]. 北京：海天出版社，2007：33；38-39.
㊁ 索德奎斯. 沃尔玛不败之谜：沃尔玛全球前副董事长揭密 [M]. 任月园，译. 北京：中国社会科学出版社，2009：229.
㊂ 李张瑶. 连锁超市自有品牌发展研究：以沃尔玛为例 [J]. 现代经济信息，2016（17）：47-48.

们的能力从供应商处获得顾客需要的商品品种和数量，在适当的时间运送到配送中心，并将这些产品配送到相应的商店。这一过程，在一定程度上决定了我们店铺的库存水平，以及我们向顾客提供的商品的种类和吸引力。"

2）在采购谈判环节，继续坚持前一个阶段的流程，由采办人员（非采购经理）具体负责，具体标准是"价廉物好"和"丰富顾客的商品选择范围"，采办人员不能接受宴请、礼品，以及其他馈赠，谈判一般在沃尔玛公司进行，最后由店铺的买手决定是否采购。沃尔玛全球前副董事长唐·索德奎斯在2008年曾经谈道："任何采购人员，敢从供应商那里接受礼品、享受免费差旅或者索取其他个人物品会被解雇……在供应商眼里，沃尔玛可能有点挑剔，但总是遵守商业道德，进行公平交易。"⊖沃尔玛《员工手册》中有专门的"礼物和小费"条款，对此都有更加详细和具体的规定。⊜

3）在采购实施环节，一是依店铺订货进行采购，首先公司有一个由6~10位采办人组成的小组，对收集的商品信息进行分析和筛选，形成商品目录，然后组织各店铺买手开会并进行沟通，由各店铺买手提出订货单（采购数量和价格），采购部门汇总订单，向厂家发出订货单，买手不与厂家见面，采购过程由采办人员追踪跟进。二是仍然延续前一阶段集中统一采购的方法，即除了部分生鲜商品由各个店铺采购之外，其他商品都由总公司或分公司采购部门集中统一采购。三是全球和本土直接采购结合，在2002年2月1日之前，沃尔玛本土为直接向厂商采购，但是所有海外商品都由代理商代为采购。在2002年2月1日之后，沃尔玛在全世界成立了20多个负责直接向厂商采购的分公司，完成了该年2000亿美元营业额的全球采购业务。而后，全球直接采购模式得以延续和扩展。可见，沃尔玛全球采购是指某个国家的沃尔玛店铺通过沃尔玛的全球采购网络设立的分公司，向其他国家的制造商进口商品，而本土采购是指开在某个国家的沃

⊖ 索德奎斯. 沃尔玛不败之谜：沃尔玛全球前副董事长揭密 [M]. 任月园，译. 北京：中国社会科学出版社，2009：232.

⊜ 杨春. 沃尔玛采购与物流配送 [M]. 北京：海天出版社，2007：214.

尔玛店铺在进入国进行采购，则由进入该国的沃尔玛分公司自己负责，不属于全球采购的范畴。

4）在商品跟踪环节，仍然延续前一阶段的流程，即通过信息系统，跟踪各类商品的销售和库存情况，及时发现畅销品、滞销品和缺货品，进一步扩大与品牌商实施的商品销售和库存的信息共享计划，实现沃尔玛配送中心和品牌商向各店铺的自动补货，不仅降低了库存，还可以避免断货现象的发生，前者可以减少费用，后者可以增加顾客对商品的选择范围，分别为"价廉物好"做出了贡献。另外，在商品进入配送中心的时候，都有必要的质量监控，配送中心进行加工的商品也有严格的质量检测，合格者才能进入配送中心的货架等待配送。

（2）沃尔玛公司基本复制了前一阶段的开店、配送和销售（服务）等非关键流程。在这些非关键流程中，同样坚持为"价廉物好"做出贡献，同时保证服务、店址、店铺环境和传播达到顾客可接受的水平。这些内容的形成逻辑是对上一发展阶段流程的复制，但是表现形式已经全渠道化了。

1）开店流程。在该阶段，沃尔玛线下店铺基本延续或者说基本复制了前一阶段的开店流程，为节省成本和顾客便利达到可接受水平做出贡献。对此，前一章已有详细讨论，这里不再赘述。实际上，在该阶段，沃尔玛的线上店铺的开店流程分为选址、设计、制作、开业四个步骤（见图7-11），同样是在每一个步骤都为节省成本和顾客便利达到可接受水平做出贡献，最终形成了线上线下全渠道零售的店铺网络。

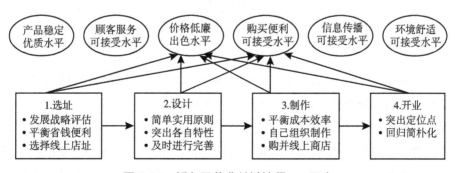

图 7-11　沃尔玛的非关键流程——开店

第一步，选址。一是进行发展战略评估，从 1996 年至今，沃尔玛在线上开店首先考虑是否与沃尔玛的使命、目标及发展战略相匹配，与亚马逊等纯粹网店最大的不同是，沃尔玛从开始就考虑的是与自己线下店铺如何融合，应该是最早实施全渠道零售的公司，有点"提前预判"的效应，后来有部分线上店铺公司不得不回过头来向线下延伸。二是店址选择遵循"为顾客省钱"和"为顾客提供便利"二者的平衡，这是店铺多与少、店铺设在哪里的重要评价标准，开在线上零售平台，可能使顾客购买便利但不一定省钱，反之开在自己的线上商店里，可能省钱但不一定便利等。三是进行线上店址选择，沃尔玛的线上店铺选址带有探索性质。1996 年沃尔玛设立了线上独立店面 Walmart.com，线下管理部门与沃尔玛公司总部在一起，有研究表明：顾客更愿意去临近自己居住地注册的线上店铺购物，这意味着公司注册地也成为线上店铺选址的一部分。2000 年 Walmart.com 公司总部迁移到美国硅谷，标示着成为一家互联网公司，该年年底沃尔玛还有收购亚马逊的计划，如果成功的话，沃尔玛就会入驻亚马逊线上零售平台，即选择亚马逊零售平台作为开店的位置。遗憾的是，谈判没有成功。直至今天，我们发现沃尔玛的线上店铺，有的是独立设店，如 Walmart.com，有的则是入驻第三方零售平台，如在中国与京东的合作，2016 年 10 月沃尔玛全球官方旗舰店在京东全球购频道开幕，主营高端商品的山姆会员店也进入京东商城，沃尔玛大卖场也陆续接入京东到家。2017 年 4 月，沃尔玛旗下的英国超市品牌 ASDA 全球购官方旗舰店也进驻京东全球购。这些店铺也都有沃尔玛自己独立开设的线上店铺，同时山姆店、大卖场（超级中心）也都有实体店铺与之对应。可见，全渠道商店有时就是一家店铺（一种业态）的两张面孔——线上面孔和线下面孔，如同一枚硬币的两面一样。有时却不是这样，线下线上业态并非完全一致，也属于全渠道商店，例如线上是购物中心，线下是超级市场和百货商店等。全渠道商店的分类值得研究，当然这是题外话了。

第二步，设计。线上店铺设计与实体店铺有着很大不同，沃尔玛线上店铺设计在尊重两者不同的同时，仍然坚持实体店铺设计的基本原则，设计的内容带有一般性：线上店铺风格设计、首页设计、详细页设计和促销品页设计等。一是坚持实体店铺设计的简单实用原则，沃尔玛的主页设计如同线下店铺的店铺分布图，清晰地引导顾客走进各个陈列空间，进入陈列空间之后，可以清晰地看到商品实物图片和价签，这样会让顾客产生与线下店铺相同的感觉，即"价廉物好"。二是考虑线上店铺的独特性，不采取统一（或者说店铺一致化）的设计，而是突出各个线上店铺的个性，对于独立开设的线上店铺，没有线下店铺与其完全对应，各自有着不同的设计风格。如果有线下店铺（如山姆会员店和超级中心等）与其对应，就形成线上线下比较一致的风格。三是及时进行设计调整，例如Walmart.com于1996年上线，2000年进行了店面调整，2013年6月再次进行完善，使主页包含多项标签功能，可为传统网购、新产品发现以及本地商店链接等服务。第一个选项卡标名为"Trending Now"，为带有巨大功能的导航栏，单击进入后，页面会显示出各种各样的项目，包括最新产品（New Pin）、评价最高产品（Best Rated）、最近出售产品（Just Sold）以及最畅销产品（Best Seller）等。另外一个选项卡标名为"Your Store"，可以显示附近实体商店的位置、本地广告链接、实体商店畅销产品以及打印优惠券的链接等。

第三步，制作。线上店铺的制作类似于实体店铺的建设，包括自己建设线上店铺和购并已有线上店铺两种方式，但是坚持的原则是低成本和高效率之间的平衡。例如，沃尔玛建设的线上商店有Walmart.com、沃尔玛网上超市、山姆App等，这样可以与沃尔玛线下店铺融合，低成本地实施全渠道战略，以满足顾客"省钱"和"便利"的需求。这部分线上商店由沃尔玛自己组织制作相关页面及链接。同时，沃尔玛还购并了多家线上或线上线下融合的零售公司，例如前面提到的Hayneedle.com（家居用品）、Moosejaw（户外用品）、Bonobos（男装）、ELOQUII（大码女装）等，这些购并虽然花费了较大费用，但是弥补了沃尔玛产品线的不足，以及与亚马逊商品广泛选择的差距，也是为了满足顾客"省钱"和"便利"的需求。购并后的线上商店大多为细分市场的领头羊，拥有自己的目标顾客群，因此仍然保持了原有的店铺风格和页面特色。

第四步，开业。对于线上商店来说，线上商店的开业就是正式上线，包括域名申请、购买空间、网站上传和店铺推广等内容。在这方面，沃尔玛仍然坚持线下店铺开业的两个基本做法，一是开业仪式不会花费不必要的费用，通常只是发布一个线上商店开业新闻，或者召开一场发布会，或者直接在沃尔玛官网发布消息，并与已有的线上店铺和App等自有媒体进行链接，以引起社会媒体转发和口碑传播；二是突出"价廉物好""省钱"和"好生活"的定位点。这样不仅可以节省宣传费用，还可以集中突出传播定位点，为顾客感受到"价廉物好"做出贡献。

2）配送流程。在该阶段，沃尔玛实施了线上线下融合的全渠道店铺战略，并且是全球化发展，因此配送流程变得复杂，这部分讨论的"配送流程"主要是指从制造商到配送中心再到店铺的配送流程，至于到顾客手中的配送过程，我们会在后文"销售（服务）流程"进行讨论。在该阶段，沃尔玛的配送流程的逻辑基本是对前一阶段的复制，继续为"价廉物好"的定位点做出贡献，其配送流程包括店铺订货、配送实施、店铺收货和返程物流等方面，但是具体内容发生了一些变化，明显带有全球化和全渠道的适应性特征（见图7-12）。

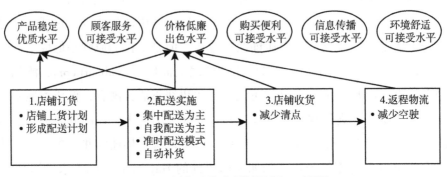

图7-12 沃尔玛的非关键流程——配送

第一步，店铺订货。这与前一发展阶段基本相同。在采购阶段，配送中心已经根据店铺订货计划完成了采购，接着店铺会提出上货的具体品种、数量和时间要求，另外"线上购买、线下提货"的部分也会自动形成配送计划（顾客线上购买时指定了提货的线下店铺名称），配送中心据此形成向各个店铺配送的具体计划。这既可以保证向店铺配送的及时性，又可以通过减少库存降低成本。

第二步，配送实施。在这一发展阶段，由于全渠道和全球化市场的多样化，配送流程也显现出多样化和灵活性。一是以集中配送为主、分散配送为辅。大多数货物统一到达配送中心，然后由配送中心配送到各个店铺，即根据店铺上货计划和顾客线上购买的货单，自然地形成配送计划，随后配送中心按计划配送到各个店铺。2011年年报披露，有79%的商品是由沃尔玛的配送中心配送到店铺的。二是以自我配送为主、他人配送为辅。沃尔玛除了易腐商品由供应商和第三方直接配送到店铺以外，其他商品都是用自己的车队完成配送任务，大大减少了"货等车"和"店等货"的现象，提高了配送效率。三是准时（Just in Time，JIT）配送模式。在该阶段沃尔玛不断完善准时配送模式，多频次、少批量、及时地向店铺送货。2006年实施的 Remix（再组合）计划，㊀改变了食品杂货和日用品分别装车送货的状况，可以混装在一辆货车上，这是完善准时配送模式的一个例子。四是自动补货。通过信息平台厂商、配送中心、店铺可以及时了解某种商品在各店铺的销售情况，根据协议，厂商可以及时向配送中心供货，配送中心也可以及时向店铺自动补货。2011年沃尔玛公司年报显示，山姆会员店有63%的商品是由沃尔玛配送中心直接配送的，主要是那些不易腐烂的商品，易腐商品通常委托第三方进行配送。此时，山姆会员店开始实施"接驳式运输"方式，减少了商品在仓库停留的时间，直接将商品送到店铺，运送时间不到24小时，有的甚至不到1小时。

第三步，店铺收货。该阶段的做法与前一发展阶段一样，由于配送中心差错率低于百分之一，各店铺接货时不必进行清点。这样既可以节省店铺清点货物增加的人工成本，也可以减少货车等待清点的时间，卸车后就能赶往下一个送货点。

第四步，返程物流。在该阶段，沃尔玛进一步减少返程物流的空驶现象，到了21世纪初期，在配送车辆返程途中，有60%的旅程可以顺路从供应商处带回采购的商品，比例之后逐年提高，大大提高了物流效率。

㊀ 罗伯茨，伯格. 向世界零售巨头沃尔玛学应变之道［M］. 崔璇，译. 北京：中国电力出版社，2014：181.

2012年，配送中心大约有50%的货物是用自己的货车运回来的。[○]

在21世纪初期，由于沃尔玛8万种商品中的85%纳入了统一配送流程（凯马特仅有50%），大大降低了库存和配送成本，使物流费用占销售收入的比例仅为2.8%，而行业平均水平为4.8%。[○]2007年有专家评论道：沃尔玛"在短短数小时内便可完成'填妥订单—各分店订单汇总—送出订单'的整个流程，大大提高了营业的高效性和准确性。从下订单到货物送达商店只需要3天时间"。[⊜]2019年的一项研究显示："沃尔玛之所以能够打着'天天平价'的口号，以低成本优势俘获广大消费者的心，并且成为现在非常著名的公司之一，是因为其借助了物流的便利性，从而直接带来了采购成本的下降，在保证低价的同时还能有利可图。"[⊕]沃尔玛高效率的物流配送，降低了仓储成本，减少了运输花销，降低了交易费用。

3）销售（服务）流程。在这个阶段，沃尔玛的销售（服务）流程延续前一阶段的特征，继续为"价廉物好"的定位点做出了贡献，同时也为非定位点方面达到顾客可接受的水平做出了贡献。不过，该阶段的服务流程有着该阶段明显的特征，即一个线下线上完全融合的全渠道零售流程（见图7-13）。

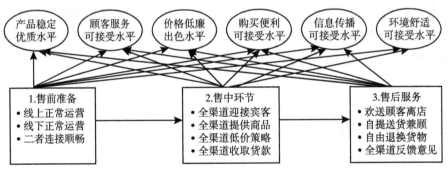

图7-13　沃尔玛的非关键流程——销售（服务）

○　罗伯茨, 伯格. 向世界零售巨头沃尔玛学应变之道[M]. 崔璇, 译. 北京：中国电力出版社, 2014：176.

○　杨. 成本改进181法：让昨天的成本成为明天的利润[M]. 林小驰, 译. 北京：中国财政经济出版社, 2005：146-147.

⊜　杨春. 沃尔玛采购与物流配送[M]. 北京：海天出版社, 2007：127.

⊕　刘菲. 供应链管理视角下沃尔玛采购成本粘性研究[D]. 南昌：华东交通大学, 2019.

第一步，售前准备。该阶段很多顾客开始进行线上线下的跨越式或者说跳跃式购物，因此沃尔玛提供了与其相适应的全渠道零售的多种选择。一是保证线上店铺以及相关 App 的正常运转和使用，任何一个环节（包括登录、搜寻、页面、付款、反馈等）一旦出现障碍，都会让顾客（包括线上和线下的顾客，因为线下顾客在店中也可能查看线上店铺的商品和价格）走向竞争对手的店铺。二是保证线下店铺以及店内相关终端设备的正常运转和使用，同时还要保证线下店铺开门前店内通道畅通、货架陈列饱满、环境舒适以及冷暖设备、收银设备等正常使用，全部服务人员到达岗位。三是确保沃尔玛线上商店与相关终端设备之间，以及与线下商店之间的相关链接都是顺畅的，为顾客的跨渠道搜集信息、选择商品、支付货款、查看意见反馈、收到货物等提供顺畅和便利的通道。例如，保证沃尔玛实体店铺和官网提供的山姆店 App、沃尔玛网上超市二维码等可以顺畅地进入相应的线上商店。又如，"线上购买、线下提货"模式，必须保证线上和线下提货点的准确衔接，即按照顾客的线上购买要求，将商品在合适的时间送到顾客指定的地点。当然，准确地说，线上商店及相关链接的顺畅运行保障都是全天候的，因为顾客是全天候地购物，线上设施都是全天候地服务。

第二步，售中环节。一是全渠道地欢迎顾客。无论顾客进入线上商店，还是线下商店，都会受到欢迎，并享受到相应的便利服务。线下店铺仍然提供免费停车场，门口继续设置迎宾员，离员工 3 米范围内他们就会微笑着打招呼。一进入线上商店，顾客也常常会看到"尊敬的顾客，欢迎光顾沃尔玛网上商店"的类似文字或图案。二是全渠道地提供商品选择。顾客可以自由地在线上商店和线下商店之间进行穿梭，例如顾客在线下商店选择了商品，想在线上下订单并让沃尔玛送货到家，在线下商店可以直接完成。如果顾客在线上商店看到了一种商品，想到线下商店进行确认，沃尔玛都提供了便利通道，顾客可以全渠道、多店铺、反复性地自由选择商品。三是全渠道的低价策略。沃尔玛对于相同商品线下线上实施统一低价策略，而且继续坚持天天低价，减少因为促销带来的价格波动，以免给顾客带来选择商品的纠结。四是全渠道地收取货款。沃尔玛提供了全渠道下订单和全渠道支付款项的便利通道，这不仅是指线上购买线上支付、线下购买线下支付并存的状态，还是指线下购买也可以通过线上微信等方式进行支付，甚至顾客在线下店铺可以自我完成线上支付的全过程。

第三步，售后服务。一是欢送顾客离店。无论线上商店，还是线下商店，当顾客离去时，沃尔玛都会打招呼说"谢谢"和"欢迎下次再来"等类似的话语，有时迎宾员也可以成为送客员。二是提供货物自提和送货上门两种方式。顾客在线上商店购买了货物，可以到自己选择的线下店铺提货。同样，顾客在线下店铺购买了商品，也可以选择让沃尔玛送货上门，不过由于数量过少或体积太小而达不到一定金额的，需要支付一定的送货费用。三是无论是线上购买的商品，还是线下购买的商品，顾客都可以自由地退换货物。实际上，这是把前一阶段的自由退换货服务复制到全渠道零售场景。四是全渠道地与顾客沟通。无论是沃尔玛的线下店铺，还是线上店铺，乃至公司的官网，都有专门的链接或空间接受顾客的反馈意见，以及对货物的购买及使用的咨询，沃尔玛也会根据顾客选择的沟通渠道（线上或线下），进行及时回复和解答，努力将顾客的抱怨变成满意。

在该阶段，沃尔玛业务流程构建的一个重要特征是应用区块链技术进行物流的全过程管理。对"价廉物好"影响最大、最关键和贯穿始终的是物（商品）流过程。随着区块链技术的应用，沃尔玛实现了对于商品流转全过程的监督和管理，不仅保证了商品质量，而且降低了费用。区块链是指通过整合生产商、供应商、零售商各方各环节的数据，建立一个共享数据库，其数据具有集体维护、不可伪造、全程留痕、公开透明等特征，最终使商品变得可追溯、可调整、可控制，并有人担责，大大提高了采购、配送和销售过程的物流效率。有学者专门对沃尔玛猪肉物流的区块链管理进行了描述："第一步，生猪加工厂家将加工好的猪肉产品放入包装盒中，并贴上专用标签。与此同时，工作人员创建新的二维码并通过这个二维码将所有必要的产品细节数据上传到区块链中，确保任意一位授权用户都可以获得入链信息，以查验运营过程中任何一个节点的操作细节。第二步，供应商发货点负责向沃尔玛配送中心发货的员工创建运输记录，输入运输车辆车牌号，对将被装车的托盘进行扫描，而后系统会显示出这批猪肉即将发往的配送中心和对应的采购订单，然后上传这些单据的图片到区块链上，新创建一个不可篡改的数据文件，供各个授权用户同时登录读取。第三步，任何一位经授权的食品安全管理人员都可以读取存储在区块链中的单据。因为单据不可篡改，并具有开放性，将会大大缩短单据查找的时间，而且可有效防范未经授权篡改信息……区块链应用于猪肉食品的供应链管理，沃尔玛希望能为养殖户、屠宰企业、零售商和消费者创造出以下不同的利益：养殖户能掌握出栏生猪的流向，更好地规划种猪养殖的品种；屠宰企业能获得猪肉产品的相关数据，判断其在保质期内是否能够完成销售和消费，了解加工产品的实际流向；零售商能更有效地把控猪肉从猪圈到零售店的全部流程；消费者能获得更新鲜、质量更可靠、食用更安全的猪肉产品。"⊖

由此可知，沃尔玛该阶段的业务流程在本质上仍然是前一阶段的复制，即围绕着"价格出色＋产品优质＋其他组合要素为定位点做出贡献且达到顾客可接受的水平"进行构建的，其核心是保证"价廉物好"，形成了一个低成本连续运营的业务流程：低成本开店—低成本采购—低成本配送—低价格销售—低成本开店，循环往复。由沃尔玛 2020 年年报的相关数据可以看出，其控制成本的能力和水平大大高于行业平均水平，从而实现了较高的毛利率和纯利润率（见表 7-4）。

表 7-4　2016—2020 年沃尔玛费用率和利润率情况

年份	2016	2017	2018	2019	2020
毛利率	24.6%	24.9%	24.7%	24.5%	24.1%
费用率	20.3%	21.2%	21.5%	21.0%	20.9%
纯利润率	4.3%	3.7%	3.2%	3.5%	3.2%

⊖ 姚国章，吴玉雪，薛新成，等. 沃尔玛食品供应链管理区块链应用解析［J］. 电子商务，2020（12）：33-36.

资源整合：由领导人特质而延续的高效执行力

这一阶段，沃尔玛继续强化前几个阶段"依关键流程进行资源整合"的基本逻辑：通过无形资源和有形资源的整合，构建服务于"价廉物好"定位点的关键业务流程。这些资源整合的效率取决于继任领导者延续创始人特质，并延续组织队伍形成的高效执行力。这种能力继续提高公司的运营效率并降低了成本，从而为采购及其他运营流程的形成做出支撑。在沃尔玛该阶段的20年（2001—2020年）发展过程中，一直由沃尔顿家族成员罗伯森·沃尔顿（山姆·沃尔顿的长子）担任董事长，经历了李斯阁（2000—2008年）、麦·道克（2009—2013年）和董明伦（2014年至今）三任总裁兼CEO。

（1）领导人特质。在沃尔玛发展的第三阶段下半期，领导人仍然延续和复制前述的五大品质：梦想至上、追求完美、勇于创新、永不放弃和崇尚简朴。对于董事长罗伯森·沃尔顿，我们在第6章已经进行了讨论，这里不再赘述，仅仅描述三位总裁兼CEO的特质。

一是梦想至上。山姆·沃尔顿的梦想是创建一个令人尊敬的、最好的零售商，而不是创建一个最大的零售商。这一梦想也成为各位继任者的梦想，李斯阁也不例外，他在2001年沃尔玛公司年报中谈道："山姆·沃尔顿为我们确定了未来发展的愿景，我们就为了实现这个愿景而前行。"他自豪地宣布沃尔玛居《财富》杂志最受尊敬企业排行榜第三位。到了2003年，沃尔玛公司已经位居该排行榜第一。尽管李斯阁担任总裁兼CEO的时代是沃尔玛被投诉最多的时期，但是李斯阁一直没有放弃提升沃尔玛品牌形象的努力。有专家评论道："除了成为全世界最大的零售企业，沃尔玛百货现状也觉得它必须同样致力于成为最好的雇主、最好的地方企业公民。"⊖2009年麦·道克接任总裁兼CEO时，在该年公司年报中也曾经表

⊖ 斯莱特. 忠于你的事业：沃尔玛传奇[M]. 黄秀媛，译. 北京：中信出版集团股份有限公司，2018：269.

示：“尽管未来沃尔玛会有很多变化，但是有一件事永远都不会改变——我们的文化。我们秉承诚实正直、尊重个人、追求卓越、服务顾客的四大原则……帮助人们省钱，进而使他们生活得更好。”2014年董明伦接任总裁兼CEO时，在该年公司年报中也曾经表示类似的观点：“我爱上了我们的公司，它的员工，我们的愿景和文化。我们有一个包含四种基本理念的独特的文化：服务顾客，尊重个人，追求卓越，诚实正直。作为首席执行官，我想继续滋养和强化这些基本信念。"其实，早在2011年董明伦担任沃尔玛国际总裁时，面对中国记者的提问，就曾经重复并强调沃尔玛的梦想："我们当然希望能够开设更多的商场。但是商场的成功取决于商品的种类、价格、服务等方面。我们更看重把沃尔玛做成全球最好的公司，而不是最大的公司。我们的快速发展，是服务顾客能力最好的体现。沃尔玛一直在向成为最好的公司而努力。"㊀

二是追求完美。在该阶段，沃尔玛公司的三位继任领导人都延续了以往领导人"追求完美"的特质。李斯阁初到沃尔玛公司时管理运输车队，以严格要求司机闻名，司机若不能准时送货到店或有其他违反规定的行为，会被李斯阁开除，司机常常向山姆·沃尔顿投诉。可见，李斯阁是一个追求完美的人。担任CEO职务之后，他无法做到事无巨细，但是对于原则问题仍然非常关注细节。2000年李斯阁在接受中国记者采访时，详细解释了沃尔玛"尊重个人"的理念："它包括：尊重顾客，理解顾客赚到每一分钱都不容易，因此要使他们买到的每一件商品物有所值；尊重雇员，使在沃尔玛工作的每一个人都能成长和有发展的机会；尊重供应商，给产品以合理的价格，按时付款；尊重政府，沃尔玛在任何地方都是合格的公民，是合法的纳税人；尊重社区，对沃尔玛所在的社区给予回报，建立孤儿院或救助贫困的家庭。"㊁

1995年，麦·道克被李斯阁招聘到沃尔玛担任其副手，负责管理公司

㊀ 曾立平．董明伦：沃尔玛一直在创新求变——不断探求满足新兴消费需求的方式［J］．经理人，2011（6）：88-92．

㊁ 施晓慧．沃尔玛的商业秘诀：访李斯阁总裁兼首席执行官［N］．人民日报，2000-10-31（2）．

在本顿维尔镇的物流工作,受到李斯阁的诸多影响。李斯阁对麦·道克评价道:"他的管理比我出色。他的优势在于处理数据,设定时间表并按其行事,以及做到他想做的一切。麦·道克有纪律性,这使他有能力成就许多事情。他知道如何管理自己的时间,知道如何管理下属,也知道如何使与他人在一起的时间更具效果。"㊀2010 年 10 月 20 日,麦·道克在参加清华管理全球论坛时谈道:"在几年前,我们出现了美国历史上最糟糕的自然灾害,就是卡特丽娜飓风,因为它对美国以及墨西哥湾的影响是巨大的。当时有很多商店关门了,很多客户受到了影响。但是,我们的员工对于满足客户需求的这种热情使他们战胜了灾害的影响。这实际上是我们非常自豪的,当时我们的运输车队非常迅速地集结起来,其中一些做法是在之前模拟的时候就演练过的。很多时候我们需要能够事先想到可能会出现什么情况。事先做好准备,打有准备之仗和无准备之仗肯定是不一样的。在飓风的时候,我们对其他的灾害情况已经做了一些演练,比很多其他的公司做得更好。"㊁另有媒体对他评价道:"作为首席执行官,麦·道克不厌其烦地关注细节。他既乐于对公司中国商店里的麦片陈列和香蕉价格进行斟酌,也负责处理像环境可持续性这样的大政方针。"㊂可见,麦·道克也是一个追求完美的人。

董明伦也不例外。1991 年,他在沃尔玛开始了采购工作,上班第一天,他看到自己的办公桌上放着一张纸条,上面写着"凯马特公司出售的钓鱼线比沃尔玛便宜"。后来董明伦才知道这张纸条是山姆·沃尔顿写的,这使董明伦开始了关注细节、追求完美的征程。在他担任沃尔玛国际部总裁兼 CEO 的时候,有很多实例可以证明这一点。例如,他到中国来指导工作时,会与中国区总裁一起到顾客家中走访,了解他们到沃尔玛购物的真实原因。当他发现中国沃尔玛的蛋糕非常漂亮的时候,就将

㊀ 钟文渊. 麦道克匆忙说再见[J]. 中国新时代,2011(1):54-57.
㊁ 新浪财经. 麦道克:面对未知风险要做好应急反应[EB/OL].(2010-10-20)[2022-05-17]. https://finance.sina.com.cn/hy/20101020/14488812127.shtml.
㊂ 欧基斐. 世界最大公司 CEO 特写:麦·道克(Mike Duke)[EB/OL].(2010-10-23)[2022-05-17]. http://gongyi.sina.com.cn/gyzx/2010-10-23/111320957_2.html.

其在全球进行推广，这些都是店铺经营中的细节问题。对此，他曾经描述道："我到中国山姆会员店，看到店内制作的蛋糕非常漂亮。回到美国后，我立即举行了由美国山姆店焙烤员工参与的'蛋糕装饰'比赛。比赛的奖品就是带领获奖者到中国来参观，看中国的山姆店是怎样把蛋糕做得那么漂亮。这一比赛使山姆店的蛋糕越做越漂亮，各地山姆店的蛋糕销量也大幅上升。再如，中国的沃尔玛商店内特别重视营造春节气氛，加拿大有很多华人，加拿大的沃尔玛就专门引进应节商品，把中国沃尔玛的工作人员请去布置卖场。这不仅让海外华人感到温暖，店内的商品销售也提升了一大截。"升任沃尔玛公司总裁兼 CEO 之后，他仍然延续这种特质。

三是勇于创新。在这一阶段的 20 年发展过程中，沃尔玛公司不断面临新的变化与挑战，三位继任领导人都延续了以往领导人"勇于创新"的特质，较好地解决了各自所面临的难题。与之前的 CEO 不同，李斯阁不是销售出身，而是在物流领域任职 16 年，进行了多方面的创新，包括条码的应用和流程的改善。1995 年底升任为负责商品营销和销售业务的执行副总裁，他为公司减少了 20 亿美元的存货。2000 年升任沃尔玛总裁兼 CEO 之后，他创新地解决了诸多诉讼方面的棘手问题，至 2008 年任职结束，沃尔玛公司的销售额和利润额都增加了一倍多。

麦·道克在任沃尔玛公司总裁兼 CEO 之前，先后负责公司的物流和国际部，其创新特质不仅体现在对物流流程的改善和管理，还体现在沃尔玛的国际化发展方面，"在带领沃尔玛进入成熟和新兴市场中，麦·道克打造了一个非常强的国际化管理团队，在复杂的国际环境中取得了卓越的经营业绩，沃尔玛国际业务在 2008 财年的销售额近 1000 亿美元"。㊀2009 年接任公司总裁兼 CEO 后，他进一步推动了沃尔玛国际化的创新发展，同时对店铺实施了"影响力计划"（Project Impact），改善购物环境。与此同时，沃尔玛标识蓝黄相间的色彩设计变得更加温暖，原来使用的笑脸也被

㊀ 彭剑锋. 从乡村小店到世界零售巨头：全方位剖析沃尔玛成功历程 [M]. 北京：机械工业出版社，2010：209.

抛弃，并代之以活泼的、形似闪闪发光星星的"火花"，启用了新的定位口号："为顾客省钱，使他们生活得更好。"

董明伦的创新特质毫不逊色。2018 年他在接受《第一财经》记者采访时谈道："我觉得零售是一个非常神奇的行业，虽然我干这一行已经约 30 年，却从未感到厌倦，我觉得零售业特别有意思。我喜欢零售业是因为这个行业竞争很激烈，我乐于接受挑战。在行业中，所有人都在想尽办法更好地服务顾客，这是个很有意思的挑战。"㊀ 从他担任总裁开始，零售行业发生了巨大变化，线下线上零售竞争激烈，全渠道时代来临，他带领沃尔玛进行了一系列数字化和全渠道的创新实践。

四是永不放弃。创新必然会遇到困难，因此伴随着创新的成功，必须具备永不放弃的特质，三位继任的领导人概不例外。在李斯阁担任总裁兼 CEO 的时期，随着沃尔玛成为全球最大的零售商，不可能再像过去那样保持独处，遇到沃尔玛进入社区、成立工会和处理员工关系等方面的日益强烈的争议，公司形象的维护受到挑战。对此，李斯阁毫不畏惧，频繁地与媒体和各界进行沟通，维护了沃尔玛的品牌形象，并使公司在 2003 年位居《财富》杂志最受尊敬公司的榜首。

2009 年麦·道克一上任，就赶上全球金融危机和经济萧条，他迎难而上，在 2009 年沃尔玛公司年报中明确提出了目标：沃尔玛要以强劲的表现，在经济大萧条时期成为罕见的赢家。为此，他推出了"影响力计划"，改善店铺环境，但由于减少了商品种类，顾客在沃尔玛店铺里很难找到自己喜欢的商品。麦·道克没有放弃，迅速采取措施，他任命了新的沃尔玛商店美国业务高管团队，通过恢复数千种商品和推低价格，在 2011 年第三季度扭转了业绩下滑。麦·道克的永不放弃精神还体现在不满足，当谈到他 4 年任期最大遗憾时，他说："我们为什么没有够快的反应速度，这一点尤其适用于电子商务领域。现在，我们正在取得巨大的进步，这项业务也在发展，但是我们在这个领域的扩展着实应该更快些。"㊁

㊀ 乐琰. 从采购员到 CEO，董明伦和沃尔玛的新挑战［EB/OL］.（2018-04-24）［2022-05-17］. https://www.yicai.com/news/5418011.html.

㊁ 钟文渊. 麦·道克匆忙说再见［J］. 中国新时代，2011（1）：54-57.

在董明伦任职的今天，正赶上全球零售业的数字化转型和全渠道变革，对于以线下零售商为基础的沃尔玛来说，面临的困难可想而知，但是他克服困难，不断创新。他说："不同国家的零售都在经历不断的转型，沃尔玛也在不断转型的过程中。以前我们公司名称里有'百货'（stores）这个词，现在我们在全世界各地运营的品牌超60个，我们有很多的电商网站和App。要赢得全渠道的未来，我们的供应链和门店有非常大的优势。我们希望未来顾客面对的电商和实体店之间是无缝连接的。"⊖任何困难都不能阻止这一目标的实现。

五是崇尚简朴。在这一阶段，三任新的领导人继承了山姆·沃尔顿的简朴品格，他们不仅沿用山姆·沃尔顿那间简朴的办公室（15英尺×17英尺大的办公室），而且反复强调沃尔玛的成功秘诀：低成本是天天低价的基础，而天天低价可以让顾客省钱，进而生活得更好。他们行事低调，都会穿着便服巡店，店员很难发现他们是高层管理者，常认为他们不过是普通顾客。同时，三位继任者都是采购或物流"起家"，深刻领悟到了降低成本的重要性及方法，进而带头实施。

对于李斯阁，有专家评价道："他是从货运部门升上最高领导层的。他对维持沃尔玛百货运作的广大业务层面具有整体概念，他不只了解商店的内部业务，也深谙运输、配送和科技等重要业务。他相信，沃尔玛百货之所以能够成为零售业翘楚，高明的存货控制能力功不可没。但是，在公开场合谈论公司的制胜因素时，他像山姆·沃尔顿一样，只提顾客服务和天天低价。"⊜

麦·道克喜欢跑车，任职CEO后也只是给自己买了一辆二手的黑色保时捷911卡雷拉跑车，供周末消遣之用，这有点像沃尔顿家族喜欢飞行而购买二手飞机一样。他在任期内进一步强调"降低成本"的意义，以便实现让顾客省钱和生活得更好。

⊖ 乐琰. 从采购员到CEO，董明伦和沃尔玛的新挑战［EB/OL］.（2018-04-24）［2022-05-17］. https://www.yicai.com/news/5418011.html.

⊜ 斯莱特. 忠于你的事业：沃尔玛传奇［M］. 黄秀媛，译. 北京：中信出版集团，2018：214.

董明伦在 17 岁的时候就来到沃尔玛打工，以支付自己的学费，随后担任过采购经理，而采购流程是为沃尔玛降低成本做出最大贡献的流程，因此他深知简朴对于沃尔玛的重要意义。同时，他是沃尔玛最为年轻的总裁和 CEO（2014 年任职时 47 岁），在公司不讲究穿着，常常背着双肩包就进入会议室或办公室。董明伦谈道："我去一个物流配送中心参观，地上有垃圾，我捡起来拿着它直到找到垃圾箱。有同事对我说，你最好不要这么做，因为这对那里的团队领导来说很尴尬。但如果我不捡起来，怎么要求那里的同事这样做呢？"⊖

（2）组织系统。在这一阶段，沃尔玛继续坚持山姆·沃尔顿已经确定的使命、愿景和经营理念，进一步完善规章制度，延续企业文化，完善全球化连锁经营组织。

1）使命和目标层面，包括使命、愿景、经营目标三个方面。在这一阶段，沃尔玛的使命延续前一阶段确定的"让人们生活得更好"，而愿景和经营目标仍然坚持前几个阶段的提法"成为最好的零售商"和"向顾客提供价廉物好的商品，并获得一定的利润"，以实现利益相关者的利益。

2）经营理念层面。在这一阶段，沃尔玛仍然延续前几个阶段形成的经营理念：通过提供价廉物好的商品让顾客满意，从而获得薄利多销的经营结果。

3）组织结构和员工队伍层面。在这一阶段，沃尔玛的发展规模迅速扩大，公司组织维持前一阶段形成的全球连锁组织的特征，继续保持着组织行为的一致性（体现在使命、愿景和经营目标等方面的认同感和遵从感）。这主要表现为组建全渠道时代的管理团队、完善全球化的组织系统、传承已有的企业文化等三个方面。

一是组建全渠道时代的管理团队。在这一阶段，随着互联网、全球化和全渠道的发展，沃尔玛的发展受到前所未有的挑战，新的管理团队的组建成为非常重要的影响因素。沃尔玛的持续成功就在于很好地解决了这个问题，该阶段的领导团队持续地将沃尔玛保持在全世界最成功的企业行列

⊖ 陈昕雨. 董明伦：沃尔玛最年轻掌门人［N］. 中国证券报，2014-01-11（5）.

之中。这个管理团队主要由董事长、总裁和 CEO 组成。

在该阶段，从 1992 年山姆·沃尔顿去世之后至 2015 年 6 月，沃尔玛公司的董事长由沃尔顿家族成员罗伯森·沃尔顿担任，从来没有更换过，这是保证沃尔玛文化传承的重要因素之一。至于罗伯森·沃尔顿代表家族担任董事长一职的原因，我们在上一章讲过："罗伯森·沃尔顿是理所当然的人选。山姆·沃尔顿的 4 个子女，只有罗伯森长期参与沃尔玛公司的业务，并且担任高级职务……身为父亲的他知道，罗伯森是个能力高强的领导人才，因此他为能够挑选自家人挑起这个重担而感到欣慰。"⊖ 罗伯森继承了父亲山姆的特质，宽容、友善，并熟悉沃尔玛公司的历史及文化，他给予了管理团队极大的经营自主权，支持他们的一系列变革行动，总裁、CEO 及高层管理团队按照山姆确定的方向，可以大胆地进行创新经营。2015 年 6 月至今改为罗伯森·沃尔顿的女婿格雷格·彭纳接任董事长，继续代表沃尔顿家族参与沃尔玛公司的重大决策，虽然任职时他仅为 45 岁，但是在沃尔玛公司已经有 10 年左右的履历。

该阶段的三位总裁兼 CEO，虽然性格迥异，但是都具有沃尔玛高级领导人的素质和履历。第一，由前述可知，李斯阁、麦·道克、董明伦三位领导人都具有与山姆·沃尔顿、戴维斯等前几任总裁兼 CEO 同样的五大特质：梦想至上、勇于创新、永不放弃、追求完美和崇尚简朴。第二，三位领导人都源自沃尔玛公司的内部提拔，在沃尔玛工作时间较长，受到了山姆·沃尔顿的精神、工作作风的渲染，都得到过他的亲自指导，继承了沃尔玛公司的文化。第三，三位领导人都拥有沃尔玛多部门的经营管理经验，例如担任过物流采购部门、美国沃尔玛、沃尔玛国际部的总裁，以及全公司的高级执行副总裁等，熟悉沃尔玛经营、运作的各个环节。因此，这三位领导人都很好地完成了自己任期内的职责，带领沃尔玛公司不断地创造新的辉煌（见表 7-5）。

⊖ 斯莱特. 忠于你的事业：沃尔玛传奇 [M]. 黄秀媛，译. 北京：中信出版集团，2018：90-91.

表 7-5　沃尔玛 2001—2020 年公司领导团队情况

姓名	出生年份	职务	任职时间	情况简介
罗伯森·沃尔顿	1944	董事长	1992 年至 2015 年 5 月	沃尔玛创始人山姆·沃尔顿的长子，毕业于阿肯色大学，1969 年从哥伦比亚大学法学院毕业后，进入律师事务所工作。罗伯森·沃尔顿于 1978 年加入沃尔玛，为董事会成员，长期担任沃尔玛公司的高级总裁，1992 年担任董事长之后带领公司雄踞全球零售业榜首并保持持续健康发展，曾入选《福布斯》全球亿万富豪榜。他像他的父亲一样生活简朴和保持低调，很好地传承了父亲建立的企业文化
格雷格·彭纳	1970	董事长	2015 年 6 月至今	罗伯森·沃尔顿的女婿，曾经在高盛担任分析师，2000 年作为管理实习生加入沃尔玛，并曾在多个岗位任职，其中包括 Walmart.com 财务负责人和战略高级副总裁、日本沃尔玛首席财务官、沃尔玛高级副总裁。2005 年他离开沃尔玛，加入 Madrone Capital Cpartners 投资管理公司成为合伙人。2008 年成为沃尔玛董事会成员，2014 年担任董事会副主席，2015 年 6 月担任董事长
李斯阁	1949	总裁兼 CEO	2000—2008 年	1979 年加入沃尔玛，1984 年担任副总裁，主管运输；1988 年继任副总裁，主管配送；1990 年担任沃尔玛店铺副总裁，主管配送和运输；1993 年晋升为公司高级副总裁，主管配送和运输；1997 年担任公司执行副总裁，负责商品管理；1998 年出任美国区总裁兼 CEO，2000 年担任总裁兼 CEO
麦·道克	1950	总裁兼 CEO	2009—2013 年	1995 年加入沃尔玛，2000 年担任执行副总裁，主管物流；2003 年担任沃尔玛美国公司总裁兼 CEO；2005 年担任副董事长、兼沃尔玛国际部 CEO；2009 年 2 月担任沃尔玛总裁兼 CEO
董明伦	1966	总裁兼 CEO	2014 年至今	1984 年为沃尔玛配送中心暑期员工，1990 年正式加入沃尔玛，2006 年至 2009 年 2 月担任山姆会员店的总裁兼 CEO，后任沃尔玛国际业务总裁兼 CEO，2014 年 2 月担任沃尔玛总裁兼 CEO

二是完善全球化的组织系统。在这一阶段，沃尔玛进一步完善了全球化的组织系统，形成事业部制、扁平化的组织系统，其中会有一些小的变

化，我们仅以 2021 年沃尔玛年报中披露的高管人员构成为例进行说明（见图 7-14）。

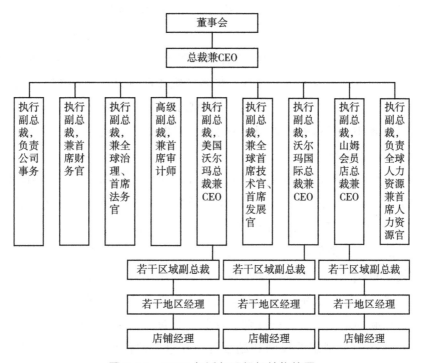

图 7-14　2021 年沃尔玛组织结构简图

第一层级为董事会，由董事长、副董事长和若干董事会成员组成，成员包括股东代表和公司高管团队成员，分为执行董事、非执行董事和独立董事，执行董事一般有董事长、总裁和 CEO 等。该阶段董事会一般由 15 人左右组成，如 2001 年为 15 人，2009 年为 16 人，2015 年为 16 人。董事会下设 5 个委员会：审计委员会、薪酬和提名委员会、执行委员会、股票期权委员会、战略规划和财务委员会。董事会成员有逐渐增加的趋势。

第二层级为高管团队，由董事长、副董事长、总裁兼 CEO，以及主管采购、人力资源、公司事务及政府关系、信息系统（CIO）、财务（CFO）、审计、国际事业部、折扣商店、山姆会员店、全球线上商店、公司秘书等执行副总裁组成。该阶段高管团队一般由 10~15 人组成，如 2001 年为 15 人，2009 年为 11 人，2015 年为 11 人，2020 年为 11 人，2021 年为 10 人。

第三层级及以下，由各个事业部（主要是沃尔玛美国、山姆会员店和沃尔玛国际等）总裁直接领导，下设区域副总裁、地区经理、店铺经理、部门经理、店员等层次，这些层级分别对店铺的选址、开办、进货、库存、销售、财务、促销、培训、广告、公关等各项事务进行管理。有专家曾经描述2002年沃尔玛公司店铺管理的组织结构：大约有4000名商店经理，由350名区域经理负责管理，每名区域经理负责管理6~8家商店（一店可能有多个经理）。设有35名区域副总裁（管理所辖区域的30~40家商店）以及8~10位区域经理。区域副总裁向事业部总裁汇报，事业部总裁向首席执行官汇报。㊀

三是传承已有的企业文化。这个问题我们在前一章进行了详细讨论，回答了三个问题：山姆·沃尔顿领导创建的企业文化特色是什么？要不要继续坚守山姆·沃尔顿领导创建的企业文化？如何传承沃尔玛的企业文化？与前一阶段类似，这一阶段的两位来自沃尔顿家族的董事长，以及三位总裁兼CEO，仍然继续传承山姆·沃尔顿建立的企业文化。

在这一阶段，沃尔玛的企业文化特色更加明晰，就是山姆·沃尔顿为了让公司顺利运作所建立的使命、愿景、目标、价值观、经营理念，以及为实现这些内容制定的规则和制度等。在这一阶段的三位总裁兼CEO毫不例外地认识到"传承沃尔玛已有企业文化"的重要性和必要性。他们在内部讲话和年报致辞中反复强调传承沃尔玛企业文化的重要性，并且不会随着时间和空间的变化而变化。在2002年的时候，山姆·沃尔顿的次子约翰·沃尔顿还是董事会成员，他表示："公司的企业文化确定在演变，可是核心原则始终如一，演变的是我们执行这些原则的方法。"㊁2004年李斯阁在清华大学经济管理学院中国零售研究中心成立仪式上谈道：沃尔玛的核心竞争力在于天天低价的竞争优势，高效率的供应链系统以及独特的企业文化，而最不容易模仿的是第三条，因此沃尔玛形成的企业文化最为重

㊀ 斯莱特.忠于你的事业：沃尔玛传奇[M].黄秀媛,译.北京：中信出版集团股份有限公司,2018：134.

㊁ 斯莱特.忠于你的事业：沃尔玛传奇[M].黄秀媛,译.北京：中信出版集团股份有限公司,2018：144.

要。麦·道克也是如此，上任伊始，就明确提出了体现沃尔玛使命和价值观的新口号："为顾客省钱，以使他们生活得更好。"董明伦多次在沃尔玛公司年报中强调"传承沃尔玛企业文化"的重要性。例如，他在2014年（开始担任公司总裁兼CEO）沃尔玛公司年报致辞中反复强调"顾客是沃尔玛公司的老板，沃尔玛要持续地为顾客创造价值，为他们省钱，以使他们生活得更好"，同时也强调尊重员工个人等。这些都是沃尔玛公司企业文化的核心内容。

在企业文化传承方式方面，继任者不可能像山姆·沃尔顿那样亲力亲为，而是通过制度建设和领导团队一层一层地传递到每一个员工。具体地说，此阶段延续了前一发展阶段的企业文化传承方式：一是分工推广企业文化，将权力下放给接近商店的主管，这样才能使企业文化真正落地；二是将企业文化体制化，例如把使命和愿景变成制度，把公司理念变成信仰和法则，作为行动指导；三是打造稳定的员工队伍，避免因员工频繁更换带来的企业文化无法形成或流失；四是把企业组织集中于本顿维尔总部，通过高级主管一次只管一家店的方法，层层落实相关决策。

这里我们不妨以沃尔玛《（中国）员工手册》的部分内容为例，说明沃尔玛企业文化制度化的传承方式。在早期的沃尔玛《（中国）员工手册》中，将"十项基本原则"作为企业价值观，重点进行说明："请牢记：在这个瞬息万变的世界里，我们公司的价值观始终如一，并能永远指引我们……将这些观念述诸文字，并称为我们的十项基本原则：①顾客永远是对的；②我们是一家商品销售公司；③我们的员工与众不同[一]；④我们应与同事相互沟通；⑤我们应具备崇高的职业道德；⑥同事应是合作伙伴；⑦公司领导亦是公仆；⑧将权力授予员工；⑨我们的所作所为应刚正不阿；⑩我们应控制开销。"[二]手册中将这十项基本原则作为一章，一条一条地进行了详细和具体的落地说明，例如在"顾客永远是对的"基本原则之下，就有"保证满意""主动待客"和"顾客才是真正的老板"等三项细节说

[一] 也有说是"我们的员工创造非凡"。

[二] 杨春.沃尔玛采购与物流配送［M］.北京：海天出版社，2007：189-190.

明。其中,在"主动待客"条款中有如下解释文字:"满足顾客需求且超出顾客期望的方法之一,就是采取主动待客的方式:告诉他们商品陈列在哪个部分,可满足顾客需求;把他们带到该商品处,则超出了顾客的期望。使顾客感受到他们很受欢迎——微笑、行注目礼。向离你三米之内的每一个人打招呼,这就叫'三米原则',尽可能叫出顾客的名字。"⊖

完善后的沃尔玛《(中国)员工手册》第1章的标题就是"我们的文化",而后详细说明了尊重个人、服务顾客、追求卓越等三大核心价值观,可见这三大价值观体现了沃尔玛公司企业文化的宗旨。手册中不仅介绍了制度,还有具体的行为规定和做法说明。由于篇幅所限,我们仅对"服务顾客"条款进行说明,其包括的子项条款有:顾客才是真正的老板、保证满意、日落原则、盛情服务、我们都应该做个商人⊖、天天平价、店中店计划⊜。⑭这些子条款都在手册中被一一详细解释。这些解释不是简单的文字,而是成为全公司员工(包括各级管理者)的行动指南。

执行力的重要方面,就是员工将企业文化变成自觉行动,其前提是尊重员工(企业文化中的尊重个人),因此该阶段继续坚持利润分享制度、员工可以享受股票期权、帮助员工进行职业发展等措施。2020年沃尔玛公司年报披露:"该财年沃尔玛公司在全球有220万名员工,与其他零售商类似,公司有大量兼职员工、小时工等。我们相信我们与同事的关系都很好。尽管沃尔玛美国公司的营业额近年来有所改善,但每年都有大量员工离职,我们专注于提高员工工资,为员工提供职业发展所需要的更好的工具、技术和培训……员工除了享受与退休相关的福利,在美国,我们还为员工提供各种公司支付的福利。这些包括商店优惠卡或山姆会员店的会员资格,以及基于公司的奖金绩效,通过我们的关联股票购买计划购买的一部分保险。除了美国合格的全职和兼职员工的医疗保健福利外,我们还提

⊖ 杨春. 沃尔玛采购与物流配送[M]. 北京:海天出版社,2007:202.
⊖ 意为职责就是把合适的商品卖给顾客。
⊜ 意为店铺经理拥有店铺极大的经营管理权。
⑭ 彭剑锋. 从乡村小店到世界零售巨头:全方位剖析沃尔玛成功历程[M]. 北京:机械工业出版社,2010:261-263.

供产假休假和带薪育儿假计划。我们还提供5000美元的福利，来帮助符合收养条件并有意愿收养儿童的员工。此外，我们还为符合条件的员工提供学费资助，帮助他们通过'Live Better U'[1]，它允许员工以每天1美元的价格学习大学课程。同样，在美国国外工作的员工，我们提供各种相关福利，这些福利根据当地惯例和法律而有所不同。"

（3）有形资源系统。这里我们主要讨论物流系统、信息系统和资金（或财务）系统。在这个阶段，沃尔玛进一步复制和完善前一阶段建立的三个系统，为沃尔玛的持续发展做出了贡献。

1）物流系统。在这一阶段，沃尔玛公司继续坚持：物流系统为沃尔玛的采购、配送等流程的有效运行做出了主要贡献，进而为"价廉物好"的定位点实现做出了贡献，而物流系统的关键资源就是配送中心。正如专家所言："沃尔玛物流的循环与配送中心是联系在一起的，配送中心是供应商与市场的桥梁，供货商直接将货物送到配送中心，从而降低了供应方的成本。沃尔玛的物流过程，始终注重确保商店所得到的产品与发货单上完全一致，精确的物流过程使每家连锁店接受配送中心送货时只需卸货，不用再检查商品，有效降低了成本。"[2]

在前面配送流程环节，我们已经讨论了该阶段的物流特征：以集中配送为主、以自我配送为主、准时送达，以及自动补货等。这些特征的形成，缘于沃尔玛该阶段的配送中心建设和发展。用一个形象的比喻，沃尔玛的配送中心像店铺的影子一样，店铺开到哪里，配送中心就建到哪里。这个阶段还有一个特有的特征——为全球化的全渠道零售服务，在保持一定标准化的基础上，带有一定的灵活性和多样性，同时强调了绿色物流，进一步为降低成本服务。我们仅以2020年沃尔玛公司年报披露的情况为例进行说明，年报中分别描述了沃尔玛美国、沃尔玛国际和山姆会员店的物流配送情况。

2020财年，沃尔玛美国公司大约79%（与2011财年数据相同）的商

---

[1] 沃尔玛建立的美国最大的雇主教育福利计划之一，大约在2018年推出，是一个教育平台，将一系列教育福利整合在一起，使员工更容易了解和获得相关内容。

[2] 杨春. 沃尔玛采购与物流配送[M]. 北京：海天出版社，2007：106.

店商品采购是通过其分布在美国的 162 家（2011 年为 123 家，其中沃尔玛自有为 105 家，其他为合作的第三方）分销机构进行配送的，其余商品由供应商直接配送到店铺。普通商品和干货主要通过细分市场的自有货车车队运输。同时，沃尔玛公司与公共运输公司签订合同，运输大部分易腐食品等商品。对于顾客在沃尔玛电子商务平台购买的商品，沃尔玛公司通过 40 个专用电子商务履行中心（其中包括 8 个临时履行中心）运达。

2020 财年，沃尔玛国际公司拥有 221 家（2011 财年为 134 家，其中 34 家为沃尔玛自身所有并使用，38 家为租赁他人设施为己所用，其他为第三方拥有并运营）分销机构，分布在阿根廷、加拿大、中美洲、智利、中国、日本、墨西哥、南非、印度和英国。部分分销机构被用来向电子商务平台上的商店和顾客配送商品。通过分销机构，沃尔玛可以加工和配送进口商品，沃尔玛国际事业部经营本地商品采购。2020 财年，沃尔玛国际事业部大约 85% 的商品是通过这些配送设施进行采购的。其余为各个店铺直接向供应商采购的商品，由供应商直接配送到店铺。对于顾客在沃尔玛电子商务平台购买的商品，沃尔玛公司通过 88 个专门的电子商务履行中心以及印度 2500 多个电子商务分拣中心运达。

2020 财年，山姆会员店约 73%（2011 财年为 63%）的非燃料（non-fuel）商品采购来自山姆会员店本身分布于美国各地的 25 个（与 2011 财年数据相同）专门的配送机构，本地化采购的商品来自沃尔玛美国公司的配送设施，或其他服务于山姆会员店的配送机构。山姆会员店直接向供应商采购的商品，则由供应商直接配送到店铺。顾客在 samsclub.com 线上购买的商品，从山姆会员店直接发货，通过 9 家专门的电子商务履行中心、2 个专门的进口配送设施和其他配送中心送达。山姆会员店使用自有货车车队和普通承运商从配送中心运输不易腐烂的商品，同时，与公共承运商签订合同，将易腐食品杂货从配送中心运输到山姆会员店。这种模式基本上贯穿沃尔玛该发展阶段的始终。

沃尔玛全球前副董事长唐·索德奎斯在 2008 年将沃尔玛配送中心发展分为四个演化阶段：第一阶段，建造并运营自己的仓库，接收商品，配送到店铺；第二阶段，开始储备一些商品，方便店铺直接到仓库取货，不必找供应商订货；第三阶段，把仓库转变为配送中心，实现机械化和自动化，有补货和监控系统；第四阶段，构建成整合上下游的垂直供应链系统，一方面服务于商店的自动补货系统，另一方面服务于供应商的联合商品管理系统。㊀通过分析，我们可以补充第五阶段，即建立了在区块链和大数据基础上的全球化、全渠道、多样化的物流配送系统。

2）信息系统。在这一阶段，沃尔玛公司伴随着信息技术的不断变化，仍然不断地完善信息系统，为降低成本和提高运营效率做出重要贡献。沃尔玛领导人常常把自己的公司称为高科技公司，主要是指信息技术在零售管理过程中的应用。

由前面的分析可知，沃尔玛的信息化之路大体分为以下几个阶段：1969—1979年为第一阶段，重点是对内部日常作业系统的信息化管理；1980—1993年为第二阶段，重点是建立与供应商之间的业务数据共享，对存货和物流进行信息化管理；1994—2000年为第三阶段，重点是建立线上商店以满足顾客的线上购买；2001年至今为第四阶段，重点是探索和建立线上线下融合的全渠道信息化管理模式。在前一发展阶段（1981—2000年），沃尔玛公司的信息化发展的三项主要工作为：一是通过卫星系统使总部与各个店铺紧密连接起来，简称"自我连接"；二是通过一系列信息技术建立并完善了与供应商的连接系统，简称"厂商连接"；三是通过互联网技术开始线上零售业务，简称"线上或网上连接"。

在这一发展阶段（2001—2020年），为了适应零售业大数据、数字管理和全渠道环境的变化，沃尔玛公司对信息系统进行了完善，主要包括三方面的工作：一是完善庞大的信息数据库（大数据采集）；二是将数据库应用于零售管理的全过程（零售数字化管理）；三是为线上线下融合的全渠道零售服务（实施全渠道战略）。当然，信息化的核心仍然是通过提高效率、降低成本，实现"价廉物好""为顾客省钱，使他们生活得更好"的目标。

一是完善庞大的信息数据库，迎接大数据时代的来临。零售的数字管

㊀ 索德奎斯. 沃尔玛不败之谜：沃尔玛全球前副董事长揭密[M]. 任月园，译. 北京：中国社会科学出版社，2009：207.

理需要有丰富和大量的数据，这是数字化管理的基础。2000年，全球还没有走出金融危机的阴影，但沃尔玛已开始投资完善公司的信息系统，"沃尔玛称其计算机系统是企业最强大的系统，只有美国政府的计算机系统比它强大"，拥有的信息系统优势帮助了沃尔玛成功。㊀2004年，沃尔玛公司就已经拥有了一个超过570万兆字节的数据库，卫星跟踪系统已经辐射到了沃尔玛所有沿着公路建设的店铺。2006年，沃尔玛的一位董事自豪地说："我们保留了所有信息！数据是万能之王。"㊁2006—2007年，沃尔玛引入了Teradata公司的数据库支持系统，不仅使沃尔玛的数据库扩大，建立起世界上最大的数据收集系统，同时还使Teradata公司成为世界第一大零售数据供应商。2007年8月，沃尔玛选择惠普公司的数据平台为美国的4000多家沃尔玛店铺提供数据采集服务。2010年末，沃尔玛决定改善Teradata数据库的环境，进一步扩大数据库的存储能力，随后2011年1月终止与惠普合作，又转向与Teradata公司合作。2012年，有专家指出："现在沃尔玛的Teradata数据库是民用数据库中仅次于eBay的第二大数据库。沃尔玛把每家零售分店的交易记录保存两年，然后转移到储存室的第二层。这个巨大的数据库一直是沃尔玛的宝贵财产。"㊂2012年至今，沃尔玛从来没有停止对信息数据库的扩容和完善。

二是应用数据库进行零售管理，向数字化零售管理转型。这里包括零售管理的数字化计划决策和计划实施。任何组织数据库的数据都不是用来观赏的，其最大价值或者说其存在的理由是为管理决策服务。对于这一点，沃尔玛公司是非常清楚的并一直坚守着。从沃尔玛公司建立信息系统开始，直到2007年夏天，"沃尔玛一直自己开发、维护和运作位于总部本顿维尔的信息系统，并通过信息系统部门的协调员管理其他地方的

㊀ 罗伯茨，伯格. 向世界零售巨头沃尔玛学应变之道[M]. 崔璇，译. 北京：中国电力出版社，2014：206.

㊁ 罗伯茨，伯格. 向世界零售巨头沃尔玛学应变之道[M]. 崔璇，译. 北京：中国电力出版社，2014：207.

㊂ 罗伯茨，伯格. 向世界零售巨头沃尔玛学应变之道[M]. 崔璇，译. 北京：中国电力出版社，2014：210.

信息"㊀，一方面是为了避免与竞争对手的信息系统雷同（因为第三方信息系统服务商也会为竞争对手提供相似服务），失去竞争优势；另一方面是为了避免巨额投资的信息系统成为摆设，没有创造出大大高于成本的价值。但是伴随着大数据、全渠道时代的来临，数字化管理和大数据应用变得异常复杂，加之单一和局部信息系统的雷同不会弱化沃尔玛的竞争优势，从2007年8月开始，沃尔玛引入第三方信息技术。2007年秋天，从甲骨文公司引入了为消费者制订商品计划和优化季节服装促销价格的两个信息管理应用系统。从2008年开始，沃尔玛引入SAP公司的信息分析系统，分析沃尔玛的店铺数据，以管理沃尔玛各种类型店铺的物流、运输、商品、财务、人力资源、房产、销售及其他活动。2009年6月，沃尔玛从Galleria软件公司引入了信息管理系统，用于商品品类、店铺空间规划的管理等活动。2010年末，沃尔玛又升级了Teradata数据系统，其好处是"在管理仓库时节省了50%的占地面积和40%的能源消耗"。㊁ 正如沃尔玛时任首席技术官兼高级副总裁罗琳·福特（Rollin L. Ford）所言："合作关系扩大后，我们可以平衡伸缩性、处理能力、存储能力和软件质量，这符合我们可持续发展战略，并可以减少数据中心的用电量……这一自动化的存储过程使沃尔玛能够一直有货，同时又能将投资在存货上的资金最小化，这就相当于给消费者提供了最优质的服务，又为公司减少了投入"。㊂ 可见，信息技术的应用为提高效率和节省费用做出了"有据可查、有数可见"的贡献，进而为"价廉物好"做出了贡献。

三是为线下线上融合的全渠道零售服务。在这一阶段，沃尔玛的信息系统建立已经不是专门为线下店铺服务，尽管线上店铺一开通就"天然"地具有信息技术应用的特色，但是也需要不断完善，近些年沃尔玛的信息

㊀ 罗伯茨，伯格. 向世界零售巨头沃尔玛学应变之道［M］. 崔璇，译. 北京：中国电力出版社，2014：207.

㊁ 罗伯茨，伯格. 向世界零售巨头沃尔玛学应变之道［M］. 崔璇，译. 北京：中国电力出版社，2014：210.

㊂ 罗伯茨，伯格. 向世界零售巨头沃尔玛学应变之道［M］. 崔璇，译. 北京：中国电力出版社，2014：210-211.

系统发展，主要用于线下店铺和线上店铺连接与融合，目的是为顾客提供全渠道购买的良好或者独特的体验，也可以理解为数字化零售管理计划的实施过程。这里最关键的环节是连接，包括线下线上全渠道的连接，以及沃尔玛公司与顾客、供应商及社会各方面全方位的连接。从沃尔玛的角度来看，就是在向供应商的采购过程中和向消费者的销售过程中，通过信息系统全渠道地与供应商、消费者及其他合作伙伴连接起来，进行舒畅的信息沟通（传递和反馈），最好地实现利益相关者的利益。例如与供应商建立的自动补货系统，以及与消费者建立的"线上购买、线下提货"交易系统，就是这种应用的典型案例。

3）资金（或财务）系统。由前述可知，无论是沃尔玛组织系统的完善，还是信息技术的采用，都需要大量的资金支撑，在这一阶段沃尔玛资金（或财务）系统更加稳健和强大。除了上市公司的属性为沃尔玛提供了资金来源之外，沃尔玛公司销售额的健康持续增长也是重要的资金来源，沃尔玛长期都是3%左右的纯利润率，带来的巨额利润支持了沃尔玛构建"采购"这一关键流程，最终为"价廉物好"做出贡献。我们仅以2020年沃尔玛公司年报披露的数据为例进行说明。2020财年沃尔玛的总收入为5239.64亿美元，2019财年为5155.05亿美元，2018财年为5003.43亿美元，在面对线上零售商激烈竞争的态势下，总收入仍然是上升的趋势。在总收入增加的情况下，沃尔玛的成本和费用也增加了，2020财年的负债相对2019财年增加了28.87亿美元，而2019财年比2018财年减少了300万美元，这是由于线上商店及全渠道发展所增加的正常成本和费用。尽管如此，沃尔玛仍然获得了比较理想的利润额，2020财年的税前利润比2019财年增加了86.56亿美元，接近翻了一倍；2019财年的税前利润则比2018财年减少了36.63亿美元。在扣除税收和可归因于非控制权益的综合净收入后，归属于沃尔玛的综合净收入在2020财年为148.81亿美元，比2019财年的66.7亿美元增加了82.11亿美元，翻了一倍多，2019财年的合并净收益比2018财年的98.62亿美元减少了31.92亿美元。虽然这三年销售额和利润额有所起伏，但沃尔玛一直被认为是世界上盈利能力最强的公司之一，这为沃尔玛完善信息技术、发展全渠道零售和构建低成本的采购关键流程提供了有力保障。

另外，在该阶段沃尔玛越来越重视品牌资产的保护。2020 年沃尔玛公司年报中有这样的表述："我们认为，我们的商标、服务标志、版权、专利、域名、商业外观、商业秘密、专有技术和类似的知识产权，对我们的成功至关重要。我们在尊重我们的同事、客户和其他人的基础上，依靠商标、版权和专利法、商业秘密保护以及保密和 / 或特许经营协议等法规和条例，保护我们的专有权利。我们已经注册或申请注册了许多美国和国际域名名称、商标、服务标志和版权。此外，我们还提交了美国和国际专利申请，这些申请涵盖了我们的一些专有技术。"

沃尔玛公司发展第三阶段下半期的核心成果：复制省钱营销模式至线上及全渠道零售业态

通过本章的分析，我们发现：在沃尔玛公司第三阶段下半期发展的 20 年时间里，沃尔玛从线下零售业态扩展至线上零售业态、全渠道零售业态，在业态扩展过程中复制了省钱营销模式，即将折扣商店、仓储商店、超级中心和社区商店等业态的省钱营销模式复制到了线上及全渠道等新型零售业态。我们将前述的研究结果回归到事先确定的研究框架之中，就会得到一些有趣的发现。

（1）发展概述。由前述可知，这一阶段沃尔玛一方面继续复制省钱营销模式于原有的线下店铺的各种业态，另一方面将省钱营销模式复制于线上商店及全渠道零售商店，并扩展至全球，从而使沃尔玛长期位居世界 500 强的前列，近些年一直处于第一的位置。在 2022 年初美国《财富》杂志公布的世界 500 强排行榜中，沃尔玛以 5239.64 亿美元销售额（148.81 亿美元利润额）再次居第 1 位，亚马逊以 2805.22 亿美元销售额（115.88 亿美元利润额）居第 9 位。其中，在亚马逊的收入中有一定比例的服务收入，而非零售收入。

1）继续原有的：复制省钱营销模式于线下零售业态。2001—2017 财年，沃尔玛的线下商店数量快速增加，从 2001 财年的 4172 家增加到 2017

财年的 11 695 家，而后有所下降，2021 财年为 11 443 家（近似于 2015 财年的水平，该财年店铺数为 11 453 家）。这表明 2001—2017 财年沃尔玛线下店铺的快速发展仍然源于对省钱营销模式的复制，而从 2018 财年开始，几乎停止了在线下店铺的省钱营销模式复制，无论是在美国本土还是在国外，线下店铺数量都开始逐渐减少。即使是在 2001—2017 财年沃尔玛线下商店快速增长的时期，也主要是将省钱营销模式复制于仓储商店、超级中心和社区商店等三种业态，折扣商店发展处于停滞和逐年下降的趋势。仅以美国本土为例，1996 财年沃尔玛拥有折扣商店 1995 家，而到 2021 财年仅为 374 家。2021 财年沃尔玛的店铺数为 11 443 家，其中美国本土 5342 家（折扣商店 374 家，山姆会员店 599 家，超级中心 3570 家，社区商店等 799 家），海外 6101 家，几乎是平分秋色的。这里需要说明的是，2018 财年之后，沃尔玛"几乎"停止了线下店铺的发展和省钱营销模式的复制，并不等于完全停止，只是沃尔玛关闭线下商店的数量大于开店的数量而已，体现为总量的减少，其实沃尔玛仍然不断有新的店铺开张营业，不过开设新店的数量大大减少了。正如有专家所评论的：沃尔玛频繁进行开店和关店，以及不断整合和提升现有店铺，都是为了实施新的线上线下融合的全渠道战略。○

2）创新未来的：复制省钱营销模式于线上零售业态及全渠道业态。在这一阶段，沃尔玛进一步完善了自己的线上商店（Walmart.com），并收购了一些具有特色的线上商店或全渠道商店，同时通过线上商店和线下商店连接形成了全渠道零售业态，这些全渠道零售业态基本是以线下店铺为基础或者形成融合、互补关系（例如线上购买、线下提货等），因此无论是线上商店还是全渠道商店，都是复制了过去的省钱营销模式。

2020 年沃尔玛公司年报中曾有如下表述：面对着竞争对手的全渠道竞争，沃尔玛有能力在合适的地点开发和运营线上线下店铺，以及提供以客户为中心的全渠道体验，这些在很大程度上决定了沃尔玛在零售行业的

○ 任征兵. 关店开店调整，线上线下融合成沃尔玛"新常态"[J]. 中国连锁，2017（3）：46-48.

竞争地位。沃尔玛采取的策略包括以下三个方面：一是 EDLP（Every Day Low Price），其定价理念是以天天低价为商品定价策略，让顾客相信频繁的促销活动不会影响他们实施的稳定低价策略；二是 EDLC（Every Day Low Cost），每天保持低成本是沃尔玛控制费用的一个承诺，并把节省的成本转移给顾客；三是全渠道零售，如当天取件和当天送货，客户在线下订单并从商店免费取货或送货上门，以及无限配送（Delivery Unlimited），顾客可以在店里免费取货或通过支付年费获得免费的配送服务；"免会员费，两天到达"，各种畅销商品次日送达等。

前文提到的，2022 年 4 月我们在沃尔玛中国官网介绍沃尔玛公司的部分读到的文字都表明，沃尔玛将省钱营销模式复制于线上商店及全渠道商店。

尽管有人质疑沃尔玛从线下商店扩展至线上商店是否成功，主要是指沃尔玛线上商店发展速度过慢，市值大大低于亚马逊，事实并非完全如此，沃尔玛线上商店发展速度似乎有些慢，但是磨合了与线下店铺的融合方式，在后来进行的全渠道零售战略发展过程中并没有落后，换句话说，在线下商店为王的时代（很长久），即在线下商店赛道，沃尔玛大大领先于亚马逊。而在线上商店为王的时代（很短暂），即在线上商店赛道，亚马逊大大领先于沃尔玛。零售已经进入全渠道店铺为王的时代，沃尔玛与亚马逊相比各有先发优势，分别从线下和线上出发，最终都会进入全渠道零售的时代。沃尔玛在第三阶段下半期的具体发展情况见表 7-6。

表 7-6　沃尔玛省钱营销模式复制阶段下半期的发展情况（2001—2020 年）

类别			简况
领导人和组织机构	领导人	CEO	李斯阁（2000—2008 年）；麦·道克（2009—2013 年）；董明伦（2014 年至今）
	组织机构	连锁组织全球化	建立和完善了全球化的连锁组织系统，除了职能部门之外，设有美国沃尔玛、山姆会员店和沃尔玛国际三个事业部，进一步完善运营体系，副总裁—地区经理—店铺经理—经理助理—店员的管理服务体系逐渐成熟。企业文化建设复制了前一阶段的成果，使命、愿景、价值观等方面得到完善和延续

（续）

类别		简况
零售业态	折扣商店 — 特征	沃尔玛折扣商店（店铺名称初期为 Wal-Mart Discount City，后改为 Wal-Mart Store，1992 年之后为 Wal★Mart Store，2008 年之后去掉了中间的"星号"，店铺名称后加上了"光芒"图案），其特征是以经营非食品类别的日常生活用品为主，并以低廉的价格进行销售，从厂商直接进货，大量铺货，初期为柜台售货，后进化为自选购物方式
	折扣商店 — 该阶段发展情况	从 1997 年开始美国本土折扣商店数逐年下降，2001 财年沃尔玛折扣商店有 2348 家，其中美国本土 1736 家，海外 612 家。2021 财年美国本土折扣商店仅有 374 家，海外数字不详（2010 年有 973 家，之后没有分类统计）
	仓储商店 — 特征	沃尔玛山姆会员店，其特征是面向小企业主和其他需要进行大量购买的个体消费者提供多品类、花色品种少的日常生活用品商品，采取会员制，提供较少服务，位于租金便宜的地方，仓储式陈列，低价、批量式销售，较少广告宣传
	仓储商店 — 该阶段发展情况	2001 财年，山姆会员店为 528 家，其中美国本土 475 家，海外 53 家。至 2017 年，山姆会员店都是小幅增长的趋势，2018 年开始呈现发展停滞和小幅减少的趋势。2021 财年，美国本土的山姆会员店数量为 599 家（最多的 2017 年为 660 家），海外数字不详（没有业态分类统计）
	超级中心 — 特征	沃尔玛超级中心（又称购物广场，店铺名称为 Wal-Mart Supercenters，1992 年之后为 Wal★Mart Supercenters，2008 年之后去掉了中间的"星号"，店铺名称后加上了"光芒"图案），其特征是经营日常生活用的全品类商品，满足顾客日常生活一次购足的需要，面积在 1 万平方米左右，毛利率在 17%~18%，满足关注廉价的居民家庭的需要。类似于特级市场和超级市场中间的一种业态形式
	超级中心 — 该阶段发展情况	2001 财年沃尔玛购物广场达到 1294 家，其中美国本土 888 家，海外 406 家。从 2001 财年至 2007 财年，沃尔玛购物广场都是增长的势头，但是从 2018 财年开始趋于停滞。2019 财年，美国本土有超级中心 3570 家，2021 财年仍然为 3570 家，海外数字不详（没有业态分类统计）
	社区商店 — 特征	沃尔玛社区商店（店铺名称为 Wal★Mart Neighborhood Market，2008 年之后去掉了中间的"星号"，店铺名称后加上了"光芒"图案），主要以进入的社区及周边居民为目标顾客，满足他们日常生活消费频率较高商品的需要，较少家用电器、服务等商品的经营，面积在 3800~5000 平方米，距离沃尔玛购物广场有着合适的距离，既可以是购物广场的延伸，又可以享用购物广场的配送资源，在坚持低价的同时，满足社区居民更加便利的需要

（续）

类别		简况
零售业态	社区商店 该阶段发展情况	1998年在阿肯色州开设了第1家沃尔玛社区商店，2001财年仅有19家，全部位于美国本土。之后稳定发展，2010年达到158家，仍然全部位于美国本土。2021财年美国本土达到了799家，从2018财年开始发展也处于停滞状态，海外数字不详（没有业态分类统计）
	线上商店 特征	沃尔玛线上商店（又称网上商店或虚拟商店），顾名思义，是开在互联网上的商店，其特征是商店网站即商店地点，页面即商品陈列的"空间"，顾客翻看页面就是逛商场，点击付款就是完成了选货和付款，然后通过线上（如数字产品等无形产品）或线下（如食品、衣物等有形产品）送货到家完成交易。沃尔玛线上商店具有多种类型和特征，这从其该阶段的发展情况可以看出
	线上商店 该阶段发展情况	1996年Walmart.com上线，2000年进行了店面调整，2013年6月再次进行完善，使主页包含了多项标签功能，可为网购、新产品发现以及本地商店链接等服务。由于沃尔玛线上商店诞生在公司拥有近3000家店铺的时代，因此很快演变为全渠道商店的形态。随后，沃尔玛购并了诸多的线上商店和全渠道商店
	全渠道商店 特征	全渠道商店是指提供线下线上融合式零售服务的商店。沃尔玛全渠道商店包括三种类型：一是基本类型，即线上商店与线下商店完全融合的类型，例如山姆会员店与山姆App融合，超级中心与沃尔玛网上超市融合等；二是以线上商店为主的扩展类型，即以线上商店为核心，整合线下店铺零售资源为线上商店服务，例如Walmart.com销售，若干线下店铺提供取货、送货或退货服务等；三是以线下商店为主的扩展类型，即以线下商店为核心，整合线上零售店铺和服务资源为线下店铺服务，例如在线下社区商店购物，也可以随时搜集线上信息、线上付款和线上咨询等。基本类型属于全渠道商店，扩展类型属于线上商店或线下商店实施的全渠道战略
	全渠道商店 该阶段发展情况	1996—2010年为线上商店及与线下商店融合探索阶段，1996年Walmart.com正式上线，2000年升级后重新上线，之后探索线上与线下店铺的联动，2007年推出线上购物、线下提货的服务，2010年Walmart.com的销售额为60亿美元，占沃尔玛总销售额的1.5%；2011—2016年为全渠道零售启动阶段，加速线上线下零售业务的融合式发展，并在英国、巴西、中国、加拿大等地建立了线上商店平台；2016年至今为全渠道扩张阶段，通过自建和收购等方式，增加诸多的线上及线下线上融合的零售商店，包括Hayneedle（领先的家居线上商店）、Moosejaw（户外运动品线上商店）、Bonobos（男装线上商店）、ELOQUII（14~28码女装线上商店）、Art.com（艺术和墙壁装饰类别中最大的在线零售商店），以及印度最大电商网站Flipkart

(续)

类别		简况
业绩表现	店铺数量 折扣商店	2001 财年为 2348 家，其中美国本土 1736 家，海外 612 家。2005 财年为 2528 家，其中美国本土 1353 家，海外 1175 家。2010 财年为 1777 家，其中美国本土 804 家，海外 973 家。2021 财年美国本土仅 374 家，海外没有分类统计
	仓储商店	2001 财年为 528 家，其中美国本土 475 家，海外 53 家。2005 财年为 642 家，其中美国本土 551 家，海外 91 家。2010 财年美国本土 596 家，海外没有分类统计。2021 财年美国本土 599 家，海外没有分类统计
	超级中心	2001 财年为 1294 家，其中美国本土 888 家，海外 406 家。2005 财年为 1998 家，其中美国本土 1713 家，海外 285 家。2010 财年为 3273 家，其中美国本土 2747 家，海外 526 家。2021 财年美国本土 3570 家，海外没有分类统计
	社区商店	2001 财年为 19 家，其中美国本土 19 家，海外 0 家。2005 财年为 121 家，其中美国本土 85 家，海外 36 家。2010 财年美国本土 158 家，海外没有分类统计。2021 财年美国本土 799 家，海外没有分类统计
	线上店铺及全渠道店铺	自从 Walmart.com 于 1996 年正式上线之后，沃尔玛又在全球范围连续购并线上商店，运营的品牌超过 60 个（其中有些是全渠道店铺）。至于全渠道商店的数量，广义的理解是，有多少线下店铺就有多少全渠道商店，因为沃尔玛的线下店铺或多或少都与线上店铺或服务形成了连接
	经营业绩	2001 财年沃尔玛店铺数达到 4172 家，销售额高达 1807.87 亿美元，利润额达 62.35 亿美元。2010 财年，沃尔玛店铺数达到 8416 家，销售额达到 4050.46 亿美元，利润额达到 141.14 亿美元。2020 财年沃尔玛店铺数达到 11 501 家（本土 5355 家，海外 6146 家），销售额高达 5199.26 亿美元，利润额达到 148.81 亿美元。据 PYMNTS 的数据统计，沃尔玛与亚马逊的线上零售额分别占美国线上零售额的比例如下：2018 年为 3.5% 和 44.3%，2019 年为 4.2% 和 46.1%，2020 年为 5.6% 和 53.1%，2021 年为 6.2% 和 56.7%
	无形资产 品牌资产	1969 年 10 月 31 日沃尔玛正式成立时公司法定名称是"沃尔玛股份有限公司"，1970 年 1 月 9 日更名为"沃尔玛百货有限公司"（Wal-Mart Stores Inc.），该阶段适应网络经济的变化，2008 年初更名为沃尔玛公司（Walmart Inc.）。沃尔玛除仓储商店之外的店牌，1992 之前用 Wal-Mart 名称和标志，1992 年之后改用 Wal ★ Mart，2008 年之后改用 WalMart※。该阶段沃尔玛的品牌精神（提供价廉物好的商品）进一步得到传播和强化
	经营模式	进一步复制省钱营销模式到仓储商店、超级中心和社区商店等线下零售业态，同时创新地复制于线上及全渠道零售业态，并在全球范围内进行复制

（2）研究结果。我们把前述内容用可视化图形表现出来，再进一步分析和提炼，逐一回答表 2-1 提出的"省钱营销模式的 14 个问题"，就会得出相应的研究结果。

1）省钱营销复制阶段下半期的模式图。这个图形的结构与完善阶段的结构大体相同，按照目标层面、顾客层面、流程层面和资源层面的结构进行绘制，每个层面由若干维度构成，箭头表明各个维度之间的因果或影响关系（箭头粗细表示主要影响和次要影响程度）。这个图形是沃尔玛省钱营销模式复制阶段下半期的可视化呈现（见图 7-15），概括出沃尔玛线上商店和全渠道商店等业态的共同模式或一般模式。基本逻辑与第三阶段上半期大体相同：创始人特质决定了公司的使命，公司使命决定了营销目标，营销目标决定了目标顾客选择，目标顾客决定了定位点决策，定位点决策决定了营销组合策略，营销组合策略决定了关键流程的构建，关键流程的构建决定了公司重要资源的整合，这是公司决策或规划由上到下的过程。但是，使命和目标的实现则是由下到上的反馈过程。

第一，在使命和目标描述方面延续了第二阶段和第三阶段上半期的思想，使命描述比前一阶段更加明确了"让人们生活得更好"的追求，并能作为公司口号直接提出（前一阶段是隐喻的），进一步提升了公司的品牌价值。对于目标的描述与第二阶段和第三阶段上半期相同，为"向顾客提供价廉物好的商品并获得利润"。

第二，在目标顾客选择方面，与第三阶段上半期的选择相同，即"大中小城市普通大众及他们的家庭"，缘于该阶段原有的线下商店，以及新开发的线上商店及全渠道商店等都进入国内外大中小城市，并能对准这些城市的普通家庭，向中产阶层延伸。

第三，在营销定位点选择方面，完全复制了第二阶段和第三阶段上半期的属性定位（价廉物好）和利益定位（省钱），并把之前隐含着的价值定位（好生活）明确作为口号提出，常常与品牌一起出现。

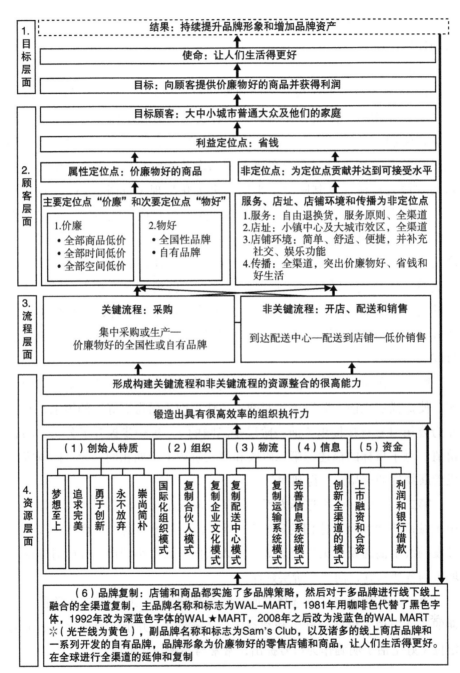

图7-15 沃尔玛省钱营销模式复制于线上及全渠道商店的模式图

第四，在营销组合策略方面，此阶段基本复制了第二阶段和第三阶段上半期的逻辑。只是为了更好地实现定位点，在具体内容上进行了补充。在价格和产品策略方面，此阶段完全复制了第三阶段上半期的策略。在服务策略方面，此阶段在复制原有服务理念和原则的同时，增加了线上服务内容，形成了全渠道服务的策略。在店址策略中，此阶段增加了"线上商店"部分，形成全渠道店址策略。在店铺环境策略方面，此阶段在复制简单、便捷和舒适生活的同时，增加了社交和娱乐的属性。在传播方面，除了复制了前一阶段"价廉物美"和"省钱"的内容之外，此阶段还增加了"好生活"的价值定位点。

第五，在构建流程方面，此阶段大体复制了前一阶段的逻辑，只不过为了更好地实现"价廉物美"的商品供应，以及其他方面为定位点做出贡献并达到顾客可接受的水平，在相关流程构建中融入了线上商店和全渠道商店的内容。

第六，在资源整合方面，领导人特质和资金支持两个方面基本没有变化，延续前一阶段的内容，而在组织建设、物流系统、信息系统等方面基本是对前一阶段的复制，除了复制于仓储商店、超级中心和社区商店等线下业态之外，还复制至线上商店及全渠道商店业态。不可否认，此阶段在复制过程中进行了调整和完善，我们称之为创新式完善，最终形成了构建关键流程和非关键流程的资源整合的很好能力，锻造出具有很高效率的组织执行力。

另外，在资源整合方面还有与前一发展阶段相似的，就是对品牌进行复制，包括店铺品牌和商品品牌的复制，同时不断进行新品牌的扩展。

在线下店铺品牌复制方面，随着公司发展和营销环境的变化，沃尔玛的线下店铺标志是不断变化的，店铺标志和公司标志通常是一致的。通过已有归纳⊖和补充研究，我们可描绘出沃尔玛公司标志的演化轨迹（见表7-7）。

⊖ 平面设计. 经典标志解读! 沃尔玛［EB/OL］.（2021-07-19）［2022-05-22］. https://zhuanlan.zhihu.com/p/394168417.

表 7-7　沃尔玛公司标志的演化轨迹

年份	标志	说明
1962—1964 年	WALMART	沃尔玛最初两年使用的公司及店铺名称标志，浅蓝色为主色调。实际上，当时沃尔玛没有统一规范的品牌标志设计，当其出现在店铺招牌上和广告中的时候，都是由制作者根据自己的灵感来确定字体和风格的。这由沃尔玛第一家折扣商店的纸媒开业广告可以看出，"WalMart"不仅字体不一样，而且分别使用了蓝色和黑色，同时在 Wal 和 Mart 之间已经有了横杠
1964—1981 年	WAL-MART	1964 年，沃尔玛公司设计了品牌标志，即将"Wal-Mart"名称用前沿字体作为标志，是黑色的罗马字体。这是沃尔玛公司第一次启用官方的品牌标志，也是第一次固定化并且持续性使用，直至 1981 年。黑色为标志的主色调
1968—1981 年	WE SELL FOR LESS WAL-MART DISCOUNT CITY SATISFACTION GUARANTEED	1968 年，作为 1964 年沃尔玛统一标志的延伸使用，推出了沃尔玛折扣商店（标志中含有 DISCOUNT CITY 文字）使用的标志，增加了"低价销售"（或者译为"我们销售得更便宜"）和"顾客满意"等文字。这个标志不用于店铺外墙招牌，也不出现在年报中，而是用于广告、店堂内招牌和员工制服的胸牌等，使用至 1981 年。黑色为标志的主色调
1981—1992 年	WAL-MART	1981 年，沃尔玛公司停止使用了近 20 年的品牌标志，设计使用了新的品牌标志，主要变化有两点：一是字体消除了棱角，更加圆润；二是字体颜色由黑色改为咖啡色，看起来更温暖。咖啡色为标志的主色调
1992—2008 年	WAL★MART	1992 年，沃尔玛公司又用五角星代替了原有品牌标志中的横杠，同时用蓝色取代了原来的咖啡色。深蓝色为标志的主色调
2008 年至今	Walmart	2008 年至今，沃尔玛公司及线下店铺、公司年报及网站等都使用了新的标志，取消了在 Wal 和 Mart 之间的五角星，在 Walmart 之后加上了黄色的拥有六条线的星光。蓝色和黄色为标志的主色调

在经历了过去"品牌成长"和"品牌成熟"阶段之后，该阶段进入品牌大量复制阶段，不仅复制名称和标志，还复制品牌的精神和内涵，诸如使命、目标和定位等。该阶段品牌复制的一个重要特色是：在全球范围内全渠道地复制沃尔玛的品牌，或者将其文化注入购并的诸多线上商店品牌和全渠道品牌之中。这种多类型的品牌复制进一步提升和积累了品牌资产。这里同样需要说明的一点是，品牌资源是公司资源的一个重要组成部

分，同时也是这种模式运行的一个结果，这个结果会丰富公司的资源，品牌资源又会进一步提升品牌声誉和资产，二者互相推动与促进，因为结果不是目标，我们用虚线框来表示。

2）省钱营销模式复制阶段下半期的问题回答。依据前面的分析，我们可以得出表2-1列出的问题答案，由此形成表7-8。该表为我们完善复制省钱营销理论及模型奠定了一定的基础。

表7-8 省钱营销模式复制阶段下半期的14个问题

七个层面	14个问题
公司使命	（1）公司使命是怎样的？让人们生活得更好 （2）公司使命是如何形成的？由具有与创始人特质相同的新领导人延续着创始人确定的公司使命
营销目标	（1）营销目标是怎样的？提供价廉物好的商品并获得利润 （2）营销目标是如何形成的？由公司使命决定
目标顾客	（1）目标顾客是怎样的？大中小城市普通大众及他们的家庭 （2）目标顾客是如何形成的？由营销目标决定
营销定位	（1）营销定位是怎样的？通过享用价廉物好的商品来省钱，并且生活得更好 （2）营销定位是如何形成的？由目标顾客关注点和竞争优势决定
营销组合	（1）营销组合是怎样的？价格出色+产品优质+其他要素可接受的模式 （2）营销组合是如何形成的？由省钱的定位点决定
营销流程构建	（1）流程模式是怎样的？采购为关键流程 （2）流程模式是如何形成的？由"价格出色+产品优质+其他要素可接受"营销组合模式决定
营销资源整合	（1）资源模式是怎样的？由领导人特质和合作伙伴聚合而成的高效组织执行力 （2）资源模式是如何形成的？由"采购为关键流程"决定

（3）研究结论。由前面的分析，以及表7-7和图7-15的进一步归纳，我们可以看出沃尔玛将线下店铺的省钱营销模式复制不仅继续在线下店铺复制，而且复制到了线上商店及全渠道商店，并形成了相似的省钱营销模式（见图7-16）。

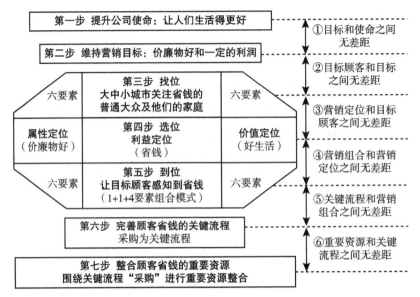

图 7-16 沃尔玛店铺复制的省钱营销管理瓶

由前述可知,这个省钱营销模式与第三阶段上半期的没有太大差别,仅是明确(而非隐喻)了价值定位(好生活),但是具体内容有了一些变化,这些变化并没有改变省钱营销模式的基本逻辑:①继续坚持和提升公司使命,即让人们生活得更好;②选择并继续维持与使命相匹配的营销目标,即通过价廉物好让顾客满意的同时,公司也能获取一定的利润;③继续选择与营销目标相匹配的目标顾客,即关注省钱的普通大众及他们的家庭;④根据目标顾客的需求进行营销定位,即通过提供价廉物好的商品(属性定位),让顾客省钱(利益定位),明确价值定位(好生活,作为口号或广告语提出);⑤依据确定的省钱的营销定位点,进行了营销要素组合,以价廉出色(价格组合要素)和产品优质(产品组合要素)为顾客省钱为核心,服务、店址、店铺环境、传播达到顾客可接受的水平;⑥根据突出省钱定位点的营销组合,构建了关键流程"采购",以及一般流程"配送和销售";⑦根据关键流程"采购",整合公司人力、资金和品牌,以及配送中心和信息系统等资源,其中最为重要的是以领导人为核心构成的组织的高效执行力。

该阶段省钱营销模式成功复制的重要意义如下:一是探索出省钱营销

模式不仅可以用于线下零售商店业态，也可以复制于线上商店及用于全渠道商店；二是这种省钱营销模式还可以尝试未来在智能零售业态进行复制，为公司的零售业态创新奠定基础。

沃尔玛公司省钱营销模式复制阶段下半期大事记（2001—2020年）

- 2001财年，沃尔玛公司店铺数为4172家，其中美国本土3118家，包括折扣商店1736家、超级中心888家、山姆会员店475家、社区商店19家，海外1054家，销售额为1807.87亿美元，利润额为62.35亿美元，利润率为3.4%，店铺分布在美国50个州及海外波多黎各（美国自治邦）、加拿大、阿根廷、巴西、墨西哥、中国、韩国、德国、英国9个国家或地区。
- 2001年，沃尔玛在《财富》杂志公布的世界500强排行榜中居首位，在《财富》杂志"全美最受尊敬的公司"排行榜中居第三位。
- 2001年，沃尔玛将转售给Accel Partners公司的Walmart.com公司的股份收回，完全由自己经营，为后来的全渠道战略奠定了基础。
- 2001年，"沃尔玛中国"在深圳开设了在中国的第一家社区商店。
- 2002财年，沃尔玛公司店铺数为4400家，其中美国本土3244家，包括折扣商店1647家、山姆会员店500家、超级中心1066家、社区商店31家、海外1154家，销售额为2040.11亿美元，利润额为65.92亿美元，利润率为3.2%，店铺分布在美国50个州及海外波多黎各（美国自治邦）、加拿大、阿根廷、巴西、墨西哥、中国、韩国、德国、英国9个国家或地区。
- 2002年，沃尔玛宣布收购波多黎各Supermercados Amigo旗下的35家分店。
- 2002年，沃尔玛收购日本西友百货公司6.1%的股份，进入日本市场。
- 2003年，沃尔玛在《财富》杂志公布的世界500强排行榜中居首位，在《财富》杂志"全美最受尊敬的公司"排行榜中居第一位。
- 2003财年，沃尔玛公司店铺数为4672家，其中美国本土3400家，包括折扣商店 1568 家、山姆会员店 525 家、超级中心 1258 家、社区商店 49 家，海外 1272 家，销售额为 2296.16 亿美元，利润额为 79.55 亿美元，利润率为 3.5%，店铺分布在美国 50 个州及海外波多黎各（美国自治邦）、加拿大、阿根廷、巴西、墨西哥、中国、韩国、德国、英国 9 个国家或地区。

- 2003 年，沃尔玛在《财富》杂志公布的世界 500 强排行榜中居首位，在《财富》杂志"全美最受尊敬的公司"排行榜中居第一位。
- 2003 年，沃尔玛在加拿大开设了在该国的第一批山姆会员店，共有 4 家店铺。
- 2003 年，沃尔玛线上商店进一步完善服务功能。一方面，不断增加商品类别，甚至包括在部分沃尔玛线下商店没有售卖的产品（如床垫等），但是在线上不销售 5 美元以下的商品；另一方面，不断改善服务，包括在线购物、订单查询、跟踪退换货、特惠信息等。
- 2004 年，沃尔玛线上商店开始以 88 美分/首的价格销售音乐，与 Apple 公司的 iTune 展开竞争。
- 2004 财年，沃尔玛公司店铺数为 4906 家，其中美国本土 3551 家，包括折扣商店 1478 家、山姆会员店 538 家、超级中心 1471 家、社区商店 64 家，海外 1355 家，销售额为 2653.29 亿美元，利润额为 90.54 亿美元，利润率为 3.4%，店铺分布在美国 50 个州及海外波多黎各（美国自治邦）、加拿大、阿根廷、巴西、墨西哥、中国、韩国、德国、英国 9 个国家或地区。
- 2004 年 3 月 4 日，沃尔玛在中国深圳召开全球董事会议，表明沃尔玛全球化发展战略的推进和对中国市场的重视。
- 2004 年，"沃尔玛巴西"从荷兰零售商阿霍德手中收购了 Bom Preco 在巴西北部的 118 家分店。
- 2005 财年，沃尔玛公司店铺数为 5138 家，其中美国本土 3702 家，包括折扣商店 1353 家、山姆会员店 551 家、超级中心 1713 家、社区商店 85 家、海外 1587 家，销售额为 2852.22 亿美元，利润额为 102.67 亿美元，利润率为 4.0%，店铺分布在美国 50 个州及海外波多黎各（美国自治邦）、加拿大、阿根廷、巴西、墨西哥、中国、韩国、德国、英国9个国家或地区。

- 2005年，沃尔玛从阿霍德手中收购了CARHCO33.3%的股权。CARHCO在哥斯达黎加、危地马拉、萨尔瓦多、洪都拉斯和尼加拉瓜都有分店，为中美洲最大零售商。

- 2005年，沃尔玛在墨西哥开设了第一家MercaMàs小型折扣店。

- 2005年11月4日，沃尔玛对日本西友百货公司实施10亿美元的援助计划，增持西友公司股份到56.56%。沃尔玛前全球高级副总裁兼首席运营官埃德·克罗兹基于12月15日接任西友百货公司CEO。

- 2005年12月14日，沃尔玛以7.64亿美元的价格从葡萄牙集团Sonae SGPSSA手中收购了其在巴西南部区域的140多家大小超市、百货商店和批发市场，巩固了其在巴西零售市场排名第三的位置。

- 2006财年，沃尔玛公司店铺数为6014家，其中美国本土3856家，包括折扣商店1209家、山姆会员店567家、超级中心1980家、社区商店100家，海外2158家，销售额为3089.45亿美元，利润额为112.31亿美元，利润率为3.6%，店铺分布在美国50个州及海外波多黎各（美国自治邦）、加拿大、阿根廷、巴西、墨西哥、中国、韩国、日本、德国、英国10个国家或地区。

- 2006年2月，沃尔玛增持CARHCO股权到51%，并将该公司更名为"沃尔玛中美洲公司"，由此进一步强化了在哥斯达黎加、危地马拉、萨尔瓦多、洪都拉斯和尼加拉瓜等中美洲市场的控制权。

- 2006年5月，沃尔玛在韩国的16家店铺以8.82亿美元的价格转卖给Shinsegai公司。

- 2006年7月，沃尔玛将其在德国的超市全部转售给麦德龙公司。

- 2006年11月，"沃尔玛加拿大"在加拿大开设了第一家超级中心（购物广场）。

- 2006年11月，沃尔玛停止在墨西哥开设MercaMàs小型折扣店，已有5家店铺更名为Bodega Aurrera Express。

- 2006年，沃尔玛成为墨西哥、加拿大等国的最大零售商，在英国的食品零售份额居第二位。

- 2007财年，沃尔玛店铺总数达到6756家，其中美国本土4022家，包括折扣商店1075家、山姆会员店579家、超级中心2256家、社区商店112家，海外2734家，销售额为3447.59亿美元，利润额为112.84亿美元，利润率为3.3%，店铺分布在美国50个州及海外波多黎各（美国自治邦）、加拿大、阿根廷、巴西、墨西哥、中美洲（包括多个国家）、中国、日本、英国等国家和地区。
- 2007年2月，沃尔玛在公司年报的首页上第一次明确提出："我们在全世界的使命：为人们省钱以使他们生活得更好！"
- 2007年2月，"沃尔玛中国"取得中国大陆市场好又多公司35%的股权。
- 2007年4月，"沃尔玛阿根廷"在里奥哈开设了Changomas店铺。
- 2007年8月，沃尔玛与印度巴帝集团成立合资公司，名为巴蒂沃尔玛有限公司，为印度零售商、制造商和农民提供商品批发服务和物流管理。
- 2007年10月，"沃尔玛阿根廷"收购了欧尚在阿根廷的3家店铺，并改造为超级中心（购物广场）。
- 2007年12月，沃尔玛对日本西友百货的股份由50.9%增加到95.1%。
- 2008财年，沃尔玛店铺总数达到7239家，其中美国本土4141家，包括折扣商店971家、山姆会员店591家、超级中心2447家、社区商店132家、海外3098家，销售额为3743.07亿美元，利润额为127.31亿美元，利润率为3.4%，店铺分布在美国50个州及海外波多黎各（美国自治邦）、加拿大、阿根廷、巴西、墨西哥、中美洲（包括多个国家）、中国、日本、英国等国家和地区。
- 2008年，在该财年年报中出现了"省钱，好生活"（Save money, Live better）的服务商标及口号。
- 2008年2月21日，沃尔玛宣布未来7年在印度开设10~15家大型仓储商店，正式进入印度批发市场。
- 2008年4月，沃尔玛收购了日本西友百货的全部股份。

- 2008年12月,"沃尔玛波多黎各"在波多黎各开设名为Super Ahorros的新店铺,属于折扣商店业态,运营方式类似于墨西哥的Bodega Aurrera Express。
- 2009年1月,沃尔玛收购了智利食品零售商D&S的大部分股份。
- 2009财年,沃尔玛店铺总数达到7873家,其中美国本土4258家,包括折扣商店891家、山姆会员店602家、超级中心2612家、社区商店153家,海外3615家,销售额为4012.44亿美元,利润额为134亿美元,利润率为3.3%,店铺分布于美国50个州及海外波多黎各(美国自治邦)、加拿大、阿根廷、巴西、智利、中国、哥斯达黎加、萨尔瓦多、危地马拉、洪都拉斯、日本、墨西哥、尼加拉瓜、英国14个国家或地区
- 2009年2月,麦·道克接替李斯阁出任沃尔玛公司总裁兼CEO。
- 2009年2月,"沃尔玛加拿大"关闭了在加拿大的山姆会员店。
- 2009年3月,"沃尔玛中国"在中国深圳尝试开设了多家名为"惠选"(Smart Choice)的便利商店,意为"聪明的选择",意在告诉社区居民,在"惠选"购物省钱、方便和快捷。
- 2009年5月,巴蒂沃尔玛公司在印度的阿姆利则开设了在印度的第一家仓储商店。
- 2009年12月,Walmex宣布收购"沃尔玛中美洲"。
- 2010财年,沃尔玛店铺总数达到8416家,其中美国本土4305家,包括折扣商店804家、山姆会员店596家、超级中心2747家、社区商店158家,海外4112家(可见该年本土和海外店铺数量约各占50%),销售额为4050.46亿美元,利润额为141.14亿美元,利润率为3.5%,店铺分布在美国50个州及海外波多黎各(美国自治邦)、加拿大、阿根廷、巴西、智利、中国、哥斯达黎加、萨尔瓦多、危地马拉、洪都拉斯、印度、日本、墨西哥、尼加拉瓜、英国15个国家或地区。
- 2010年9月,沃尔玛宣布以40亿美元的价格收购南非的卖什马特,该公司在非洲南部的13个国家拥有近300家店铺。

- 2011财年，沃尔玛店铺总数达到8970家，其中美国本土4413家，包括折扣商店708家、山姆会员店609家、超级中心2907家、社区商店189家，海外4557家（该年海外店铺数量首次超过本土店铺数量），销售额为4189.52亿美元，利润额为153.55亿美元，利润率为3.7%，店铺分布于美国50个州和1个区波多黎各（美国自治邦），及海外加拿大、阿根廷、巴西、智利、中国、哥斯达黎加、萨尔瓦多、危地马拉、洪都拉斯、印度、日本、墨西哥、尼加拉瓜、英国14个国家。

- 2011年6月，美国塔吉特公司宣布，"塔吉特加拿大"与"沃尔玛加拿大"达成协议，将其租赁权益的39家店铺转给"沃尔玛加拿大"，这39家店铺原来由塔吉特收购的加拿大折扣商店连锁公司Zellers管理。

- 2012财年，沃尔玛店铺总数达到10 130家，其中美国本土4479家，包括折扣商店629家、山姆会员店611家、超级中心3029家、社区商店等210家，海外5651家，销售额为4438.54亿美元，利润额为157.66亿美元，利润率为3.6%，店铺分布于美国50个州和1个区波多黎各（美国自治邦），及海外加拿大、阿根廷、巴西、智利、中国、哥斯达黎加、萨尔瓦多、危地马拉、洪都拉斯、印度、日本、墨西哥、尼加拉瓜、南非、撒哈拉以南非洲地区（包括11个国家）、英国等国家或地区。

- 2012年，在该财年年报中梳理了50件大事记，其中最后一件大事就是："沃尔玛庆祝'帮助顾客省钱并让顾客生活得更好'50周年"。这意味着，沃尔玛自认为从诞生那一天起，都是为"帮助顾客省钱并让顾客生活得更好"而生存和发展的。

- 2013财年，沃尔玛店铺总数达到10 773家，其中美国本土4625家，包括折扣商店561家、山姆会员店620家、超级中心3158家、社区商店等286家，海外6148家，销售额为4661.14亿美元，利润额为169.99亿美元，利润率为3.6%，店铺分布于美国50个州和1个区波多黎各（美国自治邦），及海外加拿大、阿根廷、巴西、智利、中国、印度、日本、墨西哥、英国、非洲 12 国、中美洲 5 国共 26 个国家。

- 2014 财年，沃尔玛店铺总数达到 10 942 家，其中美国本土 4835 家，包括折扣商店 508 家、山姆会员店 632 家、超级中心 3288 家、社区商店等 407 家，海外 6107 家，销售额为 4730.76 亿美元，利润额为 159.18 亿美元，利润率为 3.4%，店铺分布于美国 52 个州区（区为华盛顿特区和波多黎各自治邦），及海外加拿大、阿根廷、巴西、智利、中国、印度、日本、墨西哥、英国、非洲 12 国、中美洲 5 国共 26 个国家。

- 2014 年，沃尔玛在《财富》杂志公布的世界 500 强排行榜中居首位。

- 2015 财年，沃尔玛店铺总数达到 11 453 家，其中美国本土 5163 家，包括折扣商店 470 家、山姆会员店 647 家、超级中心 3407 家、社区商店等 639 家，海外 6290 家，销售额为 4822.29 亿美元，利润额为 161.82 亿美元，利润率为 3.4%，店铺分布于美国 52 个州区（区为华盛顿特区和波多黎各自治邦），及海外加拿大、阿根廷、巴西、智利、中国、印度、日本、墨西哥、英国、非洲 12 国、中美洲 5 国共 26 个国家，店铺分布与 2014 财年相同。

- 2015 年，沃尔玛在《财富》杂志公布的世界 500 强排行榜中居首位。

- 2016 财年，沃尔玛店铺总数达到 11 528 家，其中，销售额为 4718.64 亿美元，利润额为 146.94 亿美元，利润率为 3.1%，销售额、利润额和利润率都比 2015 财年有所下降，店铺分布于美国 52 个州区（区为华盛顿特区和波多黎各自治邦），及海外加拿大、阿根廷、巴西、智利、中国、印度、日本、墨西哥、英国、非洲 12 国、中美洲 5 国共 26 个国家，店铺分布与 2014 财年相同。

- 2016 年，沃尔玛在《财富》杂志公布的世界 500 强排行榜中居首位。

- 2017 财年，沃尔玛店铺总数达到 11 725 家，其中美国本土 5362 家，包括折扣商店 415 家、山姆会员店 660 家、超级中心 3552 家、社区商店等 735 家，海外 6363 家，销售额为 4813.17 亿美元，利润额为 136.43 亿美元，利润率为 2.8%，利润额和利润率继续下降，店铺分布于美国 52 个州区（区为华盛顿特区和波多黎各自治邦），及海外加拿大、阿根廷、巴西、智利、中国、印度、日本、墨西哥、英国、非洲 13 国、中美洲 5 国等 27 个国家。

- 2017 年，沃尔玛在《财富》杂志公布的世界 500 强排行榜中居首位。
- 2018 财年，沃尔玛店铺总数达到 11 718 家，其中美国本土 5353 家，包括折扣商店 400 家、山姆会员店 592 家、超级中心 3561 家、社区商店等 800 家，海外 6360 家，销售额为 4957.61 亿美元，利润额为 98.62 亿美元，利润率为 2.0%，利润额和利润率继续下降，店铺分布于美国 52 个州区（区为华盛顿特区和波多黎各自治邦），及海外加拿大、阿根廷、巴西、智利、中国、印度、日本、墨西哥、英国、非洲 13 国、中美洲 5 国等 27 个国家。
- 2018 年，在该年年报中沃尔玛提出，本年在美国将 1100 家店铺作为线上商店的提货点，下一个财年计划再增加 1000 个。
- 2018 年，沃尔玛宣布，作为一家全渠道零售商，从 2018 年 2 月 1 日起将公司法定名称由"沃尔玛百货有限公司（Wal-Mart Stores Inc.）"变更为"沃尔玛公司（Walmart Inc.）"。这一变更表明沃尔玛越来越重视为顾客提供无缝连接的零售服务，以满足顾客多种购物方式，包括在门店、网上、移动设备上购物，或以门店取货和接受送货上门的方式购物。
- 2018 年，沃尔玛在《财富》杂志公布的世界 500 强排行榜中居首位。
- 2019 财年，沃尔玛店铺总数达到 11 361 家，其中，美国本土 5368 家，包括折扣商店 386 家、山姆会员店 599 家、超级中心 3570 家、社区商店 813 家，海外 5993 家，销售额为 5103.29 亿美元，利润额为 66.70 亿美元，利润率为 1.3%，店铺分布于美国 52 个州区（区为华盛顿特区和波多黎各自治邦），及海外加拿大、阿根廷、智利、中国、印度、日本、墨西哥、英国、非洲 13 国、中美洲 5 国等 26 个国家（比上年少了巴西）。
- 2019 年，沃尔玛在《财富》杂志公布的世界 500 强排行榜中居首位。
- 2020 财年，沃尔玛店铺总数达到 11 501 家，其中美国本土 5355 家，包括折扣商店376家、山姆会员店599家、超级中心3571家、社区商店等809家，海外6146家，销售额为5199.26亿美元，利润额为148.81亿美元，利润率为2.9%，利润额和利润率回升，店铺分布于美国52个州区（区为华盛顿特区和波多黎各自治邦），及海外加拿大、阿根廷、智利、中国、印度、日本、墨西哥、英国、非洲13国、中美洲5国等26个国家，店铺分布与2019年相同。该财年共有员工220万人，其中在美国工作的有150万人，在国外工作的有70万人。

- 2020年，沃尔玛在《财富》杂志公布的世界500强排行榜中居首位。

第 8 章

研究结论

我们根据前文的研究结果从三个方面归纳出相应的研究结论：一是省钱营销模式的演化轨迹；二是省钱营销模式的静态模型；三是省钱营销模式的动态模型。

省钱营销模式的演化轨迹

在第 3 章我们提出了沃尔玛省钱营销模式的形成、完善和复制三个阶段，然后在第 4~7 章详细分析了这三个阶段的特征，从而发现了沃尔玛公司省钱营销模式的演化轨迹。

（1）省钱营销模式的形成阶段（1940—1970 年）。这个阶段大体经历了 30 年的时间，主要由创始人山姆·沃尔顿领导和进行关键性决策，最重要的发展就是建立了省钱营销模式。它以杂货商店省钱营销模式雏形和折扣商店省钱营销模式的形成为标志。

1）杂货商店省钱营销模式雏形的形成。1940—1961年是山姆·沃尔顿探索杂货商店省钱营销模式雏形的时期。1940年大学毕业之后，山姆·沃尔顿就到彭尼公司一家分店当实习生，接触、了解和体验了美国比较规范的零售业经营和管理。1945年9月1日，山姆·沃尔顿加盟本·富兰克林特许经营系统，在纽波特镇前街开设了第一家店铺，为杂货商店，也被称为"5美分–10美分商店"，随后对杂货商店进行店铺复制，直到1961年总共开设了15家店铺（不包括在纽波特开设的两家店铺，因为它们在1950年左右已转给原房主），年营业额为140万美元，利润额为11.2万美元。在这个过程中，山姆·沃尔顿曾经接受本·富兰克林特许经营总部的两周培训，日常经营也得到该体系的指导，同时他开始探索自己的薄利多销模式，并以此作为零售店铺运作的核心，这是沃尔玛省钱营销模式的前身或者说雏形。

这一阶段是美国杂货商店在乡村小镇连锁化发展的时期，这为山姆·沃尔顿探索零售商店的省钱营销模式提供了条件。一是山姆和妻子海伦喜欢小镇生活，偏爱在小镇创业；二是杂货商店（也被称为"5美分–10美分商店"）都是面积在几十或几百平方米的小店铺，便于创业起步；三是当时美国杂货商店形成了特许经营体系，加盟特许经营体系会得到特许经营总部的指导，还可以独立运营。因此，在这一时期，山姆·沃尔顿独立参与了杂货商店单店创办、经营和管理的全过程，以及多店铺的管理，并且尝试了与特许经营总部不同的理念和方法，创建了独特的杂货商店省钱营销模式的雏形，即营销模式未定型的初级形式。

2）折扣商店省钱营销模式的形成。1962—1970年是山姆·沃尔顿探索并形成折扣商店省钱营销模式的时期。1962年7月2日，山姆·沃尔顿开了第一家名为沃尔玛的折扣商店，之后开始重点发展和复制沃尔玛折扣商店，在复制的过程中继续探索省钱营销模式。1970财年店铺数达到32家（18家折扣商店和14家杂货商店），营业额达到3086万美元，利润额达到118万美元，分布在美国4个州并取得了较好的经营业绩。这一时期，山姆·沃尔顿一方面继续经营着原有（1950—1962年创办）杂货商店业态的特许经营店铺，另一方面重点开设和经营着 18 家沃尔玛折扣商店业态，建立了连锁总部和配送中心，形成了自己的省钱营销模式。

这一阶段是美国折扣商店在乡镇大发展的时期，而杂货商店发展趋于停滞，有被折扣商店取代的态势。山姆·沃尔顿在该阶段果断地由以发展加盟他人的特许经营店铺为主，转为以发展自营的连锁折扣商店为主，这为沃尔玛创建自己的省钱营销模式提供了两个条件：一是转为发展具有极大潜力的折扣商店，才有可能随着店铺的增加，在发展中持续地探索省钱营销模式；二是转为创建自营的连锁经营系统，比加盟他人的特许经营体系有着更大的经营自主权，销售什么商品，以什么价格销售，不再受特许经营总部的控制，可以按照自己的想法进行探索。除了开设并经营着 32 家店铺之外，此阶段他还创造出省钱营销模式和初步的品牌资源。

沃尔玛从 1962 开始使用"WalMart"的公司名称及店铺标志，但最初两年并没有统一规范的品牌标志设计，当"WalMart"出现在店铺招牌和广告中的时候，都是由制作者根据自己的灵感来确定字体和风格，颜色和字体不是统一的，在 Wal 和 Mart 之间有时有横杠，有时则没有。1964 年，沃尔玛公司设计了品牌标志，即将"Wal-Mart"名称用前沿字体作为标志，是黑色的罗马字体。这是沃尔玛公司第一次启用官方的品牌标志，也是第一次固定化并且持续使用，直至 1981 年。此时，山姆·沃尔顿完善了沃尔玛品牌要素（名称、标志和定位语），大体有了省钱营销模式的逻辑框架，因此可以说沃尔玛的省钱营销模式已经形成（见图 4-8）。

沃尔玛省钱营销模式的具体内容是：①确定了公司使命，即通过价廉物好让顾客满意；②选择了与使命相匹配的营销目标，即让顾客满意的同时，公司也能获取一定的利润；③选择了与营销目标相匹配的目标顾客，即关注省钱的普通大众及他们的家庭；④根据目标顾客的需求确定了营销定位，即通过提供价廉物好的产品（属性定位），让顾客省钱（利益定位），没有提及价值定位；⑤依据确定的省钱的营销定位点，进行了营销要素组合，以价廉出色（价格组合要素）和产品优质（产品组合要素）为顾客省钱为核心，服务、店铺位置、店铺环境、传播达到顾客可接受的水平；⑥根据突出省钱定位点的营销组合，构建了关键流程"采购"，以及一般流程"配送和销售";⑦根据关键流程"采购",整合公司人力、信息、物流、资金和品牌资源,主要是以创始人为核心构成的组织的高效执行力。

这种模式形成的重要意义如下:一是探索出折扣商店的省钱营销模式,这种模式可以在折扣商店业态中进行复制,降低开店的风险;二是这种省钱营销模式还可以尝试在其他零售业态进行复制,为公司的零售业态创新奠定了一定的基础。可以说,这一阶段形成了沃尔玛公司产业发展模式的初步思路,这成为沃尔玛公司日后发展的重要基石。

(2)省钱营销模式的完善阶段(1971—1980年)。这个阶段大体经历了10年的时间,公司仍然主要由创始人山姆·沃尔顿领导和进行关键性决策,该阶段最重要的发展是:在10年时间里,将省钱营销模式集中化、大规模、跨区域、快速地复制于折扣商店业态,并在复制过程中对省钱营销模式进行完善。按照山姆·沃尔顿的说法:我们"可以正正经经地实施我们的战略计划了。那就是在别人忽略的小城镇开设大型的折扣商店"。㊀在该阶段末期的1980财年,沃尔玛公司的店铺数已达276家,去除第一阶段开办的32家,加之还有个别调整关闭的店铺,平均每年开设新店铺25家左右,店铺已经辐射到美国11个州。这不仅使沃尔玛公司成为美国领先的区域性折扣商店零售商,也使沃尔玛的省钱营销模式得到进一步完善,即在更多的店铺、更多的发展空间进行检验,在检验过程中进行完善,主要体现为流程和资源层面与顾客层面的匹配,使顾客层面更加感受到省钱。由此,我们可以得出沃尔玛折扣商店完善后的省钱营销模式(见图5-12)。

从表面或形式上看,完善后的省钱营销模式与第一阶段的模式没有太大差别,但是在具体内容及表现方面有了潜在的变化(这一点我们在后文说明),不过这种变化并没有改变省钱营销模式的基本逻辑:①确定并继续坚持公司使命,即通过价廉物好让顾客满意;②选择并继续维持与使命相匹配的营销目标,即让顾客满意的同时,公司也能获取一定的利

㊀ 沃尔顿. 休伊. 富甲美国:零售大王沃尔顿自传[M]. 沈志彦,等译. 上海:上海译文出版社,2001:114.

润；③继续选择与营销目标相匹配的目标顾客，即关注省钱的普通大众及他们的家庭；④根据目标顾客的需求进行营销定位，即通过提供价廉物好的产品（属性定位），让顾客省钱（利益定位），没有提及价值定位；⑤依据确定的省钱的营销定位点，进行了营销要素组合，以价廉出色（价格组合要素）和产品优质（产品组合要素）为顾客省钱为核心，服务、店铺位置、店铺环境、传播达到顾客可接受的水平；⑥根据突出省钱定位点的营销组合，构建了关键流程"采购"，以及一般流程"配送和销售"；⑦根据关键流程"采购"，整合公司人力、资金和品牌资源，主要是以创始人为核心构成的组织的高效执行力。

由前述可知，该阶段完善后的省钱营销模式图与第一阶段模式图的逻辑是相同的，但是该阶段的模式图更加完善，这主要是指完善的模式图各个部分的内容更加细化和更具逻辑性，具体表现在三个方面。

第一，该阶段完善后的模式图反映出各个层面匹配程度更加清晰和完善，逻辑和因果关系更加明显，这由前述分析的顾客层面和流程层面可以看出：一是营销组合各个要素的确是围绕着定位点进行各个维度的组合，内容更加丰富，组合水平也明显提高了；二是各个流程对于营销组合模式的贡献是根据突出定位点的营销组合构建的。

第二，该阶段完善后的模式图中，资源层面发生变化，除了创始人特质方面维持原貌之外，其他方面变化较大。在组织方面，由前一阶段的"简单的组织框架"发展为"完善的连锁组织"，由"尝试合伙人制"发展为"员工合伙人制"，由"企业文化萌芽"发展为"企业文化框架"。在物流系统方面，由"开建配送中心"发展为形成"配送中心模式"，由"组建运输车队"发展为"运输系统模式"。在信息方面，由"筹建信息系统"发展为形成"信息系统模式"，由"日常存货管理"发展为形成"应用管理模式"。在资金方面，由"合伙人投资"发展为"上市融资"等，最终形成了构建关键流程和非关键流程的资源整合的较好能力，锻造出具有较高效率的组织执行力。

第三，由"创建品牌"阶段进入"品牌成长"阶段，由多品牌复制到沃尔玛单一品牌复制，提升和积累了品牌资产。这里同样需要说明的一点是，品牌资源是公司资源的一个重要组成部分，同时也是这种模式运行的一个结果，这个结果会丰富公司的资源，品牌资源又会进一步提升品牌声誉和资产，二者互相推动与促进，但是提升品牌资产是结果而不是目标。

这种模式完善的重要意义如下：一是探索出连锁折扣商店的省钱营销模式，这种模式可以在折扣商店业态中进行复制，降低开店的风险；二是这种省钱营销模式还可以尝试未来在其他零售业态进行复制，为公司的其他零售业态创新和发展奠定基础。

（3）省钱营销模式的复制阶段上半期（1981—2000年）。这个阶段大体经历了20年的时间，主要由山姆·沃尔顿（担任CEO至1988年，担任董事长至1992年）和戴维·格拉斯（1984年出任公司总裁兼首席运营官，1988—2000年出任公司总裁兼CEO）领导着沃尔玛公司的持续发展。这一阶段，沃尔玛的发展速度是惊人的。1983年沃尔玛在俄克拉何马州的中西部开设了第一家山姆会员店，1988年在密苏里州的华盛顿开设了第一家沃尔玛超级中心（又称购物广场），1998年在阿肯色州开设了第一家社区商店，2000年沃尔玛已经成为世界级零售商。2005年沃尔玛公司年报显示，2000财年沃尔玛公司店铺数为3983家，其中美国本土2992家，包括折扣商店1801家、超级中心721家、山姆会员店463家、社区商店7家，海外991家，销售额为1562.49亿美元，利润额为53.24亿美元，店铺分布在美国50个州及海外波多黎各（美国自治邦）、加拿大、阿根廷、巴西、墨西哥、中国、韩国、德国、英国9个国家或地区。2002财年销售额增加至2040.11亿美元，这不仅使沃尔玛公司成为全球最大的零售商，也使其凭借着2002财年的销售额居世界500强首位。在这个阶段，沃尔玛将省钱营销模式在更多的线下零售业态进行复制，并进一步完善顾客、流程和资源等三个层面的匹配度，这不仅使已有的折扣商店持续成功，也使其创新的仓储商店、超级中心、社区商店等业态取得成功。因此，我们把这一阶段视为沃尔玛公司省钱营销模式向线下新型业态的复制阶段，除了继续在折扣商店复制折扣商店的省钱营销模式之外，又分别形成了仓储商店、超级中心、社区商店的省钱营销模式，并在仓储商店、超级中心和社区商店等业态进行复制发展。

1）折扣商店省钱营销模式的复制。在这一阶段，沃尔玛继续采取复制折扣商店省钱营销模式的方法，发展折扣商店。在美国本土，1981—1996财年折扣商店的数量是增加的趋势，1981财年为330家，1985财年为745家，1991财年为1573家，1996财年为1995家，之后开始逐年减少，1997财年为1960家，2000财年为1801家。1993财年，沃尔玛开始拓展海外市场，初期以复制折扣商店起步，1994财年海外有折扣商店14家，1995财年为186家，2000财年为572家。由此看出，沃尔玛在美国本土，1981—1996财年折扣商店由330家发展至将近2000家；在海外由1994财年的14家发展至2000财年的572家，期间海内外都是超高速增长，一个重要原因就是对折扣商店的省钱营销模式高效率复制。尽管该阶段是将折扣商店的省钱营销模式在折扣商店业态进行复制，但并非简单复制，在复制过程中仍然有完善（见图6-22），具体表现为：公司使命由"通过价廉物好让顾客满意"变为"让人们生活得更好"，价值定位由"未提及"变为"好生活"（提及但还未作为口号提出），顾客层面、流程层面和资源层面的具体内容得到丰富，三个层面之间的逻辑关系更加清晰。当然，折扣商店仍然保留自身业态的特征，主要是经营非食品和非生鲜类型的日常生活用品，即满足人们日常生活中除了"吃"之外的需求。

2）仓储商店省钱营销模式的复制。沃尔玛仓储商店的店牌为山姆会员店，1983年开设了第一家店铺，它是模仿普尔斯会员店的产物，而仓储商店的最大特征就是为顾客省钱，这与沃尔玛的使命、目标和营销定位都是符合的。山姆·沃尔顿曾经描述当时决定发展仓储商店的情形：在20世纪80年代初期，"我们从事折价零售这一行已有将近20年了。只有高效率的经营商才能生存下来，因为价格和利润一直在逐步下降。忽然，我们发现有一群批发折价商以低于我们的价格出售商品，这些批发商的一般管理费用很低，因而利润可以压低至5%~7%，远远低于折价零售业22%的水平。原来我们的'天天低价'使我们得以发展到这个程度，但现在已不是了，所以我们必须进入该领域"。㊀

㊀ 沃尔顿，休伊. 富甲美国：零售大王沃尔顿自传［M］. 沈志彦，等译. 上海：上海译文出版社，2001：199-200.

沃尔玛在发展仓储商店的过程中是分为两个步骤的：一是将折扣商店的省钱营销模式移植或者说嫁接至仓储商店业态，始于1983年，由于折扣商店和仓储商店都具有低价的特征，进而移植折扣商店的省钱营销模式具有较小的"排异性"，1985财年沃尔玛拥有的山姆会员店达到11家，1986财年达到23家，此时基本完成省钱营销模式由折扣商店向仓储商店的嫁接，进而形成了仓储商店的省钱营销模式；二是复制仓储商店的省钱营销模式到更多的仓储商店，从而大大加快仓储商店的发展，1987财年山姆会员店达到49家，1989财年超过100家，1992财年超过200家，1994财年超过400家，而后美国本土增长趋缓（每年增加10家店铺左右），海外市场开始增加，2000年沃尔玛在世界上仓储商店数量超过500家，其中美国本土463家，海外49家。沃尔玛公司复制的山姆会员店的省钱营销模式如图8-1所示。

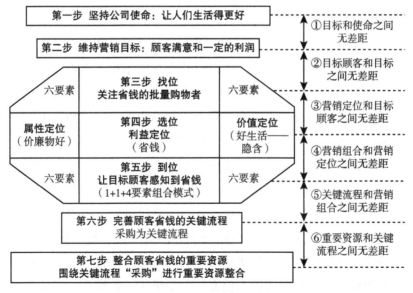

图8-1　沃尔玛复制的仓储商店省钱营销模式（1983—2000年）

沃尔玛复制的仓储商店省钱营销模式，与该阶段折扣商店的省钱营销模式大体类似，不同的是仓储商店的省钱营销模式由仓储商店本身业态特征决定，主要表现在以下五个方面：一是目标顾客为"关注省钱的批量购物者",包括批发进货的小零售商、团体购物者,以及家庭消费者,其共同特征是较大批量购物;二是经营的商品包括日常生活用品,重点经营是全国性品牌和自有品牌,每类商品仅选择有限品牌进行经营;三是店铺环境为仓库和店铺合一,商品陈列架就是库房的货架,购物环境很少装饰,店堂类似于大仓库;四是实行会员制,顾客缴纳一定数额的年费之后就可以享受相应的会员价格;五是沃尔玛专门设有独立业态机构(山姆会员店)进行运作,该机构平行于沃尔玛公司的美国沃尔玛、沃尔玛国际等按照空间或地域设立的机构。

3)超级中心(又称购物广场)省钱营销模式的复制。沃尔玛超级中心是巨型超级市场(又称特级市场)的衍生业态。20世纪80年代中期,沃尔玛折扣商店受到大型超级市场(日常生活用品一次购足)业态的冲击,因此,1987年12月山姆·沃尔顿开始尝试开设特级市场,其中的商品种类比山姆会员店的商品丰富了很多,但是没有取得成功,而后缩小规模,形成了超级中心业态。1988年,沃尔玛在密苏里州开设了第一家沃尔玛超级中心,1989年在俄克拉何马州开设了第二家,从此取得了成功。超级中心由于规模小于特级市场,因此更适合在中小城市发展,进而可以补充沃尔玛折扣商店的业态。对此,有学者评论道:沃尔玛"将超级中心看作以往折扣商店的延伸,准备在任何有折扣商店的小镇建超级中心,或者不如说是替代那些已上了'年纪',显得陈旧了的沃尔玛折扣商店"。○

沃尔玛在发展超级中心的过程中是分为两步的。一是将折扣商店和仓储商店的省钱营销模式移植或者说嫁接至超级中心业态,始于1988年,由于折扣商店、仓储商店和超级中心都具有低价的特征,进而移植折扣商店和仓储商店的省钱营销模式至超级中心,仍然具有较小的"排异性"。1992财年沃尔玛已有10家超级中心,1993财年达到34家,此时基本完成省钱营销模式由折扣商店、仓储商店向超级中心的嫁接,进而形成了超级中心的省钱营销模式,大体经历了4年时间(1988年底至1992年底)。二是复制超级中心的省钱营销模式到更多的超级中心,从而超级中心的增

○ 吕一林. 美国沃尔玛:世界零售第一[M]. 北京:中国人民大学出版社,2000:117.

长速度大大加快，1994财年达到74家（其中美国本土72家，海外2家），1995财年达到158家（其中美国本土147家，海外11家），2000财年达到1104家（其中美国本土721家，海外383家），明显带有"加速"的特征，这就是将成功的营销模式复制或应用于具有发展潜力业态的效果。沃尔玛公司复制的超级中心的省钱营销模式如图8-2所示。

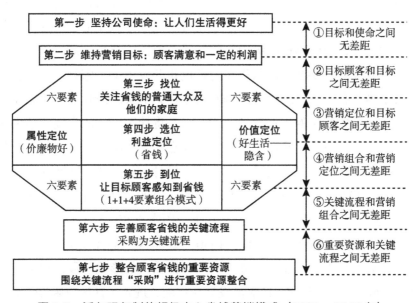

图8-2 沃尔玛复制的超级中心省钱营销模式（1988—2000年）

从形式上看，超级中心的省钱营销模式与折扣商店的省钱营销模式没有太大差别，但是在各项具体内容的表现上还是有一定差别的，这种差别主要源自超级中心自身的业态特征：一是与折扣商店相比，除了经营日常生活用的非食品之外，其最大的特征就是增加了食品及生鲜品的经营，这样可以满足家庭主妇对日常生活用品"一次购足"的需求，另外由于其经营商品比折扣商店多了食品和生鲜品类别，其店铺规模也大于折扣商店；二是与仓储商店相比，目标顾客不同（零散购物者和批量购物者，随机购买者和会员购买者），经营商品不同（丰富的花色品种和单一的花色品种），服务项目不同（较多的免费服务和较少的免费服务），店铺环境不同（超级市场式陈列和仓库式陈列），价格也有一定差异（仓储商店的价格略低于超级中心)。

4)社区商店省钱营销模式的复制。我们这里说的社区商店,是指沃尔玛经营的一种零售业态,并非指开在社区里的所有商店。本质上,沃尔玛的社区商店是超级中心向社区的延伸,如同超级中心伸出去的一只脚,因此超级中心和社区商店具有很大的相似性和互补性。沃尔玛在发展社区商店的过程中仍然是分为两步的。一是主要将超级中心的省钱营销模式移植或者说嫁接至社区商店业态,始于1998年,由于超级中心和社区商店都具有低价的特征,进而移植超级中心的省钱营销模式至社区商店仍然具有较小的"排异性"。1998年沃尔玛在阿肯色州开设了第一家社区商店,1999财年沃尔玛共有4家社区商店,2000财年达到7家,2001财年达到19家,此时形成了社区商店的省钱营销模式。二是将社区商店的省钱营销模式复制于更多的社区商店,使社区商店的发展速度大大加快。2002财年沃尔玛的社区商店为34家(其中美国本土31家,海外3家),2003财年为86家(其中美国本土49家,海外37家),2004财年为100家(其中美国本土64家,海外36家),2005财年为121家(其中美国本土85家,海外36家)。不过,由于该阶段我们研究的时期为1980—2000年,因此该阶段对于沃尔玛的社区商店发展来说,还基本处于省钱营销模式的形成阶段,在下一阶段(2001—2020年),与线上商店的发展相伴随,进入了社区商店省钱营销模式的复制阶段。沃尔玛公司复制的社区商店的省钱营销模式如图8-3所示。

从形式上看,社区商店的省钱营销模式与折扣商店和超级中心的省钱营销模式没有太大差别,仅是属性定位由"价廉物好"变为"物好价廉",不过在各项具体内容的表现上还是有一定差别的,这种差别主要源自社区商店自身的业态特征。

一是目标顾客的差异。沃尔玛社区商店以所在的中高档社区居民及周边居民(即社区内常住人口)为目标顾客,他们也被称为中上层家庭消费者,店铺辐射范围为3公里之内,而超级中心的目标顾客来源不局限于一个社区,被称为普通大众及他们的家庭,店铺辐射范围达到10公里或更广泛的若干社区,这些目标顾客的相同点都是节俭和关注省钱,只不过超级中心顾客更加关注价廉物好,社区商店顾客更加关注物好价廉。

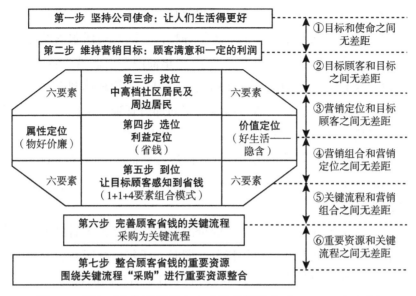

图 8-3 沃尔玛复制的社区商店省钱营销模式（1998—2000 年）

二是竞争对手的差异。沃尔玛社区商店主要以进入该社区的便利店、杂货店、小超市、餐饮店等为竞争对手，主要是满足社区居民高频次、随机性、即时性等日常生活的应急便利性需要，而超级中心的竞争对手为大型综合超市或特级市场，主要满足顾客对日常生活用品一次购足的需要。

三是属性定位点的差异。沃尔玛社区商店强调的是物好价廉，而超级中心强调的是价廉物好，虽然利益定位都是省钱，但是重要性排序有所差别，社区商店进入的是中高档社区，更加关注物好，而超级中心的目标顾客为普通大众及他们的家庭，因此更加突出价廉，侧重点稍有不同。

四是经营商品的差异。虽然超级中心和社区商店都经营食品和非食品两大类别，但是社区商店是超级中心向社区的延伸，经营的很多商品是从超级中心中精选的比较受欢迎且消费频率较高的商品，花色品种会少于超级中心，但是讲究品质，例如沃尔玛在中国深圳开设的社区商店经营的商品有新鲜水果、蔬菜、鲜肉、熟食、乳制品、保健品、美容用品、药品、文具、纸制品、宠物用品、洗涤用品等，一般不会经营服装和家电类商品，商品组合与便利商店有着诸多相似，经营的商品种类超过 3000 种。

五是店址选择的差异。顾名思义，社区商店选址在一个社区之中（或为社区中心，或为社区边缘，包括居民社区和商务社区），这些社区具有较大规模、比较成熟和中高档消费水平等特征，同时与沃尔玛的超级中心保持合适的距离，即位于超级中心的10公里商圈辐射区域或者商圈边缘，这样可以共享超级中心的配送设施和其他资源。在管理体制上，沃尔玛的折扣商店、超级中心、社区商店都是由相同部门管理，美国本土店铺由沃尔玛美国机构管理，海外店铺由沃尔玛国际机构管理。

六是店铺规模的差异。沃尔玛社区商店经营面积一般为3800~5000平方米，而超级中心一般为10 000平方米左右，竞争对手的便利商店一般为300平方米左右。

总之，沃尔玛社区商店在坚持低价的同时，满足社区居民更加便利的需要，体现优质、便利和低价的特色。同时，沃尔玛社区商店的营销组合策略根据所在社区的差异而有所不同，似乎有千店千面的特征。

（4）省钱营销模式的复制阶段下半期（2001—2020年）。这个阶段大体经历了20年的时间，主要由李斯阁（2000—2008年）、麦·道克（2009—2013年）、董明伦（2014年至今）领导着沃尔玛公司的持续发展。在这一阶段，虽然沃尔玛的发展速度较快，但也面临着线上商店和全渠道商店的巨大挑战。1996年沃尔玛线上商店Walmart.com正式上线，2000年进行了店面调整后重新上线，因此沃尔玛公司自称2000年开始线上商店战略。而后，沃尔玛一直尝试线上商店的扩张和发展，以及探索线上商店与线下商店融合的方式和路径，从2010年开始逐渐进入全渠道商店的发展时代，实现了线上线下店铺的融合式发展。2001财年，沃尔玛店铺数达到4172家，另外已经开设线上店铺，销售额高达1807.87亿美元，利润额达62.35亿美元。2010财年，沃尔玛店铺数达到8416家，另外开始了全渠道店铺的战略实施，销售额达到4050.46亿美元，利润额达到141.14亿美元。2020财年，沃尔玛店铺数达到11 501家（美国本土5355家，海外6146家），大多实施了程度不同的全渠道战略，销售额高达5199.26亿美元，利润额达到148.81亿美元。店铺分布在美国50个州及海外波多黎各（美国自治邦），以及欧洲、北美、中美、南美、亚洲、非洲的24个国家和地区。在《财富》杂志公布的世界500强排行榜中，沃尔玛连续9年排在首位（2014—2022年），其他年份也基本位居前三。2020年沃尔玛公司年报显示，该财年共有员工220万人，其中在美国工作的有150万人，在国外工作的有70万人。在这个阶段，沃尔玛不仅将省钱营销模式在超级中心、仓储商店和社区商店等多种线下零售业态进行复制，而且尝试进行线上商店的复制，以及线上线下全渠道商店的复制，并进一步完善顾客、流程和资源等三个层面的匹配度，在线下店铺的复制继续取得成功，线上店铺和全渠道店铺的复制也取得明显的成效。

1）线下商店省钱营销模式的复制。2001—2017财年，沃尔玛的线下商店数快速增加，从2001财年的4172家增加到2017财年的11 695家，而后逐年下降，2021财年为11 443家（近似于2015财年的水平，该财年店铺数为11 453家）。这表明2001—2017财年沃尔玛线下店铺的快速发展仍然源于对省钱营销模式的复制，而从2018财年开始，几乎停止了在线下店铺的省钱营销模式复制，无论是在美国本土还是在国外，线下店铺数量都开始逐渐减少。即使是在2001—2017财年沃尔玛线下商店快速增长的时期，也主要是将省钱营销模式复制于仓储商店、超级中心和社区商店三种业态，折扣商店发展处于停滞和逐年下降的趋势。仅以美国本土为例，1996财年沃尔玛拥有折扣商店1995家，而到2021财年仅为374家。2021财年沃尔玛的店铺数为11 443家，其中美国本土5342家（折扣商店374，山姆会员店599，超级中心3570，社区商店等799），海外6101家，几乎是平分秋色的。这里需要说明的是，2018财年之后，沃尔玛"几乎"停止了线下店铺的发展和省钱营销模式的复制，并不等于完全停止，只是沃尔玛关闭线下商店的数量大于开店的数量而已，体现为总量的减少，其实沃尔玛仍然不断有新的店铺开张营业，不过开设新店的数量大大减少了。这种频繁进行开店和关店，目的是有效实施线上线下融合的全渠道战略。还有一点需要说明的是，实际上，沃尔玛在全球化发展过程中，由于地区消费需求和竞争对手的差异性，尝试并发展了10种左右的线下零售业态，诸如餐饮店、酒店、便利店、药店、工艺品店、超级市场、特级市场等，但是最主要的业态是折扣商店、仓储商店、超级中心和社区商店，因此沃尔玛的年报对于美国本土这四种零售业态的发展数量有着连续的统计数据，海外店铺业态复杂多样，没有连续分类的业态统计。由于线下商店四种零售业态的省钱营销模式，前面已经给出，这里不再赘述。

2）线上商店省钱营销模式的复制。线上商店（又称网上商店或虚拟商店），顾名思义，是开在互联网上的商店，其特征是商店网站即商店地点，页面即商品陈列的"空间"，商品图片或影像代表着商品实物，顾客翻看页面就是逛商场，点击付款就是完成了选货和付款，然后通过线上（如数字产品等无形产品）或线下（如食品、衣物等有形产品）送货到家完成交易。

沃尔玛线上商店的发展可以分为两个阶段。第一个阶段是对线上商店省钱营销模式进行探索的阶段，时间为 1996—2000 年。1996 年，沃尔玛通过"沃尔玛在线"（Wal-Mart On-line）开始了线上零售业务，主要销售大件商品，并未成立独立运行的公司。不过，面对当时已经存在的近 3000 家线下成功的店铺，沃尔玛考虑到：一方面近 3000 家线下商店将成为线上商店的巨大支撑，另一方面省钱营销模式是可以复制到线上商店的。这两个方面将成为沃尔玛线上的竞争优势，因此沃尔玛公司计划并着手进行两个方面的探索：线上商店与线下商店借力发展，复制省钱营销模式。初期的探索并没有成功，之后沃尔玛经过三年多的探索，2000 年 1 月 1 日完善后重新上线（网站名称为 Wal-Mart.com，2008 年之后更名为 Walmart.com），并建立了独立运作的公司，大大地丰富了商品种类，表明该阶段是将线下商店的省钱营销模式移植到线上商店的设想和实验阶段，还没有形成线上商店省钱营销模式。

第二个阶段是线上省钱营销模式形成的阶段，时间为 2001—2010 年。沃尔玛从 2001 年开始探索实质上的线上与线下店铺的联动，提出线上商店与线下商店一样的价廉物美，开始将省钱营销模式向线上商店复制。2003 年沃尔玛线上商店进一步完善服务功能，一方面，不断增加商品类别，甚至还包括在部分沃尔玛线下商店没有售卖的产品（如床垫等），但是在线上不销售 5 美元以下的商品）；另一方面，不断改善服务，包括在线购物、订单查询、跟踪退换货、特惠信息等。

2004年沃尔玛线上商店开始以88美分/首的价格销售音乐，与Apple公司的iTune展开竞争。在2004年感恩节的4天特卖中，为了吸引高收入顾客，沃尔玛线上商店还增加了一些新颖和贵重商品的销售，例如羊绒衫、按摩椅等，这大大增加了顾客的访问量。从此，沃尔玛线上商店一直是在边发展、边探索、边完善的过程中。

2007年沃尔玛推出线上购物、线下提货的服务，使线上商店与线下商店融合起来，形成了沃尔玛统一的品牌形象。这项连接的成功使沃尔玛的线上流量大大增加，2009年沃尔玛又新增加美容产品、尿不湿、非处方药等个人护理产品，使线上产品总数超过150万种，线下门店商品一般只有10万多种。

随后，沃尔玛又将"线上购买、线下取货"完善至"线上购买、当天取货"（pick up today），即顾客在线上订购商品，当天就可以到门店提取购买的商品。这进一步增加了客流和销售额，2009年沃尔玛在线流量超过10亿，"线上购买、线下取货"和"线上购买、当天取货"带来了超过15%的流量增长。沃尔玛线上销售额从2005年的16亿美元上升到2011年的40亿美元，沃尔玛在美国线上零售业态企业的销售额排行榜中从第13名上升到第4名。

总之，由于沃尔玛线上商店诞生在公司拥有近3000家店铺的时代，同时又具有不受时空影响的属性，因此它一直带有线下沃尔玛商店"价廉物好"的本质特征。大约在2010年，沃尔玛线上商店省钱营销模式形成了（见图8-4）。

从形式上看，沃尔玛线上商店的省钱营销模式与折扣商店、超级中心等线下商店的省钱营销模式没有太大差别，但是在各项具体内容的表现上还是有较大的不同，这种不同主要源自线上商店自身的业态特征，主要表现为目标顾客和营销组合要素表现的差异。

一是目标顾客的差异。与线下商店相比，线上商店的目标顾客来源更加广泛，商圈半径得到扩大，这是因为顾客随时随地可以在线上完成购物，不必光顾线下商店，弱化了店铺与顾客空间距离的影响，从理论上讲，顾客规模变得无限大。

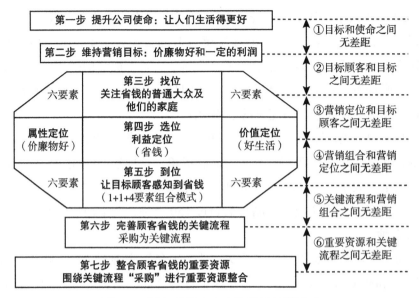

图 8-4 沃尔玛线上商店的省钱营销模式

二是商品的差异。与线下商店相比，线上商店由于商品陈列在网页上，不必占用费用昂贵而有限的线下实际店铺空间，因此经营的商品更加丰富，花色品种更多，几乎达到无限的程度。

三是服务的差异。与线下商店相比，线上商店顾客服务大多不是人与人面对面接触，而是通过微信、电话、视频等完成购物和意见反馈的全过程。

四是价格的差异。与线下商店相比，线上商店节省了店铺土地和建筑成本、店铺运营的人工成本，顾客比价更加便利和容易，这样使线上商店的商品价格变得透明，并且通常会低于线下商店。当然，在全渠道战略中，同一店铺品牌的线下线上商店，一般还是采取相同水平的价格策略。

五是店址的差异。与线下商店相比，线上商店的店铺位置体现为网站，顾客通过计算机和移动终端登录网站或 App。

六是店铺环境的差异。与线下商店相比，线上店铺环境是虚拟环境，通过二维网页或三维动画场景等来呈现，顾客点击相应的按钮就可以完成逛店和浏览商品的过程。

七是传播的差异。与线下商店相比，线上店铺传播更多地采取线上传播方式，特别是通过公司网站、微信公众号、App 以及社交网站等进行传播和沟通。

但是，这些差异都没有改变或者说就是为了维持沃尔玛已有的省钱营销模式。

3）全渠道商店省钱营销模式的复制，时间为 2011 年至今，仍然会延续未来一段时间。全渠道商店是指线上商店和线下商店相互融合的商店业态。沃尔玛的商店，无论是线上商店还是线下商店，在 2011 年之后都开始了全渠道化的转型，至 2020 年几乎都成了全渠道商店。

2011—2016 年为沃尔玛的全渠道零售启动阶段，在该阶段加速线上线下零售业务的融合式发展，并在英国、巴西、中国、加拿大等地建立了线上商店平台；2016 年至今为全渠道扩张阶段，通过自建和收购等方式，增加诸多的线上及线下线上融合的零售商店，包括 Hayneedle（领先的家居线上商店）、Moosejaw（户外运动品线上商店）、Bonobos（男装线上商店）、ELOQUII（14~28 码女装线上商店）、Art.com（艺术和墙壁装饰类别中最大的在线零售商店），以及印度最大电商网站 Flipkart。同时，该阶段沃尔玛电商平台也大大增加了第三方卖家的数量。2016 年之前，这一数量为几百家，2021 年末达到 9 万家，其数量仍然在持续扩大。

沃尔玛全渠道商店包括三种类型：一是基本类型，即线上商店与线下商店完全融合的类型，例如山姆会员店与山姆 App 融合、超级中心与沃尔玛网上超市融合等；二是以线上商店为主的扩展类型，即以线上商店为核心，整合线下店铺零售资源为线上商店服务，例如 Walmart.com 销售，若干线下店铺提供取货、送货或退货服务等；三是以线下商店为主的扩展类型，即以线下商店为核心，整合线上零售店铺和服务资源为线下店铺服务，例如在线下社区商店购物，也可以随时搜集线上信息、线上付款和线上咨询等服务。沃尔玛全渠道的基本类型属于全渠道商店，扩展类型属于线上商店或线下商店实施的全渠道战略。

在这个过程中，沃尔玛将线下商店和线上的省钱营销模式向全渠道商店进行复制，进而形成全渠道商店的省钱营销模式，并对这种模式在发展全渠道商店时进行复制。这是水到渠成的过程，因为无论是线下商店还是线上商店都复制了省钱营销模式，二者融合而成的全渠道商店自然也是复制了省钱营销模式，这种模式的图形框架与线上商店的省钱营销模式（见图 8-4）一样，这里不再赘述。

2020 年沃尔玛又和著名的零售服务企业 Shopify 达成了合作，此后在 Shopify 建立网站的企业将可以直接导入沃尔玛的网站。同时，沃尔玛连续购并了一些线上零售商，这使沃尔玛成为美国第二大线上零售商，占美国线上销售额的 5%，而亚马逊约为 37%。

2022 年 4 月，沃尔玛公司官方网站仍然强调线下商店与线上商店之间的融合，全渠道地与顾客连接，并介绍了几种方式："我们帮助客户节省时间和金钱的几种方式。一是 Walmart App（沃尔玛应用程序）——从支付到快递退货、处方配药和当天取件的杂货订单，您只需轻触按钮即可完成更多工作。二是 Mobile Scan & Go（移动扫描应用程序）——在店内用手机购物和结账。三是 Curbside Pickup（店内取货服务）——网上订购，店内取货。四是 Next Day Delivery（次日送达服务）——在许多市场，客户可以享受超过 35 美元的合格订单的快速免费送货服务。五是 Walmart+（沃尔玛会员计划）——将店内和网上优惠结合在一起。六是 Walmart GoLocal（沃尔玛交付服务）——为各种规模的企业客户提供交付服务。七是 Built for Better（为更好而建）——一个网上购物目的地，让顾客可以轻松识别和购买对他们的健康和地球持续发展更有益的产品。"

2022 年 4 月，沃尔玛公司官方网站介绍道："我们一直在寻求将技术引入零售业的方法，为客户提供无缝的购物体验。你可以在沃尔玛商店找到大量商品，但随着顾客越来越多地在数字和实体店面购物，我们让你更容易地找到你需要的东西。通过路边取货、移动扫描和移动应用等创新，我们为客户提供了更多省时和省钱的方式，同时重新构想了数字购物和实体购物的协同工作方式。作为世界上最大的实体零售商之一，我们也是发展最快、最具活力的电子商务组织之一。90% 的美国人口居住在距离我们商店 10 英里的范围内，我们准备将我们的物理位置与我们的电子商务业务相结合，以提供前所未有的便利。我们正在创造一种让顾客随时随地购物的体验——在他们想要的时候，提供他们想要的东西。根据 comScore 的数据，我们最大的网站 Walmart.com 每月有多达 1 亿的独立访问者，并且每年都在增长。"据PYMNTS的数据统计，沃尔玛与亚马逊的线上零售额分别占美国线上零售额的比例如下：2018年为3.5%和44.3%，2019年为4.2%和46.1%，2020年为5.6%和53.1%，2021年为6.2%和56.7%。2022年年报显示，该财年沃尔玛美国的线上净零售额达478亿美元，与2020财年相比几乎翻了一倍，2022年底沃尔玛会有超过2亿件在线商品。

（5）省钱营销模式演化轨迹图。我们将前面讨论的结果用可视化的图形呈现出来，就会形成一个简洁和清晰化的省钱营销模式演化轨迹（见图8-5）。该图表明省钱营销模式的形成分为形成、完善和复制三个阶段：在形成阶段主要探索折扣商店省钱营销模式；在完善阶段主要是将已有的省钱营销模式应用在更多折扣商店进行适应性检验，以便完善省钱营销模式；复制阶段则是在更加广泛的零售业态（包括线下商店和线上商店）对这种省钱营销模式进行复制。前两个阶段分别用了30年和10年的时间，这意味着形成一种可以用于复制的营销模式绝不是两三年就可以完成的。诸多运营不足十年就倒闭，甚至二三十年仍然倒闭的零售公司，是由于没有一种成功并可以有效复制的营销模式，这种现象在互联网零售公司非常普遍。

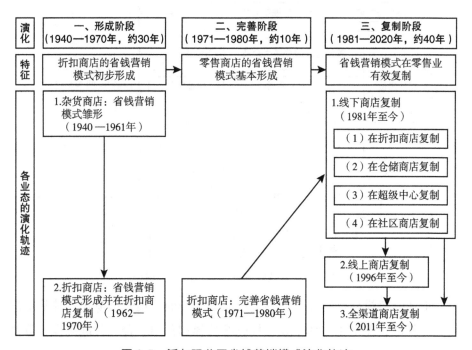

图8-5　沃尔玛公司省钱营销模式演化轨迹

省钱营销模式的静态模型

由前面的研究与讨论，我们可以归纳出省钱营销模式的一般静态模型（见图8-6）。这个模型的基本逻辑是：①确定让人们生活得更好的组织使命；②选择与组织使命相匹配的营销目标；③选择与营销目标相匹配的目标顾客，他们追求更好的生活和省钱体验；④根据目标顾客关注的需求和组织的竞争优势，确定省钱的利益定位点，并通过清晰的属性定位点为其做出重要贡献；⑤依据确定的省钱和好生活的营销定位点，进行营销要素组合，使定位点优于竞争对手，非定位点不低于行业平均水平或达到顾客可接受的水平；⑥根据突出省钱和好生活定位点的营销组合，构建相应的关键流程；⑦根据关键流程，整合公司重要的有形资源和无形资源。通过以上逻辑，最终达到图8-6所呈现的六个方面无差距。

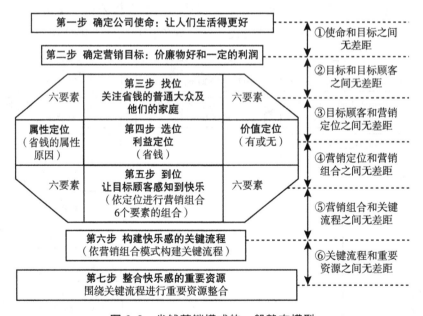

图 8-6　省钱营销模式的一般静态模型

上述一般模型可以演化出各类产品和服务的省钱营销模式，其基本逻辑是一样的，差别主要体现在目标顾客选择和营销组合、关键流程、重要资源整合的内容等方面。这在前述沃尔玛线下商店的省钱营销模式、线上商店的省钱营销模式、全渠道的省钱营销模式等讨论中都有所体现，这里不再赘述。

省钱营销模式的动态模型

对于沃尔玛公司持续成功的分析，有着诸多的讨论，我们认为核心是有效地、持续地应用或复制了省钱营销模式，因而存在一个省钱营销模式的动态模型。我们在回顾已有相关讨论成果的基础上，归纳出这一动态模型。由于这部分分析借鉴了拙作《迪士尼的快乐营销模式》⊖，且二者的营销模式本质逻辑是相同的，因此该部分的内容与其有所重复，为阅读的流畅性，并未一一注明引用，这里特此说明。

（1）沃尔玛省钱营销模式的动态模型。由前述研究可知，沃尔玛公司成功的根本原因是持续地把省钱体验传递给新顾客和持续地交叉销售给老顾客。这是如何做到的呢？通过建立并持续地完善和复制快乐营销模式的方法，不断地提升沃尔玛公司及相关子品牌的形象，然后通过快乐营销模式对这些品牌形象进行多业态或领域的复制，复制一次给顾客带来一次省钱体验，同时也获得一次收入，这样循环往复，将不断产生的省钱体验持续地变成了财富。我们借鉴迪士尼快乐营销的分析呈现方法⊖，采用自行车车轮的图示，轮毂连接多根辐条，推动沃尔玛这辆车飞速前行。由此我们可以归纳出沃尔玛公司省钱营销模式的动态模型（见图 8-7）。该动态模型包括轮毂圈、轮胎圈和动力圈三个层面。

一是轮毂圈层面，回答了复制什么和如何复制两个问题。复制什么？主要是沃尔玛公司的品牌形象，包括公司品牌、店铺品牌和产品品牌。如何复制？主要通过省钱营销模式的框架工具进行复制。这两者相辅相成，共同作用，才使"轮毂"具有坚持的基础和持续复制的条件。品牌形象池提供了复制的"本"，快乐营销模式提供了复制的方法。

⊖ 李飞. 迪士尼的快乐营销模式 [M]. 北京：机械工业出版社，2021：276-286.

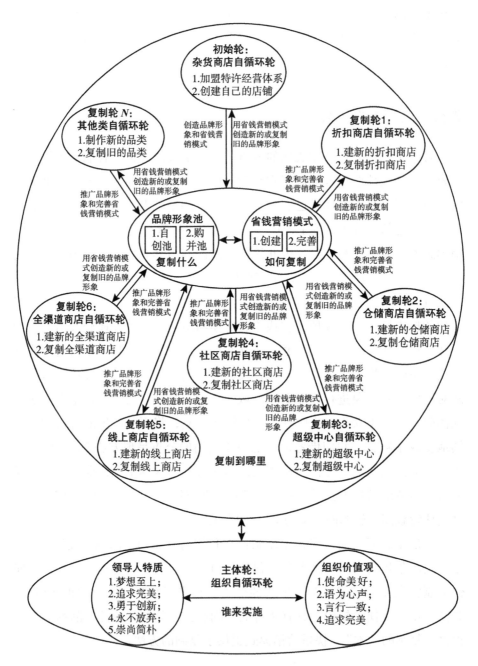

图 8-7 沃尔玛公司省钱营销模式的动态模型

二是轮胎圈层面，回答了复制到哪里的问题。图中呈现了杂货商店、折扣商店、仓储商店、超级中心、社区商店、线上商店、全渠道商店、产品制造等领域。在轮毂与轮胎圈之间需要由辐条来连接，辐条的坚韧和弹性决定着运转速度。辐条的坚韧和弹性程度，一方面取决于运用省钱营销模式的质量，以及创新和复制品牌形象的效率；另一方面取决于推广品牌形象的效果和完善省钱营销模式的成就。

三是动力圈层面，回答了谁来实施的问题。对于自行车来说，提供动力的是骑车的人，他是行为的主体。对于沃尔玛公司来说，公司是一种组织，提供动力的就是公司领导人。由我们的研究发现，推动省钱营销模式有效运行的领导人特质包括梦想至上、追求完美、勇于创新、永不放弃和崇尚简朴，组织价值观包括使命美好、语为心声、言行一致和追求完美。在动力圈层面，领导人特质和组织价值观是互相促进的，也是互相影响的。同时，这个动力圈层面又与轮毂圈、轮胎圈层面有着互相影响的关系。

如果用一句话来概括沃尔玛公司的省钱营销模式动态模型，那就是：具有特质的领导人激励崇尚一定价值观的组织，不断提升品牌形象和完善省钱营销模式，并运用省钱营销模式将品牌形象持续地复制到诸多相关领域，进一步强化了领导人特质和组织价值观，然后又开始一轮循环……这样周而复始，车轮越滚越大，呈现螺旋式上升的状态。

（2）省钱营销模式的一般动态模型。由前述沃尔玛公司省钱营销模式的动态模型，我们可以很容易地归纳出一般意义上的省钱营销模式的动态模型。为了突出逻辑和更加清晰化，我们将其抽象得更加简洁（见图8-8）。图中实线箭头意为"创建和推广品牌形象，创建和完善省钱营销模式"，虚线箭头意为"通过省钱营销模式创新或复制品牌形象"。

第一步，建立一个推动实现"为顾客省钱"目标的高效组织，即形成复制之主体。这是实施省钱营销模式的动力和主体条件。这个快乐高效的组织包括领导人特质和组织价值观两方面内容。由我们的研究发现，推动省钱营销模式有效运行的领导人特质包括梦想至上、追求完美、勇于创新、永不放弃和崇尚简朴，组织价值观包括使命美好、语为心声、言行一致和追求完美。领导人特质和组织价值观是互相促进的，也是互相影响的。

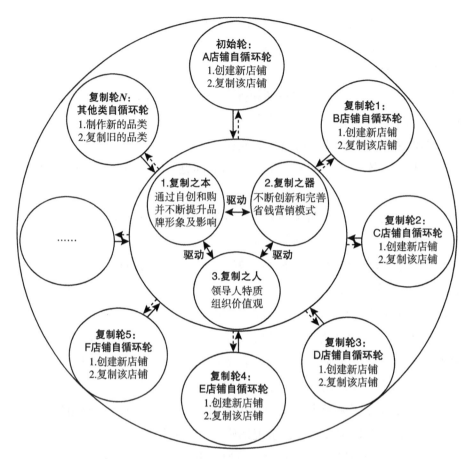

图 8-8　省钱营销模式的一般动态模型

第二步，创建并复制省钱营销模式，即打造复制之工具。这需要组织选择一个行业或产品，通过营销实践建立一个省钱营销模式，并且通过复制这种模式不断对其进行完善，形成复制之工具或方法。省钱营销模式的内容如前所述：①确定让人们生活得更好的组织使命；②选择与组织使命相匹配的营销目标；③选择与营销目标相匹配的目标顾客，他们追求或关注省钱体验；④根据目标顾客关注的需求和组织的竞争优势，确定省钱体验或相似的利益定位点，并通过清晰的属性定位点做出重要贡献；⑤依据确定的省钱的营销定位点，进行营销要素组合，使定位点优于竞争对手，非定位点不低于行业平均水平或达到顾客可接受的水平；⑥根据突出省钱定位点的营销组合，构建相应的关键流程；⑦根据关键流程，整合公司重要的有形资源和无形资源。

第三步，积累可以复制的品牌形象，即拥有复制之本源。这里最关键的有两点：一是这些品牌形象是自身所拥有的，获得了所有权，同时有能力保护这些品牌形象不被轻易侵犯，这个权利可以通过自创和购买两种途径获得；二是这些品牌形象是可以复制的，其含义是这些品牌形象具有广泛的影响力，复制到本领域或其他领域可以带来销售额和利润额的增长。

第四步，将拥有的品牌形象进行多领域复制，即运用省钱营销模式的方法将拥有的品牌形象复制或扩展到原有店铺或新的店铺，以及原有产品线或新的产品线，不仅会使公司的销售额和利润额大大增加，还可以增加品牌形象的数量，扩大品牌形象的影响力，进一步创新或完善省钱营销模式，进而提升组织的执行力。

小结

本章我们从三个方面归纳出相应的研究结论：一是省钱营销模式的演化轨迹；二是省钱营销模式的静态模型；三是省钱营销模式的动态模型。

（1）关于省钱营销模式的演化轨迹。沃尔玛省钱营销模式分为形成、完善和复制等三个阶段，并能进行可视化呈现。①省钱营销模式的形成阶段（1940—1970年），大体经历了30年的时间，主要由创始人山姆·沃尔顿领导和进行关键性决策，最重要的发展就是建立了省钱营销模式，它以折扣商店的省钱营销模式形成为主要标志，以杂货商店的省钱营销模式雏形形成为补充标志。②省钱营销模式的完善阶段（1971—1980年），大体经历了10年的时间，仍然是由创始人山姆·沃尔顿领导和进行关键性决策，该阶段最重要的发展是将折扣商店的省钱营销模式持续地复制于新的折扣商店，这不仅大大加快了折扣商店的发展速度，还进一步完善了原有的省钱营销模式。③省钱营销模式的复制阶段（1981—2020年），大体经历了40年的时间，在前20年主要由山姆·沃尔顿（担任CEO至1988

年，担任董事长至1992年）和戴维·格拉斯（1984年出任公司总裁兼首席运营官，1988—2000年出任公司总裁兼CEO）领导着沃尔玛公司的发展，后20年主要由李斯阁（2000—2008年）、麦·道克（2009—2013年）、董明伦（2014年至今）带领沃尔玛公司前行。尽管五位领导人的风格迥异，但是大方向上都是在全面复制沃尔玛公司的文化及已经建立的省钱营销模式。前20年主要是将省钱营销模式复制于线下商店，如折扣商店、仓储商店、超级中心和社区商店等。后20年在将省钱营销模式继续复制于线下各种零售业态的基础上，开始复制于线上商店和全渠道商店。另外，在这40年的时间里，沃尔玛将省钱营销模式复制于大量的自有品牌，打造出诸多具有巨大价值的产品品牌。

（2）关于省钱营销模式的静态模型。前文归纳出7项逻辑内容以及需要消除的六大差距，最终形成了省钱营销模式的一般静态模型。

必备的7项逻辑内容包括：①确定让人们生活得更好的组织使命；②选择与组织使命相匹配的营销目标；③选择与营销目标相匹配的目标顾客，他们追求或关注省钱体验；④根据目标顾客关注的需求和组织的竞争优势，确定省钱体验或相似的利益定位点，并通过清晰的属性定位点为利益定位点做出重要贡献；⑤依据确定的省钱的营销定位点，进行营销要素组合，使定位点优于竞争对手，非定位点不低于行业平均水平或达到顾客可接受的水平；⑥根据突出省钱定位点的营销组合，构建相应的关键流程；⑦根据关键流程，整合公司重要的有形资源和无形资源。

需要消除的六大差距包括：①营销目标与公司使命之间的差距；②目标顾客与营销目标之间的差距；③营销定位与目标顾客之间的差距；④营销组合策略与营销定位之间的差距；⑤关键流程与营销组合策略之间的差距；⑥重要资源整合与关键流程之间的差距。

（3）关于省钱营销模式的动态模型。在沃尔玛省钱营销模式动态模型分析的基础上，前文归纳出一般动态模型。第一步，建立一个推动实现"为顾客省钱"目标的高效组织，即形成复制之主体；第二步，创建并复制省钱营销模式，即打造复制之工具；第三步，积累可以复制的品牌形象，即拥有复制之本源；第四步，将拥有的品牌形象进行多领域复制，即运用省钱营销模式的方法将拥有的品牌形象复制或扩展到原有的店铺或新的店铺，以及原有产品线或新的产品线，不仅会使公司的销售额和利润额大大增加，还可以增加品牌形象的数量，扩大品牌形象的影响力，进一步创新或完善省钱营销模式，进而提升组织的执行力。

最后，我们想要强调的是，省钱营销模式是一个系统，这个系统的特征或者说企业经营的目标是，既要通过价廉物好让顾客省钱，也要通过流程构建和资源整合使公司的收入大于成本。诸多采取低价策略的公司面临困境直至破产倒闭，本质原因无非是没有形成真正的省钱营销模式，或是价低质次，无法真正让顾客省钱，因为低价并不一定就能让顾客省钱；或是价廉物好，无力让企业盈利，因为低价获利需要企业具有极强的成本控制能力。我们可以断定：沃尔玛，你学得会，但是需要学的不是天天低价，而是省钱营销模式，并且将省钱营销模式复制于更多的店铺和产品，因为顾客永远购买的不是低价，而是物有所值，通俗地说，就是省钱，使生活变得更好。

后　记

　　没想到，今年自己把多年想进行的沃尔玛案例研究专著完成了，算是一个意外惊喜吧！通常我的研究是有计划的，尽管这个计划一定是我探索未知的兴趣所在，但是在按照计划进行某项课题研究的过程中，常常发现其中某项子课题需要深入研究，就会吸引我暂时放下主课题，而去研究这项子课题，越研究涉及的内容越多，无形中成为一项新的主课题，直至形成一本专著，得到计划之外的研究收获。例如，2012年暑假我开始写《营销定位》（经济科学出版社，2013年）一书，在写第1章绪论时，就遇到了营销学进入中国的史实描述模糊的问题，也发现了已有文献的一些错误描述，这一待解的难题"引诱"我暂时放弃《营销定位》一书，转而研究营销学在中国的早期引入和传播，随着研究内容不断扩充，最终形成了《中国营销学史》（经济科学出版社，2013年），之后再回到《营销定位》一书上来，两本书都是我自己非常喜欢的，因为都是我的兴趣所在，也都使我明白了一些问题，而探索未知永远是吸引我进行学术研究的一束光。

　　其实，学者面临的研究问题就像是一团乱麻，在解开你想解开的线头时，需要先解开你原来未曾想解开的线头，我的做法是不纠结，跟着感觉和兴趣走就是了。沃尔玛省钱营销模式的研究也是类似情况，仅是次序有所不同。我在进行《幸福营销管理》（机械工业出版社，2022年）编写的过程中，选择了四个案例进行研究，沃尔玛是其中之一，2万多字的文稿作为《幸福营销管理》的一章，由于篇幅所限，当时觉得意犹未尽，因此决定《幸福营销管理》的完稿之日就是沃尔玛省钱营销模式进一步研究的开始之时。2021年7月6日上午，我向出版社提交了刚刚完成的《幸福营销管理》书稿，紧接着就开始了沃尔玛省钱营销模式的研究，至2022年5月30日完稿，大约经历了1年的时间。

在这一年的时间里，我在完成日常线上线下融合式授课、指导研究生论文、参与毕业论文答辩和承担系主任的行政工作之外，推掉了校外的活动、授课邀请及媒体采访，几乎将所有的时间都花费在了"沃尔玛省钱营销模式"的研究上，独处而专心致志地阅读文献、提炼构念，最终形成省钱营销模式理论框架。当完成书稿时，我思绪万千，也感到欣慰，又完成了一件自己想做的事。2022年4月，胡润百学发布《2022胡润百学·中国商学院教授学术活跃度榜》，我居市场营销系学者首位，但我心知肚明，自己没有那么活跃，也不应该上任何学者榜单，与这些名誉和头衔相比，我更在意的是按照自己的兴趣去探索未知，沃尔玛省钱营销模式的探索与发现就属此列。

令我难忘的是，在我进行沃尔玛省钱营销模式研究的收尾阶段，防疫措施一直处于变化之中，对于一直在办公室从事研究的我来说，产生了一定的影响。起初，校外人员不得进校，老师可以进校，宁静的校园使我可以安静而不受干扰地从事课题研究。2022年5月5日，学校优化了防控措施，我每天仍然可以到办公室进行课题研究，并享受校园里花园式的宁静和景致。然而，2022年5月14日开始发生了改变，早晨6点，我像往常一样从家里步行30分钟到大学东北门，刷卡进校未能通过，后来学校通知所有教师居家授课和科研，这让我措手不及，所有参考资料都在办公室的电脑里，我也早已习惯了办公室的研究节奏。好在我事先准备了一个笔记本电脑在家里，也有将未完成的书稿和沃尔玛的各年年报拷在了一个随身携带的U盘里，幸运的是当时我的关键性研究大体完成，仅剩下最后一章研究结论部分。我调整心态，努力适应居家办公，立刻在网上购买了一个升降式、可移动的电脑桌，经过20多年来从来没有过的、连续17天的居家工作，今天完成了这个研究的全部内容，觉得非常幸运、欣慰和感恩：在新冠疫情断断续续打扰我们的同时，我便利地得到免费核酸检测服务、零售商及时提供的日常生活用品以及家人的温暖关照，更重要的是还能按照计划研究自己感兴趣的课题、讲授自己感兴趣的课程。我深知，这是无数人辛苦付出和无私奉献的结果，因此自己更应该探索那些有用并且可以让世界更加美好的未知问题。

最后，我要感谢为本书顺利出版给予帮助的人。首先，感谢机械工业出版社的编辑，他们为本书的编辑出版付出了诸多的心血，感谢他们对我一些想法的包容和接纳。其次，感谢我的EMBA学生严佩诗女士，她与我进行了多次有成效的沟通，助力本书的顺利出版。再次，对我的博士生衡量同学表示感谢，他在忙于撰写毕业论文的紧张时刻，为《沃尔玛的省钱营销模式》的研究搜集了大量数据资料，特别是汇集了沃尔玛公司上市之后至今的历年年报（1972—2021年），大大节省了我搜集数据的时间和精力。

李 飞

2022年5月30日于北京